Studien zum Parlamentarismus | 2

Die Reihe
„Studien zum Parlamentarismus"
wird herausgegeben von

Prof. Dr. Sabine Kropp, Düsseldorf
Prof. Dr. Werner J. Patzelt, Dresden
Prof. Dr. Suzanne S. Schüttemeyer, Halle
Prof. Dr. Uwe Thaysen, Lüneburg

Werner J. Patzelt (Hrsg.)

Parlamente und ihre Macht

Kategorien und Fallbeispiele
institutioneller Analyse

Gefördert mit Mitteln der Deutschen Forschungsgemeinschaft
im Rahmen des Sonderforschungsbereichs 537
„Institutionalität und Geschichtlichkeit" der Technischen Universität Dresden.

Die Deutsche Bibliothek – CIP-Einheitsaufnahme

Die Deutsche Bibliothek verzeichnet diese Publikation in
der Deutschen Nationalbibliografie; detaillierte bibliografische
Daten sind im Internet über http://dnb.ddb.de abrufbar.

ISBN 3-8329-1588-5

1. Auflage 2005
© Nomos Verlagsgesellschaft, Baden-Baden 2005. Printed in Germany. Alle Rechte,
auch die des Nachdrucks von Auszügen, der fotomechanischen Wiedergabe und der
Übersetzung, vorbehalten. Gedruckt auf alterungsbeständigem Papier.

Inhaltsverzeichnis

Vorwort   7

Institutionelle Macht. Kategorien ihrer Analyse und Erklärung
*Werner J. Patzelt / Christian Demuth / Stephan Dreischer /
Romy Messerschmidt / Roland Schirmer*   9

Wozu Zweite Kammern in Zentralstaaten? Das Beispiel
des Französischen Senats
Romy Messerschmidt   47

Die Macht des deutschen Bundesrates
Joachim Amm   89

Macht *im* Rat und Macht *des* Rates. Eine Analyse des Machtgefüges
im Rat und um den Rat der Europäischen Union
Jakob Lempp   115

Der Machtaufstieg des Europäischen Parlaments und der
Einfluss institutioneller Mechanismen
Stephan Dreischer   145

Machtzerfall und Restabilisierung der Volkskammer im Lauf der
Friedlichen Revolution
Roland Schirmer   171

Wieviel Macht haben Parlamente? Die Machtstellung der deutschen
nationalen Parlamente zwischen 1871 und 2005
Christian Demuth   217

Phänomenologie, Konstruktion und Dekonstruktion
von Parlamentsmacht
Werner J. Patzelt   255

Autorenverzeichnis   303

Vorwort

Woher kommt die Macht von Parlamenten? Wie äußert und wie verändert sie sich? Und was hilft bei derart praktischen Fragen der zunächst so akademisch anmutende Ansatz einer ‚institutionellen Analyse'? Hierauf antworten die Beiträge dieses Bandes. Er bringt weitere Ergebnisse aus langjährigen Arbeiten einer politikwissenschaftlichen Forschungsgruppe im Dresdner Sonderforschungsbereich ‚Institutionalität und Geschichtlichkeit' und steht in der Reihe schon erschienener Sammelbände über ‚Parlamente und ihre Symbolik', ‚Parlamente und ihre Funktionen' sowie über die Volkskammer der DDR.[1] Das Vergleichbarkeit stiftende und den folgenden Kapiteln zugrunde liegende Konzept ist hier jenes der Macht: politikwissenschaftlich zentral, analytisch oft zu flach oder zu abstrakt, hier aber theoretisch weiterentwickelt und empirisch-exemplarisch zum Tragen gebracht.

Das gemeinsam verfaßte Einleitungskapitel präsentiert ein dreidimensionales und obendrein geschichtlich orientiertes Machtkonzept, das den praktisch genutzten Reflexionsstand zur Theorie der Macht mit dem begrifflichen Instrumentarium institutioneller Analyse verbindet. Es dürfte sich für vielerlei vergleichende Analysen institutioneller Macht als hilfreich erweisen. Im Rahmen dieses Machtkonzepts bewegen sich sodann fünf Fallstudien zur Machtlage und Machtentwicklung sehr verschiedener Vertretungskörperschaften. Ihrer Auswahl liegt ein weiter Parlamentsbegriff zugrunde, der parlamentarische Körperschaften sowohl liberaler als auch sozialistischer Prägung und genausogut solche umfaßt, die auf dem Demokratieprinzip beruhen, wie jene, die aus einer föderalen Wurzel hervorgehen. Als parlamentarische Institutionen gelten nämlich alle Vertretungskörperschaften, denen in einem politischen System eine politische Aufgabe zumindest zugeschrieben wird.[2]

Zunächst werden der französische Senat und der deutsche Bundesrat von ihrer machtpolitischen Rolle her betrachtet, desgleichen der so eigentümliche Rat der Europäischen Union. Am Fall des Europäischen Parlaments werden sodann die institutionellen Mechanismen des Machtaufstiegs eines anfangs recht perspektivlos wirkenden Parlaments studiert, an der sozialistischen DDR-Volkskammer während der Friedlichen Revolution die Zerfalls- und Restabilisierungsprozesse einer stets nur

---

1 Werner J. Patzelt (Hrsg.) (2001): Parlamente und ihre Symbolik. Programm und Beispiele institutioneller Analyse. Opladen: Westdeutscher Verlag; ders. (Hrsg.) (2003): Parlamente und ihre Funktionen. Institutionelle Mechanismen und institutionelles Lernen im Vergleich. Wiesbaden: Westdeutscher Verlag; ders./Roland Schirmer (Hrsg.) (2002): Die Volkskammer der DDR. Sozialistischer Parlamentarismus in Theorie und Praxis. Opladen: Westdeutscher Verlag.
2 Zum forschungsstrategischen Nutzen solcher Begriffsverwendung siehe Werner J. Patzelt (2002): Die Volkskammer als Gegenstand vergleichender Parlamentarismusforschung, in: ders./R. Schirmer (Hrsg.) (2002): Die Volkskammer der DDR Sozialistischer Parlamentarismus in Theorie und Praxis. Opladen: Westdeutscher Verlag, S. 13-25, hier S. 13-20.

der Fassade nach machtvollen Vertretungskörperschaft. Vergleichende Analysen der Machtstellung deutscher Parlamente sowie der Quellen von Parlamentsmacht überhaupt bieten die abschließenden Beiträge. Keines der Kapitel schöpft zwar alle Möglichkeiten des gemeinsamen mehrdimensionalen Machtkonzeptes aus; auch sind es nicht allenthalben dieselben Bereiche jenes Machtmodells, die den Fallstudien ihre analytischen Kategorien abgeben. Obendrein geht die abschließende Untersuchung zur Phänomenologie, Konstruktion und Dekonstruktion von Parlamentsmacht über die Fallstudien des Bandes und den Vergleich ihrer Erträge hinaus. Doch alle Beiträge überlappen einander vielfältig und teilen eine gemeinsame Perspektive.

Wenn unser Machtkonzept auch anderen Sozial- und Geschichtswissenschaftlern als hilfreich erschiene, wäre unser theoriekonstruktives Ziel erreicht. Am politikwissenschaftlichen Ziel glaubten wir uns angelangt, wenn unsere Fallstudien zur Parlamentsmacht vergleichende Nachfolgearbeiten zur Macht weiterer Parlamente und anderer Institutionen fänden. Und mehr denn je sind wir davon überzeugt, daß die Perspektiven und Einsichten ‚institutioneller Analyse' die Parlamentarismusforschung im besonderen und die Politikwissenschaft im allgemeinen wertvoll bereichern können.

Dresden, im Juni 2005   Werner J. Patzelt

Institutionelle Macht.
Kategorien ihrer Analyse und Erklärung

Werner J. Patzelt / Christian Demuth / Stephan Dreischer / Romy Messerschmidt / Roland Schirmer

Macht ist und bleibt eine Zentralkategorie der Analyse politischer Institutionen. Im Rahmen institutioneller Analyse, wie sie im Dresdner Sonderforschungsbereich ‚Institutionalität und Geschichtlichkeit' betrieben wird, läßt sich dem Zusammenhang von Macht und Institutionen entlang den folgenden ordnungsgenerierenden Prozessen nachgehen: Durchsetzung von Leitideen und Leitdifferenzen von Institutionen; Etablierung, Inganghaltung und Nutzung von Ordnungsprogrammen und von ihnen getragener institutioneller Mechanismen; Generierung und Durchsetzung von stabilitätsstiftenden Konstruktionen des Erinnerns, etwa von Geltungsgeschichten und Kontinuitätsfiktionen; Schaffung und Kultivierung von Formen und Praxen einer symbolischen Repräsentation von Geltungsansprüchen und Ordnungsvorstellungen; Erzeugung und Durchsetzung kultureller Normierungen.[1] Vermutlich füllt der analytische Zugriff auf dies alles einen großen Teil der berühmten Leerstelle in Max Webers bis heute tragfähiger Machtdefinition: Diese nennt Macht die Chance, in einer sozialen Beziehung den eigenen Willen auch gegen Widerstreben durchzusetzen, *gleichviel* worauf diese Chance beruht.[2] Eben das ‚gleichviel' dieser Formel gilt es klar zu fassen.

1. Zur Institutionalisierung von Macht

Politische Institutionen sind Ergebnisse von Prozessen der Institutionalisierung, also der Generierung von Ordnung aus einem fluiden oder opaken Aggregatzustand sozialer Wirklichkeit.[3] Solche Institutionalisierung setzt ein, wenn mittels wirklichkeitskonstruktiver Prozesse, die in Tausenden von Alltagssituationen immer wieder verläßlich ablaufen, glaubhafte Ordnungskonzeptionen der sich verfestigenden sozialen Strukturen entstehen, desgleichen auch wirksame Geltungsansprüche ihrer Leitideen sowie überzeugende Formen der Symbolisierung des in jene Sozialstrukturen eingelassenen Sinns, und wenn das alles auch trotz mancherlei Störungen in Geltung gehalten wird. Im Verlauf solcher Prozesse bilden sich dann auch Regelvor-

---

1 Siehe zu alledem mit weiteren Verweisen W. J. Patzelt 2003b.
2 Siehe M. Weber 1980, S. 28.
3 Zur Theorie wirklichkeitskonstruktiver Prozesse siehe W. J. Patzelt 1987, S. 31-150.

stellungen und Regelsysteme zur Herstellung und Durchsetzung von allgemein verbindlichen Entscheidungen. Um genau sie herum entstehen politische Institutionen, und zwar indem eine „Ordnungsvorstellung anstelle einer anderen, oder abgegrenzt von einer konkurrierenden anderen, zu einem realen Ordnungsarrangement wird; indem eine Gruppe von Geltungsansprüchen sich gegen andere Geltungsansprüche (oder alternativ zu ihnen) durchsetzt; und indem es gelingt, solche Ordnungsvorstellungen und Geltungsansprüche auch noch für Führer und Gefolgschaft, für Freund und Feind überzeugend oder zumindest einprägsam zu symbolisieren".[4] In genau solchem Durchsetzen bestimmter Ordnungsvorstellungen, Geltungsansprüche und symbolischer Praxen anstelle anderer entsteht und besteht die Macht einer Institution – jene Macht, mit welcher dann auch die Funktionen der Institution für das sie umgebende politische System erfüllt werden.

Solche Ressourcen der Machtausübung besitzt eine Institution meist nicht schon vom Beginn ihres Institutionalisierungsprozesses an. Auch bleibt die Macht von Institutionen sicher nicht im Zeitverlauf stabil: Sie ist ebensowenig ein ‚dauerhafter Besitz' wie Machtbeziehungen ‚von Natur aus stabile' Arrangements sozialer Wirklichkeit sind. Vielmehr sind Macht und Machtbeziehungen von – und zwischen – Institutionen eben ein Begleitprodukt von Institutionalisierungsprozessen. Heinrich Popitz formulierte das einst so: „Macht setzt sich fest, nimmt feste Formen an, wird fester. Institutionalisierung von Macht gehört zu den fundamentalen Prozessen der ‚Verfestigung' (...) sozialer Beziehungen"[5] – und somit auch, wie der Satz zu ergänzen wäre, von so herausgehobenen Aggregatzuständen sozialer Wirklichkeit wie zumal politischen Institutionen.

Popitz unterschied fünf Stufen des Institutionalisierungsprozesses von Macht: die Stufe der *sporadischen Macht*; jene der *normierenden Macht*; die *Institutionalisierungsstufe* einer *überpersonalen Machtstellung*; die Entstehung von *Positionsgefügen der Herrschaft* (‚Herrschaftsapparate'); und schließlich jene Stufe, auf der zentrale Positionsgefüge, etwa politische Institutionen, *Monopolansprüche* durchsetzen wollen.[6] Diese Stufen der Institutionalisierung folgen nicht deterministisch aufeinander. Vielmehr können einzelne Stufen übersprungen oder parallel erreicht werden; es können Institutionen auch auf frühere Institutionalisierungsstufen zurückfallen. Doch sehr wohl ist dieser kontingente Prozeß zugleich ein pfadabhängiger:[7] Erst nach einer erfolgreich durchlaufenen Anfangsphase des Institutionalisierungsprozesses wird sich Macht von einem sporadischen, kontingenten und nicht-dauerhaften Zustand zu einem normierten, überpersonal nutzbaren und gar Monopolansprüche erhebenden Zustand wandeln. Zu Beginn eines so endenden Prozesses der Machtentstehung mag Macht aber nur in Einzelfällen oder sporadisch zur Anwendung kommen: etwa weil nicht genügend Machtmittel zur Verfügung stehen; weil es

---

4 W. J. Patzelt 2003b, S. 58.
5 H. Popitz 1992, S. 234.
6 Zum folgenden siehe H. Popitz 1992, S. 236-260.
7 Zu Kontingenz und Pfadabhängigkeit siehe etwa P. David 1985; K. Thelen 2004; P. Pierson 1996, 2000a, 2000b, 2004; J. Mahoney 2000; kritisch: H. Schwartz 2000.

keinen Anlaß zur Machtausübung über singuläre Situationen hinaus gibt oder derlei wegen hinreichender Gegenmacht ohnehin nicht möglich ist; oder weil jene, die wohl Gegenmacht besäßen, einer die bestehende Machtlage tatsächlich testenden konkreten Machtprobe ausweichen und so die Entfaltung der Machtressourcen eines anderen bereits um ihren Ansatzpunkt bringen. Mancherlei aus diesem Katalog wird im Einzelfall auch zusammenwirken. Etwa besaß die Frankfurter Nationalversammlung bei ihrer beginnenden Institutionalisierung keinerlei Macht, ihre ohnehin nur formal gegebenen Kompetenzen auch gegen Staaten wie Preußen oder die Habsburger Monarchie durchzusetzen: Den ‚Huldigungserlaß' der Nationalversammlung vom 16. Juli 1848 verwässerten die meisten deutschen Staaten, verweigerten sich so einer Unterordnung gegenüber dem Reichsverweser und legten so die ganz „ungegründete Macht der Reichspolitik" offen.[8]

Auf diesen ersten Grad von Machtinstitutionalisierung kann jedoch bald schon eine Intensivierung folgen: die Schaffung *normierender Macht*. Eine Institution erreicht diese Stufe, indem sie beispielsweise die Drohung mit Machtmitteln im eigenen Aktionsbereich so normiert, daß gleichartige Verhaltensweisen in gleichartigen Situationen durchgesetzt werden können. Ein Beispiel für diese Entwicklung ist die Geschichte der formal normierten Macht des Europäischen Parlaments, durch ein Mißtrauensvotum die Europäische Kommission zu Fall zu bringen. Zwar war dem Parlament dieses Machtmittel im Prinzip seit dem Vertrag über die Europäische Gemeinschaft für Kohle und Stahl zugestanden; doch eingesetzt wurde es erstmals 1999. Es bedurfte offenbar erst einer – vom Zeitpunkt her ganz kontingenten – Schwächung der EU-Kommission, hier durch Korruptionsfälle, damit dieses bislang ganz formal gebliebene Machtmittel des Parlaments in der politischen Praxis einen solchen Stellenwert erlangte, daß schon mit ihm zu drohen große Folgen – nämlich den Rücktritt der Kommission – auslösen konnte. Damit aber war für alle praktischen Zwecke dieser Teil der Macht des Europäischen Parlaments dahingehend normiert, daß er routinemäßig antizipiert werden kann und von vornherein einen nicht mehr abzuweisenden parlamentarischen Einfluß auf die Besetzung und Arbeit der Europäischen Kommission eröffnet.[9]

Die Entwicklung solcher Machtnormierung läßt sich auch am Fall eines anderen Institutionenbildungsprozesses zeigen: bei der Auseinandersetzung zwischen Theodor Heuß und Konrad Adenauer um das – im Grundgesetz nicht ganz ausformulierte – Recht zur Ernennung von Regierungsmitgliedern. Nach Art. 64 Abs. 1 GG werden die Bundesminister vom Bundespräsidenten auf Vorschlag des Bundeskanzlers ernannt und entlassen. In Fortsetzung der Staatspraxis der Weimarer Republik interpretierte der damalige Bundespräsident Theodor Heuss diese Bestimmung dahingehend, er habe bei der Ernennung eines Bundesministers das Recht zur Überprüfung

---

8 Der ‚Huldigungserlaß' sollte die Macht der neuen Reichsregierung demonstrieren und enthielt die Aufforderung an alle Garnisonen, zum 6. August 1848 mit angelegten deutschen Farben eine Parade für den Reichsverweser Erzherzog Johann von Habsburg durchzuführen. Siehe W. Siemann 1985, S. 133.
9 Siehe den Beitrag von S. Dreischer in diesem Band.

des Vorschlags. Dieses Verlangen wurde von Adenauer schlichtweg zurückgewiesen, woraufhin Heuss nicht weiter auf einem solchen Recht bestand. Ein härterer und es auf entsprechende Konflikte ankommen lassender erster Bundespräsident hätte sehr wahrscheinlich, zumal im Zusammenwirken mit einem nachgiebigeren ersten Kanzler, die Machtressourcen des Präsidentenamtes bis an den Außenbereich von deren verfassungsrechtlichen Grenzmarken ausdehnen können.

Macht kann sich sodann zu einer „*überpersonalen Machtstellung*" entwickeln.[10] Sie geht dann hinaus über die jeweils gegebene Personenkonstellation in der Zusammensetzung einer Institution oder von konkurrierenden Institutionen, womit sie mehr und mehr von je konkreten Personen unabhängig wird, welche für die Institution agieren. Sie wird vielmehr an Inhaber eines Amtes gebunden, bei denen nicht die Persönlichkeit, sondern die innegehabte Position die Ausübung von Macht rechtfertigt. Damit findet sich Macht nicht länger in den Dienst einer Person, sondern klar in den Dienst einer Institution gestellt. Solange ihre Anwendung von der Leitidee der Institution gedeckt ist, wird so eingebettete Macht dann keine grundsätzliche Infragestellung mehr auslösen, insbesondere dann nicht, wie sie sich obendrein mit den vom umgebenden politischen System zugewiesenen Machtressourcen begnügt. Ist derlei in aller Selbstverständlichkeit erst einmal erreicht, so verfügt eine Institution ganz unabhängig von jenen Personen, die für sie agieren, über Macht. Bei politischen Institutionen vollzieht sich solche Weiterentwicklung ihrer Machtlage typischerweise durch die Ausformulierung bislang informalen Gewohnheitsrechts, zumal in Form von – auch ungeschriebenen – Geschäftsordnungen, von neu geschaffenen gesetzlichen Grundlagen von Institutionen, oder von Verfassungstexten. Daß etwa die Opposition im Deutschen Bundestag das Recht hat, den Vorsitzenden des Haushaltsausschusses zu stellen, wird dann ganz unabhängig von dessen jeweiliger Person; und im Bundestag entspringt diese Quelle von Oppositionsmacht obendrein einer nur informellen, doch wohl gerade deshalb schwer aufzuhebenden Abrede.

Auf der nächsten Stufe der Institutionalisierung von Macht entstehen dann auch noch „*Positionsgefüge der Herrschaft*, also ‚Herrschaftsapparate'".[11] Sind diese verfügbar, so können Machtressourcen sehr zielgenau allokiert und eingesetzt werden. Ferner werden alle Effektivitätsvorteile erschlossen, die mit Arbeitsteilung einhergehen. Für die bessere Erfüllung der Gesetzgebungsfunktion von Parlamenten läßt sich beispielsweise dergestalt das Positionsgefüge eines funktionell ausdifferenzierten, mit wissenschaftlichen Mitarbeitern ausgestatteten Fraktionenparlaments errichten. In ihm kann dann nicht nur die einer Fraktion oder dem Parlament grundsätzlich verfügbare Macht verstetigt und ergebnisorientiert genutzt werden, sondern sie kann auch solchen Parlamentariern zuwachsen, die rein persönlich kaum eine Chance hätten, zu beeindrucken oder ihren Willen gegen Widerstreben durchzusetzen.

---

10 H. Popitz 1992, S. 244.
11 Ebd.

Schließlich können gerade politische Institutionen auch noch zu den zentralen Positionsgefügen einer Gesellschaft werden sowie Monopolansprüche auf Machtausübung durchsetzen oder dies zumindest anstreben.[12] Dann ist ein besonders hoher Grad von politischer Institutionalisierung erreicht, der sich in totalitären Systemen ins Hypertrophe auswächst. Solcher Monopolisierung von Macht läßt sich durch Gewaltenteilung in ihren vielfältigen Formen wehren;[13] etwa kann die für liberaldemokratische Staaten typische gewaltenteilige Verfassungsstruktur als zentrales Positionsgefüge entstehen. In ihm ergeben dann die *Machtbeziehungen* zwischen den gewaltenteilenden Verfassungsinstitutionen ein auf Gegengewichte und Kontrollen ausgelegtes *Machtgeflecht*. Und weil politische Institutionen sowohl auf der Makroebene (z.B. im globalen System oder in der EU) als auch auf der Mesoebene (etwa im politischen System der Bundesrepublik Deutschland) sowie auf der Mikroebene (z.B. im Bundestag mit seinem Verhältnis zwischen Regierungsmehrheit und Opposition) immer wieder in einem ganzen Netzwerksystem agieren, bestehen dann auch zwischen den zentralen Knotenpunkten solcher Geflechte Machtbeziehungen, die einander wechselseitig beeinflussen. Etwa zeigt sich am Europäischen Einigungsprozeß, daß durch ihn nicht nur die Machtbeziehungen zwischen Bundestag und Bundesregierung beeinflußt werden, sondern eben auch die Beziehungen zwischen dem Bundestag und dem Europäischen Parlament oder jene zwischen der Opposition im Bundestag und der Regierungsmehrheit. Der Wandel innerhalb einer Machtbeziehung wird daher fast immer auch zu einem *Wandel des Gesamtmachtgeflechts* und anderer Machtbeziehungen in ihm führen.

Gerade solche Wandlungsprozesse zu analysieren ist wichtig. Politische Institutionen sind nämlich zwar relativ stabile und für eine gewisse Dauer verläßlich bestehende Ordnungsarrangements.[14] Doch natürlich sind sie auch stets dem Wandel ausgesetzt und prinzipiell wieder auflösbar;[15] sie sind „fragile Prozeßprodukte gesellschaftlicher Wirklichkeit".[16] Somit unterliegen auch alle institutionellen Machtformen und Machtbeziehungen Prozessen der Veränderung und Deinstitutionalisierung. Es können sich ja die ihnen zugrunde liegenden, gut eingespielten Deutungsmuster im gesellschaftlichen Wandel verflüchtigen: „Wer gestern noch eine Personifizierung der Macht (...) war, kann heute als anachronistische Figur erscheinen, ein zurückgelassenes Requisit überholter Rollenspiele".[17] Gerade in Deutschland sind denn auch, in tiefen historischen Brüchen, wiederholt Institutionen in sehr kurzer Zeit ihrer Macht beraubt worden, zuletzt das Politbüro der SED und die gesamte SED seit dem Herbst 1989. Also müssen sich institutionelle Machtanalysen von vornherein für die Dimension und Formen institutionellen Wandels interessieren.

---

12 Ebd., S. 258.
13 Siehe W. Steffani 1997, S. 27-55.
14 Vgl. G. Göhler 1997, S. 22.
15 Vgl. B. Nedelmann 1995, S. 20ff.
16 Siehe W. J. Patzelt 2003b, S. 59f; ders. 1987, S. 110-115, 148f.
17 K.-S. Rehberg 1994, S. 49.

Wenn man nun sehr verschiedene Institutionen daraufhin untersuchen will, welche Macht sie in einem spezifischen Kontext entfalten, bedarf es eines offenbar eher komplexen Machtbegriffs. Ihn auszuarbeiten, verlangt wiederum die Lösung von zwei Problemen. Das erste ist eines der Abstraktionshöhe: Soll der Machtbegriff echt vergleichende Analysen anleiten, so muß er sich vor allzu großer beschreibender Nähe zu jedem konkreten Fall hüten, ohne darüber unanschaulich oder gar inhaltsleer zu werden. Das zweite Problem ergibt sich aus der für Operationalisierungszwecke immer nötigen Komplexitätsreduktion. Deren Folge ist nämlich stets: „Vorgenommene Theoretisierungen erkaufen ihre Benutzbarkeit für einen eingegrenzten Gegenstandsbereich um den Preis, daß das verwendete Machtkonzept zu einseitig ... ist."[18] Wir hoffen, beide Probleme bewältigt zu haben.

2. *Kategorien zur Erfassung und Erklärung von Machtbeziehungen*

2.1. Transitive und intransitive Macht

Als erster Zugang zur Analyse von Machtbeziehungen bietet sich immer der dem Alltagsverständnis so nahestehende Begriff von Macht als einer „instrumentell verstärkte(n) praktisch-technische(n) Wirkmöglichkeit"[19] an. Max Weber hat ihn überaus eingängig als Chance definiert, in einer sozialen Beziehung den eigenen Willen auch gegen Widerstreben durchzusetzen, gleichviel, worauf diese Chance beruht. Über einen solchen ‚voluntaristischen' Machtbegriff hinaus ist allerdings ein analytisch anders fokussierter, darum weniger anschaulicher, doch den empirischen Referenten des Wortes ‚gleichviel' erhellender Machtbegriff höchst hilfreich. Aufzufinden sind solche Machbegriffe etwa in systemtheoretischen Betrachtungsweisen wie bei Parsons oder Luhmann, in post-strukturalistischen Theorien in der Art von Foucault oder im Werk von Hannah Arendt.[20] Solche Begriffe erfassen Macht als ein in soziale und kulturelle Strukturen eingelassenes, von konkreten Akteuren zwar hier und jetzt genutztes, doch auch ganz unabhängig von ihnen bestehendes Mittel sozialen Verkehrs.

Beide so unterschiedlich gearteten Machtbegriffe hat Gerhard Göhler durch eine Nachbildung der Unterscheidung von transitiven und intransitiven Verben parallel nutzbar gemacht. Er unterscheidet zunächst ‚transitive' sowie ‚intransitive' Macht und damit auch zwei analytisch zu trennende ‚Räume sozialen Handelns', nämlich danach, welche Form von Macht im jeweiligen ‚Handlungsraum' eine besondere Rolle spielt und darum praktisch wie analytisch ins Kalkül gezogen werden muß.[21] Den einen, von intransitiver Macht durchzogenen Handlungsraum nennt Göhler den

---

18 Siehe U. Weiß 2002, S. 308.
19 Ebd., S. 282.
20 T. Parsons 1960; N. Luhmann 1988; M. Foucault 1978; H. Arendt 1996.
21 Siehe G. Göhler 1997, v. a. S. 38-46.

,gemeinsamen' Handlungsraum. In ihm wirkt die in soziale und kulturelle Strukturen eingelassene Macht gleichermaßen auf alle Akteure und stiftet so einen gemeinsamen und auch gemeinsam nicht nach Belieben hier und jetzt veränderbaren Bezugsrahmen. Für den anderen, von transitiver Macht strukturierten Handlungsraum verwendet Göhler den Begriff eines ‚verschränkten' Handlungsraums: Die konkret ins Spiel zu bringenden Machtressourcen der Akteure verschränken sich in ihm sowohl auf der Ebene ihres konkreten Einsatzes als auch auf der Ebene ihrer nur antizipierten und ins Kalkül gezogenen Verwendung. Diesen Sinn der Rede von einem ‚verschränkten' Handlungsraum versuchen wir durch den Begriff des ‚strategischen' Handlungsraum deutlicher auszudrücken, ändern ansonsten aber nichts an Göhlers Argumentation.

Diese zwei Machtbegriffe erfassen verschiedene Formen von *Machtbeziehungen* und unterscheiden sich in fünf Merkmalen. Bei Machtverhältnissen, die unter den Begriff der ‚transitiven' Macht fallen, besteht – erstens – zwischen wenigstens zwei Akteuren eine *Willensbeziehung*, welche die spätere oder die antizipierte Machtausübung inhaltlich lenkt. Dabei ist es unerheblich, ob es sich um individuelle oder um kollektive Akteure handelt. In jedem Fall werden nämlich durch den Willen von A die Handlungsoptionen von B entsprechend den Präferenzen von A strukturiert. Hierauf kann B innerhalb seines Rahmens von Machtressourcen reagieren. Diese sind – zweitens – zwischen A und B sehr oft asymmetrisch verteilt, was dann auch die Handlungsoptionen sehr asymmetrisch macht: A hat einfach viel größere Chancen als B, seinen Willen gegen Widerstreben durchzusetzen. Obendrein handelt es sich beim Ausagieren solcher asymmetrischer transitiver Machtrelationen um *Nullsummenspiele*: Von der Machtausübung können nicht A und B gleichermaßen profitieren, denn was A gewinnt, muß B verlieren. Im übrigen können die ins Spiel zu bringenden Machtressourcen ganz unterschiedlicher Natur sein: Das ‚gleichviel' der Ursachen von Machtchancen können „Dinge, Eigenschaften, Menschen, Beziehungen" gleichermaßen sein.[22] Drittens sind transitive Machtbeziehungen, was durch das sie kennzeichnende Adjektiv auch klar ausgedrückt wird, genau so beschaffen, daß sich die Machtausübung auf ein Objekt richtet, nämlich auf einen anderen Akteur oder eine bestimmte Sache, sich aber – zumindest nicht vor dem Eintreten systemischer Rückkopplungen – gerade nicht auf den Machtausübenden selbst bezieht. Transitive Macht ist – in diesem Sinn des Begriffs – also *nicht-reflexiv*. Aus diesen drei Merkmalen ergibt sich ferner, daß transitive Machtbeziehungen in der Regel auch *konfliktiv* sind: Sie gehen einher mit Auseinandersetzungen um Ressourcen,[23] um Handlungen[24] und um Deutungen.[25] Konfliktivität ist natürlich nicht gleichbedeutend mit Gewaltsamkeit, denn Konflikte können in der Regel auf vielerlei Art und Weise ausgetragen werden.[26] Fünftens sind die im Modus transitiver

---

22 Vgl. U. Weiß 2002, S. 282.
23 ‚A möchte X besitzen, das bisher Eigentum von B ist'.
24 ‚A will, dass X von B getan oder unterlassen wird'.
25 ‚A will, dass X von B für Y gehalten wird'.
26 Zu den Formen der Auseinandersetzung siehe unten den Abschnitt über ‚Machtformen'.

Machtausübung vollzogenen Auseinandersetzungen *zeitlich begrenzt*. Das schließt nicht aus, dass sie sich über einen langen Zeitraum erstrecken; doch Beginn und Ende sind dadurch markiert, daß ein Streitgegenstand aufkommt bzw. es irgendwann einen Sieger oder ein für alle praktischen Zwecke akzeptiertes Patt gibt. Also läßt sich die zeitliche Erstreckung transitiver Machtausübung meist mit einiger Genauigkeit angeben.

Im strategischen Handlungsraum der transitiven Machtbeziehungen stehen die Akteure einander gegenüber: ausgestattet mit ihren Machtressourcen, aufeinander ausgerichtet durch ihre Willensbeziehungen, aneinander orientiert durch ihre teils strategischen, teils intuitiven Machtkalküle. Ein Beispiel für die Machtausübung im strategischen Handlungsraum ist etwa die Auseinandersetzung zwischen Regierungsmehrheit und Opposition im bundesdeutschen Regierungssystem. Die Chance der Opposition, eine Gesetzesvorlage der Bundesregierung zu verändern, hängt dort ganz von der aktuellen Verteilung der Machtressourcen ab: Hat die Regierung eine große, stabile Mehrheit im Bundestag und verfügen die Regierungsparteien auch über die Mehrheit im Bundesrat, so kann die Opposition nur dann den Gesetzestext beeinflussen, wenn sie die Regierungsmehrheit mit ihren Wünschen überzeugt. Das ist zwar in Deutschlands konsensorientierter parlamentarischer Kultur immer wieder der Fall. Doch bei politischen Bewertungsunterschieden hat die Opposition unter solchen Umständen eben keine Möglichkeit, gegen den Willen der Regierungsmehrheit eine Änderung in einer Gesetzesvorlage durchzusetzen. Alles ist anders, wenn kooperierende Oppositionsparteien über die Mehrheit im Bundesrat verfügen: dann können sie bei zustimmungsbedürftigen Gesetzen die Vorlagen der Regierungsmehrheit blockieren und dadurch ihren Änderungswünschen Gehör verschaffen. Im Wege der ‚Verrechnung' wechselseitiger Kompromißbereitschaft läßt sich über die regierungsseitige Antizipation nicht umgehbarer oppositioneller Blockademacht dann sogar auf solches Handeln der Regierung Einfluß nehmen, auf welches die Opposition im Gesetzgebungsprozeß überhaupt keinen direkten Zugriff hätte.

Dieses Beispiel erlaubt nun auch den Perspektivenwechsel hin zur Betrachtung des Wirkens intransitiver Macht im sogenannten ‚gemeinsamen' Handlungsraum. Die Voraussetzung der beschriebenen Anwendung transitiver Macht im ‚strategischen' Handlungsraum ist nämlich, daß die Existenz und das Auftrumpfen einer transitiv machtfähigen Opposition überhaupt als akzeptabel oder gar als wünschenswert gelten. Was aber in liberaldemokratischen Verfassungsstaaten als selbstverständlich gilt, muß das keineswegs auch in anderen Regierungssystemen oder gar ‚an sich' sein. Vielmehr ist das Lebens- und Wirkungsrecht von Opposition in freiheitlichen Staaten selbst schon das Ergebnis überaus langwieriger transitiver Machtkämpfe. Dieses Ergebnis ist aber in den politischen Strukturen und handlungsleitenden Deutungsmustern vieler freiheitlicher Staaten inzwischen zu einer Selbstverständlichkeit geronnen, auf die man sich beim politischen Streit gemeinsam ohne sonderliche Sorge um ihre Verläßlichkeit bezieht. Damit ist eine grundsätzliche Entscheidung über die Verteilung wichtiger Machtressourcen bereits vor jedem konkreten Machtkonflikt getroffen und diesem selbst entzogen, ohne doch für ihn folgenlos zu sein.

Genau solche Machtlagen samt der Ausnutzung ihrer differentiellen Vorteile rückt der Begriff der intransitiven Macht ins Blickfeld. Auch sie hat fünf Besonderheiten. Erstens ist intransitive Macht in soziale Strukturen eingelassen, in „dynamische und bewegliche Netzwerke"[27] sozialer oder diskursiver Beziehungen. Man kann hier auch mit Foucault von „Dispositiven der Macht" sprechen, die „einzelne Menschen (durchdringen) und deren Existenzweise, ja Identität [bestimmen]".[28] Göhler wiederum bezeichnet diese Art von Machtverhältnissen, oder besser den Modus, in dem sie zum Ausdruck gebracht werden, als eine „Symbolbeziehung".[29] Eine solche Symbolbeziehung – zweitens – ist ihrerseits nicht durch eine Hierarchie zwischen Machthaber und Machtunterworfenen, zwischen herrschendem und beherrschtem Akteur gekennzeichnet. Vielmehr besteht derartige Macht im „Ensemble der Beziehungen, welches eine Gruppe von Menschen als eine Gemeinschaft konstituiert, sie besteht im Zusammenhandeln der Akteure. (...) Je intensiver das Zusammenhandeln der Akteure ist, desto mehr wird sie gesteigert" – womit die Aufhebung jenes Nullsummenspiels gelingt, als welches sich stets die Ausübung transitiver Macht darstellt.[30] Ethnomethodologen wieder konzeptualisieren intransitive Macht als jene kognitiven und symbolischen Ressourcen gemeinsamer Wirklichkeitskonstruktion, die beim Vollzug wirklichkeitskonstruktiver Praxen und bei der Anwendung wirklichkeitskonstruktiver Darstellungstechniken nicht einfach nur genutzt, sondern auch als tatsächlich in Geltung befindlich aufgewiesen, dergestalt bekräftigt und auf diese Weise ihrerseits reproduziert werden.[31] An Macht, wie sie in kulturellen Standards, Verhaltensnormen und Überzeugungen ideologischer und moralischer Art gespeichert ist, treten damit die – im voluntaristischen Machtverständnis in den Vordergrund gerückten – repressiven Charakterzüge zurück. Statt dessen wird der produktive, Gemeinschaftlichkeit überhaupt erst hervorbringende Charakter von intransitiver Macht als zentraler Ressource der Wirklichkeitskonstruktion hervorgehoben. An dieser Ressource haben nun alle Mitglieder eines gemeinsamen Hand-

---

27 U. Weiß 2002, S. 283.
28 So die Formulierung von U. Weiß, ebd.
29 G. Göhler 1997, S. 44.
30 Ebd., S. 41. Auch Parsons hat in Auseinandersetzung mit C. Wright Mills 1959 dessen traditionelles weberianisches Machtverständnis kritisiert. Dieses sei irreführend und einseitig, weil es Macht als „Nullsummenkonzept" verstehe und so die Auffassung stütze, dass jedwede Machtausübung nur partikularistischen Interessen diene. Nach Parsons sollte Macht lieber als Nicht-Nullsummenspiel und als Beziehungsmuster verstanden werden, bei dem beiden Seiten Vorteile erlangen könnten: „To Mills, power is not a facility for the performance of functions in, and on behalf of, the society as a system, but is interpreted exclusively as a facility for getting what one group, the holders of the power, wants by preventing another group, the 'outs', from getting what it wants. What this conclusion does is to elevate a secondary and derived aspect of a total phenomenon into the central place." T. Parsons 1960, S. 220.
31 Siehe W. J. Patzelt 1987, S. 66ff. und 79ff. Eine präzise Ausarbeitung des von Göhlers Konzept der intransitiven Macht im Grunde nur verdichtend Angedeuteten findet sich in den – empirisch immer wieder bestätigten – ethnomethodologischen Theoremen zu den ‚politics of reality'. Siehe hierzu ebd., S. 115-124.

lungsraums[32] teil. Mehr noch: Sie benötigen sie und wirken, im Vollzug ihres gemeinsamen Handelns, auch an der Reproduktion ihrer Verwendbarkeit mit. Also ist – drittens – intransitive Macht *reflexiv*, d.h. nicht nur auf ihre Adressaten, sondern eben auch auf ihre Anwender und letztlich auf die gesamte Gemeinschaft rückbezogen, welche die hier gemeinsam handlungsleitenden Wissensbestände, Deutungsmuster und Handlungspraktiken kennt, erwartet und aufrechterhält.

Einmal in Geltung gebracht und in Tausenden von Alltagssituationen verläßlich in Geltung gehalten, sind – viertens – die hier einschlägigen Standards, Normen und Werte nicht mehr nur Gegenstand, sondern auch Durchführungsmittel und Rahmenbedingung aller konkreten Machtauseinandersetzungen. Als solche sind *nicht mehr* bzw. *noch nicht wieder* konfliktiv. Ein solcher Zustand der Nicht-Konfliktivität von Verhaltensstandards, Handlungsnormen und verfolgten Werten ist nun freilich kein – irgendwie ‚natürlicher' – Gleichgewichtszustand. Er ist vielmehr ein kompliziertes und störanfälliges Prozeßprodukt einstweilen routinemäßig gelingender, durch methodisch kompetent angewandte Alltagspraxen vollzogener Wirklichkeitskonstruktion. Eben das Wie-es-gemacht-wird der Herstellung solcher Nicht-Konfliktivität von intransitiven Machtressourcen für gerade auch die allerschärfsten transitiven Konflikte steht im Mittelpunkt der ethnomethodologischen Theorie alltagspraktischer Konstruktion sozialer und politischer Wirklichkeit. Diese deckt die ‚Mechanik' jener meist im unbemerkten Hintergrund ablaufenden ‚politics of reality' auf, welche im Rahmen institutioneller Analyse als ‚institutionelle' (bzw. institutionalitätsgenerierende) Mechanismen bezeichnet werden.[33] Als Ergebnis von deren Wirken werden ausgewählte Verhaltensnormen und Überzeugungen, Wissensbestände und Deutungsmuster in ganzen Gesellschaften oder deren Untergruppen hegemonial gemacht und sind dann genau darum nicht mehr konfliktiv. Keineswegs darf die gelingendenfalls herbeigeführte Nicht-Konfliktivität solcher intransitiver Machtressourcen den Blick darauf verstellen, daß es die Anwendung des ganzen Fächers transitiver Machtressourcen verlangen kann und oft auch erfordert, ihre Selbstverständlichkeiten erst einmal herbeizuführen und sicherzustellen.[34] Und ebensowenig sollte man die Pointe der Herbeiführung solcher ‚kultureller Hegemonie'[35] verkennen: Um so größer ist ihr wirklichkeitskonstruktiver Erfolg, je *weniger* die durchgesetzten Selbstverständlichkeiten und beschafften intransitiven Machtressourcen als solche bemerkt werden – zumindest nicht aus der, mit einem überaus fruchtbaren Begriff von Alfred Schütz so bezeichneten, Warte der ‚natürlichen Einstellung des Alltagsdenkens'.[36]

---

32 Innerhalb der Ethnomethodologie würde man hier von einer wirklichkeitskonstruktiven Ethnie sprechen; siehe W. J. Patzelt 1987, S. 9f und 59ff.
33 Vgl. hierzu G. Göhler 1994, 1997 und K.-S. Rehberg 1994; zur wünschenswerten Unterscheidung von institutionalitätsgenerierenden und von institutionellen Mechanismen siehe W. J. Patzelt 2003b, S. 66-69.
34 Siehe hierzu die Analyse der ‚politics of reality' in W. J. Patzelt 1998, S. 235-271.
35 A. Gramsci 1994, bes. S. 783, 814f., 1501f., 1561-1567.
36 Vgl. W. J. Patzelt 1987, S. 42ff.

Also ist die Unumstrittenheit der zu intransitiver Macht geronnenen Ordnungsvorstellungen und Symbolbeziehungen nicht mit Harmonie im gemeinsamen Handlungsraum gleichzusetzen. Allenfalls ist sie die Ober- bzw. Schauseite gemeinsamer Selbstverständlichkeiten, hinter der sich dann sogar eine Vielzahl transitiver Machtdramen abspielen mag. Obendrein kann es – wie etwa im Grundkonsens pluralistischer Demokratie – sogar ein Teil dieser fraglosen gemeinsamen Ordnungsvorstellungen sein, dass offene Konflikte ausgetragen werden. Im Völkerrecht schloß der gemeinsame Ordnungskonsens Jahrhunderte lang sogar das *jus ad bellum* ein, also die wechselseitige Akzeptanz der gewaltsamen Auseinandersetzung über Streitfälle. Intransitive Macht beendet also nicht transitive Machtausübung oder hebt sie einfach in einem ‚zivilisierten' *modus operandi* auf. Sie legt vielmehr nur fest, was dem jeweiligen Streit entzogen ist und welche Regeln es bei seiner Austragung einzuhalten gilt. Gewissermaßen ist sie das Gehäuse transitiver Machtentfaltung – ein Gehäuse freilich, nach dessen Struktur sich die einander Bekämpfenden zu richten haben und dessen rollenspezifisch differentiell wirkenden Kraftfelder sie bei allen Auseinandersetzungen in diesem ‚gemeinsamen Handlungsraum' besser antizipieren als erst im Nachhinein zur Kenntnis nehmen. Von daher erschließt sich auch das fünfte Merkmal intransitiver Macht: Sie ist verhältnismäßig dauerhaft. Die Zeit ihres Wirkens ist obendrein anhand viel weniger griffiger Indikatoren nachzuvollziehen, als sie beim Blick auf die Dauer transitiver Machtentfaltung verwendbar sind. Die besten Indikatoren scheint die Ethnomethodologie mit ihren Konzeptualisierungen von Normalität und Rationalität zur Verfügung zu stellen. Im Kern laufen diese darauf hinaus, daß intransitive Macht im Rahmen einer wirklichkeitskonstruktiven Ethnie genau so lange bestehen und wirksam sein wird, wie jene zentralen Hintergrunderwartungen, die man in dieser Ethnie hegt, nicht nachhaltig diskreditiert werden.[37] Göhlers Formulierung dieses Sachverhalts lautet: Intransitive Machtbeziehungen sind aufgehoben im „stets symbolisch präsenten" Handlungsraum, in dem die menschliches Zusammenleben erst ermöglichenden gemeinsamen Wertvorstellungen und Orientierungen enthalten sind und in dem sie sich wandeln können.

---

37 Vgl. ebd., S. 56ff. und 110ff.

Tabelle 1: Merkmale transitiver und intransitiver Macht

Merkmale	intransitive Machtbeziehungen im gemeinsamen Handlungsraum	transitive Machtbeziehungen im strategischen Handlungsraum
Verortung	Strukturen, Diskurse, Symbole	Wille der Akteure
Verteilung	Positivsummenspiel	Nullsummenspiel
Richtung	reflexiv	nicht-reflexiv
Beziehung	nicht-konfliktiv	konfliktiv
Zeithorizont	Präsenzdauer gemeinsamer sozialer Wirklichkeit	Präsenzdauer des ausgetragenen Konflikts

2.2. Machtentfaltung im gemeinsamen Handlungsraum

Im gemeinsamen Handlungsraum werden jene Wertvorstellungen und Ordnungsprinzipien handlungsleitend, die eine Gesellschaft konstituieren und den Rahmen für das Akteurshandeln im strategischen Handlungsraum abgeben.[38] Ohne solche Fundierung in gemeinsamen Selbstverständlichkeiten wäre auch eine politische Gemeinschaft nicht möglich. Hannah Arendt[39] – auf welche sich Göhler in diesem Zusammenhang bezieht – hat diese Reflexivität intransitiver Machtbeziehungen besonders herausgestellt.[40] Arendt zufolge konstituiert sich Macht durch den artikulierten Konsens bzw. durch die Einigung von Individuen, in Gemeinschaften zu handeln und eben dadurch bestimmten Personen, Gruppen oder Institutionen Macht zuzuweisen:

„Was den Institutionen und Gesetzen eines Landes Macht verleiht, ist die Unterstützung des Volkes, die wiederum nur die Fortsetzung jenes ursprünglichen Konsenses ist, welcher Institutionen und Gesetze ins Leben gerufen hat. (...) Alle politischen Institutionen sind Materialisationen von Macht; sie erstarren und verfallen, sobald die lebendige Macht des Volkes nicht mehr hinter ihnen steht."[41]

Wenn ein Ermächtigter die aktuelle Unterstützung seiner Mithandelnden verliert und trotzdem herrschen will, wenn also aus gemeinsamem Handeln das Zusammentreffen von Befehl und Gehorsam wird und aus Ermächtigung Herrschaft, dann tritt – so Arendt – Gewalt an die Stelle von Macht. Diese Abgrenzung läßt den gemeinsamen Handlungsraum freilich über seinen realen Zustand hinaus harmonisch erscheinen. Um dies zu vermeiden, wird von uns das Konzept des gemeinsamen Handlungsraums erweitert.

Erstens sind gemeinsame Handlungsräume zwar sehr wohl die soziale Grundlage für Gesellschaften und deren politische Systeme. Doch differenziert wie Gesell-

---

38 Vgl. G. Göhler 1997, S. 44.
39 H. Arendt 1996.
40 In genau diesem Sinn ist Reflexivität auch ein Zentralbegriff ethnomethodologischer Analyse; siehe W. J. Patzelt 1987, S. 66-71. Göhler spricht hier von der ‚Selbstmächtigkeit' einer Gesellschaft.
41 H. Arendt 1996, S. 42.

schaften oder politische Systeme nun einmal sind, besteht auch eine Vielzahl von gemeinsamen Handlungsräumen: gemeinsam hinsichtlich der Selbstverständlichkeiten, welche die in ihnen Agierenden teilen, und so verschieden wie jene Selbstverständlichkeiten, die ganz unterschiedlichen Handlungszusammenhängen eben zugrunde liegen. Wenige Beispiele genügen zur Verdeutlichung. Der gemeinsame Handlungsraum beim Fußballspielen ist etwa ein anderer als jener der Vereinsfeier nach dem Spiel, auch wenn in ihm die gleichen Personen zusammenwirken; und der gemeinsame Handlungsraum einer Parlamentsfraktion ist ein anderer als jener des Parteitags, auf dem sich tags darauf alle Fraktionsmitglieder wiedersehen.[42] Ferner ist jede transitive Machtbeziehung in genau jenen gemeinsamen Handlungsraum eingebettet, der für die durchgeführte Auseinandersetzung jeweils inhaltlich relevant ist. Für die Analyse von Macht in Paarbeziehungen ist etwa der gemeinsame Handlungsraum konkurrierender Großbanken meist irrelevant, keineswegs aber das, was es in der jeweiligen Gesellschaft an selbstverständlichen Annahmen hinsichtlich der Geschlechterverhältnisse oder von ordnungsgemäßer Arbeitsteilung im Alltag gibt. Genau dieser gemeinsame Handlungsraum, der – je nach den Inhalten der machtdurchwirkten Interaktion von ‚kulturellen Partnern'[43] – als spezifischer Referenzrahmen ihrer Interaktion zu beachten ist, hält auch die Maßstäbe für ein Urteil darüber bereit, die Verwendung welcher Machtformen als legitim oder als gerade noch ‚in Ordnung' angesehen werden darf. Natürlich kann sich ein solches Urteil gleichermaßen auf das machtausübende Handeln von Personen, von Institutionen oder von ganzen Staaten beziehen.

Hier schließt unmittelbar eine zweite Erweiterung des Arendt'schen Machtkonzepts an. Je nach dem spezifischen gemeinsamen Handlungsraum, in dem Macht angewendet wird, können nämlich die als legitim geltenden Machtformen eben durchaus auch Gewalt einschließen. Beispielsweise kann es in einer Gesellschaft, die sich im Bürgerkrieg befindet, durchaus Konsens sein, dass der Streit zwischen kämpfenden Gruppen nun einmal unter Gewaltanwendung ausgetragen wird. Dann findet genau die Anwendung von, doch keineswegs der Verzicht auf, Gewalt die freiwillige Unterstützung der anderen Mitglieder der Gemeinschaft. Genau das macht es für Gesellschaften mit langer Bürgerkriegserfahrung ja auch schwierig, einen Weg zu gewaltfreien Formen heftiger Auseinandersetzung zu finden.

Noch zwei weitere Schwachstellen hat das viel eher normativ als analytisch angelegte Machtkonzept Arendts. Zum einen liefert es keine Erklärung dafür, wie man sich das Zustandekommen des gemeinsamen Handlungsraums konkret vorzustellen hat. Zum anderen beruht es auf der empirisch wohl nicht haltbaren Annahme, daß

---

42 In der Ethnomethodologie sind diese Zusammenhänge besonders einfach auf klare Begriffe zu bringen: Eine Ethnie – Fußballspieler auf dem Platz oder bei einer Feier, Abgeordnete einer Fraktion, Delegierte eines Parteitags usw. – bringt genau jene soziale Wirklichkeit hervor, welche kompetente Mitglieder dieser Ethnie ihrem gemeinsamen Handeln zugrunde legen.

43 Auch hier ist es ein Begriff der ethnomethodologischen Theorie wirklichkeitskonstruktiver Praktiken, welcher ansonsten schwer formulierbare Sachverhalte anschaulich zu benennen vermag. Siehe zu ihm und seinen Kontextkonzepten W. J. Patzelt 1987, S. 59ff.

gemeinsame Werte und Normen sich gewissermaßen naturwüchsig durch Kommunikation einstellen. Den wichtigen Schritt weiter weist Gramscis Beobachtung, daß den gemeinsamen Handlungsraum als einen wirklich gemeinsamen nur die Hegemonie einer Figuration von Wertvorstellungen und Ordnungsprinzipien konstituiert, und zwar eine Hegemonie, die durchaus mittels transitiver Macht herbeizuführen und aufrechtzuerhalten ist.[44] Die genaue Methodik des Herstellens und der Absicherung einer solchen ‚kulturellen Hegemonie' hat die Ethnomethodologie ausgearbeitet, insbesondere in ihrer Theorie der ‚politics of reality'.[45] Diese zeigt, daß sich die selbstverständlichen ‚Gemeinsamkeiten' im Handlungsraum nicht irgendwelcher prästabilierter Harmonie verdanken, sondern daß sie im Grunde höchst störanfällige, durch geeignete Formen der Institutionalisierung aber gegen solche Störungen sehr zuverlässig absicherbare Prozeßprodukte gerade auch transitiver Machtanwendung sind.

Zwei Beispiele machen das wohl plausibel. Der Führungsanspruch der SED war im politischen und gesellschaftlichen Leben der DDR ein nicht nur wohlbekannter, sondern ein weitestgehend auch akzeptierter und jedenfalls zentraler Teil des gemeinsamen Handlungsraumes im ostdeutschen politischen System. Obschon in den Jahren der Republikgründung gegen bis zum Aufstand reichenden Widerstand implementiert, war der Führungsanspruch der SED spätestens für die dritte Generation der DDR-Bürger ganz selbstverständlich geworden, und zwar sowohl aufgrund einer von jedermann erfahrenen Alternativlosigkeit als auch durch die sehr überlegt auf dieses Ziel hinarbeitenden staatlichen wie gesellschaftlichen Praxen politischer Sozialisation. Obendrein wurde von den Adressaten dieser intransitiven Macht immer verläßlicher antizipiert, daß die im Prinzip doch mögliche Artikulation anderer Ordnungsprinzipien recht verläßlich abgestufte, durchaus auch exemplarisch gemeinte Bestrafungen nach sich ziehen würde,[46] die man wohl besser vermied. Zwar kam die intransitive Macht der SED nicht nur ‚aus den Läufen der Gewehre'; doch daß ihre Selbstverständlichkeit jederzeit durch gewaltsame Formen transitiver Macht gesichert werden konnte, war bis zum Einsetzen der Friedlichen Revolution so gut wie jedem DDR-Bürger bewußt.

Ein weiteres Beispiel aus einem anderen Wirklichkeitsausschnitt ist der gemeinsame Handlungsraum im Institutionensystem der EU. Welche Wandlungen diesem gewünscht wurden, ließ sich während der Beratungen des Verfassungskonvents gut verfolgen. Wichtig war vor allem die Frage, welche Teile von nationalen gemeinsamen Handlungsräumen in einen größeren gemeinsamen Handlungsraum der EU aufgehen würden. Während die in der Grundrechtscharta festgehaltenen allgemeinen

---

44 „Die Tatsache der Hegemonie setzt zweifellos voraus, daß den Interessen und Tendenzen der Gruppierungen, über welche die Hegemonie ausgeübt werden soll, Rechnung getragen wird, dass sich ein gewisses Gleichgewicht des Kompromisses herausbildet, daß also die führende Gruppe Opfer korporativ-ökonomischer Art bringt." A. Gramsci 1994, S. 1567.
45 Siehe W. J. Patzelt 1987, S. 115-124 und ders. 1998.
46 Das ganze Inventar der hierfür nützlichen Methoden findet sich analysiert in W. J. Patzelt 1998.

Ordnungsvorstellungen – nämlich Grundfreiheiten, Gleichheit vor dem Gesetz, Solidarität, Bürgerrechte, Rechtsstaatlichkeit usw.[47] – kaum kontroverse Diskussionen nach sich zogen, war die konkrete institutionelle Ausgestaltung des erweiterten gemeinsamen Handlungsraums ziemlich umstritten. Das spiegelte sich in den Auseinandersetzungen um die künftige Rolle der Exekutive im Regierungssystem der EU: Sollte es nur einen einzigen herausgehobenen und starken ‚chief executive' geben, nämlich einen vom EU-Parlament gewählten Kommissionspräsidenten, oder sollte es eine doppelköpfige Exekutive geben, in welcher dem vom Parlament abhängigen Kommissionschef noch ein von den Regierungen der Mitgliedsstaaten gewählter Ratspräsident kontrollierend und machtbegrenzend zur Seite stünde? Tatsächlich ging es hierbei nicht bloß um die Ausgestaltung des künftigen strategischen Handlungsraums; vielmehr standen hinter diesen ‚institutionenpolitischen' Auseinandersetzungen sehr unterschiedliche, jeweils national geprägte und sich darum zum Teil auch widersprechende Ordnungsvorstellungen, von denen man – in aller Selbstverständlichkeit – auch die neu zu formende Regierungsstruktur der EU geprägt sehen wollte. Den aus dem nationalen Rahmen vertrauten gemeinsamen Handlungsraum auf die europäische Ebene ausdehnen zu wollen, war für jeden Mitgliedsstaat um so rationaler, als von der EU-Kommission auch immer mehr transitive Macht ausgeübt würde, was deren Eingrenzung durch gut zu den nationalen Interessen passende intransitive Machtstrukturen natürlich wünschenswert machte.

Ein vorzügliches Mittel, den Gebrauch an sich verfügbarer transitiver Macht durch Ausgestaltung eines solchen gemeinsamen Handlungsraums unwahrscheinlich zu machen, in dem unerwünschte transitive Machtmittel als illegitim gelten, besteht in der Prägung schon des Diskurses, in dem man sich über Probleme und akzeptable Problemlösungsmöglichkeiten verständigt. Tatsächlich ist der Gebrauch von in Diskursen geborgener Deutungsmacht sogar ganz unverzichtbar, wenn es um die Durchsetzung und Aufrechterhaltung von Wertesystemen geht. Am nächsten gelangt man ans Ziel diskursiver Sicherung eines gemeinsamen Handlungsraums wohl dann, wenn es gelingt, den in ihm zusammenwirkenden Akteuren die gemeinsamen Ordnungsvorstellungen und Wertemuster auch als in irgendeinem ontologischen Sinn ‚wahr' glaubhaft zu machen. Genau darum gehört die Verdichtung und Verbreitung von Diskursen, die solche Wahrheitsbehauptungen plausibilisieren, zu den zentralen Mitteln der Herstellung gemeinsamer Handlungsräume. Ebenso durchziehen in Gestalt solcher Diskurse sehr vielschichtige Machtverhältnisse ganze Gesellschaften. ‚Politische Korrektheit' zum Maßstab für die Einschätzung und Sanktionierung öffentlicher politischer Äußerungen zu machen, ist eine derzeit besonders gut sichtbare Anwendungsform von diskursiv begründeter intransitiver Macht. Je wirkungsvoller man solche Diskurse strukturiert, um so verläßlicher werden sie intransitive – und im Einzelfall auch transitiv anwendbare – Macht generieren. Foucault formuliert diese Beobachtung so:

---

47 Siehe Amtsblatt der Europäischen Union C 346/2000, S. 1-22.

"There can be no possible exercise of power without a certain economy of discourses of truth which operates through and on the basis of this association. We are subjected to the production of truth through power and we cannot exercise power except through the production of truth."[48]

Ordnungsvorstellungen eines bestimmten gemeinsamen Handlungsraumes können in Foucault'scher Lesart allerdings nur dann dauerhaft in Geltung sein, wenn der dahinterstehende Wahrheitsanspruch in sogenannten ‚Dispositiven' verfestigt wird. Diesen Begriff kann man ganz im Sinn der militärischen oder geopolitischen Rede von ‚Machtdispositiven' verstehen: Die hier interessierenden Machtdispositive sind nämlich „Diskurse, Institutionen, architekturale Einrichtungen, reglementierende Entscheidungen, Gesetze, administrative Maßnahmen, wissenschaftliche Aussagen, philosophische, moralische und philanthropische Lehrsätze, kurz: Gesagtes ebenso wohl wie Ungesagtes".[49] Solche Dispositive transportieren Bedeutungen, durch welche die Wahrnehmung der sozialen Welt strukturiert wird. Die Durchsetzung von Bedeutungen lässt sich meist nur im Nachhinein rekonstruieren, nur zu einem recht unsicheren Grad planen und in der Praxis kaum einmal als bewußter – und dann auch noch erfolgreicher – Akt einzelner Akteure erklären. Doch gemeinhin haben jene Akteure besonders große Chancen, die von ihnen gewünschten Bedeutungen in weit verbreiteten Gebrauch zu bringen, welche über ein großes Maß an sozialer Anerkennung und Prestige verfügen. Erst diese – von Bourdieu ‚symbolisch' genannte – Macht verschafft den ökonomischen, politischen und kulturellen Machtinhabern nicht nur Durchsetzungskraft, sondern auch noch jene Anerkennung, die allein das einmal Durchgesetzte auch auf Dauer zu stellen erlaubt sowie nachhaltig gesicherte Herrschaft ermöglicht. Bedeutungsverdichtende Symbole und bedeutungsfixierende Rituale dienen also der Legitimation von Herrschaft, indem sie konkrete und physisch wirksame Macht in anerkannte und darum auch geistig wirksame Macht transformieren.

Fern von allen bei Hannah Arendt anklingenden Harmonievorstellungen erweist sich der gemeinsame Handlungsraum hier als Erzeugnis von Deutungskämpfen, bei welchen um nicht weniger gerungen wird als um die Durchsetzung und Hegemonialisierung von Wertvorstellungen und Ordnungsprinzipien sowie um solche Wahrheitsbehauptungen, welche das Hegemoniale dann auch noch ontologisch oder

---

48 M. Foucault 1997, S. 543.
49 M. Foucault 1978, S. 119f. In ähnlicher Weise betont Bourdieu 1975, dass es die herrschenden *Symbole* sind, welche die gesellschaftlichen Unterschiede bestimmen und sichtbar machen. In der Ethnomethododologie fällt das gleiche Thema unter den Begriff der ‚Vorfeldmethoden' von Wirklichkeitskonstruktion.

transzendent absichern sollen.⁵⁰ Aus guten Gründen vollziehen sich solche Kämpfe um die reale wie die kognitive Wirklichkeitskonstruktion oft in Form von Auseinandersetzungen um die Bedeutung und Verwendung von Symbolen: Letztere bringen jene überaus komplexen Dinge, die es zu verhandeln oder zu erstreiten gilt, auf jenes Maß alltagspraktischer Erfaßbarkeit, das allein ihnen jene Schwungmasse an Kombattanten bescheren kann, welcher es für die praktische Durchsetzung der einen Weltsicht und Wertorientierung anstelle einer anderen nun einmal bedarf. Die Deutungskämpfe selbst laufen natürlich, unter Anwendung transitiver Macht, im strategischen Handlungsraum ab, haben freilich die Ausgestaltung des gemeinsamen Handlungsraums und die Entscheidung über die anschließend verfügbaren intransitiven Machtressourcen zum Ziel. Denn finden sich jene Symbole und diskursiven sowie sozialen Strukturen erst einmal durchgesetzt, so sind sie eben nicht mehr Gegenstand von Auseinandersetzungen. Gewissermaßen sind sie vom strategischen Handlungsraum in den gemeinsamen Handlungsraum ‚aufgehoben' worden, und zwar in des Wortes dreifacher Bedeutung von *tollere*, *elevare* und *conservare*, also von beseitigen, hochheben und aufbewahren.

Nochmals sei betont, daß damit keinerlei ‚automatische' Aufrechterhaltung der erreichten ‚kulturellen Hegemonie' einhergeht. Sie auf Dauer zu stellen verlangt vielmehr kontinuierliche, aktive und überdies erfolgreich betriebene und über bloßes Kommunikations- und Wahrnehmungsmanagement weit hinausgehende ‚politics of reality': mit wirksamen Vorfeldmethoden zur Integration möglichst aller Angehörigen der in Betracht kommenden Gemeinschaft, mit entschlossenen Ausgrenzungsmethoden gegenüber Störern und Abweichlern, sowie mit beherzten Liquidierungsmethoden, die tunlichst in allen Fällen hartnäckigen Widerstands gegen die nunmehr hegemonialen Selbstverständlichkeiten anzuwenden sind.⁵¹ An solche Theoreme und empirischen Beobachtungen sind vielerlei sozialwissenschaftliche Theorien anschlußfähig. Etwa ist der Machtbegriff verschiedener Systemtheorien um die wirklichkeitskonstruktive Rolle von Kommunikation gelagert. Bei Parsons entsteht Macht aus der Fähigkeit sowohl der Machtausübenden als auch der Machtunterworfenen, solchen verbindlichen Verpflichtungen Folge zu leisten, die auf gemeinsame Ziele ausgerichtet sind.⁵² Offenbar kann die verfügbare Machtmenge dann um so

---

50 Göhler formuliert zu jenen Wertvorstellungen und Ordnungsprinzipien, um deren mögliche Hegemonie es geht: „Einmal herrschend, geben sie allerdings zugleich eine legitime, von allen geteilte Weltsicht, die den Wahrnehmungsraum der einzelnen Klassen gemeinsam strukturiert. In welcher realen Form der gemeinsame Handlungsraum zustande kommt und Bestand hat, welche Wertvorstellungen und Ordnungsprinzipien sich als die maßgebenden durchsetzen und etablieren, ist nicht nur eine Frage des Konsenses und der Überzeugung, sondern auch der Kräfteverhältnisse in der transitiven Macht der Akteure." Siehe G. Göhler 1997, S. 42-46, bes. S. 46.
51 Siehe hierzu W. J. Patzelt 1998.
52 Vgl. etwa die folgende Formulierung von Parsons: Macht ist die „generalized capacity to serve the performance of binding obligations by units in a system of collective organization when the obligations are legitimized with reference to their bearing on collective goals." Siehe T. Parsons 1960, S. 237.

stärker anwachsen, je mehr Vertrauen die Regierten den Regierenden entgegenbringen. Und faßt man dabei Macht ohnehin als generalisiertes Zahlungsmittel auf, ganz analog zum Geld in der Wirtschaft, so erkennt man in solchermaßen vergrößerter Macht genau das politische Analogon zum Kredit in der Wirtschaft.[53] Dergestalt entsteht der gemeinsame Handlungsraum samt der in ihn eingelassenen Ressourcen intransitiver Macht durch vertrauensstiftende und vertrauensrechtfertigende Kommunikation gemeinsamer Ziele. Endet dieser Kommunikationsprozeß, oder erodiert – etwa durch wiederholte Handlungen, die gemeinsame Erwartungen diskreditieren – das jenen Kommunikationsprozeß tragende Vertrauen, so löst sich auch die im gemeinsamen Handlungsraum geborgene intransitive Macht auf.

Zusammenfassend läßt sich darum formulieren: Intransitive Macht wird ‚gespeichert' in kulturellen Standards, Verhaltensnormen und politischen Ordnungsvorstellungen, die durch vertrauenssichernde Kommunikation und Aktion in Geltung gehalten werden. Dabei haben Symbole eine zentrale Katalysatorfunktion, weil sie einzelne Ordnungsvorstellungen und Verhaltensstandards repräsentieren können und so den gemeinsamen Handlungsraum strukturieren. Sie führen vor allem und oft höchst wirkungsvoll vor Augen, welche gemeinsamen Werte und Ordnungsprinzipien in einem Gemeinwesen tatsächlich als Grundlage legitimer transitiver Machtausübung gelten.[54] Neue, gar gegenläufige Ordnungsvorstellungen und Werthaltungen müssen, um Teil des gemeinsamen Handlungsraums werden zu können, in diesen Kommunikationsprozess eingebracht werden, was dann nicht selten in Form von Deutungskämpfen zwischen den Verfechtern der neuen und der alten Wertvorstellungen geschieht. Gelingt es, die neuen Werthaltungen zumindest gleichberechtigt neben den traditionellen zu implementieren, so verändert sich auch schon der gemeinsame Handlungsraum: Die in ihm verfügbare soziale Wirklichkeit erhält zumindest einen neuen Akzent; vielleicht kommt es auch zu einem Realitätsübergang; und am Ende mag die Destruktion der einen und die Neukonstruktion einer alternativen sozialen Wirklichkeit stehen.[55]

Natürlich kann es schwer sein, zu einem gegebenen Zeitpunkt die genaue Beschaffenheit jenes Bestands an Wirklichkeitselementen zu erfassen, die einen bestimmten gemeinsamen Handlungsraum ausmachen. Das erschwert dann auch die Nachzeichnung von Prozessen des Wandels gemeinsamer Handlungsräume. Einfacher ist es schon, die unumstrittenen Selbstverständlichkeiten von jenen Vorstellungen und Handlungserwartungen zu unterscheiden, die noch Gegenstand wirklichkeitskonstruktiver Machtkämpfe sind. Zumal dann, wenn der gemeinsame Handlungsraum ohnehin im Wandel oder gar in Zerstörung begriffen ist, treten bisherige

---

53 So auch Luhmann, für den Macht ein „symbolisch generalisiertes Medium der Kommunikation" ist; siehe N. Luhmann 1988, S. 3.
54 Vgl. G. Göhler, Macht. Ringvorlesung "Grundbegriffe der gegenwärtigen politischen Theorie", FU Berlin, 14.11.02. Internet-Quelle: http://www.polwiss.fu-berlin.de/theorie/macht1.htm, letzter Zugriff am 01.07.05.
55 Zur ethnomethodologischen Erfassung aller dieser Vorgänge mit mikroanalytischen Konzepten siehe W. J. Patzelt 1987, S. 106ff.

Überzeugungen und Ordnungsvorstellungen aus dem Bereich des Selbstverständlichen heraus und werden ganz offen zum Gegenstand von Auseinandersetzungen, die im Modus transitiver Machtbeziehungen ausgetragen werden. Doch es ist durchaus möglich, mit diesen Schwierigkeiten zurechtzukommen. Auf der mikroanalytischen Ebene sind etwa die Theoreme und Methoden der Ethnomethodologie höchst hilfreich, die ohnehin zu keinem anderen Zweck entwickelt wurden, als die Konstruktion, Reproduktion, Modifikation und Destruktion wirklichkeitskonstruktiver Selbstverständlichkeiten empirisch zu erforschen. Bei der Analyse von Verbreitungs- und Verteilungszuständen von Ordnungsvorstellungen und Werthaltungen mögen ferner die in der neueren kulturwissenschaftlichen Evolutionsforschung so fruchtbaren Konzepte der Memetik hilfreich sein.[56] Obendrein kann man mit dem klassischen Instrumentarium der empirischen Sozialforschung Indikatoren des Bestehens und der Veränderung gemeinsamer Handlungsräume untersuchen, wie sie etwa als Wahrnehmung, Akzeptanz, Performanzbeurteilung oder Vertrauenslage von Institutionen klassische Gegenstände der politischen Kulturforschung sind.

3. *Machtentfaltung im strategischen Handlungsraum*

3.1. Machtformen

Der Begriff ‚Machtformen' erfaßt die Art und Weise, in der es Akteuren gelingt, ihren Willen gegenüber anderen durchzusetzen, die Willensdurchsetzung anderer zu verhindern oder selbst schon jene Begriffe und Diskurse zum eigenen Vorteil zu prägen, in denen über das gestritten wird, was durchgesetzt oder verhindert werden soll. Unterschieden werden diese Machtformen nach den unterschiedlichen Stufen bzw. Intensitäten der Ausübung transitiver Macht. Sie sind zwischen zwei Polen zu verorten. Am ersten Pol greifen die beteiligten Akteure auf gemeinsame Werte, Regeln, Ziele oder Interessen zurück und bewegen sich noch im gemeinsamen Handlungsraum, wobei die Machtadressaten den Forderungen der Machtträger in freiwilliger Zustimmung nachkommen.[57] Am zweiten Pol wird der Widerstand von B gegen die Forderungen von A mit physischer Gewalt gebrochen.

So konzeptualisiert, geben Machtformen an, mit welchen Mitteln Streit zwischen Akteuren ausgetragen wird und welche Gestalt transitive Macht dabei jeweils annimmt. Weil in die Konzeptualisierung der Machtformen die Intensität oder Wucht der eingesetzten Machtressourcen eingeht, informiert die Nennung angewandter

---

56 Siehe R. Dawkins 1982, 1993; D. Dennett 1990; S. Blackmore 1999.
57 Das Begriffspaar Machtträger und Machtadressat besagt hier nur, daß in einer konkreten sozialen Beziehung von einem Akteur bzw. einer Akteursgruppe A eine spezielle Machtforderung ausgeht, welche an B gerichtet ist. Diese Forderung kann sich auf sehr begrenzte Handlungen beschränken, doch auch von grundsätzlicher Bedeutung für das Machtverhältnis sein. Die folgenden Beispiele beschränken sich zwar auf politische Institutionen, verdeutlichen aber Zusammenhänge, die für alle Machtverhältnisse gelten.

Machtformen auch über die Art bestehender Machtverhältnisse sowie über die Wahrscheinlichkeit von deren Stabilität und Dauer. Selbstverständlich besagen rein empirisch konzeptualisierte Machtformen aber nichts über ihre jeweilige normative Qualität und auch nichts über die Ziele derer, die sie nutzen. Am ersten Pol der Machtformen kann die widerstandslose oder gar freiwillige Hinnahme repressiver Machtverhältnisse sowohl rational als auch bloß feige sein; und am zweiten Pol der Machtformen mögen viele es befürworten, wenn ein freiheitlicher Staat sogar physische Gewaltsamkeit zum Schutz seiner Institutionen praktiziert, werden es aber ablehnen, wenn das gleiche eine Diktatur zur ihrer Selbstverteidigung unternimmt.

Wie lassen sich solche Machtformen nun aber konkret und über die Nachzeichnung des ohnehin Sichtbaren hinaus unterscheiden? Uns scheint es besonders fruchtbar zu sein, Machtformen nach der Art und dem Grad der bei ihrer Anwendung verhängten *Sanktionen* zu gliedern. Unter einer Sanktion verstehen wir zunächst nichts anderes als eine Reaktion auf Verhalten. Sodann differenzieren wir diesen Begriff: ‚Positive Sanktionen' folgen auf erwünschtes oder auf solches Verhalten, das auf gemeinsam anerkannten Regeln und Zielen beruht, und sind somit Belohnungen; hingegen erfolgen ‚negative Sanktionen' bei unerwünschtem oder gegen gemeinsam anerkannte Regeln und Ziele sich vergehendem Verhalten, weswegen sie Bestrafungen sind. Für Belohnungen stehen vielerlei immaterielle und materielle Gratifikationen zur Verfügung, für Bestrafungen mannigfache kommunikative und physische Zwangsmittel. Was von alledem überhaupt verfügbar ist, hängt von der materiellen Kultur, was legitim verfügbar ist, vom gemeinsamen Handlungsraum ab. Im übrigen scheinen das Ausmaß und Profil sowohl der materiellen als auch der legitimen Verfügbarkeit von Sanktionen an jeweils konkrete Institutionen gebunden zu sein. Diese können sich im Grenzfall, wie etwa Militär, Polizei und Justiz, sogar durch die genau ihnen verfügbaren Sanktionen kennzeichnen. Im übrigen lassen sich Institutionen und die für sie typischen Sanktionen nach Machttypologien unterscheiden, wie sie etwa John K. Galbraith oder Stefan Hradil entwickelt haben: nach repressiver, kompensatorischer und konditionaler Macht oder Machtausübung im ersten Fall, und nach bestrafender, belohnender oder manipulierender Machtentfaltung im zweiten Fall.[58]

Ferner sind beim Umgang mit sowohl positiven als auch negativen Sanktionen drei Abstufungen in der jeweiligen Machtanwendung zu unterscheiden: *sanktionsfreie, sanktionsankündigende*[59] und *sanktionsanwendende* Macht. Natürlich markieren diese Begriffe nur Bereiche mit fließenden Übergängen auf einem Kontinuum. Eine (eher) *sanktionsfreie* Machtbeziehung setzt im gemeinsamen Handlungsraum an. Bei ihr wird von den Akteuren auf gemeinsam akzeptierte oder zumindest tolerierte Normen und Interessen zurückgegriffen. Die Machtadressaten stimmen den Vorstellungen und Zielen der Machtträger weitgehend zu und erkennen dort viel-

---

58 Siehe J. K. Galbraith 1987 und S. Hradil 1980.
59 Es ist besser von sanktionsankündigender als von sanktionsandrohender Macht zu sprechen, weil zu den Sanktionen ja auch Belohnungen gehören, welche gerade nicht ‚angedroht', sondern in Aussicht gestellt, d.h. angekündigt werden.

leicht gar ihre eigenen Vorstellungen und Ziele wieder. Also wird kritisches Hinterfragen unterbleiben und das Gewünschte als ganz normal und legitim behandelt werden. Folglich gibt es keinen Raum für tiefergehende Zweifel, für Widerstreben oder gar für Widerstand. Das versetzt die Machtträger in die Lage, ihren Willen auch ganz ohne Anwendung von Sanktionen und somit überaus ressourcensparend durchzusetzen.

Besonders vorteilhaft scheint es für die Stabilisierung einer solchen Lage zu sein, mögliche Interessen- oder Wertkonflikte zwischen Machtträgern und Machtadressaten zu verdecken sowie überhaupt das hintergründige Bestehen harter – und recht asymmetrischer – Machtstrukturen zu verhüllen. Dann wird nicht schon die bloße Existenz von Repressionsmöglichkeiten zum Ärgernis, aus dem sogar Revolten entstehen könnten, die sich nicht erst gegen tatsächlich angewandte Repression, sondern bereits gegen grundsätzlich mögliche Machtentfaltung richteten. Diese Form einer Machtausübung mittels Invisibilisierung von Macht kommt allerdings in freiheitlichen Staaten an eine grundsätzliche Grenze: Dort sind ja gerade Machtverhältnisse und ihre Kontrolle ein zentrales Thema politischer und bürgergesellschaftlicher Diskurse.[60] Allerdings wird in freiheitlichen Staaten diese potentielle Schwächung der Möglichkeit sanktionsfreier Machtausübung dadurch kompensiert, daß sehr differenzierte Machtstrukturen aufgebaut werden können und dann zu einer Machtdispersion führen, die sich wuchtvoller Gegenmacht leicht entzieht: nämlich durch gewaltenteilende, pluralistische Strukturen samt einer tendenziellen Rücknahme der machtausübenden Institutionen des Staates auf solche Aufgaben, die wirklich nur der Staat subsidiär übernehmen kann.

Eine weitere Form sanktionsfrei ausgeübter Macht zeigt sich in der Ausübung einer für alle praktischen Zwecke sichergestellten kulturellen Hegemonie mit ihren wirklichkeitskonstruktiven Folgen der Kommunikationssteuerung, des Erfahrungsmanagements und der Symbolfunktionalisierung.[61] Solche kulturelle Hegemonie kann so weit reichen, daß die Machtadressaten gar nicht mehr auf die Idee kommen, in der ihnen als ganz selbstverständlich erscheinenden sozialen oder politischen Wirklichkeit würden ihre Interessen hintangestellt oder gar unterdrückt. Die herrschenden Ideen sind dann tatsächlich die Ideen der Herrschenden *und* der Beherrschten. Und wessen Deutungsmacht erst einmal so immens weit reicht, der kann im konkreten Streitfall dann auch mit meist wirklich nur geringem Aufwand seinen Willen selbst gegen Widerstreben durchsetzen. Im Grenzfall ist nicht einmal die Ankündigung von Bestrafungen erforderlich: Es reicht, wenn die Vorteile einer Kooperation mit den Machthabern allgemein bekannt sind.

Die nächste Form einer sanktionsfreien Machtausübung ist der bewußte Umgang von Machtträgern mit ihrem *Ruf*, sich – ganz gleich ob mittels positiver oder negativer Sanktionen – durchsetzen zu können.[62] Natürlich hatte und hat man für solchen

---

60 Vgl. J. Gebhardt/H. Münkler 1993, S. 8.
61 G. Göhler 1997, S. 21ff.
62 W. J. Patzelt 2003a, S. 40.

Ruf auch einiges zu tun: Die Machtadressaten müssen schon gelernt haben oder immer wieder einmal vor Augen geführt bekommen, daß ihr Widerstand gegen die Machthaber auf einem Kontinuum zwischen ‚nicht im eigenen Interesse liegend' und ‚ohnehin zwecklos' liegt. Wurde solche Einsicht aber zur kollektiven Selbstverständlichkeit im gemeinsamen Handlungsraum, so reichen in der Regel bloße Hinweise auf die weitere Nützlichkeit dieser Einsicht, um sie auch fürderhin handlungsleitend zu machen. Also wirkt diese Form sanktionsfreier Macht über einen Antizipationsmechanismus und bezieht seine stabilisierende Kraft aus dem Wunsch, Machtproben zu vermeiden. Stabil bleiben und stabil funktionieren wird eine solche Antizipationsschleife, welche die sichtbare Ausübung von Sanktionen ganz unnötig macht, aber nur solange, wie die Vermutung verbreitet ist, hier würde ein *reales* Ereignis antizipiert und durch dieser Antizipation folgende Handlungen eben abgewendet, nicht aber ein *bloß befürchtetes* Ereignis vorhergesehen, das keineswegs als solches, sondern nur hinsichtlich der durch seine Erwartung ausgelösten Furcht in Rechnung zu stellen wäre. Antizipationsmechanismen wirken darum nur zeitweise sanktionsfrei und müssen immer wieder durch exemplarisch verhängte Sanktionen reproduziert werden. Im Grunde stellen sie darum eine hybride Machtform dar, die sowohl sanktionslos funktionieren kann als auch Mal um Mal Sanktionsankündigungen und Sanktionsanwendungen notwendigerweise einschließt.

Die Reihe der *sanktionsankündigenden* Machtformen setzt damit ein, daß die wahrscheinlichen Folgen weiterer Widersetzlichkeit sorgsam vor Augen geführt werden. Das wird spätestens dann erforderlich, wenn die von den Machthabern aufgestellten Forderungen nicht mehr hinreichend befolgt werden. Ursache dafür kann sein, daß die bislang wirksamen Antizipationsmechanismen ohne erneute Bestätigung des Realitätsgehalts der Antizipation ihre handlungsprägende Kraft verlieren, oder daß sich die Machtadressaten ihrer eigenen, von jenen der Machtträger abweichenden Interessen, Ziele und Werte bewußt werden sowie vielleicht obendrein auch noch die Wucht ihrer eigenen Machtressourcen erkennen. Dabei wird die erste Stufe einer Verweigerung von bisherigem Gehorsam selten im offenen, gewaltsamen Aufbegehren bestehen, sondern häufiger in vernehmlich geäußerten Zweifeln an der Rechtmäßigkeit der gestellten Forderungen oder an der weiteren Durchsetzungsfähigkeit der bislang unbestrittenen Machthaber. Also muß sich der so lange nicht in Frage gestellte Machtanspruch nun rechtfertigen und als mehr denn eine bloße Geste beweisen.

In dieser Lage wird es meist zur nächsten Form der Machtausübung kommen. Sie besteht in der Einforderung von demonstrativer Folgsamkeit und soll im folgenden nur bei ihrer Anwendung durch politische Akteure betrachtet werden. Wie groß die Anzahl der vernehmlich Zweifelnden sein muß oder wie weit deren Zweifel an der Legitimität und vielleicht auch schon an der Durchsetzungskraft der Machtträger zu sein haben, damit als Gegenreaktion zu dieser weiteren Machtform gegriffen wird, hängt stark von den Leitideen des jeweiligen institutionellen Akteurs, von der Funktionslogik des politischen Systems, das Machtträger und Machtadressanten verbindet, sowie von der konkreten Handlungssituation ab. Ein totalitäres politisches System, das die völlige Unterwerfung seiner Adressaten fordert, wird bereits kleinstem Ungehorsam demonstrativ begegnen, weil selbst vereinzelte Widersetzlichkeiten das Machtprinzip insgesamt in Frage stellen könnten.[63] Ganz andere Toleranzgrenzen werden aber dort gelten, wo – wie in freiheitlichen Verfassungsstaaten – genau die Konkurrenz von Machtträgern gewünscht ist und eine Selbstorganisation der Bürgerschaft angestrebt wird, welche diese zur eigenen politischen Machtausübung befähigt. Erfahrungsgemäß wird aber auch ein Rechtsstaat in Situationen existentieller innerer oder äußerer Bedrohung demonstrative Folgsamkeit seiner Bürger einfordern.

Charakteristisch für die Verwendung dieser sanktionsankündigenden Machtform ist das Bestreben der Akteure, einen eskalierenden Konflikt und schon gar einen offenen Bruch zwischen den konkurrierenden Gruppierungen zu vermeiden. Dieser Versuch ist durchaus rational:[64] Wo demonstrativer Gehorsam mittels einer Sanktionsankündigung verlangt wird, dort werden gewaltige Bindungskräfte zwischen jenen freigesetzt, die sich auf der einen Seite gegen solchen Gehorsam, auf der anderen Seite für dessen Erzwingung entschieden haben. Zwischen ihnen kommt es rasch zu einem Nullsummenspiel, welches die Logik der Eskalation attraktiver macht als

---

63 Bezüglich realsozialistischer Staaten beschreibt S. Wolle die latenten Schwächen dieser Machtform so: „Die politische Wirkung des kollektiven Unterwerfungsrituals (der Bürger unter den Staat) wird durch den offenen Widerspruch selbst einer kleinen Minderheit – oft sogar nur eines Einzelnen – in ihr Gegenteil verkehrt. Dies ist die entscheidende Schwäche des totalitären Staates. Im selben Augenblick, in dem Repression, Einschüchterung und ideologische Indoktrination gegenüber einer noch so kleinen Gruppe versagen, besteht die Gefahr der Nachahmung. Aus jedem Steinchen kann eine Lawine werden, die das scheinbar so festgefügte System zum Einsturz bringt." Siehe St. Wolle 1992, S. 77.

64 Nicht selten schließen die zur Sanktionsankündigung ermutigenden Zweifel an der Macht der anderen ja auch Zweifel an der eigenen Kraft ein. In solchen Fällen wird die demonstrative Sanktionsankündigung gegenüber einem Gegner auch als Aufruf zur Geschlossenheit der eigenen Reihen zu verstehen sein. Ein Beispiel aus der Friedlichen Revolution zeigt das auf das klarste. Ende Januar 1990 versuchte die DDR-Regierung unter Hans Modrow, Vertreter des Runden Tisches in den Ministerrat einzubinden, um so dem Machtzerfall im zentralen politischen Entscheidungssystem der DDR entgegenzuwirken. Die zur Regierungsbeteiligung eingeladenen und am Zentralen Runden Tisch tätigen Bürgerbewegungen sowie die SDP hatten zunächst einmal keinerlei Interesse daran, ausgerechnet jene Macht zu stützen, die sie doch selbst tiefgreifend verändern oder sogar überwinden wollten. Erst angesichts der Androhung des Ministerpräsidenten, im Weigerungsfalle rasche Neuwahlen zur Volkskammer anzustreben, stimmten die oppositionellen Gruppen einer Regierungsbeteiligung zu, weil sie mangels arbeitsfähiger Organisationsstrukturen, geeigneten Personals und ausreichender Mittel zu dieser Zeit besonders schlechte Wahlaussichten gehabt hätten. Zusätzlich hatte auch die in der Regierung vertretene Ost-CDU den Druck auf die neuen politischen Bewegungen erhöht: Sie kündigte ihren eigenen und sofortigen Rückzug aus dem Ministerrat an, sollten sich SDP und Bürgerbewegungen nicht in die Regierung einbinden lassen. Speziell die SDP hatte in diesem Fall zu befürchten gehabt, daß die CDU – ihr härtester Konkurrent um die künftige Macht in der DDR – durch die Aufgabe ihrer Regierungsämter bei den Wählern viel weniger kompromittiert erscheinen konnte, als das wahltaktisch wünschenswert sein mußte. Dies alles vor Augen, trat die SDP in die DDR-Regierung ein, womit auch sie politische Verantwortung übernahm und sich aus der bequemen Rolle reiner Regierungskritik lösen mußte. Vgl. W. Jäger/M. Walter 1998, S. 56f.

eine Logik der Kompromißsuche. Interesse an der Vermeidung einer solchen vorhersehbaren Entwicklung der Lage haben darum meist alle Beteiligten: Kaum einem bleibt verborgen, daß die Kosten eines wirklich ernstgemeinten und alsbald ungehemmten Machtkampfes sehr hoch wären. Also werden die meisten Machtadressaten die Grundlagen des bisherigen Machtgefüges, vor allem die Wirtschafts-, Gesellschafts- und Staatsordnung, im Normalfall nicht in Frage stellen. Die Machtträger werden umgekehrt geneigt sein, bei einzelnen Streitpunkten ‚pragmatische' Lösungen anzusteuern, und zwar solange, wie damit kein zu befürchtender Gesichtsverlust einhergeht.

Bei dieser Machtform besteht ein höchst folgenreicher Vorzug demokratischer Verfassungsstaaten darin, daß eine große Zahl an – durchaus wechselseitig – ankündigbaren Sanktionen im System der Gewaltenteilung auch formal gut verankert und obendrein normativ ganz unproblematisch ist. Vor allem gibt es seit dem Aufkommen von Opposition und der Akzeptanz von Pluralismus von vornherein legitime Machtressourcen und Machtbestrebungen auch seitens derer, welche nicht über Regierungsmacht verfügen. Das bringt einesteils alle legalen Prozesse der Machtbehauptung und Machtveränderung, die in demokratischen Verfassungsstaaten ja sehr umfangreich vorgesehen sind, um jeglichen ‚normalitätsbedrohenden' Charakter. Und andernteils wird durch Legalisierung der allermeisten ankündigbaren Sanktionen der Prozeß von Machtbehauptung und Machtveränderung auch vergleichsweise gut kalkulierbarer und damit in seiner Eigendynamik meist beherrschbar. Das senkt die Scheu, sich auf prinzipiell mögliche Machtkonflikte wirklich einzulassen, und macht diese damit erst recht normal und unproblematisch.

Es kann sogar soweit kommen, daß man für bestimmte politische Situationen ausgewählte Formen der Sanktionsankündigung ganz bewußt als wünschenswerte Formen problemlösender Machtausübung empfiehlt und verfassungsrechtlich vorsieht. Zu ihnen gehört etwa die Möglichkeit des deutschen Bundeskanzlers, vor dem Bundestag die Vertrauensfrage zu stellen oder mit diesem Spielzug wenigstens zu drohen, oder die in manchen Staaten vorgesehene Möglichkeit eines abrogativen Referendums, mit dem vom Parlament beschlossene Gesetze im Weg einer Volksabstimmung aufgehoben werden können. In beiden Fällen setzt jede realistische Ankündigung, das jeweilige Instrument bald zu nutzen, einen völlig veränderten Wirklichkeitsakzent auf die Willensbildungsprozesse der politischen Klasse. Der Kerngedanke solcher ausdrücklich vorgesehener Sanktionen leitet sich aus der Zuversicht ab, politische Akteure und Institutionen seien im Grunde lernfähig, weshalb die Ankündigung einer Sanktion sich als Stimulus eines Lernprozesses auswirken könne. Recht oft ist das wirklich der Fall, und zwar nicht zuletzt wegen des Eigeninteresses von durch eine solche Sanktionsankündigung angegriffenen Akteuren, jenen Folgekosten zu entgehen, die beim Vollzug der angekündigten Sanktion dann auch zu tragen wären. In der Anwendungsphase sanktionsankündigender Macht ergeben sich darum oft Anreize und Möglichkeiten, Interessendivergenzen abzubauen oder bisherige Machtprozesse und Machtstrukturen so zu modifizieren, so daß schon die Ursachen für die im Machtspiel genutzte Sanktionsankündigung geringer werden oder entfallen. Machtausübung erweist sich in einem solchen Fall als überaus konstruktiv.

Doch natürlich wirken alle Varianten der sanktionsankündigenden Machtform nur dann, wenn die Adressaten entsprechender Ankündigungen hinlänglich davon überzeugt sind, die angekündigte Maßnahme träte bei Vorliegen ihrer Bedingungen auch wirklich ein und wirke effektiv. Sicher kann man bei Sanktionsankündigungen auch pokern. Doch funktioniert der Bluff nicht, so muß jener, der zu hoch gepokert hat, die von ihm eigentlich gar nicht eingeplanten Sanktionen dann trotzdem anwenden. Fehlen ihm dafür die Ressourcen, die Entschlossenheit oder beides, dann hat er im Wortsinn verspielt: mindestens seinen Ruf, womöglich auch seine Machtposition. Besser ist es in jedem Fall, mit Sanktionsankündigungen vorsichtig umzugehen, möglichst keine ungedeckten Wechsel auszustellen und zugleich die eigenen Machtmöglichkeiten immer wieder im kleinen Umfang zu demonstrieren und zu kommunizieren. Letzteres ist vergleichsweise risikolos sowie überaus massenwirksam und folgenträchtig.

Sanktionsanwendende Macht fordert Gehorsam mit möglichst unabweisbaren Mitteln ein. Positive Sanktionen nehmen hier die Form von Korruption an, negative Sanktionen die des Einsatzes von Zwangsmitteln wirklich aller Art. Letztere können vom eher sanften Ressourcenentzug bis zur intrigenartigen Mobilisierung von Gegenmacht, von der diffamierenden Ausgrenzung des Gegners aus dem Kreis ernstgenommener Politiker bis hin zum Einsatz physischer Gewalt reichen. Diese mag wiederum alle Formen annehmen zwischen der Mißhandlung, Verhaftung und Ermordung von Gegnern sowie dem Einsatz von Polizei oder Militär. Das alles mag zwar auch infolge einer Überreaktion eingesetzt werden. Doch in der Regel zeugt die Nutzung sanktionsanwendender Machtformen von der Unmöglichkeit, die eskalierten Interessenkonflikte mit den bisherigen sanktionsfreien oder bloß sanktionsankündigenden Machtformen zu bewältigen bzw. die hier und jetzt nötige Folgebereitschaft wichtiger Teile der Bürgerschaft zu gewährleisten. So gut wie immer betont sanktionsanwendende Macht darum erst recht den Unterdrückungscharakter bestehender Machtverhältnisse und verschärft die auszutragenden Konflikte viel eher als sie zu lösen. Im Grunde befindet man sich gleich nach der Anwendung der ausgewählten Sanktion in der Situation eines Nullsummenspiels, womit das nun allein noch politisch Wichtige sich verdichtet zur unweigerlich verlangten Antwort auf Lenins berühmte Frage: ‚Wer – wen?' Die Ergebnisse können dann von einer völligen Niederschlagung der Widerspenstigen über einen Pyrrhussieg bis hin zur vollständig gelingenden Revolution reichen.

Ein Entwicklungspfad zu so extremen Ergebnissen sanktionsanwendender Machtkämpfe wird in der Praxis nach Möglichkeit vermieden. In gut eingerichteten Institutionensystemen gibt es darum ein zwar effektiv wirkendes, doch weit unterhalb der Schwelle eines tiefgreifenden System- bzw. Institutionenumbaus operierendes System sanktionsanwendender Machtformen. Auf deren regelmäßige Benutzung in der Art des Schlagens von Figuren beim Schachspiel können sich sogar die selbstverständlichen Hintergrunderwartungen im gemeinsamen Handlungsraum richten. Das macht den Einsatz ‚zivilisierter' sanktionsanwendender Macht dann gegebenenfalls sogar zur selbstverständlichen Alltagspraxis. Etwa gehören in demokratischen Verfassungsstaaten etliche – für den legitimen Einsatz allerdings an klare Voraussetzungen gebundene – Praxen der Sanktionsanwendung zum normalen Repertoire der Akteure: von Arbeitskampfmaßnahmen, welche Tarifverhandlungen begleiten, über die Anrufung des Bundesverfassungsgerichts durch beim Gesetzgebungsprozeß unterlegene Parlamentsfraktionen bis hin zum ‚negative campaigning' in Wahlkämpfen. Das alles spricht für die Richtigkeit von Hannah Arendts Beobachtung, daß in der Entwicklung politischer Systeme und Institutionen mit dem Übergang zu demokratischen Verfassungs- und Herrschaftsverhältnissen eine zunehmende Verwandlung von Gewalt in Macht bzw. von Unterordnung der Macht unter das Recht einhergeht.[65]

Viele Varianten dieser sanktionsanwendenden Machtform werden dabei nicht nur legalisiert, sondern auch – als wechselseitig in Rechnung gestellte Regeln – zum Angelpunkt von institutionellen Mechanismen, die das Gesamtsystem zum guten Funktionieren unter wirkungsvollem Interessenausgleich bringen.[66] Je mehr letzteres zu mißlingen droht, wozu politische Handlungsfehler ebenso wie schlecht funktionierende institutionelle Mechanismen beitragen können, um so mehr Machtressourcen zunächst diskursiver, sodann auch wirtschaftlicher oder physischer Art dürften nötig werden, um gleichwohl gesellschaftliche und politische Integration zu bewerkstelligen. Irgendwann werden sie wohl auch den Rahmen des Normalen und gegebenenfalls Legalen überschreiten, womit das System auf die vor-rechtsstaatliche Stufe sanktionsanwendender Machtspiele zurückfällt.

3.2. Machtrelationen

Die eben behandelten Machtformen erfassen die unterschiedlichen Intensitäten oder Stufen transitiver Machtentfaltung. Doch zu welchen Machtrelationen oder Machtproportionen kommt es, wenn Macht konkret ausgeübt wird? Es macht ja nicht nur einen Unterschied, welche Machtressourcen konkret genutzt werden: von den Mitteln demagogischer Rhetorik über die Instrumente der Intrige bis hin zum Einsatz einer Armee. Sondern dieselben Machtressourcen von A werden sehr unterschiedlich in Abhängigkeit davon wirken, was ihnen B gegenüberstellen kann: keine Rhetorik oder überlegene Rhetorik, Naivität oder noch geschickteres Intrigantentum, einen Landsknechthaufen oder das US-Militär. Also muß ein komplexes Machtmodell neben den Modi von Macht (intransitiv vs. transitiv) und den Formen von Macht (von sanktionsfrei über sanktionsankündigend bis sanktionsanwendend) auch

---

65 H. Arendt 1996, S. 45; vgl. auch J. Gebhardt/H. Münkler 1993, S. 17. Umgekehrt ist es so, daß in noch gewaltbilligenden und nicht rechtsstaatlich befriedeten Kulturen der routinemäßige Einsatz von sanktionsanwendender Macht die Gefahr groß hält, daß das System, oder eine Institution innerhalb des Systems, an die Grenzen ihrer Belastbarkeit durch Machtkämpfe gedrängt oder gar über sie hinausgetrieben wird.
66 Zum Konzept und zur Analyse institutioneller Mechanismen siehe W. J. Patzelt 2003b, S. 66ff.

noch die Relationen in Machtverhältnissen erfassen. Hierfür ist das einst von Karl W. Deutsch in die Politikwissenschaft eingeführte Begriffspaar von Brutto- und Nettomacht sehr hilfreich.[67]

Der Begriff der Bruttomacht umfaßt alle Machtressourcen, deren Einsatz – ungeachtet aller Kosten, Risiken und Nebenwirkungen – dem Akteur A grundsätzlich möglich wäre. Doch einesteils wird ein Akteur selten bereit sein, zu wirklich jedem Preis und unter Inkaufnahme aller denkbaren Risiken und Nebenwirkungen tatsächlich alle seine Machtressourcen einzusetzen. Vielmehr wird er meist seine mittel- und langfristigen Interessen gegenüber den kurzfristigen Interessen abwägen oder jene Nachteile bedenken, die eine kurzfristig vorteilsverschaffende Mißachtung geltender Regeln oder bisheriger Wertvorstellungen nach sich ziehen dürfte. Etwa verzichteten die USA im Vietnamkrieg auf Atomwaffen und Deutschland im zweiten Irakkrieg auf ein an die USA gerichtetes Verbot, den deutschen Luftraum für militärische Nachschublieferungen zu benutzen. Andernteils hängt die Durchschlagkraft der Macht von A sehr stark auch davon ab, was B ihm real entgegensetzen kann. Eine Infanteriedivision des späten 19. Jahrhunderts wäre beispielsweise jeder Legion Cäsars weit überlegen gewesen, richtete hingegen wenig gegen ein Regiment moderner Panzergrenadiere aus. Und während die Grenztruppen der DDR in der Nacht zum 10. November 1989 kleinere Gruppen von Bürgern jederzeit hätten zurückweisen können, welche Schabowskis Interpretation des neuen Ausreisegesetzes überprüfen wollten, mißlang ihnen das schon im Ansatz angesichts von Tausenden, welche in Berlin an die Übergangsstellen strömten. Nettomacht – im Unterschied zur Bruttomacht – heißen darum aus guten Gründen jene Machtressourcen, die sich in einer gegebenen Situation von einem Akteur tatsächlich mit Erfolgsaussichten einsetzen lassen, der seine Chancen, Risiken und Folgekosten sorgfältig kalkuliert. Offensichtlich kann also dieselbe Menge an Bruttomacht sehr unterschiedliche Mengen an Nettomacht darstellen: Moltkes Heer gegenüber Cäsar oder General Schwarzkopf, dem US-Oberbefehlshaber im ersten Irakkrieg; oder die Kampfmittel der DDR-Grenztruppen am späten 9. November 1988 im Vergleich mit ihrem Wert am späten 9. November 1989. Machtanalysen führen darum leicht in die Irre, wenn sie nur auf die Bruttomacht eines Akteurs fixiert sind. Auf die Nettomacht aber lassen sie sich nicht für verallgemeinernde Zwecke richten: Zu verschieden fallen die Situationen aus, in denen die ‚eigentlich' verfügbaren Machtressourcen dann doch nichts oder umgekehrt ganz besonders viel nützen mögen, und zu unterschiedlich kann die Art und situative Stärke jener Gegner sein, mit denen man sich auseinanderzusetzen hat.

---

[67] K. W. Deutsch 1969, S. 172, formulierte diese Unterscheidung so: „Macht im Sinne von ‚wirksamer Macht' (gross power) ist zu verstehen als Grad der Wahrscheinlichkeit, mit der ein System, das gemäß seinem internen Programm handelt, eine bestimmte Menge von Veränderungen in seiner Umwelt bewirken kann; und Macht im Sinne von ‚wirklicher Macht' (net power) ist dann die Differenz zwischen dem Grad von Wahrscheinlichkeit, mit der diese Veränderungen in der Außenwelt bewirkt werden, und dem Grad von Wahrscheinlichkeit, mit der andere kritische oder relevante Veränderungen in der inneren Struktur des Systems entstehen."

‚Wirkliche' Macht im Wortsinn ist nun aber nichts anderes als jene Nettomacht, die ein Akteur in einer gegebenen Situation hat oder – höchst folgenreich – zu haben glaubt.[68] Präzisierend kann man diesbezüglich formulieren: Nettomacht ist die Differenz aus der Bruttomacht und dem, was von ihr unter spezifischen, situativ intervenierenden Faktoren wirklich zu gebrauchen ist. Diese Faktoren werden zwar bei Karl W. Deutsch nicht explizit konzeptualisiert. Doch Robert Dahl brachte sie auf den Begriff des ‚negativen Einflusses',[69] Niklas Luhmann auf jenen der ‚Gegenmacht'.[70] Letztere ist, so Luhmann, nicht nur ohnehin ein immanenter Bestandteil von Organisationen. Organisationen neigen vielmehr, wann immer sie Machtressourcen akquirieren, auch dazu, Gegenmacht nicht nur vorzufinden, sondern auch zu provozieren.[71] Das war etwa die Logik sowohl des Rüstungswettlaufs zwischen USA und UdSSR als auch des Flottenwettlaufs zwischen England und dem deutschen Kaiserreich. Im übrigen kann Gegenmacht nicht nur von den möglichen Adressaten der eigenen Machtprojektion aufgebaut oder ausgeübt werden, sondern sich ebenso in Form unerwünschter Nebenfolgen der Erwerbung und Ausübung von Bruttomacht einstellen. Die prekäre außenpolitische Lage des Deutschen Kaiserreichs vor dem Ersten Weltkrieg war beispielsweise großenteils auch eine Nebenwirkung der einfach sprunghaften Politik Wilhelms II. sowie seines öffentlichen Bramarbasierens, während Bismarck 1866 nach dem Sieg über Österreich mit seinen höchst maßvollen Friedensforderungen dem widerstrebenden Wilhelm I. vorgeführt hatte, wie man eine errungene Machtstellung gerade nicht durch vermeidbare nachteilige Nebenfolgen offenen Siegergehabes verkleinert.

Machtrelationen lassen sich also in drei Komponenten zerlegen: in Bruttomacht, in systemisch oder situativ intervenierende Gegenmacht, sowie in hieraus resultierende Nettomacht. Ein anschauliches Beispiel für deren Zusammenwirken bietet das politische System der EU. Dort kann der Europäische Rat, besetzt durch die Staats- und Regierungschefs, jene Personen bestimmen, welche einer neuen EU-Kommission angehören sollen und faktisch ‚die Regierung' der EU darstellen. Doch diese Bruttomacht wird dadurch eingeschränkt, daß die EU-Kommission der Zustimmung des Europäischen Parlaments bedarf und von diesem auch jederzeit gestürzt werden kann. Diese parlamentarische Gegenmacht mindert die Bruttomacht des Europäischen Rates ziemlich ab: Nur solche Kandidaten für das Amt eines EU-Kommissars lassen sich durchsetzen, welche auch die Zustimmung des Parlaments erlangen kön-

---

68 Hier wird das sogenannte Thomas-Theorem wirksam, benannt nach dem Soziologen W. I. Thomas. Es besagt: Wenn Menschen eine Situation als so und nicht anders beschaffen definieren sowie von dieser Situationsdefinition ausgehend handeln, dann sind die Folgen dieses Handelns real, ganz gleich wie irreal jene Situationsdefinition war. Vgl. R. K. Merton 1993.
69 R. A. Dahl 1976, S. 43ff. sowie ders. 1957.
70 N. Luhmann 1988, S. 41f. sowie S. 107f.
71 Siehe ders., S. 107ff.

nen.[72] Gegenmacht muß also nicht allein situativ oder – in Gestalt der Nebenwirkungen von (perzipierten) Machtprojektionen – kontingent entstehen, sondern kann auch systemisch verursacht sein. Innerstaatlich vollzieht sich das durch den Aufbau und die Nutzung von Systemen der Gewaltenteilung; zwischenstaatlich ist das ohnehin die Grundsituation der hobbesianischen Lage eines allgemeinen Sicherheitsdilemmas. Und natürlich sind für solche Machtrelationen informale Regeln nicht minder wichtig als die formalen.

Im übrigen lassen sich drei Klassen von Machtmöglichkeiten und Gegenmachtmöglichkeiten in solchen Machtrelationen unterscheiden. Für sie stehen die etablierten Begriffe der Durchsetzungsmacht, Verhinderungsmacht und Deutungsmacht zur Verfügung. Mit ihnen kann man sowohl die Ressourcen der Bruttomacht als auch jene von systemischer oder situativer Gegenmacht erfassen, und natürlich ebenso die Ressourcen jener Nettomacht, die sich aus beider Zusammenwirken ergeben wird. Durchsetzungsmacht ist der Hauptnenner von Max Webers bekannter Machtdefinition; Verhinderungsmacht wirkt dort, wo es dem Akteur B gelingt, eine Absicht oder Handlung des Akteurs A zu vereiteln; und Deutungsmacht ist uns bereits bei der Analyse von intransitiver Macht und ihrer Entfaltung im ‚gemeinsamen Handlungsraum' begegnet. Was dort durch die ‚politics of reality' auch abseits jeder ganz konkreten Zwecksetzung an wünschenswerten, an ‚richtigen' oder an sozial, kulturell oder politisch ‚korrekten' Denk- und Deutungsweisen reproduziert und in Geltung gehalten wird, läßt sich aber auch in den konkreten Machtprojektionen und Machtkämpfen transitiver Machtausübung bewerkstelligen. Dann geht es nämlich darum, auf einem aktuellen Politikfeld, oder auf mehreren aktuellen Politikfeldern, selbst gegen Widerstreben die Meinungsführerschaft zu erlangen, also gewissermaßen die ‚Lufthoheit über den Stammtischen'.

Vielerlei methodische Praktiken sind dafür geeignet und werden von politisch-publizistischen Praktikern in der Regel gut gekannt und geschickt genutzt. Zu ihnen gehört gekonntes ‚agenda setting' nicht minder als die nachhaltig erfolgreiche Besetzung von Symbolen bzw. von Begriffen mit Deutungen, welche die diskursiven Durchsetzungschancen der eigenen Akteursgruppe klar steigern, die der konkurrierenden hingegen stark verringern. Ein Beispiel hierfür sind die semantischen Konflikte, welche um die Neuregelung des § 218 StGB geführt wurden: Geht es hier – grundsätzlich oder in erster Linie – um das Selbstverfügungsrecht der Frau über ihren Körper und ihre Biographie, oder geht es hier – grundsätzlich oder in erster Linie – um das Recht eines ungeborenen Menschen auf sein Leben? Ein weiteres Beispiel ist der Streit um den richtigen Maßstab zur Beurteilung des jüngsten Irak-Krieges: Ist er vorrangig nach seinem Ziel zu beurteilen, nämlich der Beseitigung der Diktatur Saddam Husseins, oder vorrangig nach seinen Mitteln, nämlich der Verletzung völkerrechtlicher Normen?

---

72 Der gleiche Zusammenhang besteht auch innerhalb des Europäischen Rates: Die Bruttomacht jeder einzelnen Regierung, ‚ihren' Kandidaten zu benennen, wird durch die Regel eingeschränkt, daß für die Nominierung einer Kommission auch alle anderen Staaten dem Benennungswunsch eines einzelnen Staates zustimmen müssen.

Natürlich gibt es auch unterhalb der öffentlichen und privaten Erregungsschwellen dieser Beispiele noch genügend Exempel für das Ringen um Deutungsmacht, die sich im Netto als siegreich erweist. Etwa hatte das Europäische Parlament den Begriff der ‚europäischen Verfassung' schon sehr früh mit solchen Inhalten besetzt, die genau seinen Interessen zupaß kamen. Bereits durch den ersten Verfassungsentwurf aus dem Jahr 1953[73] und erst recht durch die nachfolgenden Entwürfe der Jahre 1984[74] und 1994[75] verband es den Begriff einer ‚Europäischen Verfassung' mit einer Vision von deren Inhalten, welche dem Europäischen Parlament eine starke und nationale Einflußnahmen auf das politische System der EG/EU wirksam abpuffernde Stellung zuschrieb.[76] Obendrein kleidete das Europäische Parlament seine – deutlich interessengeleiteten – Reformvorschläge mehrfach in die Form eines ‚*Verfassungsentwurfes*', wodurch auch symbolisch sehr dicht übermittelt wurde, hier gehe es um weit mehr als um bloße – und gar nationale – Interessen. Über solche, durchaus folgenreiche Deutungsmacht verfügte das Europäische Parlament in der Tat. Gerade die Geschichte der Europäischen Verfassungsgebung zeigt aber auch, daß eben nicht die Durchsetzungsmacht in den Händen des Parlaments liegt: Ausschlaggebend sind hier die Mitgliedsstaaten der EU und ihre Wählerschaften. Entsprechend kam auch keiner der vom Parlament je verabschiedeten Verfassungsentwürfe zustande, war aber die Deutung einer Europäischen Verfassung als eines Instruments zur Stärkung gerade auch der Position des Europäischen Parlaments stets wichtiger Teil jener Diskurse, die den Gang der Verfassungsberatungen begleiteten und konsolidierten.

3.3. Machtressourcen

Der Begriff der Machtressourcen bezeichnet die anschaulichsten Gegenstände jeder Machtanalyse: jene Mittel nämlich, die hier und jetzt irgendeine Möglichkeit der Machtentfaltung realisieren. Meist stehen Machtressourcen sogar im Mittelpunkt von Machtanalysen. Wenn sich deren Blick aber nicht über die eingesetzten Machtressourcen hinaus weitet, werden solche Analysen indessen weniger komplex, als das sachdienlich und wünschenswert wäre. Weiter führt es, wenn sich der Blick

---

73   1953 erarbeitete allerdings nicht allein das Europäische Parlament (bzw. die ‚Gemeinsame Versammlung', wie damals die Bezeichnung der noch recht jungen Institution lautete) den Verfassungsentwurf, sondern eine ad hoc-Versammlung, zusammengesetzt aus den designierten Vertretern der – niemals tatsächlich gegründeten – Europäischen Verteidigungsgemeinschaft sowie aus den delegierten Parlamentariern der Gemeinsamen Versammlung. Siehe Auswärtiges Amt 1962, S. 921f. sowie S. 947ff.
74   Siehe Amtsblatt der Europäischen Gemeinschaften, C 77/1984, S. 53-63.
75   Siehe Amtsblatt der Europäischen Union, C 61/1994, S. 155-170.
76   Darum muß sich der Verfassungsentwurf des EU-Konvents daran messen lassen, welche Fortschritte bei der Stärkung der Macht des Europäischen Parlaments er in realistische Aussicht stellt.

auch auf die Genese von Macht im Lauf von Institutionalisierungsprozessen richtet und wenn er geschärft wird durch die analytische Nutzung jenes dreidimensionalen Merkmalsraums, den die hier eingeführten Kategorien aufspannen: mit der Unterscheidung von intransitiver und transitiver Macht als der ersten Dimension,[77] mit der Unterscheidung sanktionsfreier, sanktionsankündigender und sanktionsanwendender Macht als der zweiten Dimension, und mit der Differenzierung von Machtrelationen zwischen Brutto- und Nettomacht als der dritten Dimension.[78] Erst im Rahmen einer in genau dieser Weise komplex ausgestalteten Machttheorie wird die Auseinandersetzung mit den Machtressourcen überhaupt einen das bloß Phänomenologische überschreitenden, nämlich *erklärenden* Nutzen haben. Umgekehrt bliebe der hier entfaltete dreidimensionale Merkmalsraum der Machtanalyse aber ganz leer, wenn nicht in empirischen Vergleichsstudien der relative Stellen- und Gebrauchswert der real nutzbaren und genutzten Machtressourcen anhand seiner drei Achsen vermessen würde.

Dabei gibt es zwei idealtypisch höchst interessante Extrempunkte der Verwendung von Machtressourcen. Im einen Fall reicht für alle praktischen Zwecke die verfügbare intransitive Macht aus, kann sanktionsfrei angewendet werden und erlaubt eine vollständige Ummünzung von Brutto- in Nettomacht. Am nächsten kommt diesem Extrempunkt wohl die Lage in totalen Institutionen auf strikt freiwilliger Grundlage, wie sie in der europäischen Geschichte etwa die christlichen Orden darstellen. Am anderen Extrempunkt bedarf selbst intransitive Macht ihrer bewußten, transitiven Reproduktion, muß dabei mit scharfen Sanktionen gearbeitet werden und läßt sich trotzdem kaum ein Stich machen. In der engsten Nachbarschaft dieses Extrempunkts liegen wohl Situationen des asymmetrischen Krieges zwischen kulturell inkommensurablen Gesellschaften mit beiderseits großer Durchhaltekraft. Die langjährigen Kriege der USA in Vietnam und der UdSSR in Afghanistan scheinen aufschlußreiche Fälle dieser Art zu sein. In diesem dreidimensionalen Merkmalsraum sind jedenfalls die Machtressourcen der Akteure interessierender Machtbeziehungen zu verorten und in ihrer kontingent-pfadabhängigen Verwendungsdynamik zu untersuchen. Dabei hängt es ganz vom jeweiligen materiell-technischen sowie sozio-kulturellen Entwicklungsstand ab, welche Machtressourcen konkret verfügbar sind. Für unsere Zwecke reicht es, derartige Machtressourcen, die in ihren materiellen und funktionslogischen Grundzügen doch sehr gut bekannt sind, nur knapp aufzulisten und eine Gliederung anzudeuten, welche diese Machtressourcen sinnvoll sowohl individuellen als auch institutionellen und systemischen Handlungsebenen zuordnet.

---

77 Genau die soziale Konstruktion dieser Achse wird durch die Theoreme zur Institutionalisierung von Macht erklärt.
78 Tritt der Bruttomacht gleich große Gegenmacht gegenüber, so kommt es auf dieser Achse zum Wert 0; kommt keinerlei Gegenmacht ins Spiel, so ist Bruttomacht gleich Nettomacht.

Überlegene physische oder geistige Fähigkeiten gehören zu diesen Machtressourcen ebenso wie individuelles Charisma,[79] Wissens- und Informationsvorsprünge nicht minder als aktive Medienkompetenz und gekonnte Einflußsicherung durch Instrumentalisierung Dritter, das Ausspielen demographischer, kultureller, wirtschaftlicher oder militärischer Überlegenheit nicht anders als die Stabilität jener technischen, wirtschaftlichen oder administrativen Systeme, auf die man sich beim praktischen Handeln verläßt. Eine bedeutende Rolle spielt obendrein die Legitimität der in ein jeweiliges Machtkalkül einzubeziehenden Systeme oder Institutionen: Nichts stabilisiert nämlich besser und verleiht mehr in konkrete Unterstützung umzumünzenden Kredit als der weit verbreitete Glaube daran, ein System oder eine Institution bestehe und wirke zu Recht.

Natürlich tun viele dieser Ressourcen bereits auf der Grundlage von Antizipationsschleifen sowie von mehr oder minder angemessenen Kosten/Nutzen-Kalkülen ihren Dienst. Doch Machtressourcen, über deren Verfügbarkeit deren potentieller Adressat einfach nichts weiß, können erst aufgrund eines konkreten – und sei es exemplarischen – Einsatzes zu wirken beginnen. Das macht sie für auf reine Vorauswirkung setzende und darin besonders kostengünstige politische Verwendungsmöglichkeiten ineffektiv. Um sie trotzdem ressourcensparend nutzen zu können, ist ihre symbolische Vergegenwärtigung durch eine Vielzahl dafür verfügbarer Statussymbole höchst angebracht. Sicher kann solche Zurschaustellung von Macht auch narzißtisch sein; sie wird obendrein oft Züge der Hochstapelei tragen. Um so wichtiger ist es, mit der Symbolisierung von Machtmöglichkeiten rational umzugehen. Das Interesse des seine Machtressourcen vorführenden Akteurs A müßte es sein, hier keiner Selbsttäuschung zu unterliegen. Im Interesse des potentiellen Machtadressaten B wird umgekehrt der Versuch liegen, mögliche Hochstapelei von A verläßlich zu durchschauen sowie realistisch abzuschätzen, wie weit selbst die zweifellos besessenen Bruttoressourcen wohl netto einzusetzen wären und welches Ausmaß an Machtprojektion sie darum wirklich erlaubten. Immerhin kann es den Interessen von A sogar zuwiderlaufen, seine prinzipiell verfügbaren Machtressourcen durch häufigen Gebrauch abzunutzen oder auf einen Konflikt zu verwenden, der für A im Grunde doch nachrangig ist. Insgesamt gehört es darum zur Ökonomie des Umgangs mit Machtressourcen, seitens von A mit wenig Aufwand große Wirkungen zu erzielen, seitens von B hingegen, die machtmäßige Bonität seines politischen Geschäftspartners erst einmal mit begrenztem Risiko zu überprüfen, bevor er sich auf die Wünsche von A einläßt. Also ist der symbolträchtig einschüchternde Ton eines Säbels beim gekonnten Säbelrasseln eine ebenso wertvolle Machtressource wie die instrumentelle Qualität des Säbels beim Gefecht auf Leben und Tod. In genau dieser Weise können die instrumentellen Funktionen von Machtmitteln über

---

79 Max Weber etwa nennt neben der traditionalen und der rationalen Legitimität auch die charismatische Legitimität. Dabei ist Charisma auch in der Definition Webers keine stets präsente Machtressource, sondern bezieht sich immer auf ganz konkrete, angebbare Situationen und bekommt gerade im strategischen Handlungsraum eine oft ausschlaggebende Wichtigkeit; siehe M. Weber 1980, S. 122 und S. 124.

ihre symbolische Vergegenwärtigung erfüllt werden, muß dem Symbolischen aber immer auch instrumentelle Wirksamkeit beigemischt sein, wenn es zu mehr als nur selbstzweckhaftem Schein geraten soll.[80]

Aus allen diesen Gründen wird sich jede Analyse von Machtressourcen gerade auch von den folgenden Fragen leiten lassen: Gehen in eine Machtbeziehung eher selbst erlangte und souverän kontrollierte, nach freier eigener Entscheidung einsetzbare Machtressourcen ein, oder beruht die Ressourcenverfügung eher auf Ressourcenzuschreibungen, doch lange schon nicht mehr auf Antizipation des Einsatzes vermuteter Ressourcen, die auf ihren Realitätsgehalt auch überprüft wurden? In welchem Umfang sind sich die Parteien einer Machtbeziehung ihrer realen oder zugeschriebenen Ressourcen sowie des situativen Gebrauchswerts dieser Ressourcen überhaupt bewußt, also: Auf welchen und wie realistischen Situationsdefinitionen beruht ihr Handeln im Machtkonflikt? Und welche Interessen, Kosten/Nutzen-Kalküle und Abschätzungen von Risiken oder Nebenwirkungen gehen überhaupt – bezogen auf wie ausgedehnte Zeiträume – in die Planungen, Intuitionen, Lagebeurteilungen und Entschlüsse der Akteure ein? Nach Beantwortung all dieser Fragen und unter Abwägung der gewonnenen Einblicke haben vergleichende empirische Studien dann herauszufinden, welche Muster in der Nutzung all dieser Arten von Machtressourcen es unter welchen Umständen auf ihren jeweiligen Einsatzebenen im dreidimensionalen Merkmalsraum unseres machtanalytischen Modells geben mag. Finden sich solche Muster, dann lassen sich wohl auch verallgemeinernde Aussagen über Machtprojektionen treffen. Andernfalls aber bleibt die Machtanalyse darauf beschränkt, die Geschichte von Machtanwendung und sich verändernden Machtstrukturen nachzuerzählen – und zwar möglichst so, daß analytische Sensibilität für die Beurteilung jener Machtlagen gestiftet werden, die es in der politischen Praxis immer wieder zu meistern gilt.

4. Macht und Wandel

Daß Machtressourcen bislang bestanden und weiterhin verfügbar sind, garantiert durchaus nicht das Weiterbestehen oder die Stabilität einer Machtposition. Es ist ja schon die Institutionalisierung von intransitiver und transitiver Macht im gemeinsamen bzw. strategischen Handlungsraum ein überaus störanfälliges Produkt wirklichkeitskonstruktiver Prozesse. Ferner gibt es keinerlei prästabilierte Harmonie zwischen der Reproduktion der Machtressourcen mehrerer Akteure. Obendrein mögen Wandlungsprozesse von ganz verschiedenen Ursachen zwischen endogenen Veränderungen in einer Institution und exogenen ihres Milieus veranlaßt werden: von Modifikationen von (Verfassungs-) Regeln über Umschichtungen im verfügbaren Positionsgefüge bis hin zum Umbau der Legitimitätslage und zu singulären, kontin-

---

80 Vgl. Technische Universität Dresden 1997, S. 7.

genten Umweltereignissen.[81] Also werden sich nicht nur die Bestände an Bruttomacht immer wieder verändern, sondern vor allem auch jene Machtrelationen, von denen das Ausmaß einsetzbarer Nettomacht abhängt. Darum kommt es immer wieder zu – im Einzelfall auch sehr deutlichen – Veränderungen in der aggregierten Machtbilanz eines Akteurs.[82] Solche Veränderungen können schleichend sein wie die Reduktion der Rolle der britischen Krone vom Regieren auf das Herrschen;[83] sie können aber auch dramatisch ausfallen wie der Machtaufstieg des französischen Staatspräsidenten der V. Republik durch die nachgerade handstreichartige Einführung von dessen Direktwahl auf Betreiben von Charles de Gaulle.[84]

Hierin sind nun freilich erhebliche Chancen institutionellen Lernens einbeschlossen. Dieses kann sowohl die Art eines durch Machtverlust aufgezwungenen Lernens annehmen als auch die Form eines Lernens, das einen antizipierten Machtverlust abwenden will und – in Gestalt einer ‚sich selbst widerlegenden Prophezeiung' – dann auch wirklich abwendet. In der Tat haben Akteure ein meist recht intensives Interesse daran, ihre Machtpositionen aufrechtzuerhalten, vielleicht sogar auszubauen und jedenfalls nicht zu verringern. Preußen beispielsweise initiierte nach seiner Niederlage gegen Napoleon ein gewaltiges Reformprogramm, das nach einigen Jahrzehnten diesen Staat, zusammen mit dem dann preußisch geführten Deutschland, auf vielen Feldern zu einem der modernsten und dynamischsten Länder der Erde machen sollte. Bleibt hingegen eine schockartige Einsicht in eigenes Zurückfallen aus, so steigt das Risiko, daß anstrengende Reformen vermieden werden und es, oft hinter der spanischen Wand wirkungsvoller Machtsymbolisierung, zum allmählichen Machtabstieg kommt. So erging es Großbritannien nach dem Zweiten Weltkrieg, Deutschland nach der Wiedervereinigung.

Grundsätzlich können institutionelle Lernprozesse aber auch durch kluge Einsicht initiiert werden und mit Bedacht die Voraussetzungen für eine Aufrechterhaltung oder gar Verbesserung der bisherigen Machtstellung schaffen. Wichtig ist dafür meist die Schaffung oder Reform von Strukturen, in denen Machtressourcen ihre vielfältigen Wirkungen tun oder gar ihrerseits vermehrt werden können.[85] Dabei wird es ein schwer im Vorhinein bestimmbares, doch relativ leicht im Nachhinein feststellbares Optimum an machtökonomischer Ressourcenbereitstellung geben. Denn es können die Gegenmächte eines Akteurs ohnehin gering sein, etwa weil die

---

81 Gerade in Krisensituationen können sich Machtbilanzen fast über Nacht ändern. 1981 gewann etwa das legitimatorisch recht schwache spanische Königshaus sehr viel an mittelfristig kreditsichernder Nettomacht, als der König durch sein Agieren den Militärputsch mißlingen ließ. Ebenso verbesserte das Europäische Parlament im Jahr 1999 seine Machtlage sehr deutlich durch eine wirkungsvolle Ausnutzung der Schwäche der EU-Kommission nach Bekanntwerden von Korruptionsfällen in ihren Reihen. Umgekehrt verspielte die DDR-Volkskammer bereits die Ansatzpunkte neuer parlamentarischer Machtentfaltung, als sie in der Frühphase der Friedlichen Revolution von 1989/90 weitestgehend untätig blieb.
82 Vgl. M. Crozier/E. Friedberg 1993, S. 275.
83 Siehe etwa E. Hübner/U. Münch 1999, S. 15-28.
84 Vgl. M.-A. Cohendet 2002; J. Massot 1986; R. Vandenbussche 2003.
85 Siehe M. Crozier/E. Friedberg 1993, S. 63.

Machtkonkurrenten weder stark noch an einer Machtprobe interessiert sind. Dann können auch die Transaktionskosten der Macht und die für ihre Begleichung erforderlichen Ressourcen gering sein. Zur nachteiligen Nebenwirkung dürfte in diesem Fall allerdings werden, daß es immer weniger Anreize zum institutionellen (Weiter-) Lernen eines unangefochtenen Akteurs gibt. Karl W. Deutsch spitzte in diesem Zusammenhang den Machtbegriff auf die sehr erhellende Pointe zu, daß Macht auf das Privileg hinauslaufe, gerade nicht mehr lernen zu müssen.[86] Wandel wird dann abgelehnt: Man meint, die Umwelt den eigenen Interessen und Sichtweisen anpassen zu können, und reagiert besonders heftig auf Forderungen nach solchen Reformen, welche diese Machtmöglichkeit beschneiden könnten.[87] Doch wer sich andauernder Wirklichkeitskontrolle des eigenen Handelns einfach entziehen kann, der wird auf diese ‚ökologische Nische' einer genau ihn privilegierenden Machtbeziehung so stark angepaßt werden, daß ihn Umweltveränderungen eines Tages besonders rasch um seine Position bringen können. Was das Sprichwort mit ‚Hochmut kommt vor dem Fall' formuliert, findet hier seine systematische Erklärung und in der Geschichte der kommunistischen Führungsparteien realsozialistischer Staaten obendrein höchst anschauliche Illustrationen.

Hingegen scheinen jene Institutionen besonders lernfähig zu sein, deren Machtbeziehungen sowohl druckvollen Gegenmächten ausgesetzt als auch mit so viel Nettomacht ausgestattet sind, daß sie in der Tat freiwilliges Lernen an der Stelle einfachen Gehorsams praktizieren können. Dann besitzen sie auch die Chance, bei ihrer Selbstbehauptung es mit den Varianten sanktionsfreier Macht bewenden zu lassen, statt sich in die höheren Transaktionskosten sanktionsankündigender oder gar sanktionsanwendender Machtformen stürzen zu müssen. Vermutlich gibt es hier ebenfalls ein vorab schwer zu bestimmendes, doch im Nachhinein oder beim Vergleich gut abschätzbares Optimum im Verhältnis von besessenen und möglicherweise erforderlichen Ressourcen.[88] Und sicher wird dieses Optimum sehr verschieden ausfallen je nach dem Handlungsfeld, auf dem die für seine Bestimmung wichtigen Machtbeziehungen bestehen: Anders wird das Optimum in freiheitlichen demokratischen Systemen und in Diktaturen sein,[89] und ebenfalls anders in einer vom Sicherheitsdilemma geprägten Staatenwelt als in einer recht verläßlich befriedeten Staatengemeinschaft wie der EU. Insgesamt scheint die Machtökonomie in freiheitlichen demokratischen Systemen sowie in befriedeten Staatengemeinschaften ‚am wirtschaftlichsten' zu funktionieren, während Diktaturen und vom Sicherheitsdilemma durchzogene internationale Strukturen eher zur Verschwendung von Machtressourcen führen. Das ist ein starker Anreiz dafür, gerade unter dem Gesichtspunkt einer wirkungsvollen Machtökonomie innerstaatlich auf freiheitliche demokratische Regime und zwischenstaatlich auf befriedete Ordnungsstrukturen auszugehen. Doch

---

86 K. W. Deutsch 1969, S. 171.
87 M. Crozier/E. Friedberg 1993, S. 240.
88 Dieses Optimum fühlten wohl jene, die sich instinktiv gegen die so plausibel einherkommende Forderung der frühen 1980er Jahre wandten: ‚Frieden schaffen ohne Waffen!'
89 Siehe W. Merkel 1999, S. 55 sowie S. 57ff.

bevor sich ein solcher gemeinsamer Handlungsraum bilden kann, müssen erst einmal die Voraussetzungen seines Entstehens und nachhaltigen Bestehens geschaffen werden, was oft genug durch den Einsatz von ihrerseits wenig wünschenswerten Machtressourcen zu erfolgen hat.

Ist es aber einmal gelungen, einen solchen gemeinsamen Handlungsraum in Gestalt freiheitlicher demokratischer Staaten oder verläßlich befriedeter Staatengemeinschaften zu schaffen, so lassen sich in ihn wiederum jene begrenzten Foren offener Machtkämpfe einbauen, die für pluralistische Systeme nun einmal typisch sind. Unter deren Funktionsbedingungen sind offenbar die Chancen besonders groß, daß eben jene Sensibilität die zusammenwirkenden Institutionen und Organisationen besonders lernfähig macht, welche für Machtlagen und ihre Veränderungen nun einmal ein kultiviertes Wechselspiel von Brutto-, Gegen- und Nettomacht bestmöglich stiftet. Ist ein System dann aber so konstruiert, dann wird Macht gerade nicht ‚unintelligent' zum Privileg ausgestaltet, nicht lernen zu müssen, sondern vielmehr in höchst ‚intelligente' Systemstrukturen eingebaut, die einen zwar eher sanften, doch nicht minder wirkungsvollen Druck zum Lernen ausüben. Genau dies scheint für letztlich alle Systeme und Institutionen höchst wünschenswert zu sein. So führt zu einer ziemlich praktischen Schlußfolgerung, was zunächst wie eine eher akademische Bemühung um ein höchst abstraktes Konzept anmuten mochte.

Literaturverzeichnis

Arendt, Hannah (1996 [1970]): Macht und Gewalt. 12. Aufl., München: Piper.

Blackmore, Susan (1999): The Meme Machine. Oxford: Oxford University Press.

Bourdieu, Pierre (1975): Zur Soziologie der symbolischen Formen. Frankfurt/M.: Suhrkamp.

Cohendet, Marie-Anne (2002): Le Président de la République. Paris: Dalloz.

Crozier, Michel/Friedberg, Erhard (1993): Die Zwänge kollektiven Handelns über Macht und Organisationen. Frankfurt/M.: Hain.

Dahl, Robert A. (1957): The Concept of Power. In: Behavioral Science 3, S. 201 - 215.

Dahl, Robert A. (1976): Modern Political Analysis. 3. Aufl., Englewood Cliffs: Prentice-Hall.

David, Paul (1985): Clio and the Economics of QWERTY. In: American Economic Review 75, S. 332-337.

Dawkins, Richard (1982 [1976]): The Selfish Gene. Oxford: Oxford University Press.

Dawkins, Richard, (1993): Viruses of the mind. In: Dahlbom, Bo (Hrsg.) (1993): Dennett and His Critics: Demystifying Mind. Oxford: Blackwell, S.13-27.

Dennett, Daniel (1990): Memes and the exploitation of imagination. Journal of Aesthetics and Art Criticism 48, S. 127-135.

Deutsch, Karl W. (1969): Politische Kybernetik. Modelle und Perspektiven. Freiburg i.B.: Rombach.

Foucault, Michel (1978): Dispositive der Macht. Über Sexualität, Wissen und Wahrheit. Berlin: Merve.

Foucault, Michel (1997): Power, Right, Truth. In: Goodin, Robert E./Pettit, Philip (Hrsg.) (1997): Contemporary Political Philosophy. An Anthology. Oxford: Blackwell, S. 543-550.

Galbraith, John Kenneth (1987): Anatomie der Macht. Aus dem Amerikanischen von Christel Rost. München: Bertelsmann.

Gebhardt, Jürgen/Münkler, Herfried (Hrsg.) (1993): Bürgerschaft und Herrschaft: Zum Verhältnis von Macht und Demokratie im antiken und frühneuzeitlichen politischen Denken. Baden-Baden: Nomos.

Göhler, Gerhard (1994): Politische Institutionen und ihr Kontext. Begriffliche und konzeptionelle Überlegungen zur Theorie politischer Instiutionen. In: ders. (Hrsg.) (1994): Die Eigenart der Institutionen. Zum Profil einer politischen Institutionentheorie. Baden-Baden: Nomos, S. 19-46.

Göhler, Gerhard (1997): Der Zusammenhang von Institution, Macht und Repräsentation. In: ders. (Hrsg.) (1997): Institution - Macht - Repräsentation. Wofür politische Institutionen stehen und wie sie wirken. Baden-Baden: Nomos, S. 11-62.

Gramsci, Antonio (1994): Gefängnishefte. Kritische Gesamtausgabe. Hamburg: Argument.

Hübner, Emil/Münch, Ursula (1999): Das politische System Großbritanniens. Eine Einführung, 2. aktual. Aufl., München: Verlag C. H. Beck.

Hradil, Stefan (1980): Die Erforschung der Macht. eine Übersicht über die empirische Ermittlung von Machtverteilungen durch die Sozialwissenschaften. Stuttgart: Kohlhammer.

Jäger, Wolfgang/Walter, Michael Walter (1998): Die Allianz für Deutschland. CDU, Demokratischer Aufbruch und Deutsche Soziale Union 1989/90. Köln/Weimar/Wien: Böhlau.

Luhmann, Niklas (1988): Macht. 2. durchgesehene Aufl., Stuttgart: Enke.

Mahoney, James (2000): Path Dependence in Historical Sociology. In: Theory and Society 29, S. 507-548.

Massot, Jean (1986): La Présidence de la République en France. Paris: La Documentation française.

Merkel, Wolfgang (1999): Systemtransformation. Eine Einführung in die Theorie und Empirie der Transformationsforschung. Opladen: Leske + Budrich.

Merton, Robert K. (1993): Die Eigendynamik gesellschaftlicher Voraussagen. In: Topitsch, Ernst (Hrsg.) (1993): Logik der Sozialwissenschaften. 12. Aufl., Frankfurt/Main: Hain. S. 144-160.

Mills, C. Wright (1959): The Power Elite. London: Oxford University Press.

Nedelmann, Brigitta (Hrsg.) (1995): Politische Institutionen im Wandel. (KZfSS Sonderheft Nr. 35) Opladen: Westdeutscher Verlag.

Parsons, Talcott (1960): Structure and Process in Industrial Societies. Glencoe Ill.: The Free Press.

Patzelt, Werner J. (1987) Grundlagen der Ethnomethodologie. Theorie, Empirie und politikwissenschaftlicher Nutzen einer Soziologie des Alltags. München: Fink.

Patzelt, Werner J. (1998): Wirklichkeitskonstruktion im Totalitarismus. Eine ethnomethodologische Weiterführung der Totalitarismuskonzeption von Martin Drath. In: Siegel, Achim (Hrsg.) (1998): Totalitarismustheorien nach dem Ende des Kommunismus. Köln/Weimar/Wien: Böhlau, S. 235-271.

Patzelt, Werner J. (2003a): Einführung in die Politikwissenschaft. Grundriß des Fachs und studiumbegleitende Orientierung. 5. überarbeitete und wesentlich erweiterte Aufl., Passau: Wissenschaftsverlag Richard Rothe.

Patzelt, Werner J. (2003b) Institutionalität und Geschichtlichkeit von Parlamenten. Kategorien institutioneller Analyse. In: ders. (Hrsg.) (2003): Parlamente und ihre Funktionen. Wiesbaden: Westdeutscher Verlag, S. 50-117.

Pierson, Paul (1996): The Path to European Integration. In: Comparative Political Studies 29/2, S. 123-163.

Pierson, Paul (2000a): Increasing Returns, Path Dependence, and the Study of Politics. In: American Political Science Review 94/2, S. 251-267.

Pierson, Paul (2000b): The Limits of Design – Explaining Institutional Origins and Change. In: Governance 13/4, S. 475-499.

Pierson, Paul (2004): Politics in Time. Princeton: Princeton University Press.

Popitz, Heinrich (1992): Phänomene der Macht. 2. stark erw. Aufl. Tübingen: Mohr.

Rehberg, Karl-Siegbert (1994): Institutionen als symbolische Ordnungen. Leitfragen und Grundkategorien zur Theorie und Analyse institutioneller Mechanismen. In: Göhler, Gerhard (Hrsg.): Die Eigenart der Institutionen. Zum Profil politischer Institutionentheorie. Baden-Baden: Nomos, S. 47-84.

Schwartz, Herman (2000): Down the Wrong Path: Path Dependence, Increasing Returns, and Historical Institutionalism. Internetquelle: http://www.people.virginia.edu/~hms2f/Path.pdf (Zugriff: 30.7.2005).

Siemann, Wolfram (1985): Die deutsche Revolution 1848/49. Frankfurt/M.: Suhrkamp.

Steffani, Winfried (1997): Grundzüge einer politiolgoschen Gewaltenteilungslehre. In: ders.: Gewaltenteilung und Parteien im Wandel. Opladen: Westdeutscher Verlag, S. 27-55.

Technische Universität Dresden (1997): Institutionalität und Geschichtlichkeit. Ein neuer Sonderforschungsbereich stellt sich vor. Eine Informationsbroschüre im Auftrag des SFB 537, hgg. vom Sprecher. Dresden: Universitätsdruck.

Thelen, Kathleen (2003): How Institutions Evolve. In: Mahoney, James/Rueschemeyer, Dietrich (Hrsg.) (2003): Comparative Historical Analysis in the Social Sciences. New York: Cambridge University Press, S.208-240.

Vandenbussche, R. (2003): Crise politique de l'automne 1962. In: Sirinelli, Jean-François (Hrsg.) (2003): Dictionnaire historique de la vie politique française au XXe siècle. Edition Quadrige. Paris: Presses universitaires de France, S. 307-310.

Weber, Max (1980): Wirtschaft und Gesellschaft. Grundriss der verstehenden Soziologie. 5., revid. Aufl., Tübingen: Mohr/Siebeck.

Weiß, Ulrich (2002): Macht. In: Nohlen Dieter (Hrsg.) (2002): Kleines Lexikon der Politik. 2. Aufl., Bonn: Bundeszentrale für politische Bildung, S. 308.

Wolle, Stefan (1992): Der Weg in den Zusammenbruch: Die DDR vom Januar bis zum Oktober 1989. In: Jesse, Eckhard/Mitter, Arnim (Hrsg.) (1992): Die Gestaltung der deutschen Einheit. Bonn/Berlin: Bouvier, S. 73-110.

Wozu Zweite Kammern in Zentralstaaten?
Das Beispiel des Französischen Senats

Romy Messerschmidt

1. Einleitung

„Der Senat ist wie die Académie française: Zu nichts nütze, aber allen auf den Wecker fallen!"[1] Dieses Infragestellen von Sinn und Nutzen des Französischen Senats ist offensichtlich nicht jene Art von Geltungszuschreibung, auf die Institutionen eine lange Dauer gründen können. Die Zweite Kammer ist in Frankreich denn auch zu keiner Zeit unhinterfragt gewesen.[2] Vielmehr wurde von unterschiedlichen Akteuren aus unterschiedlichen Beweggründen versucht, sie wenn nicht gänzlich abzuschaffen, so doch empfindlich in ihrer Macht zu reduzieren. Dennoch existiert der (republikanische) Senat inzwischen seit 1875, also weit über 100 Jahre; zählt man auch die nicht republikanischen Zweiten Kammern zu seinen Vorläufern, so ist er bereits über 200 Jahre alt.

Der Französische Senat, oder allgemeiner Zweite Kammern in Zentralstaaten, sind beispielhaft für Institutionen, die jeder Behauptung von mangelnder Legitimität zum Trotz ihre institutionelle Dauerhaftigkeit aufrechterhalten können.[3] Wie ist diese Dauer bei gleichzeitiger Umstrittenheit von Sinn und Zweck einer Institution möglich? Unterschiedliche Antworten lassen sich dazu finden. Die funktionalistische Variante vermutet neben den ursprünglich vorhandenen manifesten Funktionen sogenannte latente Funktionen, die dafür sorgen, dass die Institution eben nicht ohne Zweck ist, wie es von außen den Anschein hat.[4] Eine andere Antwort schaut auf die Akteure in den Institutionen selbst, die – ausgestattet mit einem Eigeninteresse am Erhalt derselben aufgrund andernfalls drohenden Machtressourcenverlusts – für ‚institutionelles Beharrungsvermögen' sorgen. Die Institutionentheorie im Anschluss

---

[1] Bildunterschrift in einer Karikatur (siehe S. 73) des Senats von Plantu, erschienen in Le Monde am 12.7.1984.
[2] „Es wäre falsch zu glauben, dass die Existenz des Senats vollständig in der institutionellen Ordnung Frankreichs integriert wäre." D. Maus 1993, S. 92; alle deutschen Zitate aus französischsprachigen Quellen sind Übersetzungen der Autorin.
[3] Vgl. S. S. Schüttemeyer/R. Sturm 1992; C. M. Haas 2000. Es finden sich durchaus Fälle, in denen eine solche Kammer tatsächlich abgeschafft wurde: etwa in den skandinavischen Staaten (1953: Dänemark; 1970: Schweden), 1991 in Island oder 1993 in Peru. Das sind jedoch Ausnahmen; meist bleiben diese Vertretungskörperschaften bestehen.
[4] Zum Begriff der manifesten und latenten Funktion siehe R. K. Merton 1995, S. 17-80, bes. S. 61.

an Göhler und Rehberg verweist dagegen auf die Bedeutung von institutionellen Leitideen und Eigengeschichten, die – solange sie bei Akteuren und Adressaten der Institution symbolisch in Geltung gehalten werden – die Existenz der jeweiligen Institution selbstverständlich und notwendig erscheinen lassen.[5]

Im einleitenden Kapitel dieses Bandes ist der Zusammenhang zwischen der Institutionalisierung, der Stabilität von Institutionen und verschiedenen Formen von Macht aufgezeigt worden. Institutionalisierungsprozesse sind Machtprozesse. Macht wird dann in institutionellen Strukturen ‚eingegossen', wenn eine „Ordnungsvorstellung anstelle einer anderen, oder abgegrenzt von einer konkurrierenden anderen, zu einem realen Ordnungsarrangement wird; indem eine Gruppe von Geltungsansprüchen sich gegen andere Geltungsansprüche (oder alternativ zu ihnen) durchsetzt; und indem es gelingt, solche Ordnungsvorstellungen und Geltungsansprüche auch noch für Führer und Gefolgschaft, für Freund und Feind überzeugend oder zumindest einprägsam zu symbolisieren."[6] Mag das Durchsetzen von Ordnungsvorstellungen und Geltungsbehauptungen zu Beginn eines Institutionalisierungsprozesses noch Gegenstand von transitiven Machtbeziehungen sein, so ist das In-Geltung-Halten einmal selbstverständlich gewordener Ordnungsvorstellungen vielmehr eine Frage der intransitiven Machtbeziehungen:[7] Institutionelle Leitideen sind nur solange für Akteure und Adressaten selbstverständlich und überzeugend, wie sie Teil des gemeinsamen Handlungsraums sind. Der eingangs zitierte Satz bezeugt also nicht nur einen Mangel an Geltung, sondern scheint auch Ausweis einer mangelnden Verankerung des Senats im gemeinsamen Handlungsraum zu sein.

Dieser Aufsatz wird sich auf die intransitiven Machtbeziehungen des Französischen Senats konzentrieren. Sie lassen sich durch fünf Merkmale charakterisieren. Macht ist hier (1.) der willentlichen Auseinandersetzung zwischen Akteuren enthoben und in Geltungsgeschichten eingelassen. Sie ist (2.) nicht durch eine Hierarchie zwischen Machthaber und Machtunterworfenem gekennzeichnet, sondern in kulturellen Standards, Verhaltensnormen und Überzeugungen ideologischer und moralischer Art gespeichert. Sie verliert damit den im voluntaristischen Verständnis oft mitschwingenden repressiven Charakter und wird zu einem produktiven, Gemeinschaftlichkeit erst hervorbringenden sozialen Phänomen. Macht ist hier also (3.) reflexiv, d.h. auf die Gemeinschaft rückbezogen. Einmal in Geltung, sind diese Standards, Normen und Werte (4.) nicht mehr Gegenstand von Auseinandersetzungen; sie sind nicht (mehr) konfliktiv, weil sie hegemonial geworden sind und diese Hegemonie durch institutionelle Mechanismen auf Dauer gestellt wird. Intransitive Macht ist (5.) von transitiver Macht auch durch ihre verhältnismäßig große Dauerhaftigkeit verschieden; zudem fällt es schwer, sie zeitlich genau zu begrenzen. Das bedeutet nicht, dass einmal in Geltung befindliche, symbolisch repräsentierte Wert-

---

5 Vgl. G. Göhler 1994, 1997; K.-S. Rehberg 1994; G. Melville 1997.
6 W. J. Patzelt 2003, S. 58.
7 Zur Unterscheidung von transitiver und intransitiver Macht im Anschluss an G. Göhler 1997 siehe das Einleitungskapitel dieses Bandes.

haltungen unumstößlich sind. Im Gegenteil: Auch sie sind veränderlich, doch bedarf es zu ihrer Modifikation eines großen Zeitraums.

Die Frage im Titel des Aufsatzes kann reformuliert also lauten: Wie gelingt es dem Französischen Senat, jene in den gemeinsamen Handlungsraum eingelassenen Ordnungsvorstellungen und Geltungsbehauptungen, auf denen seine Existenz beruht, aufrechtzuerhalten? Um diese Frage zu beantworten, werden folgende Teilfragen die Analyse leiten: Was sind die wichtigsten Leitideen des Französischen Senats, wann fanden sie Eingang in die Institutionengeschichte, wie werden sie symbolisch tradiert? Besonderes Augenmerk gilt es hier auf jene Leitideen zu legen, die das Verhältnis zwischen Erster und Zweiter Kammer betreffen, falls es solche explizit gibt. Inwiefern sind diese Geltungsprinzipien tatsächlich unumstritten und fest im gemeinsamen Handlungsraum verankert? Trifft die (weitere) Existenz des Senats auf die Zustimmung der Adressaten?

Es ist ein methodisches Problem, intransitive Macht empirisch dingfest zu machen. Als Phänomen, das direkter Auseinandersetzung enthoben ist, lassen sich jene Normen, auf denen das institutionelle Selbstverständnis gründet, oft nur dann wahrnehmen, wenn sie aus gleich welchem Grund zum Gegenstand von Auseinandersetzungen werden. Anders formuliert: Was die in Geltung befindlichen Normen eines Gemeinwesens sind, wird erst dann deutlich, wenn diese – indem sie hinterfragt bzw. verteidigt werden – ins öffentliche Bewusstsein treten. Der Französische Senat bietet sich aufgrund der regelmäßig wiederkehrenden Diskussion um seine Existenz daher auch besonders zur Darstellung intransitiver Macht von Vertretungskörperschaften an.

Um die Geltungsansprüche des Senats und eventuelle Veränderungen seiner Leitideen, neue Funktionszuschreibungen und deren Verankerung bei den Adressaten zu erhellen, werden deshalb drei in der französischen Öffentlichkeit ausgetragene Debatten analysiert. Dabei wird über eine qualitative Analyse der zeitgenössischen Presse,[8] der Eigenveröffentlichungen des Senats und sonstiger Stellung beziehender Veröffentlichungen untersucht, ob und mit welchen Argumenten die Akteure versuchen, die Adressaten von der Notwendigkeit des Fortbestandes der Institution zu überzeugen. Inwiefern Letzteres gelingt, wird für eine spezifische Gruppe von Adressaten, nämlich die französische Bevölkerung, zudem anhand von Umfrageergebnissen analysiert.

---

8 Dafür wurde das seit 1945 geführte Pressearchiv der Fondation nationale de sciences politiques genutzt.

2. Eine umstrittene Zweite Kammer:
Leitideen und Institutionengeschichte des Senats

Die Existenz der Zweiten Kammer im französischen Zentralstaat war nie so selbstverständlich und völlig jener Auseinandersetzung enthoben, wie es für intransitive Macht postuliert wird und für die Erste Kammer spätestens ab der III. Republik auch zutraf. Selbst in der V. Republik, deren Verfassung den Bikameralismus festschreibt, wurde der Senat zum Angriffspunkt. Anders als das House of Lords, dessen Leitidee eindeutig jene einer aristokratischen Vertretungskörperschaft war und ist, hat der Französische Senat mehrere Umschwünge in der Konstruktion seiner institutionellen Identität durchlaufen. Er ist, so Bagenuard, nicht das Produkt irgendeiner Tradition. Seine allmähliche Festigung und Verankerung in der III. Republik war vor allem der Notwendigkeit eines Ausgleichs zwischen monarchischen und republikanischen Interessen geschuldet; anders als bei der Nationalversammlung ist die Existenz des Senats nicht unmittelbar Ausdruck des republikanischen Prinzips.[9]

Nach der Französischen Revolution konnte die *nation une et indivisible* nicht zuletzt aufgrund der Popularität der politischen Philosophie Rousseaus wohl nur in einem monokameralen Parlament vertreten werden. Sowohl die Assemblée législative von 1789 als auch die Convention von 1792 stimmten für eine monokamerale Verfassung, wobei im ersten nachrevolutionären Verfassungskomitee die Monokameralisten zunächst in der Minderheit waren. Die bikameralistische Mehrheit versuchte, über die Einführung eines Zweikammersystems nach englischem Vorbild die Monarchie aufrechtzuerhalten, scheiterte aber an der Mehrheit in der Assemblée selbst, die sich der monokameralistischen Minderheit anschloss:

> „Der Souverän ist unteilbar, [...] also kann die legislative Gewalt ebenso wenig teilbar sein, denn es gibt keine zwei oder drei oder vier Legislativen, genauso wie es keine zwei oder drei oder vier Souveräne gibt."[10]

Ebenso überzeugend dürfte das häufig Sieyès zugeschriebene, aber von Montmorency stammende Argument sein, dass eine zusätzliche Vertretung zur Volkskammer überflüssig sei, wenn sie mit letzterer übereinstimme, und gefährlich, wenn sie von ihr abweiche.[11] Damit wird erstmals die Höherwertigkeit der direkt gewählten und damit ‚legitimeren' Volkskammer gegenüber einer zweiten Vertretungskörperschaft betont.

Erst infolge der Exzesse der revolutionären Ersten Kammer wurde am 8. Fructidor des Jahres III (24.8.1795) in Gestalt des Rats der Alten (*Conseil des Anciens*) erstmals im französischen Regierungssystem eine Zweite Kammer als mode-

---

9 Vgl. J. Baguenard, S. 10ff. Zur Leitidee der Assemblée nationale als Verkörperung der Republik vgl. R. Messerschmidt 2003, S. 122-127.
10 Rabaut Saint Etienne, zit. n. J.-P. Marichy 1969, S. 47.
11 Vgl. ebd. Es sollte außerdem hinzugefügt werden, dass Sieyès nicht grundsätzlich gegen ein Zwei- oder Mehrkammersystem war, sondern nur gegen eine *ständisch* motivierte Aufteilung des Parlaments in mehrere Vertretungskörperschaften. Vgl. E. J. Sieyès 1981, S. 158ff.

rierendes Korrektiv zum Rat der Fünfhundert gegründet: „Les Cinq Cents seront l'imagination de la République, les Anciens en seront la raison."[12] Taufpate für diese Verfassung war der Abbé de Sieyès, der in einem berühmt gewordenen Kommentar zum Verfassungsentwurf die ursprünglich vorgesehene Beibehaltung des Einkammerparlaments als despotisch geißelte und die Notwendigkeit mehrerer Kammern mit verschiedenen erforderlichen Funktionen für die Aufrechterhaltung eines freiheitlichen Gemeinwesens begründete.[13] Die Legitimation des *Conseil des Anciens* bestand also zunächst nicht in der Vertretung eines bestimmten Standes und noch weniger der regionalen Entitäten, sondern einfach in der Kontrolle und Beschränkung der Ersten Kammer. Die erste Leitidee der französischen Zweiten Kammer war also die liberale Vorstellung von der Notwendigkeit institutioneller Gegengewichte; der Rat der Alten war zunächst nichts anderes als institutionalisierte Gegenmacht.

Nach dem Staatsstreich Napoleons wurde das Zweikammerparlament abgelöst durch vier Räte, die schon aufgrund der Komplexität des Gesetzgebungsverfahrens machtlos waren.[14] Dabei tauchte erstmals – dank Napoleons Streben nach dem Glanz und Ruhm des Alten Rom – die Bezeichnung ‚Senat' auf.[15] Obwohl die Zweite Kammer seither ihren Namen noch des öfteren wechselte und es sogar monokamerale Phasen gab, führt der heutige Senat mit großer Selbstverständlichkeit seine Eigengeschichte auf das Jahr 1799 zurück.[16] Dem *Sénat conservateur*, dessen Mitglieder auf Lebenszeit ernannt wurden, oblag die Entscheidung über die Vereinbarkeit mit der Verfassung von jenen Gesetzen, die das Tribunal oder die Regierung als verfassungswidrig an ihn weiterleitete. Damit trat zur liberalen Idee der Gewaltenteilung noch eine weitere Leitidee, nämlich die der Kontrolle auf Verfassungsmäßigkeit.[17] Aus heutiger Perspektive war der Senat also weniger Vertretungskörperschaft als Verfassungsgericht. Die Verfassungsreform brachte einen Zuwachs an transitiver Macht für den Senat, der nun durch seine Beschlüsse (*sénatus-consultes*) all jenes regeln sollte, was nicht explizit durch die Verfassung festgelegt worden war. Zudem erhielt der vom Ersten Konsul Bonaparte präsidierte *Sénat conservateur* die Kompetenz, das *Corps législatif* und das *Tribunal* aufzulösen.[18] Während des ersten Konsulats (1799) zog der Senat auch in das Palais Luxembourg ein, in dem er noch heute residiert. Im Ersten Kaiserreich (1804) gehörten dem Senat nicht nur französische Adlige und sonstige Würdenträger an, sondern zudem alle Bürger, die der Kaiser für würdig befunden und zum Senator ernannt hatte. In der Hauptsache blieb er jedoch

---

12 Boissy d'Anglas, Berichterstatter des Verfassungsentwurfs, zit. n. J. Baguenard 1997, S. 3.
13 Vgl. E. J. Sieyès o.J., ca. 1796, S..3.
14 Das waren die Jury législatif, das Tribunat, der Conseil d'État und das Collège des Conservateurs. J. Baguenard 1997, S. 12.
15 22. Frimaire des Jahres VIII (13.12.1799), vgl. J.-L. Hérin 2001, S. 14 m.w.N.
16 http://www.senat.fr/evenement/archives/anVIII.html (Zugriff 28.11.2004): „Der Senat ist am Vorabend des Jahres 2000 200 Jahre alt geworden, denn am 24.12.1799 trat der erste Senat – jener des Jahres VIII – in Paris im Palais du Luxembourg zusammen."
17 Das ist allerdings keineswegs eine französische Besonderheit; auch das House of Lords kann als oberstes Gericht fungieren.
18 Siehe J.-L. Hérin 2001, S. 14.

eine ‚Aristokraten-Kammer', ohne die Vertretung dieses Standes zunächst zu seiner Bestimmung zu machen.[19]

Das änderte sich während der Restauration und in der Julimonarchie: Die *Chambre des Pairs* richtete sich nach dem Vorbild des House of Lords; sie teilte sich die Gesetzgebungskompetenz mit der *Chambre des Députés* und war ebenso wie das englische Oberhaus zugleich Höchstes Gericht. Ihre an Zahl unbegrenzten Mitglieder wurden ausschließlich vom König ernannt, der auch entscheiden konnte, ob er die Pairs auf Lebenszeit oder mit der Möglichkeit, das Amt zu vererben, ernennen wollte. Die Julimonarchie (1830-1848) brachte der *Chambre des Pairs* nicht nur die Teilhabe an der Gesetzesinitiative, sondern auch den Ausbau des Palais du Luxembourg: Es entstanden u.a. der Plenarsaal und die Bibliothek in ihrer heutigen Form. Während all dies auf eine allmähliche Verankerung des bikameralen Prinzips im gemeinsamen Handlungsraum schließen lässt, wurde die zweite, sehr kurzlebige Republik (1848-51) im revolutionären Schwung gegen die Restauration und gegen das monarchische Prinzip wiederum mit nur einer Kammer gegründet. Das republikanische Prinzip war offenbar lange nur in Verbindung mit einem monokameralen, die *volonté générale* direkt repräsentierenden Parlament denkbar. Zudem schien die *Chambre des Pairs*, die als konservative Vertretung des aristokratischen Teils der Bevölkerung galt, mit der sozial progressiven Ausrichtung der Februarrevolution nur schwer vereinbar.

Nach dem Staatsstreich durch Louis Napoleon am 2.12.1851 wurde die Zweite Kammer nach dem Vorbild des Ersten Kaiserreiches wieder eingeführt. Der spätere Kaiser Napoleon III. beschrieb die Rolle des Senats so:

> „Der Senat ist nicht mehr – wie noch die Chambre des Pairs – das blasse Abbild der Chambre des députés, wo mit einem Abstand von einigen Tagen dieselben Diskussionen nur in einem anderen Ton wiederholt werden. Er ist der Bewahrer des Verfassungsvertrages und der verfassungsmäßigen Freiheiten (...) Damit genießt er das Ansehen einer Körperschaft, die sich exklusiv der Auseinandersetzung mit höheren Interessen und der Anwendung von höheren Prinzipien widmet und die im Staat die unabhängige, heilsame und bewahrende Rolle der alten Parlamente einnimmt."[20]

Anders als die *Chambre des Pairs* wird also der Senat weniger als eine an der Gesetzgebung teilhabende Vertretungskörperschaft denn als Schützer der Verfassung konzipiert. Mit der Gesetzgebung ist er nur insofern befasst, als er die Verkündung von Gesetzen im Fall eines Verfassungsverstoßes verhindern kann. Im Zuge der liberalisierenden Reformen am Ende des Zweiten Kaiserreiches erlangte der Senat jedoch ebenso wie die Erste Kammer, das *Corps législatif*, das Recht auf Gesetzesinitiative, -beratung und -abstimmung zurück. Erstmals gingen die Gesetzesvorlagen

---

19 Der Senat zeigte sich allerdings nicht dankbar für die bevorzugte Behandlung durch Napoleon: Am 3.4.1814 erklärte er, Napoleon sei nicht länger rechtmäßiger Kaiser der Franzosen.
20 Proklamation vom 14.1.1852, zit. n. J.-L. Hérin 2001, S. 16.

während der Beratung zwischen den beiden Kammern hin und her: Die heute noch übliche *navette* war entstanden.[21]

Vor Beginn der III. Republik und damit des ‚republikanischen Senats', der im engeren Sinne als Vorgänger der heutigen Zweiten Kammer betrachtet werden kann, ist festzuhalten, dass bis 1875 der französische Bikameralismus auf ganz unterschiedlichen Leitideen basierte, die sich jedoch alle unter dem Stichwort ‚Liberalismus' vereinigen lassen: War es erst die Beschränkung der Ersten Kammer, um Übertreibungen und unüberlegte Entscheidungen zu vermeiden, gesellte sich später die Oberste Gerichtsbarkeit und die Garantie der Verfassungsmäßigkeit hinzu. Legislative war der Senat anfangs nur selten, und wenn, dann nicht im Sinn einer demokratisch – und sei es indirekt – gewählten Repräsentationsinstitution, sondern als ‚Aristokratenkammer'. Damit waren die Zweiten Kammern zunächst ganz Kinder des 19. Jahrhunderts, in deren Leitideen sich die zunehmend Verbreitung findenden liberalen Vorstellungen widerspiegelten. Obwohl in Frankreich die Demokratisierung vergleichsweise früh eingesetzt hatte, fanden das republikanische Prinzip und der Bikameralismus nur sehr langsam zueinander. Die (beinahe) dauerhafte Existenz eines Senats o.ä. hatte zu einer allmählichen Verankerung des aristokratisch-liberal fundierten Zweikammerprinzips in Frankreich geführt, und dies paradoxerweise zu einem Zeitpunkt, als die französische Aristokratie mehr und mehr transitive Macht zugunsten des aufstrebenden Bürgertums abgeben musste. Die Akzeptanz einer Institution als Bestandteil des gemeinsamen Handlungsraums muss also nicht unbedingt aus einer besonders machtvollen Position im strategischen Handlungsraum herrühren. Doch solange die Aristokratie noch genügend Einfluss hatte und die republikanische Staatsform noch nicht hinreichend stabilisiert war, diente die Zweite Kammer zweifelsohne zur Integration der Monarchisten.

Noch zu Beginn der III. Republik, in der die republikanische Tradition des Bikameralismus begann, war der Senat ebenso wie der Präsident als Schutzwall gegen republikanische Übertreibungen konzipiert. Es galt, die sich anfänglich noch in der Mehrzahl befindlichen Anhänger der Monarchie für die republikanische Staatsform zu gewinnen. Die Annahme des Amendement Wallon[22] zog Verhandlungen über die Akzeptanzbedingungen der republikanischen Staatsform nach sich, in deren Folge der Senat entstand:

> „Die Anhänger der Republik stehen ihm feindlich gegenüber, aber akzeptieren ihn um der Republik willen; die Royalisten verlangen hingegen – um der republikanischen Staatsform zustimmen zu können – Garantien für deren konservative Ausgestaltung."[23]

---

21 *Navette* ist die Bezeichnung für das Verfahren, mit dem eine Gesetzesvorlage zwischen der Ersten und Zweiten Kammer so lange hin- und hergeht, bis in beiden Häusern eine identische Fassung verabschiedet werden kann. In der V. Republik kann dieser Prozess allerdings von der Regierung bereits nach einer Lesung in beiden Häusern unterbrochen werden.

22 Das Amendement Wallon war ein durch den Abgeordneten Wallon eingebrachter Verfassungszusatz, mit dem in der III. Republik die republikanische Staatsform verankert wurde.

23 J.-P. Marichy 1969, S. 90.

Aus diesem Grund wurden zunächst 75 von 300 Senatoren von der Assemblée nationale auf Lebenszeit ernannt,[24] bis 1884 die Republik hinreichend gefestigt war, um diese Regelung abzuschaffen. So war es gerade die III. Republik, die das republikanische Prinzip dauerhaft in Frankreich durchsetzen konnte und gleichzeitig eine starke, der *Chambre des députés* an Kompetenzen ebenbürtige Zweite Kammer hervorbrachte. Republikaner wie Gambetta versuchten, ihren Wählern den Positionswechsel für den Senat – eigentlich ein Kompromiss mit den Monarchisten – als ,Großer Rat der Gemeinden' nahe zu bringen. Damit kam zu den bereits vorhandenen Leitideen jene der Vertretung von territorialen Einheiten hinzu:

> „Was wird nach der gemeinsamen Beratung den Urnen entsteigen? Ein Senat? Nein, Mitbürger! Ein Großer Rat der französischen Gemeinden! (...) Entfernen wir aus unseren Köpfen die alte Bezeichnung, sie ist abgenutzt, werfen wir sie weg! Nein, es ist kein Senat wie ihn die Monarchien kannten, ein altmodischer Senat; unsere Absichten sind ganz andere."[25]

Nach und nach wurden auch die größten Kritiker der Zweiten Kammer zu überzeugten Anhängern des bikameralen Prinzips – und zu großen Senatoren: Das bekannteste Beispiel dürfte Victor Hugo sein, der die Wiedereinführung der Zweiten Kammer 1852 noch heftig kritisiert hatte und dann selbst bis zu seinem Tod im Jahr 1885 Senator war.

Der Senat der III. Republik war gegenüber der *Chambre des députés* an Kompetenzen gleichrangig: Die Gesetze mussten von beiden Kammern beraten und identisch verabschiedet werden. Der Präsident der Republik konnte die Erste Kammer nur mit Zustimmung des Senats auflösen. Die Senatoren wurden für neun Jahre von einem aus Gemeinderäten bestehenden Wahlmännerkollegium gewählt; alle drei Jahre stand ein Drittel zur Wiederwahl. Schon 1879 gewannen die Republicains die Senatswahlen und dominierten damit auch den Senat; doch blieb dieser sozial konservativ und politisch moderat.[26] Während der gesamten III. Republik war die Zweite Kammer vom politischen Zentrum bestimmt und wurde, obwohl sie sich ,republikanisierte', aufgrund der Zusammensetzung des Wahlmännergremiums bald zum Synonym für das rurale, fortschrittsfeindliche Frankreich.[27] Nicht nur deswegen waren die Sozialisten und Kommunisten gegenüber der Zweiten Kammer immer feindlich eingestellt: Der Senat hat in der III. Republik zwölf Regierungen gestürzt, davon die von Edouard Herriot geführte des *Cartel des gauches* 1925 ebenso wie die beiden Volksfrontregierungen unter Léon Blum 1937 und 1938. Die Erinnerung daran musste zu Beginn der IV. Republik noch frisch sein und war ein wesentlicher Grund für die Ablehnung des Senats als antidemokratisch durch die Sozialisten.

---

24 Die Assemblée nationale war in der III. Republik nicht wie heute die Erste Kammer, sondern die in Versailles zusammentretende Versammlung der beiden Parlamentskammern.
25 Gambetta vor seinen Wählern in Belleville, zit. n. J.-L. Hérin 2001, S. 17.
26 Vgl. J. Mastias 1999, S. 163.
27 Das zeigte sich z.B. bei der Ablehnung des Frauenwahlrechts 1922.

*3. Das schwächliche Kind und seine allmähliche Stärkung:
Die Zweite Kammer in der IV. Republik*

Die erste verfassungsgebende Versammlung wurde von den Sozialisten und Kommunisten dominiert, die im allgemeinen renovatorischen Schwung der Nachkriegszeit gewählt worden waren. Aus ideengeschichtlicher, dem Einkammersystem zuneigender Tradition und aufgrund der Erfahrung der III. Republik stand die Linke der Wiedereinführung eines Senats ablehnend gegenüber, so dass der Beginn der IV. Republik von einer „Senatophobie"[28] gekennzeichnet war. Erst nach Scheitern des ersten Verfassungsentwurfs kam ein Kompromiss zustande, der die Zweite Kammer in stark abgeschwächter Form beibehielt – als „schwächliches Kind eines schwierigen Kompromisses, weder erwartet noch erwünscht und ohne klar identifizierbaren Vater."[29] Aus der ersten Debatte von 1946 um die nach dem 2. Weltkrieg nicht geplante Wiedereinführung der Zweiten Kammer lässt sich nachzeichnen, welche Leitideen von den Teilnehmern an dieser Debatte noch als attraktiv angesehen, welche Argumente aber auch gegen eine Zweite Kammer ins Feld geführt und welche Aufgaben ihr schließlich zugeschrieben wurden.

Während die französische Bevölkerung unmittelbar nach dem Kriegsende eher mit materiellen Sorgen beschäftigt war, entbrannte in der politischen Klasse eine Debatte um die richtige Verfassung, die vor allem die Mängel der III. Republik beseitigen sollte. Dabei stand vor allem die Machtverteilung innerhalb der Exekutive im Vordergrund. Hingegen löste die Frage der Wiedereinrichtung einer Zweiten Kammer zunächst wenig Streit aus;[30] dementsprechend schweigen auch die großen Tageszeitungen dazu. Anfangs unausgesprochen strebten jedoch, was die Organisation des Parlaments anging, die Zentristen des *Mouvement Républicain Populaire* (MRP) und die Konservativen als Erben der liberalen Tradition einerseits und die linken Gruppierungen andererseits in völlig unterschiedliche Richtungen: Erstere befürchteten eine Diktatur der Ersten Kammer wie in der I. Republik, letztere eine Rückkehr zum Konservatismus einer zu starken Zweiten Kammer wie in der III. Republik.[31] Eine der ärgerlichsten Entwicklungen in der III. Republik sei es gewesen, so Léon Blum, dass der Senat die direkt gewählte *Chambre des députés* an Prestige zunehmend überrundete und es vielen Politikern als Aufstieg erschien, von der Chambre in den Senat zu wechseln.[32] Zunehmend sei es der Senat – nicht die Chambre – gewesen, in der die besten Köpfe der III. Republik saßen. Dies zeigt, dass die Zweite Kammer eine alternative, weil machtvolle Alternative für karriereorientierte Politiker geworden war, die ohne weiteres in Konkurrenz zur Ersten Kammer treten konnte.

---

28 Begriff von J.-P. Marichy 1969, S. 139.
29 M. Baroli/D. Robert 2002, S. 13.
30 Vgl. ebd., S. 14ff.
31 „Der Senat hat die konservative Republik bewahrt ; wir wollen heute aber die Grundlagen für eine soziale Republik legen." Edouard Depreux, zit. n. M. Baroli/D. Robert 2002, S. 14.
32 Le Populaire, 16.11.1946.

Auch die Kommunisten waren gegen die Wiedereinführung eines Senats und für eine einzige Versammlung nach Art des ‚Wohlfahrtsausschusses', die gleichzeitig die Regierung sein sollte.[33] Mit dieser „Diktatur des Proletariats ohne liberale Garantien" war freilich die moderierende, andere Institutionen einschränkende Wirkung einer Zweiten Kammer nicht zu vereinbaren. Im Gegensatz dazu trat der MRP für die Beschränkung der Allmacht einer parlamentarischen Versammlung unter anderem durch einen Senat ein. Die Sozialisten wurden zwischen diesen beiden Polen des *tripartisme*[34] zum Moderator, doch waren sie sich mit den Kommunisten in der Ablehnung der Wiedereinführung einer Zweiten Kammer einig. Über die unterschiedlichen Auffassungen zur Anzahl der Parlamentskammern kam es gar zum Rücktritt des Generalberichterstatters der ersten Verfassungsgebenden Versammlung, François de Menthon (MRP), an dessen Stelle der Sozialist Pierre Cot (SFIO) trat. In der Debatte trafen die beiden bis heute wiederkehrenden Argumente für bzw. gegen die Zweite Kammer aufeinander. Einerseits das ‚demokratische' Argument: die klare Zuordenbarkeit der politischen Entscheidungen zu der in der Ersten Kammer repräsentierten *volonté générale*; und andererseits das ‚liberale' Argument: die Notwendigkeit der Kontrolle derselben und einer möglichst breiten Repräsentation verschiedener Teile der Bevölkerung. André Siegfried kommentierte den Verfassungsentwurf so:

> „Diese von grundsätzlichen Anhängern des Einkammersystems ausgearbeitete Verfassung läuft ganz und gar auf eine Herrschaft der Versammlung hinaus. Einige rein formalistische Zugeständnisse haben nichts daran geändert."[35]

Der von der linken Mehrheit der *Assemblée constituante* mit 309 gegen 249 Stimmen angenommene Verfassungsentwurf wurde in einem Referendum am 5.5.1946 bei achtzigprozentiger Wahlbeteiligung von 53 % der Abstimmenden abgelehnt. Diese Ablehnung ist mitunter als eindeutig bejahende Haltung der Franzosen gegenüber dem Zweikammerparlament interpretiert worden, obwohl es weitere umstrittene Inhalte gab, wie etwa das Eigentumsrecht und die Zulässigkeit von Privatschulen. Man kann, auch wenn das vorgesehene Einkammerparlament wohl nicht der einzige Grund für die Ablehnung war, aber dennoch davon ausgehen, dass das Zweikammersystem hinreichend fest im gemeinsamen Handlungsraum verankert war, um der neuen Verfassung die Zustimmung zu versagen. Jedenfalls arbeitete die zweite Verfassungsgebende Versammlung einen Entwurf aus, der dem Ergebnis des Referendums Rechnung trug. Die Entscheidungen wurden nun nicht mehr zwischen den beiden linken, dem Bikameralismus gegenüber feindlich eingestellten Parteien, sondern zwischen den Sozialisten und dem MRP ausgehandelt und waren mehr auf die Vorstellungen der politischen Mitte ausgerichtet. Bei der Errichtung der Zweiten

---

33 Vgl. A. Siegfried 1959, S. 130.
34 Als *tripartisme* bezeichnet man die erste Phase der IV. Republik, in der die Drei-Parteien-Koalition aus Zentristen, Sozialisten und Kommunisten regierte. Dem setzte der sich zuspitzende Ost-West-Konflikt ein Ende.
35 A. Siegfried 1959, S. 136.

Kammer wurde das Ergebnis des Referendums, vor allem aber die Verschiebung der Mehrheiten in Richtung politische Mitte berücksichtigt. Dabei wurde der Rat der Republik – bereits die Aberkennung der prestigereichen Bezeichnung ‚Senat' ist symbolisch bedeutsam – absichtlich in seiner transitiven Macht beschnitten und so beschränkt, dass er nicht mehr viel bewirken konnte. Immerhin sollte er noch als Teil des Parlaments an der Wahl des Präsidenten der Republik teilnehmen.[36] Die Zustimmung zum neuen Verfassungsentwurf war mit 53 % bei vergleichsweise geringer Wahlbeteiligung (69 %) nicht überschwänglich. Zur Unterstützung der Verfassung hatten nur die Sozialisten, die Radikalen und der MRP aufgerufen, während die Kommunisten und die Gaullisten ihr die Zustimmung versagten.

Die Wiedereinrichtung einer Zweiten Kammer war bei großen Teilen der politischen Klasse jedoch nicht viel mehr als ein Lippenbekenntnis. „Die frühere Feindschaft bestand weiter, und die zweite Kammer zu entmannen, zu mindern, beinahe zu demütigen, wurde systematisch unternommen."[37] Dies schlug sich zum einen auf der symbolischen, zum anderen auf der instrumentellen Ebene nieder. Die symbolische Erniedrigung der Zweiten Kammer begann bereits bei ihrem neuen Namen; sie setzte sich in der Verweigerung des früheren protokollarischen Vorrangs der einstigen Hohen Kammer fort. Ihr Präsident sollte nicht mehr wie früher der zweite Mann im Staat sein und in Versailles nicht den Vorsitz im Parlament führen. Es wurde sogar diskutiert, ihre Debatten nicht länger im *Journal officiel* zu veröffentlichen. Schließlich sollte sie – was allerdings ebenso wenig wie der vorhergehende Vorschlag umgesetzt wurde – das erinnerungs- und prestigebeladene Palais du Luxembourg verlassen und ins ‚Haus der Chemie' umziehen. Diese Versuche, dem Rat der Republik das Anknüpfen und Weiterführen der institutionellen Eigengeschichte unmöglich zu machen, schlugen jedoch fehl. Dass die Mitglieder des Rates der Republik ihr altes Selbstbewusstsein nicht aufgegeben hatten und auf der Symbolebene zu antworten wussten, wird daran deutlich, dass sie sich im Dezember 1948 per Geschäftsordnungsreform selbst den Titel des Senators zusprachen.[38]

Auf instrumenteller Ebene wurden der Zweiten Kammer ihre frühere Gleichrangigkeit in Gesetzgebung und Regierungskontrolle genommen. Zwar wurde ihr ein aufschiebendes Vetorecht zugestanden, doch war es sehr kurzfristig – innerhalb von zwei Monaten – auszuüben, so dass es praktisch ohne jede Bedeutung blieb. Zudem hatte die Nationalversammlung das letzte Wort, es sei denn, die Zweite Kammer traf eine Entscheidung mit einer verfassungsmäßigen Zwei-Drittel-Mehrheit; dann war in der Assemblée nationale eine ebensolche Mehrheit notwendig. Die Verfassungsväter von 1946 verweigerten dem Rat auch die Gesetzesinitiative; jeder seiner Vorschläge musste ohne Aussprache sofort der Nationalversammlung übermittelt werden, der es freistand, darüber zu debattieren. „Das war die Rache für die unzähligen Gesetzestexte, die während eines dreiviertel Jahrhunderts beim Senat in der Versen-

---

36 Vgl. ebd., S. 141.
37 Ebd., S. 206.
38 Vgl. Combat, 17.12.1948.

kung verschwunden waren."[39] Zwar wurden die Gesetzesvorlagen des Rates der Republik in den Ausschüssen der Assemblée nationale diskutiert, doch oft ohne Ergebnis. Strenge Grenzen waren dem Rat der Republik außerdem bei der Regierungskontrolle gezogen: Vor ihm sollten die Minister nicht wie einst vor dem Senat verantwortlich sein. Auch das Interpellationsverfahren als Instrument der parlamentarischen Kontrolle wurde ihm entzogen, ebenso jede Rolle als Hoher Gerichtshof.

Die Senatoren waren jedoch in der Lage, im Lauf der IV. Republik ihren Einfluss zu erweitern. Die Stärkung des Rates der Republik war zunächst die Folge verschiedener Initiativen seiner Mitglieder. Die Strategie, Einfluss auf die Gesetzgebung zu nehmen, bestand zunächst darin, die aus der Nationalversammlung an ihn übermittelten Vorlagen sehr stark zu verändern, ja in ihr Gegenteil zu verkehren. Dieser Konfrontationskurs mit der Nationalversammlung hatte zur Folge, dass Änderungsanträge des Rates weitgehend ignoriert wurden. Ende der 1940er Jahre wechselte der Rat daher zu einem kooperativeren Vorgehen, das eher in der Verbesserung der Vorlagen denn in ihrer völligen Veränderung bestand. Im Gegenzug verwendete die Nationalversammlung nun etwas mehr Aufmerksamkeit auf die Änderungswünsche der Zweiten Kammer. „Der Bikameralismus, bis dahin bloße Behauptung, wurde in bescheidenem Umfang zur Tatsache."[40]

Der Rat der Republik versuchte auch, seine transitive Macht über die Änderung der Geschäftsordnung auszubauen. Zwar konnte er kein erneutes Interpellationsrecht schaffen, sehr wohl aber eine Abstimmung über die Regierungserklärung nach einer mündlichen Anfrage, die den Ausdruck eines politischen Urteils ermöglichte. Alle förmlichen Proteste seitens der Nationalversammlung, die ihr alleiniges Interpellationsrecht bedroht sah, fruchteten nichts. Weder widersetzte sich die Regierung diesem Verfahren[41] noch unterlagen – anders als in der V. Republik – die parlamentarischen Geschäftsordnungen einer Kontrolle durch den Verfassungsrat bzw. dessen Vorläufer, das *Comité constitutionnel*.

Das Bemühen um eine nicht nur informale, sondern auch verfassungsmäßige Aufwertung[42] war erfolgreich. „(T)he measure of their hard work and growing prestige was the increased powers they received in the 1954 revision of the constitution."[43] Nach langen Erörterungen wurden die Beziehungen zwischen den beiden Versammlungen so geändert, dass der Rat der Republik immerhin einen Teil der Kompetenzen zurückerhielt, die dem Senat unter der III. Republik gehört hatten. Infolge der Verfassungsänderung wurde der zweiten Kammer die vollständige Gesetzesinitiative zuerkannt, d.h. sie – und nicht die Nationalversammlung – erörterte zuerst die Gesetzesvorschläge, die von ihren Mitgliedern stammen. Vor allem wurde

---

39 A. Siegfried 1959, S. 209.
40 R.-A. Priouret in einem Artikel in Le Monde, 9./10.1.1949.
41 Briefwechsel zwischen dem Präsidenten der Nationalversammlung, Edouard Herriot, und dem Präsidenten der Republik, Vincent Auriol. Vgl. Le Monde, 12.12.1949.
42 Vgl. G. Monnerville (1951): Pour une réforme du Sénat. Défense et illustration du Sénat. In: L'Unité française Nr. 5, Februar, S. 1 und 5.
43 J. Mastias 1999, S. 162-198., S. 164.

die Zusammenarbeit der beiden Versammlungen durch die Wiedereinrichtung der *navette* verändert und die Zeitspanne, die dem Rat zur Debatte der Gesetzesvorlagen zur Verfügung stand, auf hundert Tage verlängert.

Diese Korrektur des Einkammersystems wurde von einer Mehrheit der Mitte und der Konservativen unterstützt, wobei die Abgeordneten der Nationalversammlung diesem relativen Machtverlust ihrer Institution verständlicherweise einigen Widerstand entgegensetzten. Auch unter Verfassungsrechtlern war die Aufwertung des Senats keineswegs unumstritten: So löste Maurice Duverger eine Kontroverse aus, als er die Notwendigkeit eines Gegengewichts zur Assemblée nationale anzweifelte.[44] Der Politikwissenschaftler André Siegfried schätzte die Verfassungsreform zwei Jahre später so ein:

> „Angesichts der Tendenzen der 1956 gewählten Nationalversammlung sind diese Korrekturen wahrscheinlich das Maximum dessen, was der IV. Republik annehmbar erscheint. Sie bedeuten aber die tatsächliche Rückkehr zu einer Art von Zweikammersystem."[45]

Das gestiegene Selbstvertrauen und der Geltungsanspruch des *Conseil de la République* kommt in der Rede seines Präsidenten René Monnervilles zum zehnjährigen Bestehen des Rates zum Ausdruck. Aus einer Versammlung mit rein beratender Aufgabe habe geradezu eine parlamentarische Versammlung werden müssen. Die Erfahrung zeige, dass das parlamentarische Regierungssystems Frankreichs kein Einkammersystem sein könne.[46] Obwohl also der Machtzuwachs hart erkämpft werden musste, obwohl der Senat zunächst seitens der Nationalversammlung auf taube Ohren stieß und ihr legislative Mitsprachemöglichkeiten nicht aufzwingen, sondern nur durch kooperatives Verhalten von ihr erreichen konnte, vermittelt die Darstellung Monnervilles das Bild einer Institution, die endlich zurückerhält, was ihr widerrechtlich genommen wurde und deren Existenz absolut notwendig für das politische System Frankreichs ist.[47]

Bereits vor Beginn der V. Republik hatte sich die noch kurz zuvor gedemütigte Zweite Kammer also einen guten Teil ihrer transitiven Macht zurückerobern können, wobei sie freilich von der Unfähigkeit der Nationalversammlung, stabile Mehrheiten zu bilden, profitierte: Gegenüber der fatalen Instabilität der Ersten Kammer musste die nicht zuletzt durch den Besetzungsmodus gesicherte Stabilität der Zweiten Kammer als institutionalisierte Verlässlichkeit gelten. Anders als für die Assemblée nationale stellte die neue Verfassung der V. Republik für den Rat der Re-

---

44 „Das wesentliche Argument der Verteidiger des Conseil de la République ist die Notwendigkeit eines Gegengewichts zur Nationalversammlung. [...] Um die Richtigkeit dieses Arguments zu beweisen, müsste zweierlei gezeigt werden: 1. dass die Nationalversammlung wirklich ein Gegengewicht benötigt, 2. dass der Conseil de la République in der Lage ist, diese Funktion zu erfüllen. Beide Annahmen scheinen zweifelhaft zu sein." Vgl. M. Duverger: Le mythe du contrepoids. In: Le Monde, 6./7.9.1953, S. 1 und 4.
45 A. Siegfried 1959, S. 206-210.
46 G. Monnerville in Le Monde, 17.1.1957.
47 Eine solche Konstruktion von Geltungsgeschichten lässt sich auch im Fall des Europäischen Parlaments beobachten. Vgl. W. J. Patzelt 2002.

publik weniger einen tiefen Einschnitt als eine Fortsetzung seiner Machtausdehnung dar.

4. *Der Senat in der V. Republik*

4.1. Die Aufwertung der Zweiten Kammer zu Beginn der V. Republik

Für die Analyse der intransitiven Macht ist nun die Verfassungsreform von 1958 mit der relativen Aufwertung des Senats zu untersuchen: Welche Erwartungen wurden an den Senat im Institutionengefüge der V. Republik vor allem von Seiten de Gaulles gestellt, mit welchen tradierten Leitideen wurde dies begründet, und wie reagierten die Akteure selbst darauf?

Die gestärkte Rolle der Zweiten Kammer in der neuen Verfassung war eine Würdigung und Fortsetzung ihrer Aufwertung in der IV. Republik. Vor dem Hintergrund von deren Instabilität wurden am Rat der Republik vor allem die ausgleichende Wirkung und die Stabilität geschätzt, die sich selbst beim Übergang von einer Republik zur anderen zeigte:

> „Der Senat ähnelte in seiner gestrigen Sitzung dem Rat der Republik, der er vorgestern noch war, und hat damit seinem Ruf als Kammer des Gleichgewichts und der Stabilität alle Ehre gemacht. In dieser ersten Sitzung, die jenen der vorgehenden Jahre so sehr ähnelte, deutete nichts auf eine Diskontinuität hin, nicht einmal ihr Ergebnis, denn M. Monnerville bleibt nach zehnjähriger Amtszeit weiterhin der Präsident des Senats."[48]

Die nunmehr der Zweiten Kammer zugeschriebenen Leitideen waren damit eigentlich die alten, nur wurden sie unter den veränderten politischen Umständen nicht mehr als Rückständigkeit und überzogener Konservatismus kritisiert, sondern positiv als Stabilität bewertet. Diese Reinterpretation der senatorialen Leitideen wurde nicht zuletzt durch die veränderten politischen Bedingungen ermöglicht, besonders durch das Verlangen nach Stabilität angesichts von ständig wechselnden Regierungen, die den Erfordernissen der Dekolonialisierung nicht gewachsen schienen. Dazu passt auch, dass die Aufwertung der Zweiten Kammer als Rückkehr zu jener Autorität wahrgenommen wurde, die sie in der III. Republik besessen hatte.[49] Auf symbolischer Ebene besonders sinnfällig war die Rückgabe des alten, prestigereichen Namens *Sénat*.[50] Bei näherem Hinsehen handelt es sich dabei jedoch nicht um einen abrupten Übergang; vielmehr hatte sich die Bezeichnung *Conseil de la République* in der IV. Republik nie recht durchsetzen können. Nicht nur die einzelnen Mitglieder der Versammlung hatten sich den Titel des Senators gegeben. *Sénat* stand – wenngleich zusätzlich zu *Conseil de la République* – auch weiterhin auf den Brief-

---

48 Le Monde, 11.12.1958.
49 „Die neue Verfassung gewährt dem Senat eine ähnlich große Autorität, wie er sie in der III. Republik besaß." Combat, 28.3.1959.
50 „Das Palais du Luxembourg erhält seinen Namen zurück: Senat." Le Figaro, 30.10.1958.

bögen und -kuverts der Zweiten Kammer. Den *Sénat* kündigten sogar die Busfahrer an der Haltestelle vor dem Palais du Luxembourg an.[51] So vermittelte die Umbenennung wohl nicht den Eindruck des Neuen, sondern vielmehr jenen, dass der Zweiten Kammer nun ihre ‚eigentliche' Bezeichnung wiedergegeben wurde, die ihr ohnehin immer zugestanden hatte. Die IV. Republik musste so erst recht als Intermezzo erscheinen. Und die faktische Weiterführung des Namens Senat – eigentlich gegen den Verfassungstext – verdeutlicht die symbolische (und bald auch in der instrumentellen Dimension wiederhergestellte) Kontinuität: Der Senat war als Bestandteil des gemeinsamen, politischen Handlungsraumes zu gefestigt, als dass seine Existenz über Nacht hätte getilgt werden können. So wurde die erneute Umbenennung 1958 als rechtmäßige symbolische Wiedereinsetzung in die alte würdevolle Position wahrgenommen. Dazu trug auch das erneute Aufrücken des Senatspräsidenten innerhalb der protokollarischen Ordnung bei: Bei Ableben oder Verhinderung des Staatspräsidenten ist er es, der das Staatsoberhaupt vertritt.

Laut Verfassungstext, der die Grundlage für die später zu thematisierende unterschiedliche Machtverteilung im strategischen Handlungsraum bildet, ist die Zweite Kammer nicht mehr als „minor player"[52] wie in der IV. Republik konzipiert; sie ist aber auch nicht der Ersten Kammer gleichgestellt wie in der III. Republik. Die Verfassung stellt, was die Gesetzgebung angeht, die beiden Kammern wieder auf eine Stufe, mit der Ausnahme, dass die Regierung der Assemblée nationale die Zahl der Beratungen während der *navette* einschränken und der Nationalversammlung das letzte Wort geben kann. Letzteres trifft allerdings nicht zu, wenn Verfassungsänderungen oder Organgesetze, die den Senat selbst betreffen, beschlossen werden sollen. Der Senat hat auch nicht die Möglichkeit, durch sein Votum eine Regierung zu Fall zu bringen.

Einerseits hatten sich die Senatoren der IV. Republik diese Position erarbeitet, andererseits ist der Senat freilich auch aus einem klaren Grund von den Verfassungsvätern gestärkt worden: Wie auch der Verfassungsrat sollte er zunächst Gehilfe der Exekutive sein, wenn es darum ging, die Nationalversammlung in ihre Schranken zu weisen.[53] Auch dies ist die Neuauflage einer alten, schon zu Beginn der senatorialen Institutionengeschichte 1795 existierenden Leitidee, nämlich jene einer Gegenmacht, welche die Bruttomacht der Ersten Kammer einschränkt und zu einer für das Regierungssystem verträglichen Nettomacht ausbalanciert. In der Tat wurde der Senat sehr schnell zu einer „Oppositionskammer"[54], allerdings weniger gegenüber der Ersten Kammer als vielmehr gegenüber der Regierung und de Gaulle.

Dieser hatte bereits im Discours de Bayeux (16.6.1946) seine wesentlichen Vorstellungen über ein neues Regierungssystem dargelegt und dabei seine Präferenz für

---

51 Ebd.
52 J. Mastias 1999, S. 164.
53 „Der neue Senat wird als Gegengewicht zur Assemblée dienen." La Croix, 15.4.1959.
54 J. Baguenard 1997, S. 20.

eine zweite Kammer zum Ausdruck gebracht.[55] Diese sollte eine Vertretungskörperschaft für die „vie locale" sein und auf eine andere Art als die Assemblée nationale gewählt werden. Neben der Vertretung der territorialen Interessen sollte der Senat jedoch auch eine Vertretung von „organisations économiques, familiales, intellectuelles" sein, damit sich ein möglichst breites Spektrum an Interessen in dieser Kammer wiederfände. Zu Beginn der Verfassungsdebatte der V. Republik trat noch eine dritte Gruppe hinzu, nämlich die Interessen der überseeischen Gebiete. Die Vertretung der ökonomischen Interessen wurde jedoch dem *Conseil économique et social* übertragen. Der erste Verfassungsentwurf vom 10.7.1959 sah vor, dass der Senat aus zwei Kammern bestehen sollte, eine für die Vertreter des überseeischen Frankreich, die andere für die Senatoren der Départements und Gemeinden im Mutterland.[56] Dies wurde letztlich jedoch nicht verwirklicht. Der Senat wurde zum Vertreter der Gemeinden und Gebietskörperschaften inner- wie außerhalb des Mutterlands sowie der Auslandsfranzosen. Die Idee, den Senat zu einem ‚Gemischtwarenladen' zu machen und damit erneut abzuwerten, sollte jedoch bald wieder hervorgeholt werden.

Der anfängliche Enthusiasmus der Verfechter des Bikameralismus[57] fand ein schnelles Ende, als sich zeigte, dass die Exekutive aufgrund des sich herausbildenden *fait majoritaire* viel weniger auf den Senat angewiesen war als es sich die Senatoren erhofft hatten. Weil die Gaullisten bei den Kommunalwahlen 1958 als neue Partei noch Schwierigkeiten hatten, in die Gemeinderäte gewählt zu werden, war der 1959 vollständig neu gewählte Senat vollkommen anders besetzt als die Assemblée nationale: Von 255 Senatoren des französischen Kernlandes gehörten nur 27 der UNR an.[58] Der Senat war klar vom Parti radical, den konservativen Modérés und den Républicains populaires beherrscht; zudem waren viele in den vorhergehenden Parlamentswahlen geschlagene Abgeordnete nun zu Senatoren gewählt worden. So verwundert es nicht, wenn die Einstellung der Zweiten Kammer gegenüber den neuen Institutionen der V. Republik sehr reserviert war. Die späteren offenen Auseinandersetzungen zwischen dem Senat und de Gaulle hatten ohnehin schon 1959 mit der

---

55 „Es ist klar, dass die definitive Abstimmung über die Gesetze und den Haushalt einer nach allgemeinem und direktem Wahlrecht gewählten Versammlung zukommt. Aber der erste Beschluss dieser Versammlung ist nicht unbedingt von völliger Weitsicht und Ausgeglichenheit getragen. Man muss also einer zweiten Kammer, die auf eine andere Weise gewählt und zusammengesetzt ist, die Aufgabe übertragen, die Entscheidungen der Ersten Kammer öffentlich zu beraten, Änderungsanträge zu formulieren und Gesetze vorzuschlagen. Während nun aber die großen politischen Strömungen sich in der Abgeordnetenkammer wiederfinden, hat auch die lokale Politik ihrer Neigungen und Rechte. (...) Es scheint also ratsam, eine Zweite Kammer zu gründen, deren Mitglieder im Wesentlichen unsere General- und Gemeinderäte wählen werden. Diese Kammer wird die Erste vervollständigen (...), indem sie jene administrativen Perspektiven in die Gesetzgebung einbringt, die eine rein politische Versammlung zu vernachlässigen neigt." zit. n. J.-L. Hérin 2001, S. 21.
56 Vgl. J. Baguenard 1997, S. 16f.
57 Marcel Prélot war sogar soweit gegangen, den Senat als zentrale Institution der V. Republik zu feiern: „Die V. Republik: das ist der Senat!" zit. n. J.-L. Hérin 2001, S. 22.
58 Vgl. F. Goguel 1988, S. 10.

crise réglementaire ein von der Öffentlichkeit noch weitgehend unbemerktes Vorspiel.[59] Zu diesem Streit zwischen Michel Debré und dem Senat kam es bei der Ausgestaltung der parlamentarischen Kontrollrechte in der Geschäftsordnung des Senats, bei welcher der letztere versuchte, eine parlamentsfreundliche Version durchzusetzen.[60] Anders als in der IV. Republik, in der die Zweite Kammer ihre Kompetenzen über Reformen der Geschäftsordnung erweitern konnten, schlichtete der Verfassungsrat nun zugunsten des Regierungschefs.

4.2. 1962-1969: Die „sieben dunklen Jahre der senatorialen Resistance"

Zum endgültigen Bruch zwischen de Gaulle und dem Senat kam es 1962 mit der Einführung der präsidialen Direktwahl.[61] Gaston Monnerville, der Präsident des Senats, sprach von Amtsmissbrauch[62] und wurde daraufhin von de Gaulle zur Unperson erklärt: Ihm wurde der Zutritt zum Elysée-Palast verweigert; bei von ihm präsidierten Plenarsitzungen war die Regierung nicht mehr durch einen Minister, sondern nur noch durch einen Staatssekretär vertreten.[63] Als de Gaulle 1962 in der Assemblée nationale eine große Mehrheit erhielt, war der Senat vollends überflüssig geworden und hatte nun „sieben dunkle Jahre"[64] vor sich, in denen seine Gesetzesvorschläge ganz ähnlich wie zu Beginn der IV. Republik im Sand verliefen und in der sogenannten „grève des ministres" letztere so gut wie nie an seinen Sitzungen teilnahmen. Außerdem wurde gegen den Senat eine Pressekampagne geführt, um zu zeigen, wie nutzlos und regierungsfeindlich er ‚eigentlich' war.

Diese Auseinandersetzung de Gaulles mit dem Senat ist die dritte Debatte, die hier nachgezeichnet werden soll. Es sind hier besonders die ‚Verteidigungsstrategien' des Senats von Interesse: Mit welchen Leitideen wird – nicht zuletzt gegenüber der Öffentlichkeit – argumentiert, um die faktische Abschaffung der Institution abzuwenden?

---

59 „Letzte Auseinandersetzung um die Geschäftsordnung gestern im Palais du Luxembourg", Le Figaro, 1.7.1959.
60 Genauer lautete die Frage, ob der Senat die Debatte über eine Regierungserklärung oder im Anschluss an eine mündliche Anfrage mit einer Abstimmung beschließen dürfe. Dabei argumentierte der Senat, es seien auf ihn nicht die selben Regeln wie auf die Nationalversammlung anzuwenden, da letztere ja über die verfassungsmäßige Möglichkeit des Misstrauensvotums verfüge, der Senat aber nicht. Vgl. H. Ponceau 1969, S. 242.
61 Besonders das Verfahren stieß auf Ablehnung, denn es stellte einen klaren Verstoß gegen die Verfassung dar: Um die mögliche Blockade (vor allem) von Seiten des Senats zu umgehen, griff de Gaulle auf den Art. 11 Verf. zurück und rief ein Referendum zur Entscheidung über die Amtszeit aus.
62 Auf dem Parteitag des Parti radical sagte Monnerville: „Erlauben Sie mir zu sagen, dass mir das Misstrauensvotum als direkte, legale, verfassungsmäßige Antwort auf eine Verletzung der Amtspflicht erscheint." zit. n. J. Baguenard 1997, S. 57f.
63 Vgl. J.-L. Hérin 2001, S. 22f.
64 Titel eines Aufsatzes von P. Bordry 1969.

Zwar sollte der Senat weiter eine zweite Parlamentskammer sein, doch mit konsultativem Charakter und gemischter Zusammensetzung: Etwa zur Hälfte sollte diese Versammlung aus gewählten Vertretern der Gebietskörperschaften und aus Persönlichkeiten bestehen, die von sozialen und kulturellen Institutionen ernannt werden sollten. Dieser ‚Kammer' sollte ihre transitive Macht erheblich reduziert werden: Die Beratung einer Gesetzesvorlage mündete in einem *avis préalable* für die Nationalversammlung, über den es dann einen Austausch zwischen den beiden Kammern geben konnte. *Navette* und Vermittlungsausschuss sollten ebenso wegfallen wie die Gesetzesinitiative, die Blockademöglichkeit bei Verfassungsänderungen und die Regierungskontrolle.

Bereits der Verzicht Monnervilles auf eine erneute Kandidatur als Senatspräsident hatte die Position des Senats im strategischen Handlungsraum erleichtert. Damit wurde der Konflikt von der sehr persönlich geführten Auseinandersetzung zwischen de Gaulle und Monnerville losgelöst. Der neue Präsident Alain Poher war wesentlich konzilianter im Ton als sein Vorgänger; doch auch seine Verhandlungsbemühungen konnten nichts bewirken. In der daraufhin geführten Kampagne, mit der die öffentliche Meinung von der Notwendigkeit der weiteren Existenz der Zweiten Kammer überzeugt werden sollte, wurde der Senat nicht nur von allen Oppositionsparteien unterstützt, sondern auch vom Staatsrat, der das geplante Verfahren – die Entscheidung per Referendum – als nicht verfassungskonform einstufte.[65]

In der Pressekampagne wurden zwei Ordnungsvorstellungen aufgegriffen und mit der Weiterexistenz der Senats verbunden, die zweifelsohne Teil des gemeinsamen Handlungsraums waren: die Stabilität des Regierungssystems und die republikanische Staatsform. De Gaulles Verfassungsreform wurde nicht nur selbst als „instabilité constitutionelle" dargestellt;[66] vor allem gefährde sie die institutionelle Stabilität der V. Republik, die doch gerade den Senat aufgrund seiner stabilisierenden Eigenschaft beibehalten und gestärkt hatte. Seine geplante Reform käme einer Wiederherstellung des monokameralen Parlaments gleich, dessen negative Auswirkungen wohlbekannt seien und die nur durch eine machtvolle „chambre de réflexion" ausgeglichen werden könnten:

> „Es muss betont werden, dass diese Initiative einmal mehr die Stabilität der Institutionen aufs Spiel setzen wird. (…) Es ist schlimm, wenn eine der beiden Versammlungen, die aufgrund einer vom Volk ratifizierten Verfassung das Parlament bilden, derart in Misskredit gebracht wird. (…) Der Senat berät mit viel Überlegtheit (chambre de réflexion) die Gesetzesvorschläge der Abgeordneten, kann sie modifizieren und dank der Navette eine Übereinstimmung mit der Nationalversammlung erzielen."[67]

---

65 Vgl. P. Bordry 1969, S. 294f.
66 „Den Senat nach den vorgeschlagenen Modalitäten zu reformieren, würde eine Destabilisierung der Verfassung bedeuten." Senator Bonnefous in L'Aurore, 1.8.1968; „Die V. Republik ist das Regime der konstitutionellen Instabilität geworden." Poher in Le Monde, 2.4.1969.
67 Senator Edouard Bonnefous in L'Aurore, 16.5.1966.

„Der Senat misst seiner Rolle und seinen Handlungen innerhalb des Parlaments eine große Bedeutung bei und alle, die für diese Republik sind, müssen dies auch tun, denn das Einkammersystem in Reinform wäre ein Wagnis. Unser Land kann heute nicht das Risiko der Instabilität seiner Institutionen eingehen; erinnern Sie sich daran, dass es gerade eine der Bedeutungen von 1958 (der Beginn der V. Republik) war, Frankreich in Zukunft solche institutionellen Krisen zu ersparen."[68]

Dabei beriefen sich die Senatoren auf die demokratische Praxis in anderen repräsentativen Demokratien, in denen es sehr oft – allerdings aus ganz unterschiedlichen Gründen – eine Zweite Kammer gebe. Demgegenüber sei das Einkammersystem eine „bedauernswerte Anomalie".[69]

Der zweite Vorwurf richtete sich gegen das gesamte Regierungssystem, wie es de Gaulle seit 1958 in der ihm eigenen Verfassungsinterpretation gestaltet hatte, und machte den Senat zur letzten „Bastion des republikanischen Widerstandes".[70] Interessanterweise wurde dieses Argument vor allem von linken Senatoren wie François Mitterrand vorgebracht, die eine Vereinbarkeit von Bikameralismus und Republik immer angezweifelt hatten. Die einst von den Anhängern der Republik nur geduldete Kammer wurde so zur Verteidigerin des republikanischen Prinzips erkoren – eine Ironie der Geschichte, die auch damals so wahrgenommen wurde.[71] Doch damit war der Rückgriff auf die institutionelle Geschichte des Senats nicht beendet: De Gaulle wurde gleichgesetzt mit den beiden Napoleons, die den Senat zu einer von ihnen kontrollierten „kaiserlichen Parlamentskammer" gemacht hatten.[72]

Die breit angelegte Gegenkampagne hatte offensichtlich Erfolg: Am Referendum vom 27.4.1969 beteiligten sich 80 % der Wahlberechtigten; davon stimmten 47,6 % für und 52,4 % gegen die Verfassungsreform.[73] Schwer zu sagen ist, inwiefern die Senatsfrage zum Scheitern des Referendums beitrug, da sie nur eine unter mehreren Fragen war. Im Rückblick argumentiert die traditionell senatskritische Linke heute damit, dass es den Franzosen vielmehr darum ging, de Gaulle loszuwerden. Analysen der öffentlichen Meinung aus jener Zeit zeigen, dass der Senat den Franzosen wenig bekannt war und weitestgehend als archaische Institution mit unklarer Aufgabenzuschreibung wahrgenommen wurde. Die Senatoren wurden individuell aber für ihre Leistungen und lokalen Bindungen geschätzt.[74] Eine Umfrage vor dem Refe-

---

68 Alain Poher in Le Figaro, 20.12.1968.
69 Beinahe dieselben Worte benutzte ironischerweise Lionel Jospin 1998, allerdings um den Senat als eine „Anomalie unter den Demokratien" zu bezeichnen.
70 Senator François Mitterrand: „Man muss diese <Bastion des republikanischen Widerstands> bewahren". Le Monde, 30.4.1966.
71 „In seiner Feindschaft gegenüber dem Senat stimmt de Gaulle mit den Anhängern der republikanischen Staatsform in der III. Republik überein." Combat, 26.4.1966.
72 „Vielleicht erwägt de Gaulle, wie die beiden Napoleons einen imperialen Senat zu bilden, dessen Mitglieder von ihm ernannt würden, was ihm erlaubte, einige Nutznießer des Regimes unterzubringen. Jedenfalls aber ist an dem geplanten Vorhaben weder irgend etwas Neues noch irgend etwas Demokratisches." L'Humanité, 19.7.1968.
73 Siehe Documentation française 1997, S. 172.
74 Ausführlich zur Einstellung der Franzosen und Lokalpolitiker zum Senat siehe Abschnitt 6.

rendum hatte ergeben, dass 65 % der Franzosen wünschten, der Senat möge in Zukunft bedeutender oder genauso bedeutend sein wie bis dahin.[75]

Entscheidend ist, dass seit dem Referendum die Existenz des Senats nicht mehr ernsthaft angetastet wurde. Die (vorübergehende) Demütigung in symbolischer wie in instrumenteller Hinsicht war zwar kurzfristig klar mit einem Machtverlust verbunden, hatte aber langfristig einen stabilisierenden Effekt. Der Senat hat aus der Krise also durchaus einen Gewinn in Form einer gefestigten Verankerung im gemeinsamen Handlungsraum ziehen können: „Seit der Senat de Gaulle zu Fall gebracht hat, ist er unangreifbar und jeder, der ihm an den Kragen will, muss auf der Hut sein."[76] Ob die Versuchung, die Zweite Kammer abzuschaffen, tatsächlich vollkommen abwegig bleibt, ist nach der von Jospin verursachten Debatte Ende der 1990er Jahre allerdings wieder offen.

4.3. Der Senat in der V. Republik nach de Gaulle: Normalisierung und parteipolitische Überformung

Für den Senat nach dem Rücktritt de Gaulles sind zwei Entwicklungen festzustellen: die Normalisierung in den Beziehungen zur Exekutive, und die – verspätete – parteipolitische Überformung. Beide Entwicklungen wirkten sich vor allem auf die Position des Senats im strategischen Handlungsraum aus; sie betreffen indirekt aber auch seine intransitive Macht.

Nach dem Rücktritt de Gaulles fand der Senat langsam aus seiner Quarantäne. Das bekannteste Symbol für die Normalisierung ist der Auftritt des Staatspräsidenten Valéry Giscard d'Estaing im Plenarsaal des Senats[77] zum 100jährigen Geburtstag der Institution, bei dem er seine Rede mit den Worten schloss, er wünsche dem Senat ein langes Leben. Was einerseits die Normalisierung der Beziehungen zwischen Exekutive und Senat symbolisiert, verweist andererseits *ex negativo* auf den nie ganz verschwindenden, sich allenfalls unter der Oberfläche verbergenden Zweifel am Sinn einer Zweiten Kammer: Niemand hat 1989 der Assemblée nationale ein langes Leben gewünscht; der Wunsch nach dem Fortbestand der direkt gewählten Vertretungskörperschaft versteht sich in einer repräsentativen Demokratie von ganz allein.[78] Im Vergleich dazu war der Wunsch Giscards wohl freundlich gemeint, doch er zeigte eben auch, dass das ‚Leben' des Senats einige Jahre zuvor noch an einem seidenen Faden gegangen hatte.

Nach dem Rücktritt Jacques Chiracs als Premierminister 1976 intensivierten sich die Spannungen zwischen Giscardisten und Gaullisten in der Nationalversammlung, weshalb der Senat für Giscard und den neuen Regierungschef Barre immer wichti-

---

75 Umfrage der IFOP, 18./24.2.1969, zit. n. L'Express, 10.2.1969, S. 53.
76 Leitartikel von Jean-Michel Thenard in der Libération, 28.4.1998.
77 Das ist eine absolute Ausnahme, da der Staatspräsident nicht das Recht hat, das Parlament zu betreten.
78 Vgl. D. Maus 1993, S. 94.

ger wurde. Ohne seine Unterstützung konnte die Regierung einfach nicht auskommen. Die Zweite Kammer wurde nachgerade mit Aufmerksamkeit überschüttet; im Gegenzug erwies sich der Senat als verlässliche Stütze der Regierung. Die Kehrseite dieser Entwicklung war allerdings, dass die Zweite Kammer damit ihre in den 1960er Jahren so gepflegte Rolle als Kritikerin zunehmend aufgab und besonders bei umstrittenen Gesetzesvorlagen zur Regierung stand.[79]

Diese Parteipolitisierung des Senats setzte vollends mit dem Regierungsantritt der Sozialisten 1981 ein: Der Senat gab seine zurückhaltende Position auf und stellte offen seine Ablehnung gegen deren Politik zur Schau. Der Ton wurde schärfer; die Regierung versuchte, systematisch die Zweite Kammer zu umgehen, um ihrer Kritik keine Bühne zu geben.

Wie Abbildung 1 zeigt, sind die üblichen Aushandlungsmechanismen wie die Nutzung des Vermittlungsausschusses im Fall linker Mehrheiten in der Nationalversammlung nur noch zu einem geringen Teil von Erfolg gekrönt. Bei identischen Mehrheiten kommt im Vermittlungsausschuss hingegen fast immer eine Übereinkunft zustande. Außerdem nutzt dann die konservative Senatsmehrheit – bei rechten Regierungen die linke Senatsminderheit – das Instrument der Verfahrensanträge[80] zur Verzögerung der Debatte, was aufgrund der ‚senatorialen Würde' freilich in viel bescheidenerem Umfang als in der Nationalversammlung geschieht.[81]

In der ersten Kohabitation (1986-1988) wurde der Senat tatsächlich zu jenem Verbündeten der Regierung, als den ihn de Gaulle im Sinn hatte. Senatspräsident Poher sprach sogar von einer Reaktivierung des Bikameralismus. In dieser Zeit besaß er eine außergewöhnlich große Nettomacht: Zum einen war Chirac aufgrund seiner knappen Mehrheit in der Ersten Kammer an einer zusätzlichen Unterstützung gelegen, zum anderen hatte sich der Senat während der vorhergehenden Legislaturperiode als Rückzugsgebiet und sichere Bank für die konservative Opposition erwiesen, wofür er nun von der Regierung Beachtung einfordern konnte.[82] Der Senat erwies sich auch als aktiver und parteiischer Gegenspieler des Präsidenten.

---

79 Vgl. J. Mastias 1999, S. 170f.
80 Es kann beantragt werden, dass das ganze Gesetzesvorhaben als unvereinbar mit Art. 40 Verf. zurückgewiesen wird (*exception d'irrecevabilité*); dass die Beratung unterbleibt, weil es keinen sichtbaren Bedarf für dieses Gesetz gibt (*question préalable*); oder dass die Vorlage zur erneuten Beratung in den Ausschuss zurückgehen soll (*renvoi en commission*).
81 Zum Einsatz der Verfahrensanträge in der Nationalversammlung vgl. R. Messerschmidt 2003, S. 165f.
82 Vgl. D. Maus 1988, S. 92; vgl. auch Kommentare in der Presse wie: „Senat: Die alte Dame hat noch Sexappeal", Liberation, 16.4.1986.

Abbildung 1: Parteipolitisierung des Senats

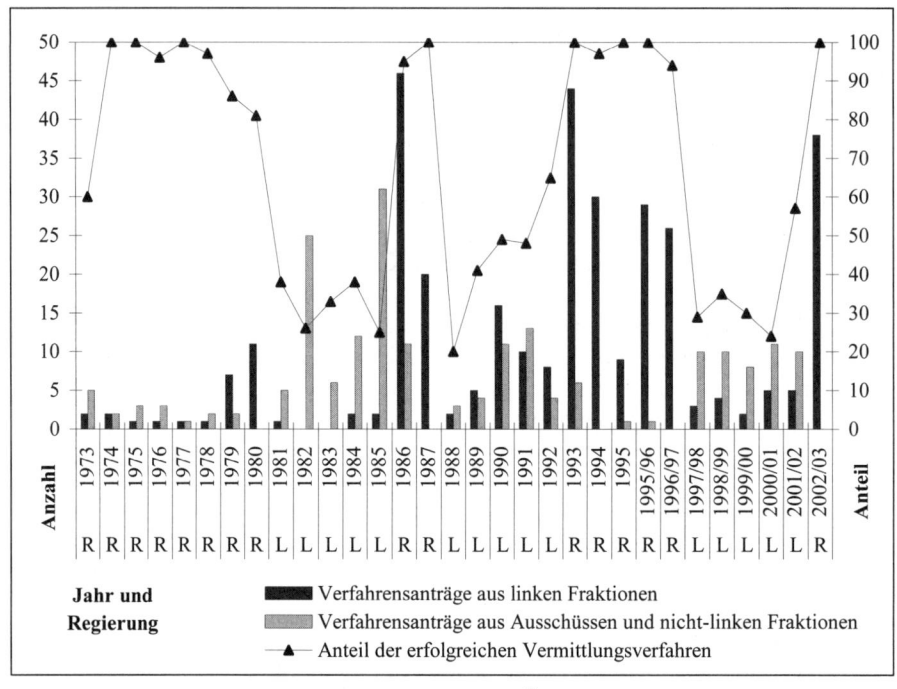

Quelle: Senat, Service de la Séance. Aufgrund des Überganges der Parlamentsstatistik von Parlamentsjahren zu Sitzungsperioden ab 1995 weichen die Zeitangaben voneinander ab.

Die letzte Kohabitation (1997-2002) war insofern ein Novum, als hier die traditionell konservative Zweite Kammer nun zur privilegierten Partnerin und verkappten Bühne des Staatspräsidenten und damit aus Sicht der Regierung Jospin noch unbequemer wurde, als sie es für linke Regierungen ohnehin ist. Dieser Eindruck verstärkte sich nach der Wahl Christian Poncelets zum Senatspräsidenten, womit erstmals in der V. Republik ein Gaullist dieses Amt innehat – ein weiteres Zeichen für die zunehmende Ausrichtung des Senats an parteipolitischen Konfliktlinien.[83] Daher verwundert es nicht, dass sich gerade in dieser Phase, nachdem ursprünglich Jospin die Weisung eines höflichen, die Etikette beachtenden Umgangs mit der Zweiten Kammer ausgegeben hatte, allmählich die Fronten verhärteten und es schließlich zur heftigsten Auseinandersetzung um die Rolle des Senats seit 1969 kam.

Diese entzündete sich vor allem am Wahlsystem, das seit jeher für eine konservative Mehrheit im Senat sorgt. Die Senatoren werden durch allgemeine und indirekte

---

83 Siehe „Der Senat bereitet sich auf den Widerstand vor", Le Figaro, 11.6.1997; „Der Senat in der Kohabitation" Le Figaro, 16.10.1997; „Jacques Chirac bemächtigt sich des Senats", Le Monde, 3.10.1998; außerdem den Beitrag des Fraktionsvorsitzenden der Fraktion der Radikalen, RDSE, im Figaro, 3.12.2002.

Wahl von einem Wahlmännergremium gewählt, bis einschließlich 2001 alle drei Jahre zu einem Drittel bei einer Amtsdauer von neun Jahren, in Departements mit fünf Senatoren oder mehr nach dem Verhältniswahlsystem, sonst nach der romanischen Mehrheitswahl. Dieses Wahlsystem und die Zusammensetzung des *collège éléctoral*[84] wollte die Regierung Jospin im Rahmen einer Reform der politischen Institutionen ändern, um zum einen auch im Senat Mehrheitswechsel zu ermöglichen und zum anderen die Chancen für Kandidat*innen* zu erhöhen. Dieses Ansinnen löste – zusammen mit der unglücklichen Ankündigung Jospins, der Senat sei eine „Anomalie unter den Demokratien" – selbstredend den scharfen Protest des Senatspräsidenten und der konservativen Senatsmehrheit aus.[85] Die am 10.3.1999 im Ministerrat vorgestellte Reform sah zweierlei vor: Zum einen sollte sich die Zahl der Wahlmänner proportional zur Bevölkerungszahl im jeweiligen Wahlkreis richten. Ein Wahlmann sollte auf 500 Einwohner kommen und in allen Gemeinden ab 1000 Einwohnern nach Verhältniswahl gewählt werden. Zum anderen sollte in allen Departements mit drei oder mehr Senatoren die Wahl nach dem Verhältniswahlsystem erfolgen. Die von der linken Regierungsmehrheit schließlich verabschiedete Reform behielt nur Letzteres bei und erhöhte damit die Zahl der Departments, in denen nach dem Verhältniswahlsystem gewählt wird.[86] Daher wurden bei der Teilwahl 2001 drei Viertel der Senatoren nach Listenwahl bestimmt, was zum einen die Zahl der Senatorinnen und zum anderen den Anteil der linken Senatoren leicht erhöhte.[87]

Nach dem Regierungswechsel 2002 wurde dies vom Senat mit Zustimmung der Regierung Raffarin (selbst ehemaliger Senator) mit ungewöhnlicher Schnelligkeit rückgängig gemacht, wobei selbst die konservative Mehrheit in der Nationalversammlung auf ihre Kritikpunkte verzichten musste.[88] Dieser Schritt zurück wurde

---

84 Kommunen mit weniger als 9000 Einwohnern entsenden gestaffelt einen (bei Gemeinderäten bis 11 Mitglieder), drei (bis 15), 5 (bis 19), 7 (bis 23), 15 (bis 29) Delegierte. Gemeinden zwischen 9001 und 30000 Einwohner delegieren alle Gemeinderäte, die Gemeinden ab 30000 Einwohner zusätzlich noch einen Delegierten auf je 1000 Einwohner über 30000. Die Delegierten aus Gemeinden bis 3500 Einwohner werden nach dem romanischen Mehrheitswahlsystem, die übrigen nach der Verhältniswahl gewählt. Von insgesamt ca. 150.000 Wahlmännern und -frauen sind 577 Abgeordnete, 1.870 Regionalräte, 4.000 Generalräte und 142.000 Gemeinderäte bzw. deren Delegierte. Vgl. http://www.senat.fr/role/senate.html (Zugriff 31.1.2005).

85 „Jospin auf den Spuren von de Gaulle", Le Monde 2.5.1998; „ Der falsche Prozess gegen den Senat" Senator Haenel (RPR) im Figaro, 8.6.1998; „Den Senat zu schwächen, bedeutet die Demokratie zu schwächen." Poncelet in Le Monde, 23.6.1999. Linke Senatoren setzten sich dagegen für die Reform ein, vgl. z.B. „Mauroy unterstützt das Reformprojekt" in Le Figaro, 10.9.1999; „Les élus communistes veulent la démocratisation de leur assemblée", L'Humanité, 23.4.1998.

86 Gesetz Nr. 2000-641 vom 10.7.2000. Das Wahlsystem darf, sofern keine Verfassungsartikel davon beeinflusst sind, durch ein einfaches Gesetz festgelegt werden.

87 Eigene Auszählung nach http://www.senat.fr/evenement/senatoriales_2001/caracteristiques.pdf, Zugriff 31.1.2005.

88 Kritisiert wurde u.a., dass der Senat damit die alten, für Frauen nachteiligen Verhältnisse wieder einführt. Le Monde, 5. und 9.7.2003

verknüpft mit einer ‚Fassadenrenovierung', die der Zweiten Kammer einen jugendlichen und demokratischeren Anstrich geben sollte: Das Mindestalter für das passive Wahlrecht wurde von 35 auf 30 Jahre gesenkt; die Amtsdauer beträgt nur noch sechs Jahre; gewählt wird die Hälfte der Senatoren alle drei Jahre. Zudem wird in Departements, die drei oder weniger Senatoren wählen, das romanische Mehrheitswahlsystem, in Departements mit vier oder mehr Senatoren das Verhältniswahlsystem angewandt. Letzteres wird nach der kompletten Umstellung auf das neue Wahlsystem zur Folge haben, dass immerhin noch 52 % der Senatoren, aber eben nicht mehr 70 % wie 2001, nach dem Verhältniswahlsystem gewählt werden.[89]

Die transitive Macht des Senats seit den 1970er Jahren ist also sehr variabel und längst nicht aus der Verfassung von 1958 abzulesen. Die zunehmende Parteipolitisierung und Einordnung in die bipolare französische Mehrheitsdemokratie erschweren allerdings die Aufrechterhaltung der einzig sinnvollen Leitidee einer Zweiten Kammer in Zentralstaaten, jene des ‚zweiten Blicks' auf die Gesetzgebung, des Nachdenkens, der Moderation, und rücken die – durchaus geleistete – Sacharbeit des Senats in ein schlechtes Licht:

> „Eine Versammlung, die unveränderlich in eine bestimmte politische Richtung neigt, ist unter den dargelegten Bedingungen nicht in der Lage, dauerhaft die Rolle des Moderators zu übernehmen. (...) Wenn bei einer linken Regierungsmehrheit das Gegengewicht den Mechanismus blockiert, den es erleichtern sollte, und im Gegensatz dazu bei rechten Mehrheiten deren schon vorhandene Dominanz verstärkt, die es doch temperieren sollte, dann ist dies dysfunktional."[90]

Was bedeutet das für die intransitive Macht des Senats? Seine symbolische Selbstdarstellung als „Gegenmacht" und „Moderator" wirkt zunehmend fehl am Platz und ruft Kritik hervor, die eine Redefinition der eigenen Leitideen nahe legt.

5. „Zu alt, zu reich, zu weit weg": Der Senat in der Kritik

5.1. Senatoriale Angriffsflächen

Das Fehlen des republikanischen Gründungsmythos als senatoriale „Ursünde"

Die republikanische Tradition Frankreichs will es, dass jeder ‚gute' institutionelle Gründungsmythos möglichst eng mit der Republik verknüpft ist. Der Senat wurde aber, wie bereits dargestellt, in der III. Republik als ‚Tauschobjekt' für die Einführung der Republik gegründet. Diese Zweideutigkeit bei der Gründung wird ihm bis heute vorgehalten: Eigentlich wollte man keinen Senat, aber ohne ihn hätte es keinen Konsens für die republikanische Staatsform gegeben. Das selbstverständliche In-Eins-Setzen von republikanischem Prinzip und Vertretungskörperschaft, wie es

---

[89] Einfaches Gesetz Nr. 2003-697 vom 30.7.2003 für die Festlegung des Wahlsystems, Organgesetz (*loi organique*; Gesetz Nr. 2003-696 vom 30.7.2003) für Mandatsdauer und Wahlalter.
[90] J. Grangé 1990, S. 5f.

bei der Nationalversammlung anzutreffen ist, verbietet sich so von allein. Duverger – vehementer Gegner der Zweiten Kammer – hat dies als die „Ursünde" des Senats bezeichnet und gefragt, wie lange die Republik denn noch Zinsen für ihre Gründung zahlen solle, die zwar durch einige Reformen etwas geringer geworden, aber dennoch ungerechtfertigt seien.[91] Der schwerwiegendste und grundlegende Vorwurf, der dem Senat gemacht wird, ist also seine Unvereinbarkeit mit der Demokratie *à la française*, um deretwillen ihm jegliche intransitive Macht abgesprochen wird. Er habe im gemeinsamen Handlungsraum der Republik eigentlich nichts zu suchen, wozu drei konkretere Gründe angeführt werden: die mangelnde Repräsentativität, sein politischer Immobilismus und sein mangelnder Nutzen für das Regierungssystem.

Mangelnde Repräsentativität

Während die Republik die Gleichheit zu einer ihrer Kardinaltugenden erhebt, symbolisiert der Senat aufgrund seines Wahlmodus die Ungleichheit.[92] Die Senatoren werden nicht direkt, sondern von einem Wahlmännergremium gewählt, in dem die kleinen Gemeinden überrepräsentiert sind. Dieses Wahlsystem wird bereits an sich für seine mangelnde Vereinbarkeit mit demokratischen Prinzipien kritisiert, obwohl es sich um eine allgemeine Wahl handelt, bei der die Bürger indirekt beteiligt sind.[93] In jedem Fall kann es als sehr kompliziert und schwer durchschaubar gelten. Die Zusammensetzung des Wahlmännergremiums (*collège électoral*) bewirkt auf zwei Ebenen Ungleichheiten in der Repräsentation.[94] Zum einen machen die Delegierten der Gemeinden allein 95 % des Gremiums aus, womit der Einfluss aller übrigen General- und Regionalräte usw. sich erheblich reduziert. Zum anderen sind unter den Gemeindevertretern die kleinen Kommunen stark überrepräsentiert, was zur Folge hat, dass der Senat seit Beginn der V. Republik von einer konservativen Mehrheit dominiert wird.[95] Maurice Duverger qualifizierte den Senat deshalb als „Landwirtschaftskammer"[96], Georges Vedel die Senatoren als „Repräsentanten des Weizens und der Kastanie". Auch in neuerer Zeit wird dieser Besetzungsmodus, der dem ruralen Frankreich viel mehr Einfluss einräumt als seiner Rolle in der heutigen Sozialstruktur zukommt und jeden Mehrheitswechsel verhindert, stark kritisiert. So z.B. von Jean-Luc Mélenchon, selbst Senator (PS), aber für eine Reform des Wahlsy-

---

91 Le Monde, 8.9.1984.
92 J. Baguenard 1997, S. 85.
93 Vgl. J.-L. Hérin 2001, S. 33.
94 Vgl. J. Grangé 1988, S. 35-57.
95 So entsenden die 33133 Gemeinden mit weniger als 2500 Einwohnern, die insgesamt nur 29,6 % der Gesamtbevölkerung ausmachen, 45 % der Delegierten; im Gegensatz dazu sind aus den Städten mit mehr als 30000 Einwohner, die 35 % der Gesamtbevölkerung ausmachen, nur 17 % der Gemeindevertreter. Zahlen von J.-L. Hérin 2001, S. 35f.
96 Le Monde, 22.7.1953.

stems: „Das Wahlsystem zielt darauf ab, aus dieser Versammlung einen reaktionären Ort, eine Bremse für unsere Institutionen zu machen."[97]

Die Ungerechtigkeit dieses Wahlsystems ist in der jüngeren Debatte zum Hauptangriffspunkt bei der Kritik an der Zweiten Kammer geworden und schränkt damit die intransitive Macht des Senats empfindlich ein. Mit einer Reform von 2001 wurde zwar versucht, die gröbsten Ungleichheiten des Wahlsystems zu beseitigen; deren vollständige Aufhebung scheiterte jedoch an den ganz handfesten Machtinteressen der konservativen Parteien. Zwar sind nun die großen Städte, die tendenziell eher einer linke Wählerschaft haben, etwas stärker repräsentiert; doch wird sich erst noch zeigen müssen, ob diese Reform ausreicht, um grundsätzlich einen Wechsel der Mehrheiten im Senat zu ermöglichen.

Immobilismus und Gerontokratie

Im Senat existiert eine Wahrnehmung der *longue durée*, wie sie nur schwerlich in anderen politischen Institutionen Frankreichs zu finden ist und die Didier Maus mit der folgenden Anekdote beschrieb: Nach einer Rede des Wirtschafts- und Finanzministers Edouard Balladur 1986 nahm der Alterspräsident Geoffroy de Montalembert einen jungen Mitarbeiter des Ministers vertraulich zur Seite mit den Worten: „Mein Lieber, was ich eben gehört habe, erinnert mich an Poincaré im Jahr 1926."[98] Diese *longue durée* drückt sich auch symbolisch aus: Jeder, der den Senat betritt, wird von einer großen Menge an Prunk und Plüsch empfangen und dürfte sich unweigerlich in eine andere Zeit versetzt fühlen, wozu auch die immer spürbare, gedämpfte Herrschaftlichkeit beiträgt. Sehr zutreffend hat das Maus beschrieben:

> „Sein monumentaler Charakter, der Überfluss an vergoldeten Dekorationen, die akademischen Malereien, ein dicker roter Teppich anstelle des kühlen Marmors der Assemblée nationale und der umgebende Garten verleihen diesem Ort und seinen Ausmaßen eine gedämpfte Atmosphäre, in der es unschicklich wäre, mit lauter Stimme zu sprechen. Sobald man den Senat betritt, hat man ein wenig das Gefühl, die Welten zu wechseln. Sicher, die Geschichte Frankreich hallt hier wider, aber das tagtägliche Frankreich bleibt dabei fast stumm."[99]

In Karikaturen spiegelt sich der Konservatismus des Senats weniger in der Darstellung von Prunkgemächern wider als vielmehr in der Abbildung des *Palais du Luxembourg* als altes, mit Spinnweben versehenes Gemäuer oder als Dornröschenschloss, vor dem die Senatoren als Greise im Rollstuhl dargestellt werden. Der Senat, so die unmissverständliche Aussage, gehört nicht mehr in unsere Zeit.

Die Darstellung der Senatoren als „Opas"[100] ist eine beliebte Art und Weise, sich über den Senat lustig zu machen, wenngleich die Zweite Kammer natürlich nicht nur

---

97 Vgl. Libération, 28.4.1998
98 Vgl. D. Maus 1993, S. 90.
99 Ebd., S. 89.
100 Papy: frz. für Opa (*fam.*) z.B. Papy-end au Sénat. Le Canard enchaîné, 14.10.1989.

aus „tattrigen Alten, unbeweglich im Kopf und von schwindender Energie"[101] besteht. Zudem ist es nicht unsinnig, wenn in der Parlamentskammer, von der Stabilität und Ausgeglichenheit erwartet wird, erfahrene Politiker sitzen, die nicht mehr am Anfang ihrer Karriere stehen. Der Zusammenhang zwischen Erfahrung und Qualität des Senators ist bereits in Alten Rom hergestellt worden und etymologisch durch das Wort Senat überliefert. Schließlich liegt der Altersdurchschnitt im Senat mit 61 Jahren auch nur um fünf Jahre über dem der Nationalversammlung (56),[102] obwohl man sich bis 2001 frühestens mit 35 Jahren zur Wahl stellen konnte, während man als Abgeordneter mindestens 23 Jahre alt sein muss.

Abbildung 2: Wie die Académie française...

Quelle: Plantu 1995, S. 22.

---

101 So Nicolas Domenach: Un climat de fin de règne. In: L'Evènement du jeudi, 13.-19.4.1989, S. 86.
102 Daten von 2001, vgl. J.-L. Hérin 2001, S. 43. Sowohl Abgeordnete als auch Senatoren der IV. Republik waren wesentlich jünger, was auf die geringere Lebenserwartung zurückzuführen ist.

Der während der jüngsten Reformdebatte von den Kommunisten und Sozialisten unterbreitete Vorschlag, auch das Mindestalter der Senatoren auf 23 Jahre zu senken, dürfte also keine große Veränderung nach sich ziehen und würde vermutlich auch das Bild des Senats in der Öffentlichkeit nicht wesentlich ändern. Denn die Darstellung der Senatoren als Greise hängt weniger mit deren tatsächlichem Alter zusammen als vielmehr mit dem senatorialen Habitus, für den vor allem eine gewisse Langsamkeit, Ruhe und Unaufgeregtheit charakteristisch ist. Der Senat ist die Schildkröte der Republik,[103] die mitunter, wie in der Fabel von La Fontaine, trotzdem gegen den schnelleren Hasen gewinnt. Das etwas langsamere „Senatorentempo" ist jedenfalls auf absehbare Zeit durch nichts zu erschüttern. Zum reduzierten Tempo gesellt sich noch ein gedämpfter Ton: „Im Palais du Luxembourg plaudert man nicht, man murmelt. Man erklärt nicht, man vertraut an."[104] All dies erweckt in einer allgemein als schnelllebig empfundenen Zeit den Eindruck, die Zweite Kammer stamme aus einer anderen Epoche.

Nutzen und Funktionsweise

Wozu, so der dritte Einwand, benötigt der Zentralstaat Frankreich eigentlich einen Senat, „altmodisch, obsolet, archaisch, nutzlos, aber angenehm, luxuriös und kostspielig"?[105] Der historische Grund der Einführung – der Kompromiss zwischen Monarchisten und Anhängern der Republik – kann inzwischen nicht mehr als Rechtfertigung gelten. Gleiches gilt für das Stabilitätsargument: Sicherlich habe man mit der Beibehaltung zu Beginn der V. Republik den Exzessen der Ersten Kammer vorbeugen wollen; doch sei die Bedeutung der Nationalversammlung und des Parlaments allgemein so zurückgegangen, dass wohl kaum mit einer Rückkehr zu den Bedingungen der IV. Republik zu rechnen sei.

Außer diesen grundsätzlichen Erwägungen wird besonders von Seiten der Kommunisten und Sozialisten kritisiert, dass der Senat bzw. dessen konservative Mehrheit das Gesetzgebungsverfahren verzögere und sich gegenüber linken Regierungen besonders harsch zeige. Wohl mag der Senat einen Beitrag zur Gesetzgebung leisten, vor allem dadurch, dass er den tagespolitischen Wendungen der Parteipolitik weniger ausgesetzt ist. Doch mit zunehmender Parteipolitisierung des Senats seit dem Beginn der 1980er Jahre verkehrt sich dieses Argument immer mehr in sein Gegenteil: Auf welche Weise der Senat die Gesetzgebung mitgestaltet, hängt von der Mehrheit in der Nationalversammlung ab. Dazu kommt seit 1986 noch die Ko-

---

103 So der Aufsatztitel bei S. Ruß 2000, S. 236-254.
104 Vgl. Le Monde, 22.12.1988.
105 Quotidien de Paris, 26.9.1989. Diese Frage wird von der veröffentlichten Meinung häufig gestellt, z.B. in: „Was tun mit dem Senat?" Le Monde 20.12.1978; „Wozu dient die Zweite Kammer?" Quotidien de Paris, 26.9.1989; „Der skandalöse Senat. Sollten wir ihn loswerden?" L'Evènement du jeudi, 13.-19.4.1989; „Wozu dient der Senat?" Le Monde, 18.10.1990; „Wozu dient der Senat?" La Croix, 25.9.1992.

habitation, die dem Senat zu einer zusätzlichen Stütze des Premierministers oder – noch spannungsgeladener – des Staatspräsidenten macht. Während der letzten Kohabitation war Jacques Chirac so in der Lage, als faktischer Oppositionschef den Rückhalt einer Parlamentskammer zu haben. Die Assemblée nationale unterstützte den Premierminister und der Senat den Staatspräsidenten, was der Zweiten Kammer eine herausgehobenere Position im strategischen Kalkül der politischen Akteure und vor allen gegenüber der Ersten Kammer einbrachte. Die Vertreter der Opposition im Senat gaben dem selbst Ausdruck, indem sie die drei konservativen Fraktionen als „Sicherheitsgurt" des Staatspräsidenten und den Senat als „Bühne der Opposition" bezeichneten.[106] Diese institutionellen Konfigurationen haben die transitive Macht des Senats zweifellos erhöht, doch haben damit auch die Angriffe der linken Parteien auf die Zweite Kammer stark zugenommen. Hatte Jospin seine Minister zunächst instruiert, mit der Zweiten Kammer einen besonders freundlichen Umgang zu pflegen, spitzten sich die Beziehungen zwischen den beiden Kammern schließlich so zu, dass er sie als „Anomalie unter den Demokratien" bezeichnete. Dem schloss sich die bereits beschriebene öffentliche Debatte um die Legitimität und den Platz des Senats im gemeinsamen Handlungsraum an, die im Vergleich zu früheren Diskussionen – die einzige Ausnahme bildet 1969 – einen außergewöhnlich breiten Raum einnahm.

5.2. Strategien zur Rechtfertigung und Verteidigung

Zwei Strategien ergreift der Senat zu seiner Verteidigung und Rechtfertigung: Zum einen wird versucht, die vermeintlichen Nachteile in Vorzüge zu verwandeln;[107] zum anderen versucht er, gerade den Vorwurf, er sei nicht mehr zeitgemäß, durch periodisch aufflackernden Reformeifer zu begegnen.

Nicht Immobilismus prägt die Arbeit der Zweiten Kammer, sondern eine größere Reflektiertheit: Im Senat nimmt man sich – anders als in der immer den tagespolitischen Aufregungen unterworfenen Assemblée – die Zeit, einen längeren zweiten Blick auf die Gesetzesvorlagen zu werfen und deren Qualität damit zu verbessern. Anerkannt wird der verbessernde Einfluss des Senats auf die Gesetzgebung sogar von linksliberaler Seite.[108] Sein Nutzen ist also offensichtlich, doch er erschöpft sich nicht in besseren Gesetzen.

Der Senat schützt auch das Gleichgewicht zwischen den Institutionen und bewahrt damit die demokratische Ordnung und die Dauerhaftigkeit der Republik. Der Zusammenhang zwischen der Dauer einer politischen Ordnung und der Existenz einer Zweiten Kammer wird gern als ganz ‚eindeutig' dargestellt: „In Frankreich hat-

---

106 Der Sénat bereitet sich auf seinen Widerstand vor. Le Figaro, 11.6.1997.
107 Eine Streitschrift für den Senat jüngeren Datums vgl. J. Cluzel 1998.
108 Libération, 28.4.1998.

ten nur jene Verfassungen Bestand, die für ein bikamerales System optierten. (...) In der französischen Republik reimt sich Senat auf Demokratie."[109]

Neben der moderierenden Kraft ist der Senat auch der Vertreter der Gebietskörperschaften und damit vor allem des ruralen Frankreich. Die Argumentation Jean Cluzels könnte einleuchtender kaum sein: Der Bikameralismus sichere den Pluralismus und erlaube den Dialog zwischen der in der Nationalversammlung vertretenen urbanen Mehrheit und der durch den Senat vertretenen ruralen Minderheit. Wobei man schließlich nicht vergessen dürfe, dass die letztere dafür sorge, dass die Tische der Ersteren immer gedeckt wären! Kurzum: „Warum ein Senat? Um die Vertretung der Gebietskörperschaften verfassungsrechtlich abzusichern. Wozu ein Senat? Für die Demokratie und die Republik."[110]

Institutionelle Reform als Modernisierungssymbol

Institutionen mit einer prekären legitimatorischen Basis sind offenbar zu ständigen eigenen Reformen gezwungen, um zu zeigen, dass sie auf Zweifel an ihrem Geltungsanspruch responsiv reagieren und damit wieder ihren Platz im gemeinsamen Handlungsraum stabilisieren können. So haben auch Anfeindungen und Kritik gegenüber dem Französischen Senat immer wieder kleinere Reformen nach sich gezogen, die zwar am institutionellen Grundgerüst wenig änderten, aber doch als Beweis von Offenheit und Modernität kommuniziert wurden.

> „By reforming itself, it [the Senat – R.M.] intended to change its image and play a distinctive role in the political process as an independent chamber operating on the fringes of the majoritarian system of government."[111]

Schon nach dem für den Senat glücklichen Ausgang des Referendums von 1969 schlossen sich dem senatorialen Widerstand einige Reformen an. Um seine Legitimität zu stärken, erweiterte er die Zahl seiner Mitglieder, um der demographischen Entwicklung in den Departments Rechnung zu tragen. Er machte sich selbst zum Verfechter der Menschen- und Bürgerrechte, wozu er ab 1974 die Möglichkeit der Anrufung des Verfassungsrates nutzte. Er reorganisierte seine eigene Organisation, um sie effektiver zu gestalten.

1989 löste die achte Wiederwahl Alain Pohers eine Debatte um das „Dornröschenschloss" Senat aus. Daraufhin wurde eine Arbeitsgruppe aus jüngeren Senatoren gebildet, die einige Vorschläge unterbreitete: Es wurden einige Verfahrensregeln verändert, um mehr Effizienz zu erlauben. Aber die Reformen wurden schnell ver-

---

109 J. Cluzel 1998, S. 4.
110 Ebd., S. 6.
111 J. Mastias 1999, S. 170. Siehe auch J.-L. Hérin 2001, S. 131: „Nach dem Trauma des Referendums 1969 hat der Senat unaufhörlich sein Image modernisieren, ein gewisses Kommunikationsdefizit aufholen, seine Rolle und seine gesetzgeberischen Leistungen besser bekannt machen wollen."

wässert. Einige Ideen kamen auch vor ihrer Zeit, z.B. die Stärkung der Ausschüsse; andere Reformen waren identisch mit jenen, die Philippe Séguin in der Assemblé nationale durchführte.[112] Besonders René Monory (Senatspräsident von 1992 bis 1998) versuchte, über eine positive Kommunikation das Bild des Senats in der Öffentlichkeit zu verbessern.

Auch auf die Wahlsystemreform durch die Regierung Jospin und die damit einhergehende Debatte über den Sinn der Zweiten Kammer reagierte letztere mit eigenen Reformbemühungen. Dazu wurde eine Arbeitsgruppe (*groupe de réflexion*) eingesetzt, die schließlich zu den bereits beschriebenen Reformen des Wahlrechts bzw. zur teilweisen Rücknahme der vorherigen Reform führte. Dabei war selbst die Reduktion der Amtszeit auf sechs Jahre außerordentlich umstritten. Es zeigte sich, dass innerhalb der konservativen Senatsmehrheit solange ein Konsens möglich war, wie ein Sieg Jospins bei den Präsidentschaftswahlen halbwegs wahrscheinlich schien.[113] Nach den Wahlsiegen Chiracs und der UMP 2002 zerbröckelte dieser Konsens merklich, was Poncelets Eile bei der Verabschiedung der beiden Gesetze erklärt. Das Ergebnis dieser Reform wurde von der linken Presse entsprechend belächelt.[114]

6. Akzeptanz oder Gleichgültigkeit? Die Einstellung der Franzosen gegenüber dem Senat

Bisher ist anhand der historischen Entwicklung und der veröffentlichten politischen Diskurse auf die intransitive Macht des Senats, seine Leitideen und deren Akzeptanz bei institutionellen Adressaten geschlossen worden. Zwar ist anzunehmen, dass dieser veröffentlichte Diskurs nicht an der französischen Bevölkerung vorbeigeht. Doch es sollen deren Einstellungen zum Senat abschließend noch anhand der Ergebnisse von Meinungsumfragen überprüft werden. Dies erscheint schon deshalb unumgänglich, weil im veröffentlichten Diskurs vor allem Akteure zu Wort kommen, denen selbst machtstrategische Interessen für oder gegen den Senat unterstellt werden können. Zwar ist die Akzeptanz einer institutionellen Ordnung nicht gleichzusetzen mit der intransitiven Macht einer Institution; doch es lässt sich letztere empirisch unter anderem an ersterer ablesen. Welches Bild vermitteln die verfügbaren Meinungsum-

---

112 Einführung der durchgängigen Sitzungsdauer und der allein den parlamentarischen Gesetzesvorlagen vorbehaltenen monatlichen Sitzung, der sogenannten *fenêtres parlementaires*.
113 „Es gab eine Art Zwang (für die Bildung einer Arbeitsgruppe – R.M.). Die Linke hatte ihre Entschlossenheit zu einer ziemlich tiefgreifenden Reform der Institution Senat und des senatorialen Wahlsystems angekündigt. In einem Kontext, in dem die Wahl Lionel Jospins zum Präsidenten der Republik möglich erschien, hat ein Teil der senatorialen Rechten es vorgezogen, eine präventive Haltung anzunehmen. Für sie handelte es sich darum, deas archaische Image abzuschütteln, um sich selbst unverzichtbar zu machen." Senator Bret (PCF) in der Humanité, 13.8.2002.
114 „Fassadenreinigung (*toilletage de façade*) für vergrößerte Macht", Humanité, 13.8.2002; „Der Senat bereitet sich seine kleine Reform vor", Libération, 11.6.2003.

fragen[115] also über die Einstellungen der Franzosen zum Senat? Weichen diese – sofern die Daten diese Differenzierung erlauben – von den Einstellungen der lokalen Mandatsträger ab, die von der Zweiten Kammer direkt repräsentiert werden – im Gegensatz zur Bevölkerung, die allenfalls über die Wahl ihrer Gemeinderäte durch den Senat vertreten wird?

Wenn die Existenz des Senats als selbstverständlich angesehen wird, müsste sich dies zunächst in einer Bejahung des bikameralen Systems ausdrücken. Ein Zweikammerparlament sollte – aus zunächst gleich welchem Grund – für besser als ein Einkammerparlament gehalten werden. In der Tat hält die Mehrheit der Franzosen die Existenz einer Zweiten Kammer neben der Assemblée nationale für eine gute Sache, wobei der Anteil jener, die ganz gut auch mit nur einer Parlamentskammer auskämen, besonders im Nachgang zu der von Jospin angestoßenen Diskussion mit einem reichlichen Drittel (38 %) im Vergleich zum Beginn der 1990er Jahre hoch ist (Tab. 1). Überhaupt scheint sich diese Diskussion polarisierend auf die Meinungen zum Senat ausgewirkt zu haben, was vor allem der geringere Anteil der ‚Meinungslosen' belegt, der 1990 noch bei etwa einem Viertel und damit sehr hoch lag. Aus Daten, die während dieser hitzig geführten Debatte erhoben wurden, die selbst an politisch wenig Interessierten nicht unbemerkt vorbeigegangen sein dürfte, kann allerdings kaum auf ein allgemeines Interesse der Franzosen am Senat geschlossen werden. Ähnliches gilt für die Unterschiede zwischen den Anhängern linker und rechter Parteien, die im Nachgang der Debatte von 1998 besonders pointiert hervortreten dürften.

Tabelle 1: Einkammersystem oder Zweikammersystem? (in Spaltenprozent)

	Franzosen allgemein 06/1990	Anhänger linker Parteien	Anhänger rechter Parteien	Franzosen allgemein 05/1998	Anhänger linker Parteien	Anhänger rechter Parteien
zwei Kammern	58	56	62	53	48	63
eine Kammer	18	18	19	38	45	30
keine Angabe	24	26	19	9	7	7

Quelle: L'image du Sénat auprès des Français. SOFRES im Auftrag des Senats 22.-26.6.1990 und Les Français et le rôle du Sénat. SOFRES im Auftrag des Senats 6./7.5.1998, http://www.senat.fr/presidence/sond19980512.html (Zugriff 1.7.2005).

Ob die Existenz einer Zweiten Kammer befürwortet wird, hängt zuerst davon ab, ob diese in der Wahrnehmung der Adressaten eine als sinnvoll empfundene Funktion, einen Nutzen haben. Dass für kommunale Mandatsträger die Aufgabe des Senats darin besteht, die Interessen der französischen Gemeinden zu vertreten, ist naheliegend und stimmt mit der dem Senat von der Verfassung zugeschriebenen Funktion überein (Tab. 2). Demgegenüber ist es weniger seine Aufgabe als vielmehr die der

---

115 Zurückgegriffen wurde vor allem auf die umfangreiche Umfrage der SOFRES aus dem Jahr 1990 und auf eine kleinere Umfrage, ebenfalls durchgeführt von SOFRES, von 1998.

Nationalversammlung, die Bürger zu vertreten; dennoch meinen letztere zu 26 %, dass der Senat sie vertrete. Der Zweiten Kammer die Führung des Landes zuzuschreiben, ist erst recht unverständlich und wirft die Frage auf, wie es um das Wissen der Franzosen – sowohl der Lokalpolitiker wie der Bevölkerung – über ihre Zweite Kammer bestellt ist.

Tabelle 2: Wozu ist der Senat Ihrer Meinung nach vor allem da? (in Spaltenprozent)

	Kommunale Mandatsträger 09/1990	Franzosen allgemein 06/1990
zur Verteidigung der Bürger	19	26
zur Verteidigung der Gemeinden	31	15
zur Führung des Landes	47	46
keine Angabe	3	13

Quelle: L'image du Sénat auprès des Français. SOFRES im Auftrag des Senats 22.-26.6.1990 und 20.-25.9.1990

Auf den zweiten Blick scheint es einen klaren Zusammenhang zwischen der Unmittelbarkeit der Repräsentation und der zugeschriebenen Bedeutung der Zweiten Kammer zu ergeben. Jedenfalls sind zwischen den Antworten der lokalen Gewählten und jenen der Bevölkerung große Unterschiede festzustellen, die mit einiger Wahrscheinlichkeit aus dem unterschiedlich verteilten Wissen über die Institution herrühren (Tab. 3).

Während eine klare Mehrheit der Bürgermeister, Generalräte u.a. den Senat auf fast allen der genannten Gebiete – mit Ausnahme der Abbildung parteipolitischer Strömungen – wichtig findet, scheinen sich die ‚übrigen' Franzosen eher unsicher zu sein. Am ehesten sehen diese den Senat noch als Parlamentskammer mit jenen Aufgaben, die einem Parlament eben zukommen: an der Gesetzgebung mitwirken, über den Haushalt abstimmen, eventuelle Verfassungsänderungen vorbereiten. Unsicher ist man sich dagegen, ob wohl der Senat an der Regierungskontrolle beteiligt ist, ob er den Verfassungsrat anrufen darf (40 % haben dazu keine Meinung) und welche Rolle politische Parteien in der Zweiten Kammer spielen. Die Verteidigung der Bürgerrechte und die Vertretung der Gebietskörperschaften – zwei Aufgaben, die sich der Senat der V. Republik besonders auf die Fahnen geschrieben hat – sind zwar beinahe allen Lokalpolitikern, aber nur einer knappen relativen Mehrheit der Bürger bekannt. Eine zweite mögliche Interpretation wäre freilich, dass der Senat für unwichtig gehalten wird, weil diese Aufgaben anderen Institutionen zugeschrieben werden. Doch spricht vor allem der hohe Anteil der ‚Meinungslosen' dafür, dass das Antwortverhalten vor allem von Unsicherheit verursacht wird und die meisten Franzosen über den Senat einfach nicht Bescheid wissen.

Tabelle 3: Wie wichtig ist der Senat für die Erfüllung der folgenden Aufgaben?

	Kommunale Mandatsträger 09/1990	Franzosen allgemein 06/1990
Gesetze verbessern		
wichtig	87	65
unwichtig	10	18
keine Angabe	3	17
Abstimmung über den Haushalt		
wichtig	76	45
unwichtig	20	27
keine Angabe	4	28
Politische Kontrolle der Regierung		
wichtig	55	39
unwichtig	41	36
keine Angabe	4	25
Verfassung ändern		
wichtig	83	53
unwichtig	14	17
keine Angabe	3	30
Anrufen des Verfassungsrates		
wichtig	84	43
unwichtig	9	17
keine Angabe	7	40
Polit. Strömungen vertreten		
wichtig	42	37
unwichtig	54	34
keine Angabe	4	29
Tribüne für die polit. Parteien		
wichtig	33	32
unwichtig	61	34
keine Angabe	6	34
Bürgerliche Freiheiten schützen		
wichtig	84	54
unwichtig	14	22
keine Angabe	2	24
Gebietskörperschaften vertreten		
wichtig	84	38
unwichtig	15	30
keine Angabe	1	32

Quelle: L'image du Sénat auprès des Français. SOFRES im Auftrag des Senats 22.-26.6.1990 und 20.-25.9.1990. Aus Platzgründen wurden jeweils die Kategorien „sehr wichtig" und „ziemlich wichtig" zu „wichtig" bzw. „wenig wichtig" und „gar nicht wichtig" zu „unwichtig" zusammengefasst.

Wenn das Zweikammernprinzip als gut im gemeinsamen Handlungsraum verankert gelten und dem Senat darum intransitive Macht zugeschrieben werden kann, so beruht dies mit Sicherheit nicht auf dem Wissen der Franzosen darüber, wozu diese Zweite Kammer eigentlich nützt. Anders verhält es sich mit den Lokalpolitikern, die sehr wohl wissen, wofür der Senat gut ist, und die sich daher als „größte Partikulargewalt der Republik"[116] auch des öfteren als Machtressource der Zweiten Kammer instrumentalisieren ließen.[117] Doch auch dann, wenn nicht so recht bekannt ist, *wozu* der Senat nützt, ist nichtsdestoweniger die Meinung verbreitet, *dass* er nützt und seine Aufgaben – die man nicht so recht kennt – gut erfüllt (Tab. 4).

Tabelle 4: Wie gut funktioniert der Senat? (in Spaltenprozent)

	Kommunale Mandatsträger 09/1990	Franzosen allgemein 06/1990
sehr gut	17	6
ziemlich gut	69	53
nicht sehr gut	11	16
gar nicht gut	0	4
keine Angabe	3	21

Quelle: L'image du Sénat auprès des Français. SOFRES im Auftrag des Senats 22.-26.6.1990 und 20.-25.9.1990

Auch hier fällt das Urteil der Lokalpolitiker deutlicher aus als das der übrigen Befragten: 86 % der ersteren und immerhin 61 % der letzteren sind sehr oder ziemlich zufrieden mit dem Senat. Allerdings hat auch hier ein Fünftel der Franzosen keine Meinung. Man kann also von einem diffusen Gefühl der Zustimmung sprechen, das womöglich gar nicht dem Senat als solchem gilt, sondern der Tatsache geschuldet ist, dass man das Nebeneinander mehrerer politischer Institutionen und deren gegenseitige Kontrolle schätzt.

Für diese Interpretation spricht, dass es 62 % der Franzosen begrüßen, wenn in Senat und Assemblée unterschiedliche Mehrheiten dominieren, weil so ein institutionelles Gegengewicht entsteht; 22 % finden das dagegen schlecht, weil es das Funktionieren der Institutionen behindert.[118] Franzosen sind dem Staat und seinen Institutionen gegenüber misstrauisch und schätzen deren gegenseitige Begren-

---

116 Y. Mény 1999, S. 320.
117 So hat Senatspräsident und gleichzeitig Präsident der Association des Maires de France Alain Poher 1969 die Bürgermeister gegen die Abschaffung des Senats mobilisiert. Vgl. J.-L. Hérin 2001, S. 23.
118 16% sind ohne Meinung. Quelle: L'image du Sénat auprès des Français. SOFRES im Auftrag des Senats 22.-26.6.1990. Allerdings ist auch, was die politische Zusammensetzung der beiden Kammern angeht, das Unwissen groß: Nur 44% der Franzosen wussten, dass der Senat 1990 von einer konservative Mehrheit dominiert wurde, 18% glaubten, es sei eine linke Mehrheit und 38% waren sich nicht sicher.

zung.[119] So kann man auch die beiden gescheiterten Referenden 1946 und 1969 einordnen: Womöglich wollte man nicht unbedingt den Senat als solchen erhalten, aber man wollte verhindern, dass die Nationalversammlung unbeschränkt tun kann, was ihr beliebt.

So ist auch zu erklären, dass eine große Mehrheit für die Beibehaltung des institutionellen Status quo ist (Tab. 5): 55 % der Lokalpolitiker und 49 % der übrigen Befragten wünschen, dass der Senat auch in Zukunft die gleiche Bedeutung haben soll. 83 % der ersteren und 63 % der letzteren empfänden seine Abschaffung als schlimm für die französische Demokratie. Die Verankerung des Senats im gemeinsamen Handlungsraum und die ihm damit zugestandene intransitive Macht scheinen also recht krisenfest zu sein, auch wenn bloß diffuse Zustimmung ohne soliden Wissensbestand ihn stützt.

Ein ganz ähnliches Ergebnis hatte auch eine Umfrage im Nachgang zum Referendum 1969, von der man sich eine Antwort auf die Frage erhofft hatte, ob die Franzosen tatsächlich den Senat bewahren oder eher de Gaulle abwählen wollten. Auch damals war der Senat den meisten Adressaten kaum bekannt, seine Effizienz wurde angezweifelt. Aber mit ihm war im kollektiven Gedächtnis offenbar die Absicherung gegen die Tyrannei einer Ersten Kammer wie zu Zeiten der Convention verbunden. Warum sollte er dann nicht auch die Machtkonzentration beim Staatspräsidenten in der neu geschaffenen Mehrheitsdemokratie ausgleichen können?[120]

Tabelle 5: Welche Bedeutung soll der Senat in Zukunft haben, und wäre die Abschaffung des Senats ein Verlust für die französische Demokratie?

	Kommunale Mandatsträger 09/1990	Franzosen allgemein 06/1990
wichtiger	35	26
unwichtiger	7	7
gleich wichtig	55	49
keine Angabe	3	18
Abschaffung wäre...		
... sehr schlimm	43	20
... schlimm	40	43
... nicht sehr schlimm	12	16
... gar nicht schlimm	3	7
keine Angabe	2	14

Quelle: L'image du Sénat auprès des Français. SOFRES im Auftrag des Senats 22.-26.6.1990 und 20.-25.9.1990

---

119 Ausführlich zum französischen Staatsverständnis A. Grosser/F. Goguel 1980, S. 35ff.
120 Vgl. J. Mastias 1988, S. 19.

7. Zusammenfassung: Die intransitive Macht des Französischen Senats

Wie groß ist nun die intransitive Macht des Französischen Senats? Bedient man sich der Umstrittenheit institutioneller Leitideen und Geltungsansprüche als Indikator, dann ist es eigentlich ein Wunder, dass diese Institution tatsächlich noch existiert. Der Senat war bei seinen Gründungsakten meist ungewollt, oft als schwache Institution konstruiert, jedenfalls nicht unbestrittener Teil des gemeinsamen Handlungsraumes im jeweiligen französischen Regierungssystem, wobei die V. Republik eine Ausnahme bildet. Besonders problematisch ist es für eine Institution, wenn ihre Gegner periodisch auf eine vermeintliche ‚Gründungsschwäche' oder ‚Erbsünde' zurückgreifen können, wenn es also der Institution nicht gelingt, solche legitimatorischen Mängel in ihrer Gründungsphase durch eine breit akzeptierte Geltungsgeschichte zu überdecken und damit faktisch auszuräumen.

Von oft instabilen Situationen ausgehend eignete sich der Senat – nicht selten durch eigenmächtige Kompetenzzuschreibungen – immer wieder eine größere Nettomacht an. Die Annahme, dass eine Institution ohnehin erst über eine starke Position im strategischen Handlungsraum ihren Geltungsanspruch selbstverständlich werden lässt und darum in den gemeinsamen Handlungsraum einbringt, muss also revidiert werden. Ganz ähnlich wie im Fall des Europäischen Parlaments kann eine zunächst schwache Institution durch Selbstzuschreibung – und dank eines günstigen institutionellen Kontextes – auch aktiv solche Akzeptanz seitens der Adressaten herbeiführen, die ihre Existenz sichert. Bewundernswert ist auch die Fähigkeit des Senats, alle Attacken gegen seine Existenz abzuwehren und – meist mit Hilfe kleiner, am Wesentlichen nichts verändernder Reformen – institutionell intakt zu bleiben.

Als Beweis für die Zustimmung der Bevölkerung zum Senat wird von diesem besonders gern darauf verwiesen, dass die beiden einzigen Referenden, die bisher gescheitert sind, sich mit dem Senat befassten oder Fragen zu dessen Existenz zumindest beinhalteten. Freilich wird einschränkend oft hinzugefügt, dass ‚natürlich' auch andere Motive für eine Ablehnung existiert hätten. Ebenso diffus wie diese Verknüpfung scheint auch die Unterstützung der Franzosen für den Senat zu sein: Zwar weiß man sehr wenig über die Zweite Kammer, ist aber grundsätzlich mit ihrer Existenz und Funktionserfüllung einverstanden. Der von vielen linken Politikern nach wie vor ungeliebte Senat verfügt also über ein Maß an intransitiver Macht, das seine Abschaffung sehr schwer machen dürfte. Letztere – zu Beginn der IV. Republik von der Linken noch als vollkommen selbstverständlich angesehen – wird inzwischen ohnehin nicht mehr ernsthaft erwogen; umso mehr wird aber die Frage nach der zukünftigen institutionellen Ausgestaltung des Senats diskutiert.

Das Dilemma und die immer wieder auftauchende Frage bleibt indessen: Wozu dient eigentlich der Senat? Je nach politischem System, sogar je nach dem Zeitraum innerhalb einer Republik wie der jetzigen, sind die Leitideen des Senats unterschiedlich interpretiert worden: Manchmal gilt der Senat als letzter Zufluchtsort „eines gewissen Konservatismus",[121] manchmal sogar der Republik, manchmal des Liberalismus; manchmal wird in ihm im Gegenteil eine Institution gesehen, welche die Umschwünge in der Assemblée mit Weisheit und Ruhe ausgleichen und die Qualität der parlamentarischen Entscheidungen auch verbessern kann. Diese unterschiedlichen Zuschreibungen weisen auf den Kern des Problems, das Mastias mit „A Problem of Identity"[122] überschrieben hat: Wozu der Senat dient, ist eine Frage der eigenen Zuschreibung in der institutionellen Geltungsgeschichte. Alle Reformforderungen zielen bisher implizit drauf ab, den Senat der Assemblée nationale immer ähnlicher zu machen. Wenn aber die ihn unterscheidenden Merkmale immer geringer werden, wie wird er dann seine Existenz als Zweite Kammer rechtfertigen? Zum Beispiel ist eine Reform des Wahlsystems insofern wünschenswert, als ein Wechsel der Mehrheiten damit ermöglicht wird.[123] Dann dürften der mit schöner Regelmäßigkeit beschwerdeführenden Linken zwar einige ihrer Argumente abhanden kommen; doch sollte sich der Senat davor hüten, das Wahlsystem völlig der Assemblée nationale anzugleichen. Eine Modernisierung, die nichts weiter als eine Assimilierung an die Erste Kammer ist, mag nämlich kurzfristig wohl die Popularität des Senats erhöhen, kann aber langfristig kaum als Basis dienen, ihn im gemeinsamen Handlungsraum zu halten.

Dabei könnte die Zweite Kammer ihre intransitive Macht stabilisieren, würde sie diese auf eine neue Grundlage stellen bzw. die schon vorhandene Machtgrundlage stärker ausbauen. Immer noch wird es als wichtig und notwendig dargestellt, dass der Senat eine allzuständige Parlamentskammer ist, obwohl doch hinlänglich bekannt ist, dass er der Nationalversammlung nie wieder ihren politischen Vorrang wird streitig machen können. Deshalb wird der Senat langfristig weder seine intransitive noch seine transitive Macht steigern können, wenn er wie bisher versucht, die bessere und ‚modernere Erste Kammer' zu sein.[124] Eine alternative Profilierungsmöglichkeit bietet hingegen die 1982 begonnene Dezentralisierung, die einer Vertretungskörperschaft der Gemeinden und Gebietskörperschaften eine größere Rolle geben und die Grundlage für eine überzeugende Leitidee sein könnte, die den Senat wirklich von der Nationalversammlung unterscheidet.[125] In der Tat hat die Zweite Kammer in der letzten Reform das Erstberatungsrecht für alle Fragen erhalten, welche die Dezentralisierung oder die territorialen Einheiten betreffen. Wollte sie diese ‚Spezialisierung' ausbauen und zum Teil ihres Selbstverständnisses machen – die Verfassung klärt nicht eindeutig, ob der Senat eher Parlamentskammer oder Vertretung der Gebietskörperschaften ist – müsste sie sich aus anderen, die nationale Ebene betreffenden Fragen stärker heraushalten, wozu die Senatoren im Augenblick aber noch nicht willens zu sein scheinen. Wie die oben referierten Umfragen gezeigt

---

121 D. Maus 1993, S. 90.
122 J. Mastias 1999, S. 162-198.
123 Vgl. die Diskussion bei F. Robbe 2003.
124 Vgl. dazu M. Rocard 1996, ebenso P. Jan in der Libération, 30.10.2002.
125 Zum aktuellen Stand der Dezentralisierungsbestrebungen siehe H. Uterwedde 2003 und P. Zimmermann-Steinhart 2004.

haben, wäre das allerdings auch aus Sicht der Adressaten sinnvoll, denn diejenigen, die den Senat wirklich kennen und seine Existenz wie Funktionserfüllung sehr schätzen, sind gerade die Lokalpolitiker. Mit ihrer Zustimmung könnte der Senat bei einer entsprechenden Profilierung mit Sicherheit rechnen. Allerdings wäre auch hier Vorsicht geboten: Die republikanische Tradition duldet nur schlecht eine Zweite Kammer; aber noch weniger ist sie mit einer quasi-föderalen Staatsordnung vereinbar. Der Französische Senat wird sich also nie die Legitimität seines amerikanischen Pendants oder des Deutschen Bundesrates zulegen können.

Literaturverzeichnis

Auswertung des Pressearchivs der FNSP, das zum Thema Senat Artikel aus den folgenden Tageszeitungen für den Zeitraum 1945-2004 enthielt (in alphabetischer Reihenfolge): L'Aurore, Le Canard enchaîné, Combat, La Croix, L'Evènement du Jeudi, L'Express, Le Figaro, Humanité, Libération, Le Monde, Le Parisien, Quotidien de Paris

Baguenard, Jacques (1997): Le Sénat. 2. Aufl., Paris: PUF.
Baroli, Marc/Robert, Dominique (2002): Du Conseil de la République au Sénat 1946-1958. Paris: PUF.
Bordry, Pierre (1969): La résistance sénatoriale. In: Politique 12, S. 285-298.
Cadart, M. Jacques (1969): La crise référendaire. In: Politique 12, S. 261-284.
Cluzel, Jean (1998): L'indispensable Sénat. Paris: Economica.
Documentation française (1997): Institutions et vie politique. 2., aktualis. Aufl., Paris: La Documentation française.
Duverger, Maurice: Le mythe du contrepoids. In: Le Monde, 6./7.9.1953, S. 1 und 4.
Fondraz, Ludovic (1998): La question préalable au Sénat. In: Pouvoirs 86, S. 147-161.
Goguel, François (1988): Du Sénat de la IIIe à celui de la Ve. In: Pouvoirs 44, S. 5-14.
Göhler, Gerhard (1994): Politische Institutionen und ihr Kontext. Begriffliche und konzeptionelle Überlegungen zur Theorie politischer Institutionen. In: ders. (Hrsg.): Die Eigenart der Institutionen. Zum Profil politischer Institutionentheorie. Baden-Baden: Nomos, S. 19-46.
Göhler, Gerhard (1997): Der Zusammenhang von Institution, Macht und Repräsentation. In: ders. (Hrsg.): Institution - Macht - Repräsentation. Wofür politische Institutionen stehen und wie sie wirken. Baden-Baden: Nomos, S. 11-64.
Grangé, Jean (1988): Le système d'élection des sénateurs et ses effets. In: Pouvoirs 44, S. 35-57.
Grangé, Jean (1990): Les déformations de la représentation des collectivités territoriales et de la population au Sénat. In: Revue française de science politique 40, S. 5-45.
Grangé, Jean/Mastias, Jean (1987): Les secondes chambres du Parlement en Europe Occidentale. Paris.
Grosser, Alfred/Goguel, François (1980): Politik in Frankreich. Paderborn u.a.: Schöningh.
Haas, Christoph (2000): Sein oder nicht sein: Bikameralismus und die Funktion Zweiter Kammern. In: Riescher, Gisela u.a. (Hrsg.): Zweite Kammern. München, Wien: Oldenbourg, S. 2-17.
Hérin, Jean-Louis (2001): Le Sénat en devenir. Paris: Montchrestien.

Hérin, Jean-Louis (2003): L'ordre du jour réservé. Sept années de gestion sénatoriale de l'article 48-3 de la Constitution. In: Pouvoirs 105, S. 159-175.

Marichy, Jean-Pierre (1969): La deuxième chambre dans la vie politique française depuis 1875. Paris: Librairie générale de droit et de jurisprudence.

Mastias, Jean (1969): Le Sénat confirmé. In: Politique 12, S. 301-316.

Mastias, Jean (1988): Histoire des tentations du Sénat de la Ve République. In: Pouvoirs 44, S. 15-34.

Mastias, Jean (1999): A Problem of Identity. The French Sénat. In: Patterson, Samuel C./Mughan, Anthony (Hrsg.): Senates. Columbus: Ohio State University Press, S. 162-198.

Maus, Didier (1993): Libres propos sur le Sénat. In: Pouvoirs 64, S. 89-97.

Melville, Gert (1997): Forschungsprogramm. In: ders. (Hrsg.): Institutionalität und Geschichtlichkeit. Ein neuer Sonderforschungsbereich stellt sich vor. Eine Informationsbroschüre. Dresden: Technische Universität Dresden, S. 11-33.

Mény, Yves (1999): Le système politique français. Paris: Montchrestien.

Merton, Robert K. (1995): Soziologische Theorie und soziale Struktur. Berlin, New York: de Gruyter.

Messerschmidt, Romy (2003): Die französische Nationalversammlung zwischen Selbstbehauptung und Unterordnung. In: Patzelt, Werner J. (Hrsg.): Parlamente und ihre Funktionen. Institutionelle Mechanismen und institutionelles Lernen im Vergleich. Wiesbaden: Westdeutscher Verlag, S. 119-212.

Nafilyan, Gérard (1969): Les campagnes antisénatoriales. In: Politique 12, S. 123-134.

Patzelt, Werner J. (2002): Parlamentarische Geltungsgeschichten. In: Melville, Gert/Vorländer, Hans (Hrsg.): Geltungsgeschichten. Über die Stabilisierung und Legitimierung institutioneller Ordnungen. Köln u.a.: Böhlau, S. 285-318.

Patzelt, Werner J. (2003): Institutionalität und Geschichtlichkeit von Parlamenten. Kategorien institutioneller Analyse. In: ders. (Hrsg.): Parlamente und ihre Funktionen. Institutionelle Mechanismen und institutionelles Lernen im Vergleich. Wiesbaden: Westdeutscher Verlag, S. 50-117.

Plantu (1995): Le petit Mitterrand illustré. Paris: Seuil.

Poher, Alain (1969): Le Sénat valorisé. In: Politique 12, S. 317-324.

Ponceau, Hélène (1969): La crise réglementaire. In: Politique 12, S. 239-248.

Prélot, Marcel (1969): La République sénatoriale. In: Politique 12, S. 197-212.

Rehberg, Karl-Siegbert (1994): Institutionen als symbolische Ordnungen. Leitfragen und Grundkategorien zur Theorie und Analyse institutioneller Mechanismen. In: Göhler, Gerhard (Hrsg.): Die Eigenart der Institutionen. Zum Profil politischer Institutionentheorie. Baden-Baden: Nomos, S. 47-84.

Robbe, François (2003): Le Sénat à l'heure des demi-réformes. In: Revue française de Droit constitutionnel 56, 3, S. 725-758.

Rocard, Michel (1996): Un Bundesrat à la française. In: Pouvoirs locaux 30, S. 32-34.

Ruß, Sabine (2000): Der französische Senat: Die Schildkröte der Republik. In: Riescher, Gisela u.a. (Hrsg.): Zweite Kammern. München, Wien: Oldenbourg, S. 236-254.

Schoettl, Jean-Eric (2003): La réforme du Sénat devant le Conseil constitutionnel. In: Petites Affiches 159, S. 6-18.

Schüttemeyer, Suzanne S./Sturm, Roland (1992): Wozu Zweite Kammern? Zur Repräsentation und Funktionalität Zweiter Kammern in westlichen Demokratien. In: Zeitschrift für Parlamentsfragen 23, S. 517-536.

Siegfried, André (1959): Frankreichs Vierte Republik. Stuttgart: Deutsche Verlags-Anstalt.
Sieyès, Emmanuel Joseph (1981): Politische Schriften 1788-1790. Übersetzt und hrsg. von Eberhard Schmitt und Rolf Reichardt. 2., überarbeitete und erw. Aufl., München, Wien: Oldenbourg.
Sieyès, Emmanuel Joseph (o.J., ca. 1796): Collection des écrits d'Emmanuel Sieyès. Edition revue et augmentée par l'auteur. 2 Bände. Paris, Berlin: Cramer.
SOFRES (1990): L'image du Sénat auprès des Français. Paris: Fondation nationale des sciences politiques.
Uterwedde, Henrik (2003): Dezentralisierungsreform in Frankreich: Auf dem Weg zur bürgernahen Republik? In: Europäisches Zentrum für Föderalismus-Forschung (Hrsg.): Jahrbuch des Föderalismus 2003, Baden-Baden: Nomos, S. 217-225.
Zimmermann-Steinhart, Petra (2004): Akt II der französischen Dezentralisierung: Konsequenzen für das politische System und die Gesellschaft. In: Europäisches Zentrum für Föderalismus-Forschung (Hrsg.): Jahrbuch des Föderalismus 2004, Baden-Baden: Nomos, S. 219-234.

Die Macht des deutschen Bundesrates

Joachim Amm

1. Wie mächtig ist der deutsche Bundesrat?

Der politisch interessierten Öffentlichkeit mag der deutsche Bundesrat bisweilen als eine zwar machtvolle, aber schwer ergründbare Institution erscheinen. Die massenmediale Präsenz des Bundesrates erreicht nämlich oft nur dann wirkliche Prominenz, wenn „Politikblockaden" des Bundesrates angedroht oder tatsächlich durchgeführt werden, d.h., wenn bei divergierenden parteipolitischen Mehrheiten in Bundestag und Bundesrat letzterer den zustimmungsbedürftigen Gesetzen eben jene Zustimmung versagt und so die Politik der Bundesregierung machtvoll zu bremsen in der Lage ist. Worin aber die Macht des Bundesrates *genau* besteht, bleibt trotz aller konstitutionellen Offenkundigkeit für viele dennoch im Vagen. Und eben dieser „Grauzonenbereich" öffentlicher Wahrnehmung bildet bereits ein nicht unwesentliches Teilelement der *faktischen* Bundesratsmacht, denn wo transitive Macht im (relativ) Verborgenen wirkt, ist sie oft besonders effektiv, weil sie kaum hinterfragt wird.[1] Der Bundesrat spielt aber im alltäglichen öffentlichen Bewusstsein normalerweise keine wesentliche Rolle. Dies ist schon angesichts der großen Inkompatibilität zwischen der institutionellen „Benutzeroberfläche" des Bundesrates und den Dramatisierungs- und Personalisierungsbedürfnissen der Medienlogik aus sechs Gründen nicht verwunderlich.

Erstens wird der Bundesrat vielfach als „technokratisch" empfunden, weil die dort verhandelten Sachmaterien mit ihren speziellen föderativen Bezügen oft als sperrig und kaum medienvermittelbar gelten, zumal dabei im Plenum – ganz anders als im Bundestag – in aller Regel ein wenig polarisierender „Kammerton" herrscht. Zweitens mangelt es dem Bundesrat als „ewigem Organ" mit kontinuierlicher Mitgliederfluktuation etwas an personeller Repräsentationskonstanz, was sich ebenfalls als nicht medienfreundlich auswirkt: Viele „Gesichter" repräsentieren, themenspezifisch abwechselnd, den Bundesrat, und selbst das Amt des Präsidenten rotiert in recht kurzen nämlich jährlichen Zyklen. In gleicher Weise trägt, drittens, der Stimmenabgabemodus zu einer relativen Profilunschärfe in der Außenwahrnehmung des Bundesrates bei. Abstimmungen erfolgen ‚en-bloc' durch einen Stimmführer jedes Landes, wodurch den einzelnen Mitgliedern, anders als in praktisch allen anderen Zweiten Kammern demokratischer politischer Systeme, keine individualisierte Ab-

---

[1] Auf eine systematische theoretische Grundlegung des Konzeptes institutioneller Macht wird hier verzichtet; vgl. dazu W. J. Patzelt u.a. in diesem Band.

stimmungsrolle zufällt. Der dezentralisierte und wesentlich von der Beamtenebene getragene Großteil des Bundesratsprozesses zwischen den Plenarsitzungen wird, viertens, schon gleich gar nicht öffentlich wahrgenommen. Fünftens tagt auch das Plenum mit seinem Dreiwochen-Rhythmus ohnehin seltener als der Bundestag, zeigt also weniger sichtbare Präsenz und liefert weniger Nachrichten. Sechstens, und wichtigstens, entfallen direkte Wahlen zum Bundesrat und somit Wahlkämpfe sowie die sie begleitende Medienresonanz, weil die Mitglieder der Landesregierungen bereits ex officio Mitglieder oder stellvertretende Mitglieder des Bundesrates sind.[2]

Wenn es dem Bundesrat, gemessen an seinem grundgesetzlich festgelegten formalen politischen Machtumfang, sowohl an hinreichender Bekanntheit als auch an einem Verfahren zur unmittelbaren demokratischen Wahl seiner Mitglieder mangelt,[3] so ist dies natürlich vor dem Hintergrund historisch gewachsener institutioneller Strukturen und Prozesse zu verstehen. Letztlich beruht die atypische gliedstaatenexekutive Mitgliederbestellung des nationalen Legislativorgans Bundesrat – sowie die Prägung des Exekutiv- bzw. Verwaltungsföderalismus insgesamt – auf der deutschen Vielstaatigkeit der vergangenen Jahrhunderte. Auch nach der Herstellung eines Nationalstaates kam es den Gliedstaaten stets darauf an, ein wirksames institutionelles Mittel zur politischen Kontrolle des Nationalstaates zu besitzen, während sich der Bund dann seinerseits der vorbestehenden Verwaltungsapparate der Länder bediente. Dabei geht das „Gesandtenkongressmodell" des Bundesrates nicht nur auf die gleichnamige Vorgängerinstitution des Kaiserreiches zurück, sondern lässt sich bis zu dem von 1663 bis 1806 tagenden „Immerwährenden Reichstag" in Regensburg zurückverfolgen, weswegen der Bundesrat als die in der Traditionslinie älteste politische Repräsentationsinstitution in Deutschland zu bezeichnen ist. Historische Pfadabhängigkeiten bilden also ein weiteres Teilelement zur Erklärung der Bundesratsmacht.

Die historische Tradition schützt den Bundesrat jedoch nicht vor Legitimitätsdefizite thematisierender aktueller Kritik, weil diese die *derzeit* in Geltung befindlichen Erwartungsmaßstäbe an demokratische Institutionen richten.[4] In dieser Hinsicht ist also das Alter einer Institution völlig unerheblich, was sich etwa auch daran zeigt, dass der vergleichsweise sehr viel jüngere Europäische Ministerrat – als ebenso exekutiv gebildete Institution mit äquivalenter legislativer Funktion auf europäischer

---

2 Zwar sind die Mitglieder des Bundesrates als Landesminister oft bekannter als manche parlamentarischen Hinterbänkler; nur werden sie dann eher in ihrer Landesfunktion bzw. bei Landtagswahlkämpfen wahrgenommen als bei ihren ohnehin nur punktuellen Bundesratsauftritten.
3 Beim direkt gewählten Bundestag besteht kein Zwischenzug, bei der Bundesregierung der Zwischenzug des Parlaments und beim Bundesrat der doppelte Zwischenzug der Landesparlamente und der Landesregierungen.
4 So beklagen J. J. Hesse/Th. Ellwein 2004, S. 294ff. mehrfach vehement das vom Bestellungsmodus herrührende demokratische Legitimationsdefizit des Bundesrates.

Ebene – ebensolche Transparenz- und Bekanntheitsdefizite aufweist (und sich ebenfalls Kritik ausgesetzt sieht) wie der deutsche Bundesrat.[5]

Intransitive (Deutungs-) Macht und weithin unhinterfragte institutionelle Geltung werden in der Regel in einem gefestigten öffentlichen Institutionenvertrauen reflektiert. Dass nun im Fall des deutschen Bundesrates eine Diskrepanz zwischen transitiver (sich v.a. legislativ manifestierender) Machtfülle einerseits und intransitiven (unterstützungs- und legitimitätsbasierten) Machtdefiziten andererseits möglich erscheint, erfordert eine empirisch gestützte Beantwortung der Frage: Wie mächtig ist der deutsche Bundesrat? Die entlang der Machtdimensionen vorzunehmende und die Machtquellen sowie mögliche Machtmechanismen des Bundesrates mitbedenkende Untersuchung verlangt allerdings vorab den Hinweis, dass die Bestimmung der Bundesratsmacht natürlich kein einfaches (z.B. quantifizierbares) Ergebnis zulässt, sondern aufgrund von im politischen System und in den Besonderheiten der Institution selbst begründeten Faktoren qualitativ zu erfolgen hat.

Erstens ist es aufgrund vielfältiger personeller und institutioneller Verflechtungen in einem föderativen System mit einem – zumal stark parteiendominierten – gewaltenverschränkenden parlamentarischen Regierungssystem schon *generell* schwierig, die Macht einer *einzelnen* Institution innerhalb des politischen Institutionengefüges zu ermitteln. Speziell bei dem exakt an der Schnittstelle der föderativen und der sie überwölbenden nationalen parteipolitischen Konfliktlinie angesiedelten Bundesrat kommt, zweitens, hinzu, dass dessen institutionelles Design eine besonders ausgeprägte räumliche, personelle und prozedurale Entgrenzung mit sich bringt.[6] Während die parteipolitische Überwölbung – unbeschadet aller symbolischen Anstrengungen zur Betonung des Föderalismusgedankens im Bundesrat – der Funktionslogik des politischen Systems einer Parteiendemokratie entspricht und die Entgrenzung in nützlicher Weise die Verzahnung von Bund und Ländern sowie die Rekrutierung von Expertenwissen (durch Beamte) organisiert, lassen beide Charakteristika jeweils

---

5 Vgl. den Beitrag von J. Lempp in diesem Band. Offenbar lässt lediglich das Fehlen einer europäischen Öffentlichkeit die Kritik am Ministerrat noch relativ moderat erscheinen. Dafür fällt es den EU-Institutionen aus demselben Grund auch besonders schwer, breite öffentliche Unterstützung für sich zu generieren.

6 Die institutionelle Entgrenzung, die S. Kropp 2001 von „verflochtenen Handlungsarenen" sprechen lässt und die beim Bundesrat in wesentlich stärker ausgeprägter Form als bei den vier anderen Verfassungsorganen anzutreffen ist, umfasst *prozedural* ein entgrenztes (wiewohl fest eingespieltes) Zusammenwirken bundes- und landespolitischer Akteure. Sie manifestiert sich außerdem *personell* und *geografisch*, weil einesteils – weit über den Kreis der Bundesratsmitglieder hinaus – Beamte der Länder in wichtiger Funktion in die Willensbildung einbezogen sind und weil andernteils nur ein relativ geringer Teil des Bundesratsprozesses tatsächlich im Bundesrat stattfindet, während die meisten Zu- und Vorarbeiten am Sitz der Landesregierungen sowie in den Vertretungen der Länder beim Bund (Landesvertretungen) getätigt werden, teils auf politischer (oft informell parteipolitischer) Ebene, teils auf Beamtenebene. Vgl. H. Stegmann 1996.

die institutionellen Ränder des Bundesrates unscharf erscheinen[7] und erschweren so eine trenngenaue Einzelinstitutionenanalyse. Drittens verbieten schwer ermittelbare Formen antizipativ wirkender Macht und Gegenmacht (im Zusammenwirken mit anderen politischen Institutionen) ebenso quantifizierbare Ergebnisse wie, viertens, der Umstand, dass eine möglicherweise defizitäre gesellschaftlich-kulturelle Flankierung der transitiven Bundesratsmacht durchaus auch als ein positiv in die institutionelle Nettomacht-Bilanz einfließender Faktor gewertet werden könnte: Falls durch den Bundesrat Macht eher „im Verborgenen" wirkte, hätte dies zwar als wenig demokratisch legitim, rein machttechnisch jedoch – solange es funktioniert – als äußerst effizient zu gelten, weil sich so die Möglichkeit einer weitgehend öffentlich unbemerkten und daher „störungsfreien" Machtentfaltung eröffnete.

Wer sich vor dem Hintergrund dieser Überlegungen über die Macht des Bundesrates informieren möchte, erhält – beinahe erwartungsgemäß – weder beim Studium der so umfangreichen wissenschaftlichen Literatur zum Bundesrat noch in der massenmedialen Berichterstattung eine direkte Antwort, weil der Bundesrat kaum je explizit im Kontext machttheoretischer Analysen thematisiert wird.[8] Darum basiert diese Analyse teils auf einer zusammenschauenden Reinterpretation von Daten und Sekundärliteratur, teils auf den Ergebnissen von Experteninterviews, die mit Beteiligten des Bundesratsprozesses geführt wurden.[9]

2. Machtquellen und transitive Macht des Bundesrates

Einen ersten Zugang zur Analyse der Bundesratsmacht bildet die Darstellung von dessen Machtressourcen. Neben den formalen und sozialen Machtquellen des Bundesrates – d.h. den Kompetenzzuschreibungen im Grundgesetz (als *Formursache*)[10] und dem gesellschaftlichen Institutionenvertrauen, das den Grad institutioneller Geltung und Legitimität indizienhaft widerspiegelt (als *Zweckursache*) – ist auf die lange institutionelle Tradition des Bundesrates als historische Machtquelle hinzuweisen. Diese kommt im Zusammenspiel mit den als die wichtigste *materialursächliche* Machtquelle zu bezeichnenden Bundesländern sowie den politischen Parteien periodisch immer wieder zur Geltung. So verdankte der Bundesrat bereits im Zug der

---

7 Inhaltlich stehen die Überwölbung und Entgrenzung zudem einer ausgeprägten institutionellen Eigenidentitätsbildung tendenziell entgegen, weil die handelnden Akteure bereits von vornherein den „cross-pressures" institutioneller Mehrfachmitgliedschaften und -loyalitäten unterliegen. Vgl. D. B. Truman 1967.

8 Sowohl die auf Deutschland bezogene als auch die komparative Bikameralismusforschung betrachten die Vetomacht Zweiter Kammern oft nur im verengenden Blickwinkel der Prädiktion legislativer Outcomes und diesbezüglicher (teils spieltheoretisch angelegter) Modellierungen. Vgl. z.B. Th. König 1999; G. Tsebelis/J. Money 1997; G. Tsebelis/ B. E. Rasch 1995. Darum erübrigt sich ein Literatur- und Forschungsstandbericht zur Themenkombination von Bundesrat und institutioneller Macht.

9 Insgesamt wurden zum Bundesrat 17 Experteninterviews durchgeführt.

10 Zur Ursachentypologie des Aristoteles siehe das Schlusskapitel dieses Bandes.

Debatten um seine Rekonstituierung in den Jahren 1948/49 seine recht umfangreichen legislativen und verwaltungsbezogenen Kompetenzen einer Kombination aus einerseits damals aktuellen Länder- und Parteiinteressen und aus andererseits ihrer Realisierung durch bewusste Rückgriffe auf einige historische institutionelle Vorläufer, insbesondere auf den Bundesrat des Kaiserreiches.[11] Bis heute manifestiert sich die „Traditionsmacht" des Bundesrates zumindest insoweit als Deutungsmacht bzw. als quasi „selbstreflexive Vetomacht", dass, allen aktuellen Föderalismus-Reformvorschlägen und bundesratsbezogenen Politikblockade-Vorwürfen zum Trotz, nie ein relevanter politischer Akteur den Bestand und den strukturellen wie funktionalen institutionellen Wesensgehalt des Bundesrates (einschließlich des exekutiven Bestellungsmodus) auch nur im Ansatz in Frage gestellt hat. Bei den letztlich gescheiterten Verhandlungen der vom Herbst 2003 bis zum Winter 2004 tagenden (ersten) „Föderalismuskommission"[12] hatten, den Angaben eines Teilnehmers zufolge, nicht einmal prozedurale Modifikationen größerer Tragweite (z.B. die Änderung des Mitglieder-Bestellungsmodus oder des Plenar-Abstimmungsmodus) je eine realistische Durchsetzungschance.[13]

Einem fundamentalen Wandel des institutionellen Charakters des Bundesrates würden zumindest die föderativen Eliten aus wohlverstandenem Eigeninteresse auch vermutlich nie zustimmen, denn trotz der Tatsache, dass der Bundesrat *formal* natürlich ein Bundesorgan ist, besteht kein Zweifel daran, dass er *faktisch* einen für die Länder unverzichtbaren „verlängerten Arm" bzw. Machthebel im Bund darstellt.[14] Diese Feststellung gilt auch, obwohl im Rahmen der Arbeit der Föderalismuskommission bisweilen der Eindruck entstehen konnte, dem Bundesrat habe eine relative politische „Entmachtung" knapp bevorgestanden, weil sich die Vertreter der Länder und der Bundesregierung – als die „politisch Hauptverantwortlichen" in der Kommission[15] – beinahe auf eine Reduzierung des Anteils der zustimmungsbedürftigen Bundesgesetze verständigt hätten.[16] Die Repräsentanten des Bundesrates in der Kommission haben sich dort – ganz gemäß ihrer sonst im Bundesrat

---

11 Die Länder besaßen, ebenso wie die Parteien, bekanntlich den Vorteil, vor dem Bund (wieder-)gegründet worden zu sein. Darum konnten sie u.a. dafür sorgen, den Bundesrat mit starken legislativen Veto-Befugnissen auszustatten. Allerdings wurde seinerzeit nicht antizipiert, dass der Anteil der zustimmungsbedürftigen Gesetze sich in den folgenden Jahrzehnten so ausweiten würde, wie er es tat. Zum Bezug des Bundesrates auf seine historischen Vorläufer vgl. J. J. Hesse/Th. Ellwein 2004, S. 290, 295.
12 Auch „Bundesstaatskommission" genannt; offiziell „Kommission von Bundestag und Bundesrat zur Modernisierung der bundesstaatlichen Ordnung."
13 Vgl. R. Hrbek 2004, S. 161.
14 Vgl. J. J. Hesse/Th. Ellwein 2004, S. 293.
15 Vgl. R. Hrbek 2004, S. 152.
16 Geplant war ein Abkommen zwischen Bund und Ländern zur föderativ-legislativen Kompetenzentflechtung, wodurch Politikblockaden minimiert werden sollten. Dadurch sollte einesteils ein in Zeiten ökonomischer Krisen nicht länger vertretbares Element vermeidbarer politischer Steuerungsverhinderung („Unregierbarkeit") beseitigt werden; andernteils war geplant, Deutschland für den sich im Zuge der EU-Weiterentwicklung immer häufiger ergebenden *schnellen* legislativen Handlungs- und Reaktionsbedarf strukturell besser zu wappnen.

wahrgenommenen Rolle – primär als Vertreter ihrer Länderinteressen verhalten, anstatt sich als Repräsentanten der *Gesamtentität* Bundesrat gegenüber den anderen Kommissionsmitgliedsgruppen[17] zu verstehen. Letztlich kamen zwar die den Bundesrat berührenden Änderungen nicht zum Tragen, weil das gesamte Verhandlungspaket an einem Parteienstreit (!) um die Bund-Länder-Kompetenzverteilung im Bereich des Bildungswesens scheiterte. An diesem Beispiel lässt sich aber illustrieren, dass es für das Verständnis der transitiven Machtausübung im „strategischen Handlungsraum" unerlässlich ist, den Bundesrat stets im Kontext der als Materialursache hinter ihm stehenden und durch ihn wirkenden Länder- und Parteienmacht und der sich damit aktuell verbindenden Interessenlagen zu begreifen.[18] Selbst wenn es nämlich zu einer relativen instrumentellen Schwächung des Bundesrates gekommen wäre, dann höchstens im Tausch dafür, dass im Gegenzug die unmittelbaren Eigenkompetenzen der Bundesländer wieder aufgewertet worden wären, die in den vergangenen Jahrzehnten im Verlauf einer teils offenen, teils schleichenden Unitarisierung des Föderalismus immer mehr an den Bund übergegangen waren.[19] Eine Aufwertung der Eigenkompetenzen der Länder hätte aber wiederum zur Konsequenz gehabt, dass dort zugleich die Parlamente gegenüber den Landesregierungen eine „Wiedererstarkung" hätten erfahren müssen, was generell durchaus nicht dem Interesse vieler Landesregierungen entspräche. Außerdem wäre eine legislative Schwächung des Bundesrates natürlich auch zumindest für die Oppositionsparteien auf Bundesebene unattraktiv, weil sich damit eine Einschränkung ihrer föderal vermittelten Gegenmachtpotentiale gegenüber der Bundesregierung verbände, die sich bislang stets bei divergierenden Mehrheitsverhältnissen eröffnen. Solche aber bestanden seit Beginn der 1970er Jahre etwas länger als zu zwei Dritteln des gesamten Zeitraumes seither.

Mit der Rolle der Länder (einschließlich ihrer Verwaltungsapparate) und der Parteien als faktischen materialen Quellen der „Macht hinter der Macht" des Bundesrates wird zugleich ein institutioneller Leitideenkonflikt thematisiert, der sich gravierend auf die transitive Machtausübung des Bundesrates auswirkt. Eben weil die Macht des Bundesrates wesentlich auf den „hinter ihm stehenden" Bundesländern beruht, basiert diese angesichts der die deutsche Politik prägenden parteipolitischen Überwölbung zugleich auf der Macht der die Landesregierungen tragenden politischen Parteien, die sich ihrerseits zu ihren jeweiligen nationalen Parteiorganisationen in der Regel loyal verhalten. Eben diese Kausalkette führt dann in den Phasen divergierender Mehrheitsverhältnisse tendenziell zur Dominanz einer zweiten (in-

---

17 Dies waren v.a. 16 Mitglieder des Bundestages, daneben beratende Mitglieder der Bundesregierung, beratende Mitglieder der Landtage, ständige Gäste der kommunalen Spitzenverbände und Sachverständige.
18 Außerdem mag das Beispiel implizit verdeutlichen, dass es für die Durchsetzungschancen von sich auf Traditionsmacht berufenden institutionellen Bewahrungsinteressen zumindest nicht von Nachteil sein kann, zugleich mit aktuellen Länderinteressen eher zu kongruieren statt zu konfligieren.
19 Vgl. R. Hrbek 2004, S. 148, 160; J. J. Hesse/Th. Ellwein 2004, S. 299.

formellen) Leitidee des Bundesrates, nämlich jener der Wahrnehmung einer „zweiten bundespolitischen Opposition",[20] der gegenüber die originäre Leitidee einer nicht primär parteipolitisch-konfliktual verstandenen föderativen Interessenrepräsentation, gerade bei wichtigen Regelungsmaterien, häufig zurückzustehen hat. Je nach politischen Mehrheitskonstellationen oszilliert der Bundesrat also phasenweise zwischen beiden Leitideen, d.h. praktisch zwischen tendenzieller Konflikt- und Konsensorientierung.[21] Da diese Phasen wiederum nicht notwendig mit jenen Phasen öffentlicher und veröffentlichter Wahrnehmung korrespondieren, während derer angesichts sich wandelnder gesamtpolitischer und ökonomischer Umstände einmal mehr eine ungehinderte Durchsetzungsmacht der Regierung, einmal mehr wirksame Regierungskontrolle gewünscht wird, sieht sich ein oppositionell dominierter und sich dann legislativ sperrender Bundesrat oft dem Vorwurf der „Politikblockade" ausgesetzt.[22]

2.1. Transitive Macht des Bundesrates und deren Begrenzung durch Gegenmacht

Angesichts seiner konstitutionell zugeschriebenen Macht in Form der Gesetzgebungskompetenzen bietet es sich zur Analyse der transitiven Macht des Bundesrates an, vor allem dessen gesetzgeberisches Wirken bzw. Verhindern zu betrachten, da der Bundesrat vermittels seiner legislativen Macht – theoretisch immer und faktisch während der Phasen gegenüber dem Bundestag divergierender parteipolitischer Mehrheitsverhältnisse – in die Lage versetzt wird, als „Veto-Player" eine machtvolle Regierungskontrollfunktion zu übernehmen. Weil das legislative Wirken sowohl durch innerinstitutionelle Mehrheitswechsel geprägt wird als auch von den ebenfalls dem Wandel unterliegenden Parlamentsmehrheiten sowie von den das Regierungslager bildenden Parteien abhängt, muss die Analyse der transitiven institutionellen Macht des Bundesrates berücksichtigen, dass sich letztere in der Praxis stets nur als partikularinteressengeleitete instrumentelle Macht des jeweiligen Mehrheitsblockes

---

20 Abwechselnd ist in der Literatur von „Gegenparlament" und „Gegenregierung" die Rede; vgl. J. J. Hesse/Th. Ellwein 2004, S. 294f.
21 Vgl. J. J. Hesse/Th. Ellwein 2004, S. 108.
22 So illustrierte z.B. die Nichtzustimmung des Bundesrates zur Steuerreformgesetzgebung der Bundesregierung im Jahr 1997, die nur knappe und politisch stark umkämpfte Zustimmung zum Steuerreformgesetz im Jahr 2000 und die wesentlich im Bundesrat ausgetragene Kontroverse um das Zuwanderungsgesetz der Bundesregierung im Jahr 2002 (vgl. dazu H. Meyer 2003) das für parteipolitische Zwecke eingesetzte legislative Vetomacht-Potential des Bundesrates. Die informell seit jeher praktizierte parteipolitische Überwölbung des Bundesratsprozesses wurde seit den 1970er Jahren mit der Unterscheidung zwischen A- und B-Ländern auch terminologisch fixiert.

manifestiert.[23] Außerdem handelt es sich um ein dynamisches Konzept, dessen Untersuchung immer auch die Gegenmacht institutionsexterner Akteure – in erster Linie der Bundesregierung und des Bundestages bzw. seiner Mehrheit – mitzubedenken hat, um der Ermittlung institutioneller Netto-Macht näher zu kommen.

Solange keine Grundgesetzänderungen erfolgen und die Verfassung ihre gesellschaftliche Geltung bewahrt, kommt die institutionell vorgehaltene transitive Macht des Bundesrates also einer als *Verhinderungsmacht* angelegten konstitutionell definierten Konstante gleich („theoretische transitive Macht"), hinsichtlich welcher dann nur der jeweils auf unbestimmt relative Dauer mehrheitsführende Länderblock mit seiner Stimmenmehrheit variabel entscheiden kann, in welchem Maße sie tatsächlich zur politischen Anwendung kommt („aktualisierte transitive Macht"). Dies wird einzig durch die extern intervenierende Variable relativiert, dass die Bundesregierung und der Bundestag den Umfang und die Anzahl der Regelungsmaterien entscheidend mitbestimmen können, bezüglich welcher der Bundesrat seine Macht gegebenenfalls ausspielen könnte. Die sich im Vorenthalten von Entscheidungsmaterien ausdrückende Variable externer institutioneller Gegenmacht relativiert sich jedoch ihrerseits hinsichtlich ihrer pragmatisch-politischen Wahrscheinlichkeit, denn sie bedeutet im Extremfall für die Regierung die Inkaufnahme eines weitgehenden Verzichtes auf Durchsetzungs- und Gestaltungsansprüche und mithin auf Regierungsunfähigkeit. Auch lässt sich der Bundesrat nur bei einem geringen Teil aller legislativ handlungsbedürftigen Regelungsmaterien auf dem Wege der regierungsseitigen Aufsplittung von Gesetzentwürfen in zustimmungsbedürftige und nicht zustimmungsbedürftige Teile[24] politisch neutralisieren.

Also verfügt der Bundesrat in Anbetracht seiner legislativen Möglichkeiten über ein erhebliches Maß an transitiver Macht. Die recht begrenzten regierungsseitigen Gegenmachtpotentiale untermauert indizienhaft der empirische Befund, dass einesteils der Anteil der von der Regierung initiierten Gesetzesvorlagen in keiner Wahlperiode unter 48 Prozent betrug und sich meist zwischen 50 und 60 Prozent bewegte, und dass andernteils der Anteil der zustimmungspflichtigen Gesetze seit 1969 in keiner Wahlperiode mehr die 50 Prozent-Marke unterschritt – und danach bis 2004 stets ebenfalls zwischen 50 und 60 Prozent oszillierte (vgl. Tabelle 1).

---

23 Daraus ergibt sich für die Machtanalyse die Konsequenz, dass der Bundesrat nur hinsichtlich seiner intransitiven Macht in seiner institutionellen Gänze als Untersuchungsobjekt betrachtet werden kann, während es bezüglich der Analyse transitiver Macht erforderlich ist, die Machteinsatzweise der im Zeitverlauf wechselnden Teilakteursgruppe des jeweils mehrheitsführenden Länderblockes zu untersuchen.
24 Vgl. J. J. Hesse/Th. Ellwein 2004, S. 291. Der Bundesrat argumentiert seinerseits stets zugunsten der sog. „Mitverantwortungstheorie", derzufolge Gesetze, die auch nur zum Teil die Zuständigkeiten der Länder berühren, *insgesamt* zustimmungspflichtig sein müssten.

Tabelle 1: Anteil der Gesetzesvorlagen der Bundesregierung an den insgesamt beim Bundestag eingebrachten Gesetzesvorlagen
Anteil zustimmungsbedürftiger an allen verabschiedeten Gesetzen
(nach Wahlperioden; in Zeilenprozent)

Wahlperiode	Anteil Gesetzesvorlagen BReg.	Anteil zustimmungs-bedürftiger Gesetze
1. (1949-53)	59,3	41,8
2. (1953-57)	50,2	49,8
3. (1957-61)	64,8	55,7
4. (1961-65)	59,4	53,4
5. (1965-69)	63,4	49,4
6. (1969-72)	63,9	51,7
7. (1972-76)	69,0	53,2
8. (1976-80)	66,3	53,7
9. (1980-83)	61,8	52,2
10. (1983-87)	53,7	60,0
11. (1987-90)	54,5	55,2
12. (1990-94)	51,6	57,2
13. (1994-98)	48,0	59,5
14. (1998-2002)	51,6	54,6
15. (2002-1.9.2004)	49,4	52,1

Quelle: Errechnet nach: Bundesrat, 2005: Die Arbeit des Bundesrates im Spiegel der Zahlen (Internet: http://www1.bundesrat.de/Site/Inhalt/DE/6_20Parlamentsmaterialien/6.6_20 Statistik/ 6.6. 2_20 Gesamtstatistik_20der_20Wahlperiode/Gesamtstatistik_20der_20 Wahlperiode, template Id=renderInhalt.html [2005]) sowie nach Daten aus den zurückliegenden Jahrgangsbänden des Handbuches des Bundesrates.

Über die legislativen Kompetenzen hinaus definiert das Grundgesetz für den Bundesrat zwar noch etliche weitere Funktionen,[25] die sich ebenfalls zu Ansatzpunkten transitiver Machtausübung entwickeln könnten. Sie zu untersuchen ist jedoch für diese Argumentation entbehrlich, zumal einige von ihnen ohnehin nur selten und in besonderen Situationen zur Anwendung kommen.[26] Ebensowenig von Untersuchungsrelevanz sind denkbare (jedoch nicht empirisch belegbare) informelle Ergänzungsaktivitäten des Bundesrates zum Zweck der Generierung zusätzlicher legitimitätsbasierter Macht als Komplementierung der formellen transitiven Macht-

---

25 Zu nennen sind v.a. die Mitwirkung bei der Verwaltung des Bundes (Zustimmungspflicht bei Rechtsverordnungen und Verwaltungsvorschriften) sowie in Angelegenheiten der Europäischen Union, die EU-Kammer-Funktion als Ersatzplenum, die Wahl der Hälfte der Mitglieder des Bundesverfassungsgerichtes sowie die Mitwirkung in Gremien des öffentlichen Rechts.
26 Dies sind Zuständigkeiten in den Bereichen der Bundesaufsicht (Art. 84 GG), des Bundeszwanges (Art. 37 GG), des Inneren Notstands (Art. 91 Abs. 2 GG), der Anklage des Bundespräsidenten (Art. 61 GG) sowie des Gesetzgebungsnotstands (Art. 81 GG), desgleichen im Verteidigungsfall (Art. 115a-l in Verb. mit Art. 53a GG).

ausübung.[27] Hingegen ist als ergänzende konstante Machtressource des Bundesrates die allen Verfassungsorganen eigene Besonderheit des expliziten konstitutionellen Bestandsschutzes durchaus nicht unterzubewerten,[28] weil sie eine wichtige Voraussetzung für die Permanenz der Fähigkeit des Bundesrates zur Machtausübung darstellt und insofern eine organisationsstrukturelle „Waffengleichheit" gegenüber den legislativen Zieladressaten garantiert.

Der transitiven Machtfülle des Bundesrates stehen ferner zwei konstitutionelle (d.h. relativ konstante) sowie informell-politische Elemente der institutionellen Machtbegrenzung gegenüber, wie dies typischerweise bei in das politische Institutionengefüge einer verfassungsstaatlichen Parteiendemokratie eingebetteten Einzelinstitutionen der Fall ist: Der erste wichtige begrenzende Faktor der transitiven (legislativen) Macht des Bundesrates besteht in dem bereits genannten Umstand, dass sie sich praktisch ausschließlich als Veto- bzw. Verhinderungsmacht entfalten kann, weil der einzig wirkmächtig verfügbare – extern auch antizipativ abschreckende – Sanktionsmechanismus in der Nichtzustimmung bei zustimmungsbedürftigen Gesetzen (bzw. in der zuvor glaubhaft artikulierten Androhung solcher Nichtzustimmung) und in der somit von der Regierung zu befürchtenden Nichtdurchsetzbarkeit ihres politischen Programms besteht. Neben dieser von den Verfassungsgebern zur Absicherung landespolitischer Kontrollbefugnisse gegenüber dem Bund bewusst intendierten Verhinderungsmacht verfügt der Bundesrat zwar auch über ein legislatives Initiativrecht, das aber nicht durchsetzungsmachtbewehrt ist. Darum wird von ihm auch nur weniger häufig (und zudem bisweilen nur zu symbolischen Zwecken bei schon zuvor feststehender legislativer Chancenlosigkeit) Gebrauch gemacht. Der Bundesrat kann also selbstinitiierte materiale Politikvorschläge nur im Konsens mit den anderen an der Gesetzgebung beteiligten Verfassungsorganen durchsetzen.

Ein zweiter Machtbegrenzungsfaktor liegt in der relativen Beschränkung des institutionellen Selbstorganisationsrechtes. Der Bundesrat kann über den Bestand und vor allem über den Wandel seiner Funktionen und legislativen Kompetenzen, seiner wesentlichen Strukturen (u.a. über den Bestellungsmodus seiner Mitglieder) und seiner sich im Zusammenwirken mit anderen Institutionen vollziehenden prozeduralen Abläufe nicht souverän entscheiden.[29] Alle wichtigen Bestimmungen können nur im Zusammenwirken und Konsens mit externen machtbewehrten Akteuren (namentlich mit dem Parlament mit verfassungsändernder Mehrheit, faktisch mit Regierungs- und Oppositionsparteienzustimmung) modifiziert werden, weil sie der

---

27 Vorstellbar wäre z.B. ein forcierter Gang des Bundesrates an die Öffentlichkeit zu bestimmten Regelungsmaterien mit dem Ziel einer sachautoritätsbewirkten stärkeren Einflussnahme auf den öffentlichen Diskurs.

28 Als Verfassungsorgan ist der Bundesrat natürlich organisatorisch bestandsgeschützt und durch den im Einzelplan 03 des Bundeshaushaltsplanes garantierten Etat vor allem ressourcengeschützt. Diese nur scheinbar triviale Feststellung gewinnt noch mehr Bedeutung bei Machtvergleichen mit voluntaristischen Organisationen.

29 Lediglich interne strukturelle Anpassungen kleineren Umfanges (z.B. die Einrichtung oder Auflösung von Ausschüssen) sind im Rahmen der Geschäftsordnungsautonomie souverän möglich.

Grundgesetzänderung bedürften. Dadurch wird zwar einerseits der – jedoch ohnehin nicht immanenten – theoretischen Gefahr institutioneller Machtanmaßungen vorgebeugt, der aber auch bereits informell durch die Parteibindungen und sonstigen Außenvernetzungen der Bundesratsmitglieder und der weiteren Prozessbeteiligten entgegengewirkt wird. Andererseits wird aber auch solchen innerinstitutionell für sinnvoll erkannten Reformen ein nunmehr extern ansetzender potentieller Verhinderungsmachtriegel vorgeschoben, welcher die Unterstützung institutionell geplanter Reformvorhaben von externen interessengeleiteten Bedingungen abhängig machen könnte.

Neben den konstanten, teils hypothetisch-präventiven Machtbegrenzungsfaktoren findet konkrete Machtbegrenzung in der Praxis vor allem *politisch* in Form von institutioneller Gegenmacht und in Form von personellen Querverbindungen mit parteipolitisch überwölbenden Einbindungen und Loyalitätsprioritäten statt. Zwar wurde argumentiert, dass die legislativen Gegenmachtpotentiale der Bundesregierung unter Bedingungen divergierender Mehrheitsverhältnisse eher gering ausfallen. Dennoch ist zu vermuten, dass sich auch ein „oppositioneller" Bundesrat einen massiven Konflikt- und Blockadekurs kaum dauerhaft leisten wird,[30] weil die dort handelnden Mehrheitsakteure einesteils bedenken werden, dass die Verfassungsorgane für ein langfristiges Zusammenwirken ausgelegt und insofern leitideenbezogen aufeinander angewiesen sind, und weil außerdem eine dauerhafte politikverhindernde Verweigerungshaltung den Bundesrat selbst institutionell diskreditieren und unter einen erheblichen Handlungsdruck setzen würde, da er in der öffentlichen Meinung stark in Misskredit geraten würde. Die Regierung würde hierzu durch Politikblockadevorwürfe natürlich weiter beitragen.

2.2. Machtausübung und Machtmechanismen des „oppositionellen" Bundesrates

Weil sich die transitive Macht des Bundesrates nur als Verhinderungsmacht wirkmächtig artikulieren kann, ist zu vermuten, dass der Bundesrat angesichts der parteipolitischen Überwölbung stets nur oder ganz überwiegend in denjenigen Phasen besonders machtvoll und „politikblockierend" agiert, während welcher der bundespolitisch oppositionelle Länderblock (faktisch: Parteiblock) im Bundesrat die Mehrheit führt.[31] Bei solch divergierenden Mehrheitsverhältnissen kann der Länderblock der im Bundestag oppositionellen Parteien seine Bundesratsmehrheit politisch ausspielen und mit der Androhung der Zustimmungsversagung die Bundesregierung zu jenen politischen Zugeständnissen zwingen, zu welchen die Oppositionsfraktionen im

---

30 Vgl. ebenso die Argumentation von R. Lhotta 2003.
31 Mit einem empirisch vergleichenden Blick auf die Phasen des „oppositionellen" und des „regierungskonformen" Bundesrates erfolgt ein Perspektivenwechsel, da nicht mehr die Gesamtinstitution, sondern die temporär dominierenden parteipolitisch motivierten Teilakteursgruppen in das Zentrum des Interesses rücken.

Bundestag allein nicht in der Lage sind. Der Bundesrat kann sich während dieser Zeitphasen gewissermaßen zur „eigentlichen" oppositionellen Regierungskontrollinstanz entwickeln.

Dass empirisch während mehr als zwei Dritteln des Zeitraumes von 1969 bis 2005 divergierende Mehrheitsverhältnisse – mit wechselnden parteipolitischen Vorzeichen – bestanden,[32] ist darauf zurückzuführen, dass die Wähler in den Bundesländern die *Landtags*wahlen oft zur unzufriedenheitsbedingten elektoralen Abstrafung der amtierenden *Bundes*regierungen nutzen, indem sie den Parteien des jeweiligen Oppositionsblockes zur Bildung vieler Landesregierungen und somit zu Bundesratsmehrheiten verhelfen.[33] Unter Bedingungen *konvergierender* Mehrheitsverhältnisse sind hingegen Zustimmungsmehrheiten im Bundesrat viel wahrscheinlicher, aber durchaus auch nicht immer a priori garantiert, denn selbst parteipolitisch der Bundesregierung nahe stehende Landesregierungen sind nicht immer schon automatisch bereit, den Vorstellungen „ihrer" Regierung bzw. des Bundesparteivorstandes zu folgen. Als Faustregel gilt, dass sich die Länder bei wichtigen steuer- und finanzpolitischen Verteilungsfragen meist selbst am nächsten sind, während bei anderen Sachmaterien in aller Regel die Parteilinie unterstützt wird.

---

32 Zu den Mehrheitsverhältnissen im Zeitraum vor 1969 vgl. S. S. Schüttemeyer 1990. Die sozial-liberale Koalition der Jahre 1969-1982 sah sich einer divergierenden Bundesratsmehrheit gegenüber. Die Regierung Kohl verfügte zwischen Ende 1982 und 1990 zunächst über eine eigene Mehrheit, die sie im Jahr 1990 durch eine Landtagswahl in Niedersachsen verlor. Danach wurden die alliierten Vorbehaltsrechte für Berlin ausgesetzt, so dass aufgrund der nun voll stimmberechtigten vier Stimmen des rot-grünen Berliner Senats die Position der A-Länder im Bundesrat weiter gestärkt wurde. Mit dem Beitritt der fünf neuen Bundesländer, von denen zunächst in vieren die CDU die Landesregierung stellte, kippte die Bundesratsmehrheit zwar kurzfristig wieder zugunsten der Bundesregierung, aber die Landtagswahlen in Hessen und Rheinland-Pfalz im Frühjahr 1991 führten wiederum zu einer A-Länder-Mehrheit im Bundesrat. Diese wurde im Verlauf der neunziger Jahre durch den Regierungswechsel 1994 in Sachsen-Anhalt und aufgrund der durch Bevölkerungszuwachs bedingten zusätzlichen Stimme Hessens (1996) weiter ausgebaut. Nach dem Wechsel der Bundesregierung im Herbst 1998 verfügte die rot-grüne Koalition kurzfristig über eine eigene Mehrheit, die sie jedoch bereits im Frühjahr 1999 durch eine Landtagswahl in Hessen wieder verlor. Die seit 1999 bis in das Jahr 2005 fortbestehenden divergierenden Mehrheitsverhältnisse wurden durch einige Länderregierungswechsel zugunsten der CDU (Saarland, Hamburg, Niedersachsen, Sachsen-Anhalt) beziehungsweise zugunsten des „neutralen Lagers" mit Großen Koalitionen (Brandenburg, Schleswig-Holstein) kontinuierlich gefestigt, woran auch einzelne Änderungen mit entgegengerichteter Tendenz (Berlin, Sachsen) nichts änderten.

33 Dabei mag vielen Wählern aufgrund eines Mangels an Kenntnissen der funktionslogischen Zusammenhänge des politischen Systems gar nicht bewusst sein, dass sie sich durch ihr Wahlverhalten die zumindest potentielle Gefahr eigentlich ungewollter bundespolitischer Politikblockaden selbst „herbeiwählen". Dieser Effekt kann sich in ökonomischen Krisenzeiten sogar noch zuspitzen: Obwohl eine durchsetzungsmächtige Bundesregierung besonders gebraucht wird, wird eine besonders unzufriedene Wählerschaft gerade dann einen besonders verhinderungsmächtigen oppositionellen Bundesrat herbeiwählen.

Tabelle 2: Mehrheitsverhältnisse im Bundesrat und gescheiterte Gesetze des Bundestages durch endgültige Verweigerung der Zustimmung seitens des Bundesrates, 1969-2004

Zeitraum	Reg.-mehrheit	Mehrheit Brat	(1) Anzahl Gesetzesbeschlüsse BTag	(2) Häufigkeit Anrufung Vermittl.-ausschuss	(3) % (2) von (1)	(4) nach der Vermittl. nicht verk. Ges.	(5) % (4) von (1)
1969-1972	SPD/FDP	keM* (seit 1972 CDU/CSU-Mehrheit)	334	33	9,9	1	0,3
1972-1976			516	104	20,2	7	1,4
1976-1980			354	77	21,8	14	4,0
1980-Ende 1982			139	20	14,4	3	2,2
Ende 1982-1987	CDU/CSU/FDP	RM*	320	6	1,9	0	0
1987-1990			369	13	3,5	2	0,1
1990-1994			507	85	16,8	12	2,4
1994 - Ende 1998		seit 1991: keM*	565	92	16,3	10	1,8
Ende 1998-2002	SPD/Grüne	4 Monate RM*	558	77	13,8	12	2,2
2002 – 1.9.2004		seit Frühjahr 1999: CDU/CSU	215	65	30,2	7	3,3

Legende: * keM = keine eigene Mehrheit der Regierungsparteien im Bundesrat (kursiv); RM = Regierungsmehrheit
Quelle: Bundesrat, 2005: Die Arbeit des Bundesrates im Spiegel der Zahlen (Internet: http://www1.bundesrat.de/Site/Inhalt/DE/6_20Parlamentsmaterialien/6.6_20Statistik/6.6.2_20Gesamtstatistik_20der_20Wahlperiode/Gesamtstatistik_20der_20Wahlperiode, templateId=renderInhalt.html [2005]).

Die Daten in Tabelle 2 zeigen nun zwar, dass unter divergierenden Mehrheitskonstellationen mit Werten von bis zu vier Prozent (in der Wahlperiode 1976-1980) tatsächlich relativ höhere Zustimmungsversagungsquoten festzustellen waren als in den Phasen konvergierender Mehrheiten, während welcher die entsprechende Quote erwartungsgemäß gering ausfiel und teilweise gegen Null tendierte (vgl. Spalten (4) und (5)). Dennoch muten die selbst während der Phasen divergierender Mehrheiten recht niedrigen *absoluten* Prozentwerte der Zustimmungsversagung angesichts der bekannten Antagonismen der Parteiendemokratie zunächst überraschend an.[34] Allerdings beruht der Befund des auch während dieser Phasen nur relativ sparsamen Gebrauches von transitiver Verhinderungsmacht allein auf quantitativen Auszählungen der Behandlung von dem Bundesrat zugeleiteten Gesetzentwürfen und sagt somit nichts über die Anzahl jener geplanten Gesetze der Regierung aus, die diese aufgrund der Bundesratskonstellation von vornherein verworfen, zurückgestellt oder kompromissfähig abgeschwächt hat. Empirisch belegbar ist außerdem, dass sich die Fälle der Zustimmungsversagung oft gerade auf die politisch wichtigsten oder symbolträchtigsten Gesetze der Regierung bezogen.

Dass die Bundesregierung tatsächlich die Veto-Option des Bundesrates häufig antizipiert und dessen oppositionelle Politikpräferenzen in den Gesetzentwürfen zu berücksichtigen versucht hat,[35] ist zudem schon deswegen sehr wahrscheinlich, weil andernfalls die im Bundesrat mehrheitsführenden Oppositionsparteien kaum freiwillig so relativ oft auf die Ausübung der von ihnen verwalteten Verhinderungsmacht verzichtet hätten. Die Antizipationsvermutung stützt sich außerdem in anekdotischer Weise auf einzelne Aussagen der vom Verfasser zum Bundesratsprozess befragten Akteure,[36] auf Gesetzgebungsbeispiele[37] und auf den Plausibilitätsschluss, dass die regierungsseitige Gegenmacht zum Bundesrat in Ermangelung von Gegendruck-Sanktionspotentialen relativ begrenzt geblieben sein dürfte und insofern die Antizipationsschleifen schon deshalb überwogen haben sollten, weil auch die Regierung durch ein fortgesetztes legislatives „Auflaufen" beim Bundesrat ein absehbar negatives Echo der öffentlichen und veröffentlichten Meinung hätte befürchten müssen. Insgesamt deutet die Antizipationsvermutung auf eine erhebliche –

---

34 Während der 15. Wahlperiode deuten allerdings die vergleichsweise zahlreichen Anrufungen des Vermittlungsausschusses sowie die recht hohe Zustimmungsversagungsquote auf einen relativ aggressiven oppositionellen Politikstil der im Bundesrat mehrheitsführenden B-Länder hin.

35 Vgl. G. Ziller/G.-B. Oschatz 1998, S. 38f.

36 Vgl. insbesondere Protokoll Nr. 17. (Interview mit Dr. Hans-Ulrich Bieler, Referatsleiter der Bund-Länder-Koordination im Bundeskanzleramt, 05.09.2001, Berlin).

37 So z.B. im Rahmen der parteiübergreifenden Einigung auf die sog. Hartz IV-Arbeitsmarktreform bezüglich der (nur anfangs konfliktual ausgetragenen) Frage der Höhe von Bundestransferleistungen an die Länder. An diesem Beispiel zeigt sich überdies, dass es trotz des besonders zu Beginn der 15. Wahlperiode zugespitzten parteipolitischen Antagonismus zumindest punktuell auch zu Ansätzen einer großen Koalition 'de facto' kam. Diese stellt in Phasen divergierender Mehrheitsverhältnisse zum Zweck der Aufrechterhaltung von Regierungsfähigkeit stets eine nicht unwahrscheinliche Option dar.

wenngleich nicht exakt quantifizierbare - institutionelle Nettomacht des „oppositionellen" Bundesrates hin.

Die im Wege des Gesetzgebungsprozesses quasi als konstitutionell festgeschriebener inter-institutioneller Machtmechanismus eingesetzte Möglichkeit der legislativen Zustimmungsverweigerung bei Zustimmungsgesetzen ist so stark, dass sie nur im geringen Maße der Flankierung durch weitere Machtmechanismen bedarf. In der Praxis verbindet sich damit regelmäßig ein Tätigwerden des (in fast 90 Prozent aller Fälle vom Bundesrat angerufenen) Vermittlungsausschusses bei den „Zweiten Durchgängen" des Gesetzgebungsverfahrens.[38] Zwar ist der Vermittlungsausschuss administrativ beim Bundesrat angesiedelt. Doch es entzieht sich dieser inter-institutionelle Mechanismus der alleinigen Verfügung des Bundesrates,[39] während die dann nach dem Vermittlungsprozess mögliche endgültige Ablehnung von Vorlagen wiederum auf den legislativen Machtmechanismus zurückzuführen ist.

Auch die innerinstitutionellen Mechanismen des Bundesrates lassen sich nur bedingt als „Machtmechanismen" interpretieren. Erstens erschwert der Abstimmungsmodus im Plenum institutionsintern eher die Herausbildung eines mehrheitsführenden Parteiblockes, weil für Beschlüsse stets absolute Mehrheiten notwendig sind, da immer nur nach der Zustimmung für Vorlagen gefragt wird und daher relative Mehrheiten, die sich aus einer Abstimmungsenthaltung der von Großen Koalitionen geführten Länder ergeben können, nicht zur Beschlussfassung ausreichen. Zweitens begünstigt weder das Verfahren der Präsidentenbestellung (nach einem jährlichen Länder-Rotationsmodus) noch jenes der Bestimmung der Ausschussvorsitze (nach dem sog. „Erbhofprinzip" konstanter Länderzuordnungen) den mehrheitsführenden Parteiblock in überproportionalem Maße. Lediglich der zugleich die Macht des deutschen Verwaltungsföderalismus sichernde Beamtenvertretungsmechanismus sorgt im Zusammenwirken mit dem Zeit(druck)mechanismus (d.h. der formell und informell genau vorbestimmten Dreiwochenabläufe des Zusammenwirkens zwischen Bundesratsverwaltung, Länderregierungen, Länderverwaltungen, Landesvertretungen, Parteien und Bundesregierung)[40] für die Generierung von Output-Erwartungssicherheit und trägt so aufgrund der empirischen Reibungslosigkeit der Abläufe (bei der nur hinsichtlich der Verarbeitung der vielen EU-Vorlagen bisweilen Defizite zu beklagen sind) zur Fundierung der Dauerhaftigkeit von transitiver Bundesratsmacht bei.[41]

---

38 Vgl. J. J. Hesse/Th. Ellwein 2004, S. 292.
39 Vgl. die analoge Argumentation bezüglich des Europäischen Parlaments im Beitrag von S. Dreischer in diesem Band.
40 Generell bilden selbstauferlegte Fristen einen oft erfolgreichen Mechanismus zur Erhöhung von Ergebnis- und Einigungsdruck. Vgl. R. Hrbek 2004, S. 147.
41 Vgl. u.a. Interviewprotokoll Nr. 5 (Interview mit Herrn Dr. Wolf-Dieter Eckhardt, Bundesratsreferent im Justizministerium Baden-Württemberg, geführt am 15.6.2001 in Stuttgart).

3. Die intransitive Macht des Bundesrates

In welchem Umfang hat die transitive Macht des Bundesrates eine Parallele in seiner intransitiven Macht? Eine sich auf den Bundesrat insgesamt beziehende Analyse intransitiver institutioneller Macht ist schon deswegen angezeigt, weil die transitive legislative Macht des Bundesrates stets nur von einer Teilakteursgruppe mehr oder minder konfliktual getragen wird und insofern, für sich genommen, angesichts der konsensbedürftigen deutschen politischen Kultur vermutlich wenig institutionalitätsstiftend wirken dürfte. Während allerdings die bereits oben erwähnte Vermutung eines institutionellen Legitimitätsdefizites (aufgrund des nur vermittelt demokratischen Bestellungsmodus und der exekutiven Rekrutierungsbasis des Bundesrates) zumeist nur in akademischer Debatte erörtert wird, bietet das Institutionenvertrauen einen geeigneten Indikator zur Messung der öffentlichen Unterstützung und Akzeptanz des Bundesrates sowie seiner dadurch gegebenenfalls angezeigten institutionellen Geltung und Wertekongruenz mit der gesellschaftlichen Basis in den Ländern. Das Konzept der intransitiven Macht meint in Anwendung auf den Bundesrat zugleich dessen Deutungsmacht, also die Fähigkeit zur „zwanglosen" Aufrechterhaltung des eigenen normativen und strukturellen Ordnungsgefüges (einschließlich der Leitidee des Föderalismus, des eigenen institutionellen Bestandes und der jeweils darin geborgenen wirklichkeitskonstruktiven Potenziale) jenseits konkreter materialer Willensdurchsetzungsbestrebungen gegenüber benennbaren Adressaten. Näherungsweise ist die intransitive Macht des Bundesrates auch als dessen Institutionalität konzipierbar, weil letzteres Konzept in handhabbarer Weise ebenfalls den Grad erfolgreich durchgesetzter institutioneller Geltungsansprüche erfasst. Aber auch das Konzept der Institutionalität ist – ebenso wie die transitive Macht – aufgrund seiner Multidimensionalität nicht einfach messbar. Vielmehr sind Hilfsindikatoren erforderlich. Als solche bieten sich wiederum Umfragedaten zur institutionellen Unterstützung des Bundesrates sowie zur Unterstützung dessen föderativer institutioneller Leitidee an.

Trotz des eigentlich konstitutionell gegebenen Bestands-, Macht- und Ressourcenschutzes des Bundesrates ist davon auszugehen, dass dessen handelnde Akteure zusätzlich um ein hohes Maß an öffentlicher institutioneller Unterstützung bemüht sein werden, und zwar vermutlich weniger aus Sorge um den institutionellen Bestand, sondern weil eine hohe Institutionalität zusätzlich legitimitätsstiftend wirkt und sie sich darum im Sinne eines Mehrwerteffektes auch auf die Ausübungschancen transitiver Macht förderlich auswirken könnte. Allerdings ist zu bedenken, dass sich der Bundesrat *nach innen* hinsichtlich der Chance zur Herausbildung einer institutionellen Eigenidentität aufgrund seiner Entgrenztheit, seiner relativ seltenen Plenarsitzungen und der Doppelrolle seiner Mitglieder als Mitglieder auch von Landesregierungen strukturell in einer von vornherein ungünstigen Situation befindet. Zwar liegen zur Beantwortung der Frage nach der Eigenidentität bzw. Binnenidentifikation keine repräsentativen Daten vor. Es verdichten sich jedoch die Aussagen aus den mit verschiedenen internen wie semi-externen Beteiligten des Bundesratsprozesses geführten Interviews zu einem deutlichen Befund: Unter allen Befragten bilden die Mitarbeiter des Sekretariats des Bundesrates (der Bundesratsverwaltung), vor allem die Ausschusssekretäre, diejenige Teilakteursgruppe, die – wohl aufgrund ihrer relativ dauerhaftesten und größten Arbeitsnähe zum institutionellen Kern des Bundesrates – nicht nur die relativ größte affektive Bindung zum Bundesrat aufweist, sondern die darüber hinaus teilweise auch selbst *nach außen* darum bemüht ist, den dem Bundesrat gesellschaftlich beigemessenen Grad an Unterstützung zu fördern.[42]

Dazu stehen einige Möglichkeiten zur Verfügung. In Ergänzung zu den institutionellen Symbolisierungselementen, die vor allem dadurch wirken, dass sie aufgrund gegebener Adressaten-Deutungskompetenz in Verbindung mit gesellschaftlicher Anschlussfähigkeit und normativer Akzeptanz „für sich selbst sprechen", bieten sich auch aktiv genutzte Kommunikations- und Selbstdarstellungsmethoden an, von denen der Bundesrat insbesondere seit seinem Umzug nach Berlin im Jahr 2000, auch tatsächlich verstärkt Gebrauch macht.[43] Neben den traditionellen Methoden (Besuchergruppenführungen, Broschüren etc.) wurde u.a. ein neues institutionelles Logo eingeführt,[44] werden „Tage der offenen Tür" nun regelmäßig jährlich durchgeführt, wurde ein jugendliche Adressaten ansprechender Selbstdarstellungs-Comic[45] ebenso veröffentlicht wie eine CD mit umfangreichem Bildmaterial und Geschichtsverweisen[46] und wurde auch der Internetauftritt runderneuert. Die Daten zur institutionellen Unterstützung lassen insofern nicht nur indirekte Rückschlüsse auf die Institutionalität des Bundesrates an sich zu, sondern bilden zugleich Interpretationsindizien für den Wirkungserfolg sowohl der Symbolisierungselemente als auch der aktiven institutionellen Selbstdarstellungsbemühungen des Bundesrates.

---

42 Vgl. v.a. Interview-Protokolle Nr. 2 (Herr Konrad Biewald, Leiter des Besucherdienstes des Bundesrates, 4.4.2001, Berlin), Nr. 3 (Herr Ulrich Raderschall, Ausschusssekretär für Inneres und für Kultur, 11.6.2001, Berlin) und Nr. 11 (Herr Dr. Konrad Reuter, Bundesrats-Ausschusssekretär des Agrarausschusses und des Ausschusses für Umwelt, Naturschutz und Reaktorsicherheit des Bundesrates; Verfasser des „Praxishandbuch Bundesrat", 19.07.2001, Berlin).

43 In der Praxis – so z.B. bei den Bundesratsführungen – werden alle Symbolisierungselemente aktiv „beworben", und zwar vor allem diejenigen, die auf die Leitidee des Föderalismus verweisen (u.a. Wappen, Sitzordnung im Plenarsaal). Nachvollziehbarerweise verspricht sich das Sekretariat des Bundesrates davon eine größere legitimitätsstiftende Adressatenwirkung als dies bei Verweisen auf den (wiewohl eher der Realität entsprechenden) parteipolitischen Überwölbungsmechanismus der Fall wäre.

44 Das im Jahr 2001 eingeführte neue Bundesrats-Logo kann sogar als aktiver Symbolsetzungsversuch sowie – nach innen – als ein Beitrag zur Herausbildung einer „corporate identity" gedeutet werden.

45 Vgl. Bundesrat 2002.

46 Hierin wird überdies der Versuch unternommen, institutionelle geschichtliche Bewährung zu betonen, indem von den Anfängen des neuen Bundesratssitzes, des ehemaligen Preußischen Herrenhauses in Berlin, bis in die Gegenwart eine zwar nicht bruchlose, aber zumindest historisch anschlusslogische Entwicklungslinie gezeichnet wird. In Wahrheit erfolgte die Wahl des Sitzes primär aufgrund kurzfristig-pragmatischer finanzieller Erwägungen. Vgl. G.-B. Oschatz 2002.

Welche empirischen Befunde ergeben sich also zur gesellschaftlichen Unterstützung des Bundesrates und des Föderalismus? Als ein erstes Indiz für mögliche Institutionalitätsdefizite des Bundesrates fällt auf, dass dieser nur relativ selten in sozialwissenschaftliche Umfragen zur Erforschung des politischen Institutionenvertrauens in Deutschland einbezogen wird.[47] Ferner dürften die in der Gesellschaft vorhandenen Informationen und Einschätzungen zum Bundesrat nur zum relativ geringsten Teil unmittelbar auf die von letzterem selbst ausgehenden Symbolisierungs- und Kommunikationsbestrebungen zurückzuführen sein,[48] sondern beruhen wohl größtenteils auf der Berichterstattung in den Massenmedien. Angesichts der schon eingangs erörterten recht geringen Medienpräsenz des Bundesrates wurde von den meisten interviewten Experten die Einschätzung geäußert, dass ein Großteil der Bevölkerung *keine* Meinung zum Bundesrat habe, weil er nur selten zum Gegenstand öffentlicher Aufmerksamkeit wird.[49]

Grube, der sich auf eine Durchsicht von Umfragedaten des Instituts für Demoskopie in Allensbach seit Beginn der fünfziger Jahre stützt (die ihrerseits regelmäßig vom Bundesrat mit dem Vermerk „vertraulich" in Auftrag gegeben werden), bemerkt zur öffentlichen Bekanntheit des Bundesrates, dass sich die Kenntnisse über dessen Existenz seit Mitte der 1970er Jahre auf einem stabil hohen Niveau bewegen: über 90 Prozent der Westdeutschen wissen von der Existenz des Bundesrates.[50]

Tabelle 3: Kenntnis von der Existenz des Bundesrates (Bevölkerung ab 16 Jahren)

Frage: „In Bonn gibt es außer dem Bundestag noch einen Bundesrat. Wussten Sie das oder hören Sie das zum ersten Mal? (in Prozent)								
	Westdeutschland							Ostdt.
	1970	1974-78	1980	1983	1985	1988	1995	1995
Wusste ich	83	91	88	92	93	95	92	87
Höre ich zum ersten Mal	17	9	12	8	7	5	8	13

Quelle: Institut für Demoskopie Allensbach 1995, S. 32.

---

47 Selbst sehr ausführliche Untersuchungen (z.B. O. W. Gabriel 1999) analysieren zwar die Einstellungen der Bevölkerung zur Bundesregierung, zum Bundestag und zum Bundesverfassungsgericht, nicht aber jene zum Bundesrat.
48 Einen Hinweis hierfür liefern die Besucherzahlen der Bundesratsführungen, die – teils mitbedingt durch die seltenen Plenarsitzungen – sich mit mittlerweile rund 50.000 pro Jahr sehr deutlich unter denen des Bundestages bewegen. Vgl. Interview-Protokoll Nr. 2 (Herr Konrad Biewald, Leiter des Besucherdienstes des Bundesrates, 4.4.2001, Berlin) sowie P. Schindler 1999, S. 3468f.
49 Aufgrund des Fehlens von Wahlen sowie aufgrund seiner komplizierten und oft als technokratisch empfundenen Arbeitsweise eignet sich der Bundesrat kaum als Gegenstand medialen Interesses. Diese Einschätzung wurde im übrigen schon früh von prominenter Seite geteilt: Bundespräsident Heuss bespöttelte den Bundesrat als „Parlament der Oberregierungsräte." Vgl. U. Münch 1999, S. 123.
50 Vgl. N. Grube 2001, S. 111.

Allerdings ist zu den Daten in Tabelle 3 auf das mögliche Validitätsproblem hinzuweisen, dass es für die Befragten sehr einfach ist, die Frage nach der Kenntnis von der Existenz des Bundesrates unzutreffend mit „Ja" zu beantworten. Wenn hingegen in einer offenen Frage nach den Aufgaben des Bundesrates gefragt wird, fällt der Anteil der zutreffenden Antworten deutlich geringer aus.[51] Dies trifft ebenfalls bei auf Karten vorgelegten Antwortenvorgaben zu, wenngleich hier das Wissen seit den späten sechziger Jahren merkbar zugenommen hat. Drei auf die Gesetzgebung und die föderative Repräsentation bezogene *zutreffende* Antwortvorgaben des Instituts für Demoskopie[52] wurden 1995 von den westdeutschen Befragten zu 53, 37 bzw. 45 Prozent (1969: 36, 25 bzw. 23 Prozent) korrekt zugeordnet (Ostdeutschland 1995: 59, 33 bzw. 37 Prozent).[53]

Leicht rückläufig ist – bei bereits recht niedrigem Ausgangsniveau – der Kenntnisstand über die Zusammensetzung des Bundesrates. 1995 wussten 36 Prozent der Westdeutschen (1988: 40 Prozent) und 25 Prozent der Ostdeutschen, dass die Landesregierungen die Rekrutierungsbasis für den Bundesrat bilden.[54] In zunehmendem Maße ist bekannt, dass der Bundesrat bisweilen Gesetzesvorlagen blockiert (Mitte der 1990er Jahre: 17 Prozent). Dennoch wünschten 1995 fast zwei Drittel der Befragten, dass die Länder und der Bundesrat weiterhin an der Bundesgesetzgebung mitwirken.[55] Wird hingegen das generelle Institutionenvertrauen im Kontext mit den weiteren politischen Institutionen abgefragt, ergibt sich wiederum ein anderes Bild. Demnach sank das dem Bundesrat entgegengebrachte Vertrauen von Werten über 40 Prozent in den 1980er Jahren bis zum Jahr 1999 auf 35 Prozent im Westen[56] und im Zeitraum von 1994 bis 1999 von 26 auf 21 Prozent im Osten Deutschlands. Im Jahr 2003 betrug das Vertrauen zum Bundesrat in Deutschland insgesamt noch 31 Prozent. Es fiel allerdings noch moderater zurück als jenes zum Bundestag und zur Bundesregierung: Diese Institutionen wiesen im Jahr 2003 nur noch Vertrauenswerte von 24 bzw. 17 Prozent auf (vgl. Tabelle 4). Dieser Befund deckt sich auch

---

51 So der Leiter des Besucherdienstes des Bundesrates aufgrund seiner eigenen Erfahrungen. Vgl. Interview-Protokoll Nr. 2 (Herr Konrad Biewald, Leiter des Besucherdienstes des Bundesrates, 4.4.2001, Berlin).
52 Vgl. für diese und die nachfolgenden Datenangaben Institut für Demoskopie Allensbach 1995, S. 33. Es handelte sich um die drei Antwortvorgaben „Muss die Gesetze, die der Bundestag verabschiedet, genehmigen", „Wirkt bei der Gesetzgebung und Verwaltung des Bundes mit" und (vom Institut für Demoskopie im formalen Sinne falsch als richtig gemeinte Antwort formuliert) „Ist die Vertretung der Bundesländer in Bonn".
53 Gleichzeitig stieg auch der Anteil der von den Befragten *fälschlich* als zutreffend bezeichneten vier weiteren (absichtlich unzutreffend formulierten) Antworten von einem Niveau um ca. 6 Prozent im Jahr 1969 auf durchschnittlich 10 Prozent (Westdeutschland) bzw. 12 Prozent (Ostdeutschland) im Jahr 1995. Hinzu kommen 15 Prozent (Westdeutschland) bzw. 16 Prozent (Ostdeutschland) der Befragten, die sagten, dass sie die Aufgaben des Bundesrates nicht kennen.
54 Vgl. N. Grube 2001, S. 111.
55 Vgl. ebd., S. 113.
56 Der geringe Wert von 24 Prozent Unterstützung für den Bundesrat im Westen im Jahr 1995 fällt aus dem Rahmen. In diesem Jahr antworteten besonders viele Befragte mit „Teils, teils".

mit den Ergebnissen einer im Jahr 2004 von Ipsos für die TU Dresden durchgeführten Untersuchung zum Institutionenvertrauen. Dort erreichte auf einer siebenstufigen Skala von 1 („ganz und gar kein Vertrauen") bis 7 („volles Vertrauen") zur Frage „Wie sehr vertrauen Sie persönlich dem/r ... [Name der Institution]" der Bundesrat einen Mittelwert von 4,0, während der Mittelwert für den Bundestag 3,7 und für die Bundesregierung lediglich 3,4 betrug.[57]

Tabelle 4: Gute Meinung über staatliche Institutionen (Bevölkerung ab 16 Jahren)

	Westdeutschland				Ostdeutschland			Deutschland
	1974-78	1985	1995	1999	1994	1995	1999	2003
Bundesrat	41	43	24	35	26	25	21	31
Landesregierungen	35	41	22	25	24	24	22	k.A.
Bundestag	51	42	43	45	25	18	19	24
Bundesregierung	50	39	27	28	21	24	14	17

Quelle: Institut für Demoskopie Allensbach, gekürzt übernommen aus N. Grube 2001, S. 114, und N. Grube 2004, S. 165 (siehe Tabelle 1).

Allerdings bedeuten die gegenüber den anderen Institutionen *relativ* weniger ungünstigen Vertrauenswerte für den Bundesrat keine Abwesenheit öffentlicher Kritik. So stimmten im Februar 2004 im Rahmen einer Allensbach-Umfrage 52 Prozent der Befragten der Einschätzung zu, der Bundesrat habe Reformen verhindert oder herausgezögert, während nur 22 Prozent dies in Abrede stellten.[58] Und bei einer – hinsichtlich ihrer Repräsentativität allerdings mit großer Vorsicht zu betrachtenden – ZEIT-Online-Umfrage im Oktober 2004 sprach sich eine starke Minderheit von 32,4 Prozent der knapp 9500 Teilnehmenden dafür aus, die Zahl der zustimmungspflichtigen Gesetzentwürfe zu halbieren, damit der Bundesrat keine wichtigen Gesetze mehr blockieren könne.[59] Schließlich nimmt der Anteil der Befragten zu, der den Einfluss der Bundesländer auf die Bundespolitik als zu groß empfindet: 18 Prozent im Februar 2004 gegenüber 7 bzw. 6 Prozent in den Jahren 1997 und 1995. Invers sinkt die Zustimmung zur Einschätzung, die Bundesländer hätten einen gerade richtigen Einfluss: 27 Prozent im Jahr 2004 gegenüber 41 Prozent 1997 und

---

57 Vgl. W. J. Patzelt 2005, Tab. 2.
58 Vgl. Allensbach-Umfrage, zit. in N. Grube 2004, S. 173 (Tab. 4).
59 Die Fallzahl betrug N=9425; es gab drei Antwortvorgaben; vgl. Internet: www.zeit.de in Verbindung mit http://apollo.zeit.de/umfrage/index.php?u_id=209 [2004].

34 Prozent 1995; einen zu geringen Einfluss auf die Bundespolitik konstatieren in den selben Jahren: 22 gegenüber 33 und 42 Prozent.[60] Bezeichnend bei dieser Antwort war auch das Ansteigen des Anteils der Unentschlossenen auf 33 Prozent gegenüber Werten um 19 Prozent in den 1990er Jahren. Dies lässt, ebenso wie die sinkenden Institutionenvertrauenswerte an sich, auf ein großes Maß an öffentlicher Verunsicherung gerade in den Jahren seit 2000 schließen, also auf das *Gegenteil* von unhinterfragter Institutionenakzeptanz und Geltung intransitiver Macht. Als plausibel anmutende Erklärung für den Vertrauensrückgang wird angeführt, dass speziell in den Jahren 2003 und 2004 die Föderalismusdebatte und die Diskussion um die Reform des Sozialstaates koinzidierten und teilweise inhaltlich verkoppelt wurden. Dabei habe sich eine Divergenz aufgetan zwischen den an „Intensität und Publizität" gewinnenden Eliten, die einen verschärften Wettbewerbsföderalismus propagierten, und der sich mehrheitlich weiterhin am unitarischen Modell des Solidarföderalismus orientierenden Öffentlichkeit.[61] Dies habe sich dann auch negativ in der Entwicklung der Vertrauenswerte für die politischen Institutionen niedergeschlagen.

Zur sich aktuell in den Umfragedaten reflektierenden Verunsicherung oder Unwissenheit kommt speziell für den *Bundesrat* hinzu, dass sich bei diesem auch bereits in den vergangenen Jahrzehnten der Anteil der Befragten mit „keiner Meinung" fast über den gesamten Zeitraum von 1974 bis 1999 jeweils zwischen 10 und 15 Prozent bewegte, während die entsprechenden Werte beim Bundestag jeweils nur um durchschnittlich vier Prozent, bei den Landesregierungen um fünf Prozent und bei der Bundesregierung sogar nur um zwei Prozent lagen.[62] Die somit schon seit langem festzustellende vergleichsweise große Unkenntnis bzw. Indifferenz gegenüber dem Bundesrat unterstreicht die Vermutung, dass viele Bürger den Bundesrat relativ weniger als die anderen Verfassungsorgane wahrnehmen. Zwar bedeutet eine recht große Indifferenz gegenüber dem Bundesrat für diesen zugleich, dass von gesellschaftlicher Seite zumindest keine sehr breite Artikulation von Reformforderungen zu erwarten ist und insofern jedenfalls kein noch zusätzlicher Legitimitätsentzug droht. Andererseits bedeutet solche Unkenntnis, dass der Bundesrat auch nicht föderativ-integrativ in die Gesellschaft hineinzuwirken vermag, zumal überdies empirisch gezeigt werden kann, dass die institutionelle Leitidee des Föderalismus als ein offensichtlich zu abstraktes Konzept sowieso wenig bekannt ist und im Falle der Bekanntheit zudem oft missverstanden wird.[63]

Die Summe der indizienhaften Einzelbefunde zur institutionalitätsbasierten intransitiven Macht des Bundesrates verdeutlicht, dass eine theoretisch zwar denkbare (und normativ wünschenswerte) Parallelisierung oder gar Verstärkung transitiver Macht durch intransitive Macht offensichtlich nicht vorliegt. Seine Ausübungschancen transitiver Macht kann der Bundesrat daher also nicht durch Verweise auf eine hohe Selbstverständlichkeit öffentlicher Akzeptanz und institutioneller Unterstüt-

---

60   Vgl. Allensbach-Umfrage, zit. in N. Grube 2004, S. 167.
61   Vgl. ebd., S. 163f.
62   Vgl. ebd., S. 114.
63   Vgl. ebd.

zung verbessern. In einem nur pragmatisch-instrumentellen Verständnis bedarf es einer solchen Verstärkung allerdings auch nicht, solange die transitiven Machtkompetenzen unhinterfragt konstitutionell abgesichert sind. Bei fortschreitenden institutionellen Vertrauenskrisen und anderen Pull-Effekten (oder aufgrund von seitens der EU ausgehender Push-Effekte) kann sich jedoch in der Zukunft ein wachsender Reformbedarf ergeben. Deswegen müsste es dem Bundesrat – ungeachtet seiner hierfür strukturell schwierigen Ausgangsbedingungen – im eigenen institutionellen Interesse angezeigt erscheinen, sich noch mehr als bisher um intransitive Machtrückversicherung zur kulturellen Flankierung seiner transitiven instrumentellen Macht zu bemühen.

Obwohl sich beim Bundesrat ein deutliches Übergewicht transitiver gegenüber intransitiver Macht ergibt, ist der Extremfall eines Machtwirkens im Verborgenen (im Sinne einer scheinbar entsubjektivierten strukturellen Macht) schon aufgrund der fortbestehenden stabilen Einbindung des Bundesrates in das politische Institutionensystem und aufgrund der parteipolitischen sowie medialen Kontrolle des die transitive Machtausübung steuernden mehrheitsführenden Parteiblockes natürlich nicht zu konstatieren. Doch es wäre ebenso unangemessen, die empirisch festgestellte Mischung aus relativ abwesender und relativ kritischer öffentlicher Meinung zum Bundesrat einfach als Normalität oder als „stille Unterstützung" zu interpretieren und somit die intransitive Macht dieses immerhin empirisch unbekanntesten aller fünf Verfassungsorgane für gar nicht defizitär zu halten.

4. Ergebnis und Ausblick

Die Untersuchung hat gezeigt, dass die Macht des Bundesrates, materiell auf der Macht der deutschen Bundesländer und der ihre Regierungen tragenden politischen Parteien sowie auf deren Interesse zur Einflussnahme auf die nationale Politik beruht. Als nicht „eigen-mächtiger", aber in der Vergangenheit weichenstellender und heute als Unterstützungsargument für machtbewehrte Interessen hilfreicher Faktor wurde zudem die institutionelle Traditionsmacht des Bundesrates identifiziert. Bei der vom jeweils dominierenden Länderblock (partei)politisch verantworteten *Ausübung* der transitiven Macht des Bundesrates kommt, als Formursache, den konstitutionell zugeschriebenen legislativen Kompetenzen des Bundesrates eine entscheidende Rolle zu. Diese definieren in bislang erst ansatzweise umstrittener Weise, dass sich die transitive Macht des Bundesrates in der Praxis vor allem als Verhinderungsmacht – nämlich als die Regierungspolitik konterkarierende Veto-Macht – wirksam entfalten kann. Der Bundesrat verfügt zwar auch über legislative Initiativkompetenzen; diese verbinden sich jedoch nicht mit positiv gerichteter Durchsetzungsmacht. Insofern bildet der Bundesrat einen weiteren Belegfall für das vielfach vorfindbare Phänomen, dass einzelne Institutionen zwar als „Veto-Spieler" über Verhinderungsmacht verfügen, dass aber die für eine gesamtsystemische Steuerungsfähigkeit entscheidende Durchsetzungsmacht oft erst durch das Zusammenspiel mehrerer Verfassungsorgane verfügbar wird. Verhinderungsmacht hat es also, oftmals den gewaltenteilungsbestrebten Intentionen der Verfassungsgeber entsprechend, meist leichter als politische Durchsetzungsmacht.

Die Veto-Macht des Bundesrates kommt häufiger zur tatsächlichen oder per Antizipationsschleife wirkenden Anwendung, wenn – wie ganz überwiegend – eine Konstellation parteipolitisch divergierender Mehrheiten in Bundesrat und Bundestag besteht. Die transitive Macht des Bundesrates wird im übrigen nicht im gleichen Maße durch eine intransitive Machtfülle parallelisiert, welche sich in institutionsintern sowie gesellschaftlich unhinterfragten Deutungsmacht- und Geltungspotentialen manifestieren würde. Während institutionsintern der Bundesratsprozess als „gemeinsamer Handlungsraum" der beteiligten Akteure gut funktioniert und keinem akuten Reformdruck ausgesetzt ist, ergibt sich hinsichtlich der Öffentlichkeitsresonanz ein anderes und für die Institution in doppelter Weise abträgliches Bild: Die Gesellschaft fällt als weitere denkbare zweckursächliche Machtquelle des Bundesrates empirisch nahezu aus. Teils wird nämlich der Bundesrat, mitbedingt durch die Inkompatibilität seiner Funktionslogik und der Medienlogik, nicht im zur Unterstützungsgenerierung nötigen Maße öffentlich wahrgenommen; teils wird vor dem Hintergrund seiner föderativ-exekutiven Rekrutierungsbasis und seines daher nur sehr vermittelten elektoral-demokratischen Mitgliederbestellungsmodus die institutionelle Legitimität in Frage gestellt.

Trotz dieser zunächst kaum als veränderbar anmutenden historischen, strukturellen und funktionslogischen Gründe der Divergenz von transitiver und intransitiver Macht des Bundesrates könnte sich bald schon ein von institutionellen Strukturänderungen ausgehender Wandel dieses Machtbefundes ergeben. Dahin könnte es nämlich kommen, wenn von der Dynamik der EU-Verfassungsentwicklung weiterhin eine Strahlkraft auf die nationalstaatlichen Politikarrangements ausgehen sollte. Der dabei nahegelegte institutionelle Wandel besitzt deshalb gute Implementationschancen, weil von ihm das gesamte politische Institutionensystem (statt nur eine Einzelinstitution) profitiert. Wenn also die „Föderalismuskommission" ihre im Winter 2004 abgebrochene Arbeit wiederaufnimmt, böte sich zudem ein geeigneter Verhandlungsrahmen für die Diskussion institutioneller Reformen. Für die begleitende sozialwissenschaftliche Forschung wird es indes ebenfalls wichtig sein, parallel die Entwicklungen des Bundesrates und des Ministerrates der Europäischen Union zu studieren. Letzterer bildet in seiner Rolle als teils supranationaler Gesetzgeber und teils Forum der Mitgliedstaaten nicht nur schon heute ein auf der europäischen Ebene angesiedeltes funktionales Äquivalent zum Bundesrat. Er weist auch hinsichtlich der materialen Machtressourcen insofern eine große Ähnlichkeit zum Bundesrat auf, als sich die (wie im Fall des Bundesrates ebenfalls vorbestehenden) mächtigen europäischen Einzelstaaten seiner bedienen und ihn personell bestellen, um ihre einstig nationalstaatlichen und nun auf die europäische Ebene verlagerten politischen Steuerungskompetenzen eben dort weiterhin nutzen zu können, anstatt die sich mit ihnen verbindende Macht womöglich einer nationalstaatlich unkontrollierten europäisch-institutionellen Eigendynamik zu überlassen und somit preiszugeben.

Literaturverzeichnis

Bundesrat (2002): Bat & Badger. Berlin: Bundesrat.

Bundesrat (Hrsg.) (2004): Handbuch des Bundesrates für das Geschäftsjahr 2004/2005. Baden-Baden: Nomos.

Bundesrat (2005): Die Arbeit des Bundesrates im Spiegel der Zahlen (http://www.bundesrat.de/ Site/Inhalt/DE/6_20Parlamentsmaterialien/6.6_20Statistik/6.6.2_20Gesamtstatistik_20der_20 Wahlperiode/Gesamtstatistik_20der_20Wahlperiode,templateId=renderInhalt.html; Zugriff 01.07.2005).

Gabriel, Oscar W. (1999): Politische Einstellungen und politisches Verhalten. In: ders./Holtmann, Everhard (Hrsg.) (1999): Handbuch Politisches System der Bundesrepublik Deutschland. 2. Aufl., München/Wien: Oldenbourg, S. 381-497.

Grube, Norbert, (2001): Föderalismus in der öffentlichen Meinung in der Bundesrepublik Deutschland. In: Europäisches Zentrum für Föderalismus-Forschung Tübingen (Hrsg.) (2001): Jahrbuch des Föderalismus 2001. Föderalismus, Subsidiarität und Regionen in Europa. Baden-Baden: Nomos, S. 101-114.

Grube, Norbert (2004): Unverzichtbares Korrektiv oder ineffektive Reformbremse? Wahrnehmungen föderaler Strukturen und Institutionen in Deutschland. In: Europäisches Zentrum für Föderalismus-Forschung Tübingen (Hrsg.) (2004): Jahrbuch des Föderalismus 2004. Föderalismus, Subsidiarität und Regionen in Europa. Baden-Baden: Nomos, S. 163-175.

Hesse, Joachim Jens/Ellwein, Thomas (2004): Das Regierungssystem der Bundesrepublik Deutschland. Band 1. Vollständig neu bearbeitete Aufl., Berlin: De Gruyter.

Hrbek, Rudolf, (2004): Auf dem Weg zur Föderalismus-Reform: die Kommission zur Modernisierung der bundesstaatlichen Ordnung. In: Europäisches Zentrum für Föderalismus-Forschung Tübingen (Hrsg.) (2004): Jahrbuch des Föderalismus 2004. Föderalismus, Subsidiarität und Regionen in Europa. Baden-Baden: Nomos, S. 147-162.

Institut für Demoskopie Allensbach (1995): Die Verankerung des föderalen Prinzips in der Bevölkerung. Eine Repräsentativerhebung im Auftrag des Presse- und Informationsamtes der Bundesregierung und des Bundesrates. Allensbach am Bodensee: Institut für Demoskopie.

König, Thomas (1999): Von der Politikverflechtung zur Parteienblockade? Probleme und Perspektiven der deutschen Zweikammergesetzgebung. In: Kaase, Max/Schmid, Günther (Hrsg.) (1999): Eine lernende Demokratie. 50 Jahre Bundesrepublik Deutschland (WZB-Jahrbuch 1999). Berlin: Edition Sigma, S. 63-85.

Kropp, Sabine (2001): Regieren in Koalitionen. Handlungsmuster und Entscheidungsbildung in deutschen Länderregierungen. Wiesbaden: Westdeutscher Verlag.

Lhotta, Roland (2003): Zwischen Kontrolle und Mitregierung. Der Bundesrat als Oppositionskammer? In: Aus Politik und Zeitgeschichte B 43, S. 16-22.

Meyer, Hans (2003): Abstimmungskonflikt im Bundesrat im Spiegel der Staatsrechtslehre. Baden-Baden: Nomos.

Münch, Ursula (1999): Vom Gestaltungsföderalismus zum Beteiligungsföderalismus. In: Der Bürger im Staat 49/1-2 (Die Bundesländer. 50 Jahre Bundesrepublik), S. 120-125.

Oschatz, Georg-Berndt (2002): Vorwort des ehemaligen Direktors des Bundesrates. In: Bundesrat (Hrsg.) (2002): Der Bundesrat im ehemaligen Preußischen Herrenhaus. Berlin: Gebr. Mann Verlag, S. 10f.

Patzelt, W. J. (2005): Warum verachten die Deutschen ihr Parlament und lieben ihr Verfassungsgericht? Ergebnisse einer vergleichenden demoskopischen Studie. In: Zeitschrift für Parlamentsfragen 35/3 (im Erscheinen).

Reuter, Konrad (1991): Praxishandbuch Bundesrat. Verfassungsrechtliche Grundlagen, Kommentar zur Geschäftsordnung, Praxis des Bundesrates. Heidelberg: C. F. Müller.

Schindler, Peter (1999): Datenhandbuch zur Geschichte des Deutschen Bundestages 1949 bis 1999. 3 Bände. Baden-Baden: Nomos.

Schüttemeyer, Suzanne S. (1990): Die Ergebnisse der Landtagswahlen 1946-1990 / Die Stimmenverteilung im Bundesrat 1949-1990. In: Zeitschrift für Parlamentsfragen 21/3, S. 464-474.

Stegmann, Helmut (1996): Das Gesetzgebungsverfahren im Bundesrat. Akteure und ihre Einflussnahme. In: Postlep, Rolf-Dieter (Hrsg.) (1996): Aktuelle Fragen zum Föderalismus. Ausgewählte Probleme aus Theorie und politischer Praxis des Föderalismus. Marburg: Metropolis Verlag, S. 141-166.

Truman, David B. (1967): The Governmental Process. Political Interests and Public Opinion. New York: Knopf.

Tsebelis, George/Money, Jeannette (1997): Bicameralism. Cambridge/New York: Cambridge University Press.

Tsebelis, George/Rasch, Björn Erik (1995): Patterns of Bicameralism. In: Döring, Herbert (Hrsg.) (1995): Parliaments and Majority Rule in Western Europe. Frankfurt a. M. : Campus und New York: St. Martin's Press, S. 365-390.

Zeit (2004): ZEIT-Online-Umfrage zur Rolle des Bundesrates, Oktober 2004 (http://apollo.zeit.de/umfrage/index.php?u_id=209; letzter Zugriff 01.07.2005).

Ziller, Gebhard/Oschatz, Georg-Berndt (1998): Der Bundesrat. 10., vollständig überarbeitete Aufl., Düsseldorf: Droste.

Macht *im* Rat und Macht *des* Rates.
Eine Analyse des Machtgefüges in und um den Rat der Europäischen Union.

Jakob Lempp

> „The Council developed as an institution in ways quite unexpected by the early founders."[1]

1. Der Rat der Europäischen Union: ein janusköpfiges Kuriosum

Der Rat der Europäischen Union[2] ist eine merkwürdige Institution. Er ist ein Kuriosum, das gleichzeitig zwei miteinander in Konkurrenz stehenden Leitideen dient, die widersprüchlicher kaum sein könnten.[3] Und auch der Rat selbst ist nicht in der Lage, die Frage, was er denn sei, zu beantworten: „There is not a single clear view shared by all member states of what the Council does or should do."[4] Dieser Befund ist um

---

1 F. Hayes-Renshaw/H. Wallace 1997, S. 175.
2 Die Bezeichnung dieser Institution ist unübersichtlich. Sowohl der Vertrag über die Europäische Gemeinschaft (EGV) als auch jener über die Europäische Union (EUV) sprechen in der Version von Nizza vom „Rat" (etwa Art. 202 EGV, Art. 3 EUV); die offizielle Internetpräsentation des Rats spricht vom „Rat der Europäischen Union" (http://ue.eu.int). An einigen Stellen des Vertrags über die Europäische Gemeinschaft ist sogar einfach von den „Mitgliedstaaten" die Rede, wo offensichtlich der Rat gemeint ist. Der vom Europäischen Konvent vorgelegte Entwurf für eine Verfassung für Europa verwendet wieder den auch umgangssprachlich häufig gebrauchten Terminus „Ministerrat" (Art. 22 Verfassungsvertrag), nennt aber die einzelnen Formationen des Ministerrats wieder „Räte" und ergänzt den jeweiligen Zuständigkeitsbereich (etwa Art. 23 Verfassungsvertrag). Der Begriff „Ministerrat" ist allerdings insofern problematisch, als auch die Staats- und Regierungschefs im „Ministerrat" zusammenkommen können, um damit der Einstimmigkeitsbestimmung für den Europäischen Rat (Art. 20 [4] Verfassungsvertrag) zu entgehen. Zumindest der europäische Verfassungsvertrag hätte klar zwischen dem Europäischen Rat (Artikel I-21 und I-22) sowie dem Ministerrat (I-23 und I-24) getrennt.
3 Unter der Leitidee einer Institution werden eine „Ordnungsvorstellung und die mit ihr verbundenen Geltungsansprüche [verstanden], die für viele Akteure attraktiv oder evident wirken und genau darum zur verlässlichen Richtschnur ihres Handelns und zum Ausgangspunkt ihrer strukturbildenden Anschlusspraxen werden." W. J. Patzelt 2003, S. 53. Vgl. auch M. Hauriou 1956. K.-S. Rehberg 1994 konstatiert, dass bei vielen Institutionen ein heterogenes Leitideenbündel vorhanden ist.
4 F. Hayes-Renshaw/H. Wallace 1997, S. 17.

so erstaunlicher, als es sich beim Rat um eine wichtige, wenn nicht gar die zentrale und mächtigste Institution im Institutionengefüge der Europäischen Union handelt.[5]

Welches sind nun diese verschiedenen, kaum kompatiblen Zwecke und Rollen, diese nicht konsistenten Leitideen, welchen der Rat – gleichsam in einer institutionellen „mission impossible" – zugleich zu genügen versucht? Einerseits ist der Rat ein Forum, das die Vertreter nationaler Regierungen in verschiedenen Formationen[6] zur Durchsetzung ihrer Interessen benutzen. Einer solchen Leitidee konsequent folgend, würde die Europäische Union grundsätzlich als internationale Organisation begriffen, deren entscheidende Akteure dann nicht die europäischen Institutionen, sondern die nationalen Regierungen sind. So formuliert etwa McKay: „The Council of Ministers [is] not a unitary executive (or possibly the upper house of the legislature) but an intergouvernemental forum."[7] Theoretisch reflektiert wird diese Perspektive im liberalen Intergouvernementalismus, der als zentrale Erklärungsfaktoren für den europäischen Integrationsprozess die Interessen und Machtressourcen der Mitgliedstaaten annimmt („Primat der Nationalstaaten"; vgl. etwa Hoffmann, 1966 für den „alten" Intergouvernementalismus und Moravcsik, 1993, 1994, 1995 für den liberalen Intergouvernementalismus). In sehr zugespitzter Weise formulierte Francis Fukuyama diese Leitidee so: „Einzig und allein Staaten können auf legitime Weise Macht anhäufen und sie gezielt ausüben."[8] Letzte Instanz und letztes Entscheidungskriterium für die Akteure im Rat der Europäischen Union wäre demnach nicht ein gemeinsames europäisches Ziel, sondern vielmehr ein auf der Basis von Kosten-Nutzen-Kalkülen definiertes nationales Eigeninteresse.[9]

Diametral entgegengesetzt ist dieser Leitidee das Bild des Rates als zweiter Kammer in einer bikameral strukturierten Legislative eines bundesstaatlich organisierten politischen Systems der Europäischen Union.[10] In dieser Perspektive wird der Rat weniger als *Forum* für die Regierungen der Mitgliedstaaten betrachtet, sondern wird selbst als ein europäischer *Akteur* definiert, der – gemeinsam mit dem Europä-

---

5 Vgl. etwa S. Hix 2004, S. 6; ähnlich auch schon W. Wessels 1991 und F. Hayes-Renshaw/ H. Wallace 1997, S. 1: „The Council of the European Union is the most important and probably the most misunderstood of its institutions."
6 Insgesamt tagt der Rat seit Juni 2002 in neun Formationen. In den 1990er Jahren tagte der Rat zwischendurch in insgesamt 22 verschiedenen Ratsformationen.
7 D. McKay 1999, S. 17, ähnlich auch A. Duff et al. 1994. Diese Einschätzung trifft nach D. McKay allerdings nur auf den Rat vor Inkrafttreten des Vertrags von Maastricht zu.
8 F. Fukuyama 2004, S. 169.
9 Vgl. J. Lewis 2000, S. 261.
10 Vgl. etwa die Regierungserklärung von Bundeskanzler Schröder zum Europäischen Rat in Laeken am 14./15. Dezember 2001: „Der Rat schließlich sollte, wo er legislativ tätig ist, zu einer zweiten Kammer werden." In ähnlicher Weise prognostizierte bereits D. McKay 1999, S. 3: „When eleven countries of the European Union officially adopted the Euro on January 1st 1999, few commentators doubted that the EU had embarked on a major step towards the creation of a federal system of government." In eine ähnliche Richtung zielten auch Äußerungen des ehemaligen Kommissionspräsidenten Romano Prodi in der Neuen Zürcher Zeitung vom 30.5.2004. Eine Übersicht über die verschiedenen Leitideen des Rats der Europäischen Union findet sich in H. Wallace 2002.

ischen Parlament – hauptsächlich die Gesetzgebungsfunktion wahrnimmt und auf diese Weise viele Bereiche des Zusammenlebens der Menschen in Europa durch die Setzung allgemein verbindlicher Regeln ordnet.[11] Der Rat wird dann als ein im Werden begriffener oder als „unfertiger Bundesrat" verstanden. Der Fokus des Interesses verschiebt sich in dieser Perspektive von Fragen der Repräsentation der Mitgliedstaaten auf europäischer Ebene zur Frage des inter-institutionellen Verhältnisses dieses Akteurs zu anderen europäischen und nationalstaatlichen Akteuren. Das ist der spezifische Blickwinkel, aus dem insbesondere die neueren Studien im Rahmen des historischen Institutionalismus,[12] aber auch schon der Neofunktionalismus,[13] die Föderalismustheorie, die vergleichende Parlamentarismusforschung und die Bikameralismustheorie den Rat betrachten.[14] Von den Gründern der Europäischen Union und ihrer Vorgängerorganisationen war der Rat zunächst kaum als föderale Parlamentskammer konstituiert worden, sondern vielmehr als intergouvernemental ausgerichtetes Gegengewicht zur Kommission. Die Leitidee des Rats als zweiter legislativer Kammer kann – wenn sie denn überhaupt besteht – also nicht auf die Intentionen der Gründer dieser Institution zurückgeführt werden. Sie muss vielmehr in einem pfadabhängigen Prozess institutioneller Eigendynamik im Laufe der Zeit „hinter dem Rücken" der nationalstaatlichen Regierungen gewachsen sein.[15]

Keine dieser beiden Leitideen ist für sich allein in der Lage, die empirisch vorfindbare Praxis des Rats der Europäischen Union zu erklären. Denn auf der einen Seite unterscheidet sich der Rat durch seinen hohen Institutionalisierungsgrad sowie die große thematische Breite seiner legislativen Tätigkeit deutlich von anderen zwischenstaatlichen Foren. „The Council is thus not a wholly ‚intergovernmental' institution."[16] Auf der anderen Seite unterscheidet er sich von klassischen zweiten Kammern nationaler Legislativen durch seine Einbettung in ein nichtstaatliches Institutionengefüge, seine Exekutivfunktionen und seine besonderen Entscheidungs-

---

11 Vgl. für diese Perspektive insbesondere J. Lewis 1998, 2000, 2003.
12 Vgl. für einen Literaturüberblick J. Lewis 2003, S. 997; sonst K. Thelen 2003; für einen zusammenfassenden Überblick siehe M. Morisse-Schillbach 2004.
13 Etwa bei E. Haas 1958, S. 526, der den Rat als „symbiosis of interministerial and federal procedures" bezeichnet.
14 Zum System der Europäischen Union als bikameralem Institutionenkomplex vgl. etwa G. Tsebelis/J. Money 1997, S. 7 und 203f. sowie D. J. Elazar 1991, S. 50ff. Interessant wird in diesem Zusammenhang auch die Anwendung von typischerweise auf föderale zweite Kammern adaptierten Kategorien des „Senatsprinzips" und des „Bundesratsprinzips". Eine solche Analyse verweist auch auf die strukturellen Ähnlichkeiten zwischen den nur auf den ersten Blick unterschiedlichen Institutionen des Deutschen Bundesrats und des Rates der EU.
15 Zu den Konzepten der selbstverstärkenden Sequenzen und der Pfadabhängigkeit vgl. P. Pierson 2000, K. Thelen 2003 und J. Mahoney 2000; sehr häufig rezipierte ältere Texte sind P. David 1985 und B. Arthur 1989; speziell auf die Evolution der Europäischen Union angewendet wird das Konzept der Pfadabhängigkeit in P. Pierson 1996. Häufig kann beobachtet werden, dass Institutionen, die durch einen expliziten Gründungsakt entstanden sind, eher einer von den Gründern exogen vorgegebenen Leitidee folgen, während Institutionen, die durch implizite Herausbildung entstanden sind, häufig eine endogen gewachsene Leitidee haben.
16 F. Hayes-Renshaw/H. Wallace 1997, S. 278.

findungsmechanismen so stark, dass es wenig sinnvoll scheint, ihn unter diesen Begriff zu subsumieren. Dies gilt in gleicher Weise für die theoretische Reflexion der beiden Leitideen. Deshalb finden sich heute nur noch selten Anhänger eines kompromisslosen Neofunktionalismus oder eines dogmatischen Intergouvernementalismus.[17] Der Ministerrat ist also eine Zwitterinstitution: halb supranationaler Gesetzgeber, halb ein Versammlungsort für nationale Exekutiven; halb selbst europäischer Akteur, halb Tummelplatz für mitgliedstaatliche Akteure, deren Interessen mit jenen der Europäischen Union nicht notwendigerweise deckungsgleich sind. Dasselbe gilt auch für die den Rat konstituierenden Minister: Sie sind sowohl nationale als auch europäische Akteure mit sowohl nationalen als auch europäischen Bindungen, Interessen und Zielen.[18] Der Rat ist also ein „composite […] system that combines the seemingly contradictory elements of both an intergovernmental and supranational construct."[19]

Weil institutionelle Leitideen auch immer einen normativen Kern besitzen, also eine Vision darüber, was die Institution sein soll, ergeben sich auch für den Ministerrat unterschiedliche Vorstellungen darüber, was er sein oder anstreben soll und auf welche ‚Finalität' sich die Europäische Union als Ganzes hinentwickeln sollte. Sollen etwa mehr Kompetenzen auf die Ebene der Union transferiert werden oder möglichst viele Zuständigkeiten, insbesondere Kompetenzen in Kernbereichen staatlicher Souveränität wie Außen-, Sicherheits- oder Verteidigungspolitik, auf der Ebene des klassischen Nationalstaat bleiben? Darüber hinaus lassen sich aus unterschiedlichen Leitideen völlig unterschiedliche manifeste Funktionen ableiten.[20] Aus der Leitidee des Rats als zweiter Kammer ergeben sich so primär legislative Funktionen. Selbst wenn zweite Kammern – wie etwa der deutsche Bundesrat – aus den Spitzen der Exekutiven der Gliedstaaten zusammengesetzt sind, dominieren im Funktionskatalog meist Legislativfunktionen; die Leitidee des Rats als zwischenstaatliches Forum impliziert dagegen in erster Linie exekutive manifeste Funktionen. Ausgehend von der Prämisse des Leitideenbündels des Ministerrats folgt daraus, dass auf der Ebene der Funktionen auch exekutive und legislative Funktionen nebeneinander existieren. In der Tat ist das häufig nachgewiesen worden.[21]

Seltsamerweise aber führte die Ambivalenz seines Leitideenbündels sowie die Vagheit und Ungeklärtheit dessen, was der Rat ist, sein und tun soll, seit über 50 Jahren nicht zu einer prinzipiellen Infragestellung seines Bestands oder zu einer massiven Einschränkung seiner praktischen Funktionsfähigkeit. Ganz im Gegenteil: Der Rat ist nach wie vor eine der mächtigsten und in seinen Geltungsansprüchen am wenigsten angetasteten Institutionen im europäischen Mehrebenenkomplex: „Of all

---

17 Vgl. etwa W. Sandholtz/A. Stone Sweet 1998, S. 3.
18 Vgl. F. Hayes-Renshaw/H. Wallace 1997, S. 278.
19 J. Lewis 2003, S. 996; vgl. auch schon H. Wallace 2002, 326f. und W. Wessels 1991a, S. 137.
20 Vgl. hierzu W. J. Patzelt 2003, S. 62f.
21 Zu einer ausführlichen Analyse der Exekutiv- und Legislativfunktionen des Rats, siehe S. Hix 2004, S. 6f.

the decision-making bodies of the European Union, the Council of Ministers is by far the most important, and is likely to remain so for the foreseeable future."[22]

Es sind solche Kuriositäten, solche untypischen Institutionen, die besonderes Potenzial für die Analyse von Institutionen entfalten. Sie eignen sich in ganz hervorragender Weise für das konkordanzanalytische Vergleichen: Für die Suche nach Ähnlichkeiten bei *prima facie* sehr unterschiedlich anmutenden Gegenständen, und damit für die Generierung von für einen größeren, auch heterogenen Objektbereich gültigen Aussagen. Im Falle des Ministerrats liegt hier nahe, einesteils Vergleiche mit anderen zweiten Kammern in föderalen und nichtföderalen politischen Systemen durchzuführen, anderenteils Vergleiche mit Spitzengremien internationaler Organisationen wie beispielsweise den G8-Gipfeltreffen oder dem UN-Sicherheitsrat vorzunehmen.

Zu erwarten wäre also ein dichter Forschungsstand. Um so erstaunlicher ist daher die sowohl im Vergleich zu anderen Institutionen der Europäischen Union als auch im Vergleich mit Repräsentationskörperschaften im allgemeinen sehr dürftige Literaturlage: „It is an oddity of the intellectual history of West European political integration that the literature on the Council is so sparse."[23] Nur wenige empirisch orientierte Monographien beschäftigen sich gezielt und ausschließlich mit dem Ministerrat.[24] Insgesamt ist auffällig, dass auch in einführenden Texten zum politischen System der Europäischen Union sehr häufig dem Rat weniger Raum eingeräumt wird als beispielsweise dem Europäischen Parlament oder der Europäischen Kommission. Nicht nur der Ministerrat insgesamt ist bisher relativ wenig untersucht worden; auch die Rolle der Akteure innerhalb des Rats ist lange Zeit kaum Gegenstand politikwissenschaftlicher Analysen geworden: „Interestingly, however, the academic community has so far brought little of substance to the discussion of power in the Council and of the relative power of particular member states."[25] In den letzten Jahren zeichnete sich an dieser Stelle allerdings eine Veränderung ab: Vor allem von Mathematikern und Wirtschaftswissenschaftlern wurde eine Vielzahl von Applikationen mathematischer Modelle auf die Stimmverteilung im Ministerrat vorgelegt, die mit Hilfe von Indizes die Macht der Mitgliedstaaten im Rat zu berechnen und zu bewerten versuchen.[26] Dagegen bleiben allgemeine Untersuchungen des Rates oder Analysen

---

22 D. S. Felsenthal/M. Machover 2001, S. iii. Vgl. außerdem W. Wessel 1991; S. Hix 2004, S. 6 sowie auch die Selbstdarstellung des Rats auf der Homepage des Rats der EU: „Der Rat ist das wichtigste Entscheidungsorgan der Europäischen Union".
23 F. Hayes-Renshaw/H. Wallace 1997, S. 3; ähnlich auch H. Wallace 2002, S. 337.
24 F. Hayes-Renshaw/H. Wallace 1997; M. Westlake 1995; Ph. Sherrington 2000. Daneben werden lediglich einzelne Strukturen von Ministerrat oder Europäischem Rat untersucht (für das Generalsekretariat: A. Egger 1994) oder es werden die Institutionen der EU unter einem bestimmten Aspekt analysiert; vgl. etwa J. Lewis 2000.
25 H. Wallace 2002, S. 337.
26 Etwa S. Bilal/M. Hosli 2000; D. Felsenthal/M. Machover 2000; D. Felsenthal/M. Machover 2001; G. Garrett/G. Tsebelis 1999; M. J. Holler/M. Widgren 1999; M. J. Holler/G. Owen 2001; H. Nurmi/T. Meskanen/A. Pajala 2001; Ch. Koboldt/D. Schmidtchen/B. Steunenberg 1999.

der Substrukturen des Ministerrats – etwa des Ausschusses ständiger Vertreter – weiter vergleichsweise selten.[27]

Betrachtet man den Rat der Europäischen Union im zeitlichen Verlauf, dann fällt auf, dass es sich um eine im ständigen Wandel befindliche Institution handelt. Der Rat dient nicht in gleichbleibend statischer Weise seinen beiden Leitideen; vielmehr variieren diese in ihrer orientierenden Bindekraft und ihrem Geltungsanspruch deutlich. Nachdem beispielsweise der französische Präsident Charles de Gaulle im Jahre 1965 mit seiner „Politik des leeren Stuhls" den Entscheidungsfindungsprozess im Rat blockierte und im weiteren Verlauf das euphemistisch als „Luxemburger Kompromiss" bezeichnete Einstimmigkeitsprinzip wieder annähernd uneingeschränkte Gültigkeit erlangte, dominierte für 20 Jahre erneut die Leitidee des Ministerrats als Forum nationaler Regierungen ohne echt supranationale Züge, während insbesondere in der Gründungsphase des Rats der Europäischen Gemeinschaft für Kohle und Stahl (EGKS) auch supranationale und föderale Ideen den Institutionalisierungsprozess prägten. Weder der europäische Integrationsprozess als ganzes noch die Evolution des Ministerrats lassen sich also einfach als stetiges Zusammenwachsen der Union oder als kontinuierlicher Übergang vom Prinzip des Intergouvernementalismus zu jenem des Supranationalismus interpretieren. Es kommt vielmehr darauf an, das Oszillieren der Institution Ministerrat zwischen seinen beiden miteinander im Spannungsverhältnis stehenden Leitideen zu untersuchen. Es ist gerade das besondere Charakteristikum der Europäischen Union, nämlich „die Verbindung und wechselseitige Durchdringung zweier widerstreitender Systemprinzipien, nämlich Intergouvernementalismus und Supranationalismus [...], beziehungsweise Staatswerdung und Regimebildung",[28] welches sich im Rat am allerdeutlichsten widerspiegelt.[29]

Das Problem der Leitideenambivalenz führt direkt zu Problemen der Machtverteilung und der Machtmodellierung,[30] denn die Frage der Macht stellt sich in beiden Perspektiven völlig unterschiedlich.[31] Wird der Rat hauptsächlich als Forum zur Aushandlung nationaler Interessen interpretiert, dann rückt die Frage nach der Macht der nationalstaatlichen Akteure *innerhalb* des Rats ins Zentrum der Aufmerksamkeit. In diesem Zusammenhang werden dann Machtindizes berechnet, Stimmgewichte bewertet und Diskussionen um qualifizierte Mehrheiten, Einstimmigkeitsprinzip, Koalitionskonstellationen, Blockademinderheiten und das doppelte Mehrheitsprinzip geführt. Die mitgliedstaatlichen Akteure im Rat sind hier in ein konfliktreiches Gefüge von Willensbeziehungen eingebunden. In der von Gerhard Göh-

---

27 Ausnahmen hiervon sind u.a. J. Lewis 2000; R. Bieber/M. Palmer 1975; J. W. DeZwaan 1995; E. Noel 1967; H. Wallace 2002.
28 I. Tömmel 2003, S. 284.
29 Damit ähnelt die Herangehensweise in diesem Beitrag der im Kapitel über den Französischen Senat, welcher ebenfalls von großer Widersprüchlichkeit in seinem Leitideenkomplex gekennzeichnet ist.
30 Vgl. F. Hayes-Renshaw/H. Wallace 1997, S. 277.
31 An dieser Stelle wird auf eine Darlegung des Machtbegriffs verzichtet, sie findet sich im Einleitungskapitel dieses Bandes.

ler eingeführten Terminologie der Machtbegriffe geht es also um *transitive Macht* innerhalb des Rates, um die Frage, wie Regierungen ihre Interessen im Rat gegen andere Regierungen durchzusetzen versuchen. Damit wird der Ministerrat zum strategischen Handlungsraum für nationale Regierungen.[32]

Völlig anders stellt sich die Frage der Macht, wenn die Leitidee des Rats als zweiter Kammer eines europäischen Gesetzgebers dominiert. Es geht dann weniger um Macht *im* Rat als vielmehr um die Macht dieses Akteurs gegenüber anderen europäischen oder mitgliedstaatlichen Akteuren: also um die Macht *des* Rates. Der strategische Handlungsraum verschiebt sich dann vom Binnen- ins Außenverhältnis, vom Rat selbst auf die Ebene des gesamten europäischen Institutionengeflechts. Wird der Ministerrat als Pol im europäischen Institutionengefüge verstanden, dann geht es also nicht mehr um die relative Machtverteilung etwa zwischen Deutschland und Frankreich im Ministerrat; vielmehr ist die relative transitive Macht des Rats insbesondere gegenüber der Europäischen Kommission als hauptsächlicher Konkurrentin des Rats auf dem Gebiet der Exekutive von Belang, desgleichen die relative Macht gegenüber dem Europäischen Parlament als inzwischen nahezu gleichberechtigtem Gesetzgeber und den Institutionen der Mitgliedstaaten, also insbesondere den nationalen Parlamenten.[33] Ursprung der Macht dieses Akteurs ist allerdings nach wie vor die Macht seiner Mitglieder: Ähnlich wie der deutsche Bundesrat ist der Rat der EU vor allem deshalb mächtig, weil seine Bestandteile mächtig sind. Er ist gewissermaßen ein Sammelplatz der politischen Klasse in Europa.[34] Zwar impliziert das Leitbild „Zweite (föderale) Kammer" nicht notwendigerweise eine konsensorientierte Herstellung von Entscheidungen innerhalb der Institution. Auch in zweiten Kammern wird gestritten, auch hier sind transitive Machtverhältnisse zwischen den Repräsentanten wichtig. Versteht sich aber der Rat als Akteur und nicht als Forum für Akteure, dann dominiert dennoch im Binnenverhältnis eine Vorstellung von Gemeinsamkeit. Der Rat wird dann im Binnenverhältnis primär zu einem gemeinsamen Handlungsraum.

Die beiden Leitideen des Rats implizieren also in der Untersuchung der Machtverhältnisse im und um den Rat je eine ganz unterschiedliche Analyseeinheit. Wird der Rat primär als intergouvernementales Forum interpretiert, dann muss die Analyse auf der Ebene der mitgliedstaatlichen Akteure in eben jenem Forum ansetzen; un-

---

32 Für eine ausführlicher Besprechung der Konzepte der transitiven und der intransitiven Macht, sowie des strategischen und des gemeinsamen Handlungsraums, siehe das Einleitungskapitel dieses Bandes sowie G. Göhler 1997.

33 Machtverhältnisse sowohl im Rat als auch zwischen den Institutionen der Europäischen Union sind stark vom jeweiligen Politikfeld abhängig, einerseits, weil je nach Politikfeld primärrechtlich andere Gesetzgebungsverfahren und Mehrheitserfordernisse vorgegeben sind, andererseits auch, weil der Bedarf an Expertenwissen, und damit beispielsweise der potentielle Informationsvorschuss der Kommission, je nach Politikfeld variiert.

34 Dies gilt natürlich in ganz besonderer Weise für den Europäischen Rat oder auch den Rat der Europäischen Union in der Zusammensetzung der Staats- und Regierungschefs.

ter der Perspektive des Rats als „unfertigem Bundesrat", als zweite legislative Kammer, ist hingegen der Rat als Gesamtinstitution die Analyseeinheit.[35]

Auf der Ebene der Funktionen stellt sich die Frage nach der Macht in unterschiedlicher Weise abhängig davon, ob stärker die Exekutivfunktionen oder die gesetzgeberische Tätigkeit des Rates betrachtet wird. So gelangen in den transitiven Machtbeziehungen zwischen Rat und anderen europäischen Institutionen je nach Leitideendominanz auch unterschiedliche Akteure ins Zentrum der Aufmerksamkeit: Der Rat als Gesetzgeber interagiert – insbesondere in Fällen des Mitentscheidungsverfahrens – sowohl mit der Kommission als auch mit dem Europäischen Parlament. Dagegen erfordern die Exekutivfunktionen des Rats eine enge Zusammenarbeit mit der Kommission, aber kaum ein dichtes Interaktionsgeflecht mit dem Europäischen Parlament. Die Machtdimension kommt dabei einerseits als Principal-Agent-Problem zwischen Rat und Kommission, andererseits als Problem der Gesetzgebung in einem bikameralen System mit dem zusätzlichen Element des Initiativmonopols der Europäischen Kommission ins Spiel.[36] Im Folgenden sollen die beiden Leitideen des Rats der Europäischen Union sowie ihre jeweiligen Implikationen für die Frage der Macht untersucht werden. Es geht also zunächst um Macht *im* Rat und anschließend um die Macht *des* Rats.

2. Macht im Rat – Der Rat der EU als Forum nationaler Regierungen

Am Abend des 13. Dezember 2003 scheiterte nach einer spektakulären Marathonsitzung der Staats- und Regierungschefs der damals noch 15 Mitgliedstaaten der Europäischen Union in Brüssel die Verabschiedung der vom Europäischen Konvent ausgearbeiteten „Verfassung für Europa" am Veto der Vertreter Spaniens und Polens. Polen und Spanien argumentierten, wegen des im Verfassungsentwurf vorgesehenen Prinzips der doppelten Mehrheit müssten beide Länder einen derartigen Machtverlust hinnehmen, dass die bewährte Balance zwischen großen, mittleren und kleinen

---

35 In ähnlicher Weise kann ganz allgemein für Vertretungskörperschaften eine doppelte Leitidee konstatiert werden. Jede Vertretungskörperschaft kann nämlich einerseits als strategischer Handlungsraum begriffen werden, in welchem die Repräsentanten ihre verschiedenen Interessen aushandeln. Andererseits ist jede Vertretungskörperschaft auch ein Pol im übergeordneten politischen System. Dann ist eben dieses der strategische Handlungsraum, in welchem transitive Machtbeziehungen zwischen den einzelnen Institutionen, etwa der Regierung und dem Parlament oder zwei parlamentarischen Kammern, ausgetragen werden.
36 Eine andere mögliche Gliederung der sich zum Themenkomplex Macht und Ministerrat ergebenden Fragen wäre deren Zuordnung zu den verschiedenen Ebenen machtvollen politischen Handelns: Auf der Mikroebene ist die Frage nach der transitiven Machtverteilung im Rat angesiedelt; eher eine Betrachtung auf der Mesoebene ist hingegen die Frage nach der relativen transitiven Macht des Ministerrats gegenüber anderen Akteuren in der EU, also nach der Machtverteilung im politischen System der EU und eine Makroebenenbetrachtung entstünde schließlich bei der Frage nach der Machtverteilung zwischen Europäischer Union einerseits und den souveränen Nationalstaaten andererseits.

Staaten zerstört würde. Grundlage dieser Position war die Einschätzung, ein Mitgliedstaat habe im Rat genauso viel Macht wie Stimmanteile.[37] Bereits in früheren Diskussionen zur Modifikation der Verteilung der Stimmgewichte war die Gleichung „*Macht im Rat = Stimmanteil im Rat*" sowohl von den beteiligten Ratsmitgliedern als auch von Journalisten häufig zum Ausdruck gebracht worden. So galt bereits im Jahr 2000 die Reform der Stimmgewichtung im Rat als schwierigster Punkt der Regierungskonferenz von Nizza.[38] Dies wird verständlich, wenn berücksichtigt wird, dass es sich bei jeder Veränderung des Status quo des Abstimmungssystems im Rat um ein Nullsummenspiel handelt: Eine Reform der Stimmgewichte bedeutete während der Vorbereitung der Regierungskonferenz in Nizza immer und notwendigerweise einen relativen Machtverlust für den einen und einen relativen Machtgewinn für den anderen Mitgliedstaat. Hinzu kommt die Symboldimension, die insbesondere bei konfliktgeladenen Beziehungen zwischen Mitgliedstaaten oder einem hohen Symbolwert bestimmter bilateraler Konstellationen eine Rolle spielt.[39] Das komplexe System der Stimmgewichte sollte im Verfassungsvertrag durch das einfachere Prinzip der doppelten Mehrheit abgelöst werden, nach welchem ein Entschluss im Rat angenommen ist, wenn er von einer Mehrheit der Staaten angenommen ist und diese Staaten gleichzeitig eine Mehrheit der Gesamtbevölkerung der Europäischen Union repräsentieren (vgl. Art. 24 Verfassung für Europa).[40]

Ein weiterer Aspekt ist, dass die Gewichtung der Stimmen im Rat die tatsächliche Bevölkerungsgröße nur zum Teil reflektiert. Die Stimmgewichte sind zu einem großen Teil auch Symbol des Status und des Geltungsanspruchs eines Mitgliedstaates

---

37 Sogar in der wissenschaftlichen Auseinandersetzung mit dem Rat der Europäischen Union wird diese Gleichsetzung – zumindest implizit – häufig gemacht, vgl. etwa M. Westlake 1995, S. 97, der unter der Überschrift „The relative strength of Member States' weighting" die prozentualen Anteile der Stimmen an der Gesamtstimmzahl auflistet.
38 Vgl. etwa CONFER 4781/00 Presidency Note on weighting of votes in the Council, 5. Oktober 2000.
39 Ein Beispiel ist die lange Weigerung Belgiens, eine Stimmgewichtung zu akzeptieren, die Belgien weniger Stimmen zuwies als den Niederlanden, obwohl Belgien lediglich über ca. 60% der Bevölkerung der Niederlande verfügt. Ähnlich gelagert ist der Fall Frankreichs im Verhältnis zu Deutschland. Lediglich der traditionellen und symbolgeladenen Gleichbehandlung Deutschlands und Frankreichs in den Institutionen der Europäischen Union und ihrer Vorläufer ist zuzuschreiben, dass nach Nizza zwar die Niederlande mit einem Einwohnerübergewicht von knapp 6 Mio. gegenüber Belgien über eine Stimme mehr verfügen (13 gegenüber 12), Deutschland und Frankreich aber trotz einer Einwohnerdifferenz von über 23 Mio. über gleich viele Stimmen (je 29). Während der Regierungskonferenz 2000 war Frankreich z.T. völlig isoliert mit seiner Position, die Stimmenparität zwischen Deutschland und Frankreich dürfe auf keinen Fall aufgegeben werden. Vgl. El País, 5. Dezember 2000, S. 1.
40 Die ursprüngliche – und schon auf der Regierungskonferenz in Nizza 2000 diskutierte – Fassung des Prinzips der doppelten Mehrheit sah eine einfache Mehrheit der Staaten und eine einfache Mehrheit der Bevölkerungen der Mitgliedstaaten der Europäischen Union vor. In der durch die Staats- und Regierungschefs am 18. Juni 2004 in Brüssel verabschiedeten Fassung der Europäischen Verfassung gilt die qualifizierte Mehrheit künftig als erreicht, wenn ein Beschluss von 55% der Mitgliedstaaten (mindestens aber 15) unterstützt wird und diese Mehrheit gleichzeitig mindestens 65% der Bevölkerung der Union repräsentiert.

im Verbund der EU und Spiegelbild eines komplizierten Geflechts bilateraler Gleichgewichte. Bezieht man dann die Dimension der Legitimität mit ein, so wird häufig postuliert, die Machtverteilung im Ministerrat habe sich ausschließlich an der tatsächlichen Bevölkerungsstärke der Mitgliedstaaten zu orientieren. Deutlich wurde diese Position etwa von der deutschen Delegation bei der Regierungskonferenz in Nizza zum Ausdruck gebracht: „Der Maßstab ist nicht, ob sie [Frankreich] Atommacht sind, der Maßstab ist die Bevölkerungszahl."[41] Mit der Gleichung *Macht = Stimmgewicht* wird daraus abgeleitet: Legitim wäre eine Stimmverteilung im Rat, die proportional zur Bevölkerungsstärke der Mitgliedstaaten ist. Dieses Kriterium galt sowohl während der Regierungskonferenz von 2000 als auch im Verfassungskonvent als maßgeblicher Indikator für Fairness und Legitimität.[42]

Allerdings kann bereits mit einfachen Rechenbeispielen gezeigt werden, dass die Gleichsetzung von Macht und Stimmgewicht falsch ist. Es gelte beispielsweise in einem Abstimmungsgremium mit den zwei Akteuren A und B sowie insgesamt 100 Stimmen eine Entscheidung mit 51 von 100 Stimmen als angenommen. Akteur A verfüge über 60 Stimmen, Akteur B über 40 Stimmen. In einer solchen Situation determiniert das Stimmverhalten von A vollständig den Output des Abstimmungsgremiums. Das Stimmverhalten von B ist dagegen irrelevant. B hat – um in der klassischen weberschen Terminologie zu bleiben – keinerlei Chance, den eigenen Willen auch gegen Widerstreben durchzusetzen, also keine Macht, obwohl B über 40% der Stimmen verfügt. A dagegen besitzt innerhalb dieses Settings alle Macht, obwohl A lediglich über 60% der Stimmen verfügt. Also ist offensichtlich, dass relativer Stimmanteil und relative Machtposition zwar *irgendwie* zusammenhängen, aber nicht identisch sein können. Diese Überlegung ist keineswegs rein technischer Natur. Denn einerseits wurde bei jeder Vertragsreform der Wunsch nach einer Orientierung der Stimmgewichte an den Bevölkerungsgrößen der Mitgliedstaaten mit der latent zugrundeliegenden Gleichsetzung von Macht und Stimmgewicht begründet, und andererseits spielte die Stimmgewichtung, bzw. die Einführung des einfacheren Prinzips der doppelten Mehrheit bei Ratsabstimmungen, sowohl in Maastricht, Asterdam und Nizza als auch im Verfassungskonvent eine zentrale Rolle. Es geht also bei der Stimmgewichtung im Rat sowohl um Macht als auch um Legitimität sowie um Transparenz. Es ist daher wichtig, das vage „irgendwie" des Zusammenhangs zwischen Stimmgewicht und Macht zu präzisieren. Genau das ist die Intention der mathematischen Modelle der *Machtindizes*, die sich immer dann anwenden lassen, wenn in einem Abstimmungsgremium das Stimmgewicht der Akteure quantifizierbar ist. Machtindizes messen die Fähigkeit eines Mitgliedstaates im Ministerrat, Einfluss auf Entscheidungen auszuüben. Dies ist insofern plausibel, als politische Macht tatsächlich derjenige besitzt, der durch sein Abstimmungsverhalten den Ausschlag für oder gegen eine konkrete Entscheidung geben kann. Ein Machtindex von 1 bedeutet dann: Dieser Akteur determiniert die Entscheidung allein; kein ande-

---

41 So ein deutsches Delegationsmitglied, zit. n. Süddeutsche Zeitung, 2. Dezember 2000, S. 1.
42 Vgl. CONFER 4728/00 Presidency Note on weighting of votes in the Council, 24. März 2000.

rer Akteur hat Einfluss auf die konkrete Entscheidung. Verfügt hingegen ein Akteur in einem Abstimmungsgremium über einen Machtindex von 0, so bedeutet dies, dass er effektiv keinerlei Möglichkeit hat, durch seine Stimmabgabe das Abstimmungsergebnis zu beeinflussen. Im obigen Beispiel kann also A der Wert 1, B der Wert 0 zugewiesen werden. Tatsächlich kam eine solche „Null-Konstellation" im Rat der Europäischen Union auch vor. Vom Inkrafttreten der Verträge von Rom 1958 bis zum Beitritt Großbritanniens, Irlands und Dänemarks im Jahr 1974 verfügte Luxemburg im Rat über ein Stimme. Bei einer absoluten Stimmanzahl von 17 und einer qualifizierten Mehrheit bei 12 abgegebenen gültigen JA-Stimmen ist nun aber keine Konstellation möglich, in der Luxemburg mit seiner Stimme den Ausschlag hätte geben können.[43] Daraus folgt, dass das Ergebnis einer Abstimmung mit qualifizierter Mehrheit im Ministerrat vom Stimmverhalten Luxemburgs vollständig unabhängig war. Luxemburg besaß von 1958 bis 1974 zwar knapp 6% der Stimmen, aber 0% der formalen Macht im Rat.

Als Beitrag zur Systematisierung und rationaleren Behandlung der Thematik der Stimmgewichtung im Ministerrat formulierten im Juni 2004 Wissenschaftler aus sechs europäischen Ländern einen offenen Brief an die Regierungen der Mitgliedstaaten der Europäischen Union, in dem sie ein auf den wissenschaftlichen Kriterien der Repräsentativität und Fairness begründetes Abstimmungssystem für den Ministerrat forderten.[44] Die Mathematiker empfahlen, dass jedes Mitgliedsland im Ministerrat genau den Stimmanteil zugewiesen bekommen sollte, der garantiert, dass jeder Bürger vermittelt durch die Wahl nationaler Parlamente eine gleich große Chance zur Einflussnahme auf die Ratsentscheidungen habe. Grundlage der wissenschaftlichen Auseinandersetzung mit der formalen Machtverteilung im Rat sind die oben angesprochenen Machtindizes, die im folgenden kurz eingeführt werden sollen.

Die Grundidee des Nestors der Machtindex-Forschung, Lionel Penrose, war die folgende: Je mächtiger ein Akteur in einem Entscheidungsgremium ist, umso häufiger wird er zu den Gewinnern konkreter Entscheidungen gehören.[45] Ein Maß dafür ist das Verhältnis zwischen der Anzahl aller Entscheidungsmöglichkeiten, bei denen ein Akteur im siegreichen Lager ist, und der Summe aller Entscheidungsmöglichkeiten. So berechnet sich der sogenannte Penrose-Machtindex ψ.[46] Addiert man nun die berechneten Penrose-Machtindizes aller Akteure in einem Abstimmungsgremium, dann erhält man im Regelfall eine Summe $\neq 1$. Der Penrose-Machtindex misst also

---

43 Bei folgender Verteilung der restlichen 16 Stimmen: D, F, I: je 4 Stimmen; B, NL: je 2 Stimmen.
44 Siehe http://www.wahlrecht.de/news/2004/12-openletter.pdf (Zugriff 11.7.2005).
45 Vgl. insbesondere L. Penrose 1946, S. 1952.
46 Da so allerdings auch sogenannte „Dummies", also Akteure, die etwa aufgrund der Tatsache, dass sie über keinerlei Stimmen verfügen, keinen maßgeblichen Einfluss auf das Abstimmungsergebnis ausüben können, dennoch einen Machtindex > 0 zugewiesen bekommen würden, wird der Penrose-Machtindex ψ tatsächlich folgendermaßen berechnet: $\psi a = 2ra - 1$, wobei ra das Verhältnis zwischen den Gewinnkoalitionen des Akteurs a an Gesamtkoalitionen ist.

lediglich die „formale Bruttomacht", die „Absolutmacht" eines Akteurs; „formal" deshalb, weil informelle, positionelle und personelle Aspekte nicht einbezogen werden können und „brutto", weil der Machtindex eines einzelnen Akteurs bei einer variierenden Gesamtsumme aller Machtindizes nichts über die relative „Netto"-Macht gegenüber den anderen Akteuren im Abstimmungsgremium aussagt.[47] Vorteil des Penrose-Machtindex ist allerdings, dass er Vergleichbarkeit im Zeitverlauf ermöglicht.

Die relative Machtverteilung der Mitgliedstaaten im Rat wird dagegen durch den Banzhaf-Machtindex β angezeigt,[48] der wie folgt berechnet wird: $\beta_a = \psi_a/[\sum_{i \in N} \psi]$.[49] Der Banzhaf-Machtindex β kann also dadurch gewonnen werden, dass der Penrose-Machtindex eines Akteurs durch die Summe aller Penrose-Machtindizes in einem Abstimmungsgremium geteilt wird. Damit wird erreicht, dass die Summe aller Banzhaf-Machtindizes in einem Abstimmungsgremium gleich 1 ist, β also die relative Macht eines Akteurs misst. Das so generierte β kann allerdings auch auf eine andere Weise gewonnen werden. Es sei N die Menge der Akteure in einem Abstimmungsgremium. Dann ist für einen beliebigen Akteur a $\in$ N ein „Swing" die Menge aller Konstellationen, in welchen a Teil einer siegreichen Koalition ist, die jedoch ohne a keine siegreiche Koalition wäre. Eine Koalition wird dabei genau dann als siegreich bezeichnet, wenn sie in der Lage ist, die jeweils vorgegebene Mehrheit für eine Entscheidung aufzubringen. Es kann nun für jeden Akteur die Summe aller Swings berechnet werden. Im Anschluss daran ergibt sich der Banzhaf-Machtindex β von Akteur a als Quotient der Swings von a und der Summe aller Swings in dem Abstimmungsgremium.[50]

Mit Hilfe von Banzhaf- und Penrose-Machtindex lassen sich nun einige Anomalien in der Stimmverteilung im Ministerrat identifizieren, die ansonsten nur schwer ausgemacht werden könnten.[51] Zunächst ist dies die bereits erwähnte Tatsache, dass zwischen 1958 und 1973 das Stimmverhalten Luxemburgs bei Abstimmungen nach qualifizierter Mehrheit grundsätzlich irrelevant war. Ähnlich eigenartig wirkt nach einer Analyse mit Hilfe der Machtindizes auch der Entschluss der Staats- und Regierungschefs aus dem Jahr 1981, Luxemburg weniger Stimmen zuzugestehen (nämlich 2) als den über zehnmal größeren Staaten Irland und Dänemark (je 3). Der β-Wert aller drei Staaten beläuft sich nämlich auf 0,041; d.h. die unterschiedlichen Stimmgewichte führen durchaus nicht zu unterschiedlichen Machtanteilen. Eine weitere Anomalie lässt sich durch einen Vergleich des ψ-Werts von Luxemburg vor

---

47 Zu den Begriffen der Brutto- und Netto-, bzw. Gegenmacht siehe das Einleitungskapitel dieses Bandes sowie K. W. Deutsch 1969, S. 172.
48 J. Banzhaf 1965; 1966.
49 Dabei ist a ein beliebiger Akteur im Abstimmungsgremium und N die Menge aller Akteure im Abstimmungsgremium.
50 Der mathematische Nachweis für die Äquivalenz von β und der Wahrscheinlichkeit, eine kritische oder entscheidende Rolle in einer Abstimmung zu spielen, wird von D. Felsenthal/ M. Machover 1995 geliefert.
51 Für eine detaillierte Analyse dieser und anderer Anomalien, vgl. D. Felsenthal/M. Machover 2004, S. 4ff.

der Beitrittsrunde 1995 und danach demonstrieren: Obwohl der Beitritt von Neumitgliedern eigentlich eine Senkung der Machtanteile der alten Mitgliedstaaten erwarten ließe, erhöhte sich der ψ-Wert von Luxemburg von 0,0195 vor der Erweiterung auf 0,0229 im Jahr 1995. Es sind solche Beobachtungen, welche die Forderungen der Wissenschaftler nach einer rationalen Begründung der Stimmgewichte im Ministerrat und nach einer Klärung der Kriterien, mit welchen ein bestimmtes System von Stimmgewichtungen im Ministerrat evaluiert werden kann, nachvollziehbar erscheinen lassen.

Welche Kriterien könnten das aber sein? Ausgehend von der Leitidee des Rats als Forum für mitgliedstaatliche Regierungsvertreter liegt zunächst nahe, jedem Regierungsvertreter – wie in internationalen Organisationen üblich – mit genau einer Stimme auszustatten (*„one state one vote"*).[52] Legt man jedoch der Evaluation der Stimmverteilung die Leitidee des Rats als zweiter legislativer Kammer zugrunde, dann spricht vieles dafür, das Prinzip „one man one vote" als Kriterium heranzuziehen. Wenn also der Ministerrat primär ein Vertreter der Interessen der mitgliedstaatlichen Bevölkerungen und nicht nur von deren Regierungen ist, dann wäre eine Stimmgewichtung ideal, die zu einer Kongruenz zwischen Machtverteilung und Bevölkerungsverteilung führen würde. Jeder Mitgliedstaat sollte also über genau den Machtanteil im Rat verfügen, welchen auch seine Bevölkerung an der Gesamtbevölkerung der Union hat. Ein Stimmgewichtungssystem, das diese Kriterien erfüllt, ist über das sogenannte „Penrose Quadratwurzelgesetz" leicht zu berechnen.[53] Interessant ist dabei, dass nicht der Anteil der Stimmen an der Gesamtstimmzahl die Bevölkerungsanteile widerspiegeln muss, sondern der Anteil der über Machtindizes berechneten formalen Macht (Tabelle 1).

Selbstverständlich ist keiner der formalen mathematisch modellierten Machtindizes in der Lage, „weiche" Faktoren der Macht zu erfassen. Einesteils werden die jeweiligen inhaltlichen Positionen der Akteure in einem Politikfeld nicht berücksichtigt. Von diesen hängen jedoch die Chancen von Akteuren auf Umsetzung ihrer Interessen maßgeblich ab, da eine Mittelposition mit größerer Wahrscheinlichkeit auf der Gewinnerseite einer konkreten Abstimmung ist als eine Extremposition. Andernteils sind Faktoren wie die rhetorischen Fähigkeiten einer Verhandlungsdelegation,[54] wie fest institutionalisierte Koalitionen mit wechselseitigen Verpflichtungen (etwa zwischen Deutschland und Frankreich) oder wie die Geduld und das Durchhalte-

---

[52] Dabei wäre dann der Rat allein Repräsentant der mitgliedstaatlichen Regierungen; als Repräsentant der Bevölkerung der Union fungierte dann das Europäische Parlament. Aus dieser Sichtweise ergäbe sich dann die Forderung nach vollständiger Übereinstimmung der Bevölkerungsanteile und der Sitzanteile im Europäischen Parlament.

[53] Vgl. für eine mathematische Herleitung des Quadratwurzelgesetzes von Penrose: http://www.ruhr-uni-bochum.de/mathphys/politik/eu/penrose.pdf (Zugriff 21.12.04). Diesen Vorschlag brachte die schwedische Regierung schon während den Verhandlungen der Regierungskonferenz 2000 in Nizza ein.

[54] „Macht der lauten Stimme", vgl. F. Hayes-Renshaw/H. Wallace 1997, S. 144ff.

vermögen einzelner Ratsmitglieder in langen Nachtsitzungen nicht valide numerisch abbildbar.

Tabelle 1: Bevölkerungsgröße, Stimmgewichte und β-Machtindizes nach dem Vertrag von Nizza und gemäß dem Quadratwurzelgesetz

	Bev. in Mio.	Stimmgew. Vertrag von Nizza (1)	Machtindex Vertrag von Nizza (2)	Ideale Machtverteilung nach Quadratwurzelgesetz (3)	Ideales Stimmgewicht nach Quadratwurzelgesetz
Deutschland	82,54	29	8,56	10,35	33
Frankreich	59,63	29	8,56	8,82	28
Großbritannien	59,09	29	8,56	8,78	28
Italien	57,07	29	8,56	8,63	28
Spanien	40,68	27	8,12	7,28	23
Polen	38,21	27	8,12	7,06	23
Niederlande	16,19	13	4,23	4,59	15
Griechenland	11,02	12	3,91	3,79	12
Portugal	10,41	12	3,91	3,68	12
Belgien	10,36	12	3,91	3,67	12
Tschech. Rep.	10,20	12	3,91	3,64	12
Ungarn	10,15	12	3,91	3,63	12
Schweden	8,94	10	3,27	3,41	11
Österreich	8,06	10	3,27	3,24	10
Dänemark	5,38	7	2,31	2,65	9
Slowakei	5,38	7	2,31	2,65	9
Finnland	5,21	7	2,31	2,60	8
Irland	3,96	7	2,31	2,27	7
Litauen	3,46	7	2,31	2,12	7
Lettland	2,33	4	1,33	1,74	6
Slowenien	2,00	4	1,33	1,61	5
Estland	1,36	4	1,33	1,33	4
Zypern	0,80	4	1,33	1,02	3
Luxemburg	0,45	4	1,33	0,76	2
Malta	0,40	3	0,99	0,72	2

(1) Gemäß Artikel 3 des Protokolls über die Erweiterung der EU; Vertrag von Nizza.
(2) Zur besseren Lesbarkeit wurden die Machtindizes mit 100 multipliziert.
(3) Jedes Vielfache dieser Machtindizes wäre eine gemäß dem Quadratwurzelgesetz „faire" Stimmverteilung im Rat. Damit wäre garantiert, dass jeder Bürger in jedem Mitgliedstaat formal den gleichen Einfluss auf Entscheidungen des Rats hätte. Bei gleichbleibender absoluter Gesamtzahl der Stimmen ergäbe sich die „faire" Stimmverteilung in der folgenden Spalte.

Die Intensität der Durchsetzung transitiver Machtbeziehungen zwischen den EU-Mitgliedstaaten im strategischen Handlungsraum des Ministerrats wird zudem gebremst durch eine stark institutionalisierte Reziprozität: Akteure im Rat erwarten für kooperatives Abstimmungsverhalten und für die Vermeidung von sanktionsanwendenden Machtformen, dass die anderen Ratsakteure auch ihnen entgegenkommen, sollten sie selbst einmal eine Verhandlungsposition aus einem selbstdefinierten wichtigen nationalen Interesse heraus nicht aufgeben wollen („unspezifische Reziprozität"). Und selbst wenn es zu einem Abstimmungsergebnis kommt, das einen oder mehrere oppositionelle Akteure isoliert lässt, bemühen sich die Minister häufig um Hilfestellungen, die den Verlierern die „Wahrung des Gesichts" ermöglichen. Deshalb ist der strategische Handlungsraum innerhalb des Rates nahezu sanktionsfrei. Tatsächliche Sanktionsanwendung, etwa in Form von Blockadehaltungen, sind für den Ministerrat untypisch (eine bekannte Ausnahme ist allerdings die sogenannte „Politik des leeren Stuhls" Charles de Gaulles). Auch die besonderen Möglichkeiten, die einem Mitgliedstaat im Rat aus der Präsidentschaft erwachsen, spielen zwar bei der Analyse der Gemeinschaftsmethode eine zentrale Rolle,[55] können aber von Machtindizes nicht formal modelliert werden, ohne die Berechnung der Indizes unhandhabbar zu machen.

3. Macht des Rats – Der Rat der EU als zweite legislative Kammer

Völlig andere Fragestellungen rücken ins Zentrum der Analyse, wenn man – der zweiten Leitidee des Ministerrats folgend – diesen als *Akteur* im strategischen Handlungsraum des europäischen Institutionengefüges versteht, und zwar insbesondere als „the Community's real legislator".[56] Es ist dann insbesondere die Frage interessant, wie viel Macht der Rat gegenüber der Europäischen Kommission, gegenüber dem Europäischen Parlament und gegenüber den jeweiligen mitgliedstaatlichen Institutionen, etwa den nationalen Parlamenten, besitzt. Bei solchen Analysen tritt der Rat – anders als in der Perspektive des Rats als Forum – als Einheit ins Blickfeld. Es ist in dieser Vorgehensweise auch sehr leicht verständlich, warum im Rat nach wie vor selbst in jenen Bereichen versucht wird, zu einem Konsens zu kommen, in welchen rein formal eine qualifizierte Mehrheit bereits ausreichen würde.[57]

In diesem Zusammenhang stellt sich zunächst die Frage nach der richtigen Klassifizierung des Rats im Gefüge der europäischen Institutionen. Wie berechtigt ist überhaupt eine Klassifikation des Ministerrats als „zweite Kammer" einer bikameral strukturierten europäischen Legislative, ähnlich den in föderalen Systemen vor-

---

55 Vgl. J. Lewis 2000.
56 D. Dinan 1994, S. 246.
57 An dieser Stelle wird deutlich, dass der Rat auch als gemeinsamer Handlungsraum funktioniert: Es gibt eine große Akzeptanz konsensorientierter und wertebasierter Entscheidungsfindungsmechanismen im Rat, selbst wenn von den Verträgen Entscheidungen mit qualifizierter Mehrheit vorgesehen sind. Die strategischen Handlungsräume sind so in einen übergeordneten gemeinsamen Handlungsraum eingebettet, der auch auf eine lange Tradition zurückblicken kann (vgl. „Méthode Monnet"). Hierfür ist die praktische Funktionsweise des Rates ein geradezu ideales Beispiel.

kommenden Bundesräten?[58] Hier hilft ein kurzer Vergleich zwischen dem Rat der Europäischen Union und dem Deutschen Bundesrat weiter. Sowohl beim Ministerrat als auch beim Bundesrat handelt es sich (zumindest teilweise) um legislative Gremien, deren Mitglieder von den Exekutiven der Mitgliedstaaten entsandt werden. Art. 51 (1) GG regelt, dass „der Bundesrat [...] aus Mitgliedern der Regierungen der Länder, die sie bestellen und abberufen [besteht]. Sie können durch andere Mitglieder ihrer Regierungen vertreten werden." Art. 203 EGV ordnet an: „Der Rat besteht aus je einem Vertreter jedes Mitgliedstaats auf Ministerebene, der befugt ist, für die Regierung des Mitgliedstaats verbindlich zu handeln." Die Tatsache, dass im Rat nur ein Repräsentant pro Mitgliedstaat vertreten ist, während im Bundesrat jedes Land so viele Mitglieder entsenden kann, wie es Stimmen hat (vgl. Art. 51 [3] Satz 1 GG), ist lediglich ein formaler Unterschied, da die Stimmen eines Landes auch im Bundesrat nur einheitlich abgegeben werden können (vgl. Art. 51 [3] Satz 2 GG). Bei beiden Organen orientiert sich die Stimmverteilung grob an der Bevölkerungsstärke der Mitgliedstaaten.[59] Im Bereich der eher informellen institutionellen Mechanismen werden aber auch wichtige Unterschiede zwischen den beiden Institutionen deutlich. So ist insbesondere die für den Deutschen Bundesrat typische parteipolitische Überwölbung der meisten Prozesse beim Rat wesentlich weniger deutlich ausgeprägt. Dies hängt v.a. mit der relativ schwachen Stellung der im Europäischen Parlament vertretenen europäischen Parteien und der Abwesenheit eines nationale Grenzen transzendierenden europäischen Parteiensystems zusammen. Dennoch dominieren beim Vergleich von Ministerrat und Bundesrat sowohl in struktureller als auch in funktionaler Hinsicht die Ähnlichkeiten über die Unterschiede. Deshalb ist der folgende Schluss der Bikameralismusforscher Tsebelis und Money durchaus nicht abwegig: „The Council of Ministers [is] the European Union equivalent of the upper house."[60] In den Kategorien der Bikameralismusforschung ließe sich der Rat der Europäischen Union somit als legislative zweite Kammer nach dem Bundesratsprinzip mit gewichteten Stimmanteilen und einer asymmetrischen Machtverteilung zwischen den beiden Kammern „Rat" und „Europäisches Parlament" zu Gunsten des Rats verstehen.

---

58 Als Bundesrat wird in einem föderalen politischen System eine solche zweite gesetzgebende Kammer bezeichnet, in welcher die Exekutiven der Gliedstaaten mit meist unterschiedlichem Stimmgewicht vertreten sind. Dagegen wird als Senat eine zweite Kammer bezeichnet, in welcher die Bevölkerungen der Gliedstaaten eine unabhängig von der Bevölkerungszahl gleiche Anzahl von Senatoren direkt wählen.
59 Im Falle des Ministerrats wird die Stimmverteilung primärrechtlich festgelegt (Art. 205 [2] EGV; bzw. Protokoll über die Erweiterung der Europäischen Union Art. 3 [2]). Das Grundgesetz gibt für den deutschen Bundesrat einen Mechanismus an, der die Ermittlung der Stimmanzahl der Länder ermöglicht (vgl. Art. 51 [2] GG).
60 G. Tsebelis/J. Money 1997, S. 180. Allerdings ist es nur mit Einschränkungen möglich, den Rat unter die gängigen Definitionen einer „Zweiten Kammer" zu subsumieren. Wenn der tatsächliche Einfluss einer legislativen Kammer als Kriterium verwendet wird, dann wäre der Ministerrat vielmehr die „erste Kammer", das EP aber die „zweite Kammer" einer europäischen Legislative.

Betrachtet man den Rat unter diesem Gesichtspunkt, dann verschiebt sich der strategische Handlungsraum vom Rat selbst auf die Ebene des gesamten europäischen Institutionengefüges. Innerhalb des Rats rückt hingegen die Frage nach der intransitiven Macht in den Blickpunkt. Dabei ist dreierlei zu beachten. Erstens hat hat der Rat in der Tat intransitive Macht. Zweitens wird diese aber nicht von einer entsprechenden Akzeptanz durch die Bevölkerungen der Mitgliedstaaten begleitet: Kein „ursprünglicher Konsens", keine „Unterstützung des Volkes" trägt den Ministerrat und seine Machtausübung. Zwar ist die EU den meisten Bürgern zu einer (allerdings wenig durchschauten) Selbstverständlichkeit geworden; aber von aktiver Unterstützung oder auch nur geringem Wissen über den Ministerrat kann nicht die Rede sein: Ein Drittel der Europäer hat noch nie etwas von dieser Institution gehört,[61] womit der Rat erst an fünfter Stelle der europäischen Institutionen steht. Auch wird bei allen anderen wichtigen Organen der EU mehr Macht vermutet als beim Rat. Obendrein wird ihm deutlich weniger Vertrauen entgegengebracht als beispielsweise dem EuGH, der Kommission oder der Europäischen Zentralbank. Lediglich 40% der Europäer vertrauen dem Rat (gegenüber 54% Vertrauen für das EP), und in den neuen Mitgliedstaaten ist die Vertrauensrate mit nur 37% sogar noch niedriger.[62] Damit wird schon jetzt deutlich, dass die Stärke des Rats eher in seiner transitiven Machtposition gegenüber dem Europäischen Parlament und der Europäischen Kommission liegt als in seiner intransitiven Macht. Drittens sind Prozesse der Machtverschleierung im Rat sehr häufig, obwohl primärrechtlich gefordert ist, dass alle Dokumente und Abstimmungsergebnisse des Rats öffentlich zugänglich gemacht werden, „wenn der Rat als Gesetzgeber tätig wird" (Art. 207, Abs. 3 EGV). Selbst wenn dies geschieht, ist dennoch der Rat die einzige gesetzgebende Institution der Welt, die ihren Gesetzgebungsprozess im Regelfall faktisch unter Ausschluss der Öffentlichkeit vollzieht.[63] Mit solchen Machtverschleierungstechniken[64] werden auch die zunächst überraschend geringe öffentliche Wahrnehmung des Rats als legislatives Organ der Europäischen Union, aber auch die besonders geringen Kenntnisse und der spärliche Forschungsstand über diese Institution verständlich.

In der Außenbeziehung dominieren unter der Leitidee des Rats als Akteur und Pol im europäischen Institutionengeflecht die transitiven Machtbeziehungen, insbesondere jene zwischen einem so definierten Ministerrat und den drei wichtigen Institutionen, die hier besonders in den Fokus des Interesses rücken. Erstens: Wie mächtig

---

61 Eurobarometer 2004, S. 12.
62 Eurobarometer 2004, S. 14.
63 Vgl. D. Dinan 1994, S. 246.
64 Vgl. K.-S. Rehberg 1994; A. Brodocz/Ch. Mayer/R. Pfeilschifter/B. Weber 2005. Zu den am häufigsten angewendeten Machtverschleierungstechniken im Rat gehören die gezielte Verlagerung von strittigen Punkten von der Ebene der Minister auf die massenmedial weit weniger beachtete Ebene der Arbeitsgruppen, die Klassifizierung von Ratsprotokollen als „geheim", die Nichtnutzung der Möglichkeit, Öffentlichkeit in den Ratssitzungen zuzulassen oder ein bewusstes „understatement" in der Beurteilung der eigenen Einflussmöglichkeiten. Darüber hinaus verdeckt auch die Tatsache, dass der Rat aufgrund der national versäulten Pressekonferenzen nach den Ratssitzungen als Akteur kaum massenmedial in Erscheinung tritt.

ist das Europäische Parlament, und wie wandelte sich die Machtbeziehung zwischen Rat und Parlament im Laufe des Werdens der europäischen Institutionen? Zweitens: Wie viel Macht hat der Rat und wie viel Macht tritt er an die Europäische Kommission ab? Und drittens: Wie viel Macht bleibt tatsächlich auf der Ebene der mitgliedstaatlichen Akteure übrig?

3.1. Der Ministerrat und das Europäische Parlament[65]

Für bikamerale politische Systeme sehr untypisch ist das große Gewicht des Ministerrats gegenüber dem anderen europäischen Legislativorgan, dem Europäischen Parlament.[66] Selten sind zweite Kammern beispielsweise die einzigen Vetospieler im Gesetzgebungsprozess. Dies ist aber immer dann, wenn nach anderen Verfahren als dem Mitentscheidungsverfahren entschieden wird, beim Rat der Europäischen Union der Fall. Ungewöhnlich für föderale Gliedstaatenvertretungen ist also weniger die Struktur des Ministerrats als vielmehr seine besondere Machtposition gegenüber dem Europäischen Parlament. Nichtsdestoweniger hat sich die Machtbalance zwischen beiden Institutionen im Laufe der Geschichte europäischer Integration, insbesondere im Laufe der letzten zwei Jahrzehnte, deutlich zugunsten des Europäischen Parlaments verschoben.[67] Im strategischen Handlungsraum der Europäischen Union bedeutet der Zugewinn an Einflussmöglichkeiten des Europäischen Parlaments einen direkten relativen Machtverlust der anderen Akteure, insbesondere des Ministerrats, der in den 1950er Jahren noch alleiniges Legislativorgan der EU war. Also ist auch nicht weiter erstaunlich, dass der Rat in dieser Entwicklung kein aktiver Akteur war: „The Council has obviously been very reluctant to share its legislative powers with the Parliament, and has arguably only done so because public opinion and the force of circumstances has left it with no alternative."[68] Symbolisch wird dieser Machtzuwachs des Europäischen Parlaments durch die veränderten Formeln zu Beginn der europäischen Rechtsakte zum Ausdruck gebracht.[69] Die Ursachen für diesen relativen Machtverlust des Rats sind zwar vielfältig, doch die aktivere Rolle des

---

65 Für eine aktuelle Übersicht über die Literatur zum Einfluss des Europäischen Parlaments im europäischen Gesetzgebungsprozess siehe T. Selck/B. Steunenberg 2004.
66 Zu den Modi der Konfliktaustragung zwischen den beiden Kammern in bikameralen politischen Systemen vgl. etwa G. Tsebelis/J. Money 1997, 54ff. Speziell zu dem Verhältnis Ministerrat – Europäisches Parlament siehe auch St. Dreischer in diesem Band sowie: M. J. Holler/ J. Kellermann 1977 als Pioniere dieses Forschungsgebiets, außerdem S. Brams/ P. Affuso 1985.
67 Vgl. etwa St. Dreischer in diesem Band.
68 F. Hayes-Renshaw/H. Wallace 1997, S. 209.
69 Zur Steuerung der symbolischen Repräsentation der Machtverhältnisse zwischen Ministerrat und EP wird von beiden Institutionen die Bedeutung der jeweils anderen Institution heruntergespielt. Vgl. F. Hayes-Renshaw/H. Wallace 1997, S. 199. Dies verwundert beim Ministerrat insofern, als dieser und insbesondere einige seiner organisatorischen Einheiten (insbesondere Generalsekretariat und AstV) sonst die selbst ausgeübte Macht zu verschleiern versuchen.

Europäischen Parlaments gilt inzwischen als sicher.[70] Das EP benutzte für seinen Machtaufstieg Veränderungen seiner Geschäftsordnung, eine aktive Rolle in der Debatte um institutionelle Fragen während der Regierungskonferenzen sowie Klagen gegen den Rat vor dem Europäischen Gerichtshof.[71]

Konkret lässt sich der relative Machtverlust des Ministerrats in den folgenden Schritten des relativen Machtzuwachses des Europäischen Parlaments nachzeichnen: Einführung von Kooperations- und Zustimmungsverfahren (heute: Art. 252 und 300 [3] EGV) in der Einheitlichen Europäischen Akte; Einführung des Mitentscheidungsverfahrens nach Art. 251 EGV durch den Vertrag von Maastricht (damals Art. 189b EGV); Ausweitung der Anwendung des Mitentscheidungsverfahrens auf weitere Politikfelder in den Verträgen von Amsterdam und Nizza, sowie darüber hinaus in der Verfassung für Europa, wo das Mitentscheidungsverfahren zum „ordentlichen Gesetzgebungsverfahren" (Art. I 33 [1] VV) würde. Die Macht des Europäischen Parlaments besteht dabei nicht lediglich in einer Position als Vetospieler, sondern auch in seiner Fähigkeit, Vorlagen abzuändern. Daneben können die Modifikation des Haushaltsfeststellungsverfahrens, welche dem EP ein Veto über nichtfixierte Budget-Anteile zusicherte, sowie die immer weiter ausgedehnten Kontrollrechte des EP angeführt werden.[72] Dazu kommt noch der Anstieg des Ansehens des Europäischen Parlaments sowie die Steigerung seiner Legitimität durch die Einführung der Direktwahl der Europaabgeordneten seit 1979. Bei diesem Machtaufstieg konnte sich das EP meist auf Unterstützung durch die Kommission verlassen: „The Commission has always been prepared in principle to accept any EP proposal to which it had no major objections and, where possible, to accept EP amendments to Commission proposals."[73] Folge ist, dass sich im Laufe der Zeit ein de-facto-Initiativrecht des Europäischen Parlaments über den Umweg einer entsprechenden Aufforderung an die Europäische Kommission herausgebildet hat.

Obwohl häufig darauf hingewiesen wird, dass das Europäische Parlament auch klassische Verbündete im Rat hat, etwa Deutschland, die Niederlande, Dänemark und Italien, die das Europäische Parlament auch über das vorgeschriebene Maß hinaus informieren,[74] ist dennoch der Regelfall, dass der Ministerrat gegenüber dem Eu-

---

70 Vgl. St. Dreischer 2004.
71 Etwa das Verfahren zu den Abgasemissionsstandards; vgl. auch zum Verfahren Süßstoffe: D. Earnshaw/D. Judge 1993. Gleichzeitig darf aber auch nicht auf ein destruktives Verhältnis zwischen den beiden Institutionen geschlossen werden. In Krisenzeiten mit erhöhtem Handlungsbedarf funktioniert das Duo sehr effizient, wie etwa die reibungslose und effiziente Zusammenarbeit zwischen Kommission, Rat und EP bei der Aufnahme der ehemaligen DDR in die EU durch die Wiedervereinigung 1990 zeigt.
72 Vgl. etwa Art. 42 Geschäftsordnung des Europäischen Parlaments.
73 F. Hayes-Renshaw/H. Wallace 1997, 202f.
74 Ein Beispiel dafür ist die Einladung des Präsidenten des Europäischen Parlaments zu einer Sitzung des Europäischen Rats durch den damaligen Bundeskanzler Helmut Kohl im Jahr 1988. Seither hat sich die Teilnahme des EP-Präsidenten an Treffen des Europäischen Rats auf informeller Ebene verstetigt. Der EP-Präsident ist dabei allerdings nicht abstimmungsberechtigt und nimmt nur als Gast teil.

ropäischen Parlament in ganz besonderer Weise als homogene Einheit und nicht als heterogenes intergouvernementales Forum auftritt. Indikator dieses Verhaltens sind einerseits die Tatsache, dass der Rat gegenüber dem EP eine ebenso restriktive Kommunikationspolitik praktiziert wie auch gegenüber Nichtregierungsorganisationen oder einzelnen Bürgern und andererseits aber auch die Tendenz des Rates, entgegen seinen formalen Möglichkeiten häufig im Konsens zu entscheiden. Dieser gegenüber dem Europäischen Parlament in besonderer Weise zelebrierte „Konsensreflex" des Rats hat mindestens zwei Konsequenzen. Erstens wird dadurch der Einfluss des EP geschmälert: Würde der Rat in allen Politikfeldern, auf welchen Abstimmungen mit qualifizierter Mehrheit vorgesehen sind, auch tatsächlich Abstimmungen durchführen, so hätte das EP die Möglichkeit, die jeweiligen Akteure innerhalb des Rats gegeneinander auszuspielen und dergestalt an Einfluss zuzugewinnen.[75] Und zweitens wirkt der Konsensreflex zentripetal auf die Mitgliedstaaten selbst, denn dadurch werden die Minister der mitgliedstaatlichen Regierungen gemeinsam in einer Institution sozialisiert, in welcher sie von außen als Einheit wahrgenommen werden und – zumindest gegenüber dem EP – auch aktiv als solche wahrgenommen werden wollen. So haben die Abgrenzungsversuche der intergouvernementalsten der europäischen Institutionen gegenüber dem EP genau den paradoxen Effekt, dass sie durch „in-group/out-group-Phänomene", durch Sozialisationseffekte und durch institutionelle Eigendynamiken einen Leitideenwandel zugunsten gerade der Leitidee eines supranationalen, föderalen Institutionengefüges bewirken. Obwohl also durchaus davon ausgegangen werden kann, dass das EP inzwischen als dritter mächtiger Akteur in die ursprünglich „bizephale" Spitze der EU aufgerückt ist,[76] ist der Saldo aus der „Bruttomacht" des Rats und der „Gegenmacht" des Parlaments nach wie vor positiv.[77]

3.2. Der Rat und die Europäische Kommission:
„Required to cooperate but condemned to compete"[78]

Im Verhältnis zwischen Kommission und Rat manifestiert sich in ganz besonderer, nämlich in „zwischen-institutioneller" Weise, die zentrale europäische Leitideendif-

---

75 Als weiteres Erschwernis kommt für das EP dazu, dass es – anders als die Europäische Kommission – nicht im Rat vertreten ist.
76 Vgl. I. Tömmel 2003, S. 285.
77 Die Nettomacht des Rats variiert je nach Gesetzgebungsverfahren. Wird etwa nach Art. 251 EGV (Mitentscheidungsverfahren) entschieden, so ist die Gegenmacht des Europäischen Parlaments deutlich größer als beispielsweise im Kooperations- oder gar im Konsultationsverfahren.
78 F. Hayes-Renshaw/H. Wallace 1997, S. 173; D. Rometsch/W. Wessels 1994 versuchen das Verhältnis zwischen Rat und Kommission mit Hilfe von vier Modellen zu untersuchen: der Technokratie, der föderale Exekutive, dem Sekretariat und dem „promotional-brokerage-Modell."

ferenz.[79] Dem Rat – und in noch stärkerem Maße seine Suprastruktur, dem Europäischen Rat – als Wahrer der Interessen der Mitgliedstaaten steht hier die Kommission als „Motor der Integration" gegenüber. Der institutionelle Konflikt zwischen Rat und Kommission ist also nicht bereits durch die „normale" Institutionenkonkurrenz um knappe Ressourcen oder um Zuständigkeiten hinreichend erklärbar. Vielmehr erhält dieser latente Konflikt durch die „Leitideengeladenheit" der beiden Institutionen eine zusätzliche und geradezu fundamentale Dimension. Es besteht daher immer die Gefahr, dass eine bürokratische Auseinandersetzung zwischen einer Ratsarbeitsgruppe und einer Generaldirektion der Kommission auf die Ebene eines grundsätzlichen Konflikts über Wesen und Legitimität der Union und die Finalität Europas transferiert wird. Die institutionellen Ambitionen der Kommission sind nämlich oft auf eine stärkere Supranationalisierung der EU gerichtet,[80] während die Mitgliedstaaten durch den Rat auf eine Einschränkung der Macht der Kommission abzielen.[81] Ingeborg Tömmel geht so weit, für die EU als ganze eine „Bizephalität" zu konstatieren, also eine Aufteilung von Macht auf Rat und Kommission. „Die übrigen Organe und Institutionen der EU gravitieren um diese beiden Machtzentralen."[82]

Um in dieser Auseinandersetzung nicht durch innere Uneinigkeit geschwächt zu werden, versuchen sich sowohl die Kommission als auch der Rat wechselseitig als homogene, Einigkeit praktizierende Pole und als kollegiale Einheiten mit starkem Korpsgeist zu präsentieren.[83] Wenn sich aber der Rat als Institution um Einheit bemüht, um damit im strategischen Handlungsraum des europäischen Institutionengeflechts Positionsgewinne zu erzielen, dann besteht – wie am Beispiel des Verhältnisses zwischen Rat und EP bereits aufgezeigt – mittelfristig die Tendenz, dass sich im Rat eine institutionelle Eigendynamik entwickelt, an deren Ende sich die mitgliedstaatlichen Regierungen auch stark an den gemeinsamen europäischen Interessen

---

79 Grundparadigma der Zusammenarbeit von Ministerrat und Kommission ist im Bereich der Gesetzgebung in der ersten Säule der EU das als „Gemeinschaftsmethode" berühmt gewordene Interaktionsmuster. Vgl. Ph. Schmitter 2000; J. Lewis, 2000; H. Wallace 2000; in zentralen Versatzstücken politischer Reden: J. Fischer 2000. Die Kommission arbeitet Gesetzesinitiativen aus, leitet diese dem Ministerrat (und im Lauf der Geschichte europäischer Integration und der Ausdehnung des Anwendungsbereichs des Mitentscheidungsverfahrens zunehmend auch dem Europäischen Parlament) zu, welches dann über die Annahme oder Ablehnung der Initiativen entscheiden (Kommission als „proposer", Rat und EP als „disposer").
80 Vgl. I. Tömmel 2003, S. 285; in besonderem Maße war dies unter den Präsidenten Walter Hallstein und Jacques Delors der Fall. Die zentrale Rolle einzelner Persönlichkeiten im interinstitutionellen Machtgefüge zwischen Rat und Kommission wird untersucht von W. Loth et al. 1995; G. Ross 1995 und E. B. Haas 1975. Sehr deutlich wurde das institutionelle Verhältnis in dem Konflikt zwischen de Gaulle und Hallstein personalisiert.
81 Das Prinzip der auch gegenüber supranationalen Institutionen wie der Kommission nicht aufzugebenden Souveränität der Mitgliedstaaten wird innerhalb des Rats besonders von Großbritannien, Dänemark, Frankreich und einigen der 2004 beigetretenen mittel- und osteuropäischen Staaten vertreten. Hingegen gelten die Benelux-Länder, Italien und phasenweise auch Deutschland als eher „kommissionsfreundlich".
82 I. Tömmel 2003, S. 285.
83 Vgl. F. Hayes-Renshaw/H. Wallace 1997, S. 184.

orientieren. Damit verliert die Leitidee nationaler Interessensrepräsentation im Rat an Gewicht. Es handelt sich also um einen Prozess rekursiver Kausalitätsbeziehungen: Um im Leitideenkonflikt mit der Kommission (und in ganz paralleler Weise auch mit dem EP) die Leitidee der nationalen Interessensrepräsentation effizient durchsetzen zu können, bedarf es eines *esprit de corps* im Rat, der wiederum die Konflikthaltigkeit der nationalen Interessensrepräsentation mildert und dadurch mittelfristig zentripetal auf die Mitgliedstaaten wirkt.[84] So löst sich die zunächst paradox erscheinende Tatsache auf, dass der Rat gerade in seiner Eigenschaft als zweiter Kammer unter einer stärker föderalen Leitidee der Kommission als „intergouvernementaler Gegenpol" entgegentritt. Rat und Kommission stützen sich dabei auf völlig unterschiedliche Machtressourcen. Während sich der Rat hauptsächlich auf Entscheidungsmacht stützt, verfügt die Kommission durch ihr Initiativmonopol bei der Setzung von Sekundärrecht[85] sowie durch ihre weitgehenden Exekutivfunktionen vor allem über Verfahrensmacht. Durch eben diese Unabhängigkeit der Machtressourcen war die Kommission im Stande, auch eine autonome Machtstellung zu erlangen, die über die Machtstellung klassischer Agenten in einer principal-agent-Struktur klar hinausgeht.[86]

Der aus der grundsätzlichen Leitdifferenz der EU folgende und in Rat wie Kommission auch institutionell verankerte latente Konflikt ist in der Geschichte der europäischen Integration immer wieder in Phasen der Konfrontation – etwa Mitte der 1960er Jahre – zum Ausbruch gekommen. Häufig gelang es jedoch, den Konflikt gut einzuhegen, und dysfunktionale institutionelle Blockaden zu vermeiden.[87] Daher ist sowohl im Vertrag über die Europäische Union als auch in jenem über die Europäische Gemeinschaft ein Kooperationsgebot fixiert (Art. 218 [1] EGV, Art. 3 EUV). Innerhalb dieses primärrechtlich vorgegebenen Rahmens vollzieht sich die Interaktion zwischen Rat und Kommission auf mindestens vier Ebenen. Erstens ist die Kommission durch ihren Präsidenten im Rat und durch Vertreter in den wichtigsten Arbeitsgruppen des Rats – allerdings nicht abstimmungsberechtigt – vertreten und genießt dort häufig auch ein hohes Ansehen als „neutraler Makler". In dieser Stellung gelingt es der Kommission oft, durch Ausübung kommunikativer Macht eigene Positionen durchzusetzen. Sie hat mit ihrem Informationsvorsprung auch eine ent-

---

84 Allerdings gilt auch: Als Indikator für das geringe wechselseitige Vertrauen der Mitgliedstaaten innerhalb des Rats kann die Tatsache gelten, dass im Vermittlungsausschuss zwischen Rat und EP die Ratsdelegation meist Personen aller Mitgliedstaaten enthält. Dies ist offenkundig dysfunktional, da der Vermittlungsausschuss dann nicht selten weit über 100 Personen umfasst (zum Vermittlungsausschuss, siehe auch den Beitrag von St. Dreischer in diesem Band).
85 Durch den oben beschriebenen institutionellen Mechanismus der de-facto-Initiativen durch das Europäische Parlament wird das formal bestehende Initiativmonopol der Kommission allerdings aufgeweicht und verlagert so Macht ans Europäische Parlament.
86 Vgl. hierzu I. Tömmel 2003, S. 287.
87 Vgl. dazu die Debatte um „Cooperative Federalism" u.a. bei W. Wessels 1992. Besonders deutlich wird dies in der notwendigen Kooperation zwischen Rat und Kommission im Bereich der Außenrepräsentation der Union und zwar sowohl in der ersten als auch in der zweiten Säule.

scheidende Machtressource, welche die anderen europäischen Institutionen, etwa das Parlament, nicht besitzen. Zweitens vollzieht sich die alltägliche und eher technische Kommunikation zwischen verschiedenen Einheiten des organisatorischen Unterbaus der beiden Organe. Sehr enger Kontakt besteht vor allem zwischen den Generalsekretariaten. Klar auf die Institutionalisierung von Konflikten zugeschnitten, die der Rolle der Kommission als „agent" und jener des Rats als „principal" entspringen, ist drittens das komplexe System der Komitologie,[88] deren Verfahren und Anwendungsfälle formell geregelt sind.[89] Und viertens gibt es eine ganze Reihe informeller und halbformeller Kommunikationskanäle, wie etwa die regelmäßigen Treffen der Präsidenten von Rat, EP und Kommission. In diesem fest institutionalisierten Rahmen wird durch Einhegung des Verhältnisses zwischen Rat und Kommission auch die Widersprüchlichkeit der Leitideen der Europäischen Union insgesamt als Konfliktursache abgepuffert.

3.3. Der Ministerrat und die Mitgliedstaaten

Eine weitere Dimension des interinstitutionellen Interaktionsgefüges um den Rat kann an dieser Stelle nur knapp beleuchtet werden: die Machtbeziehungen zwischen dem Ministerrat, bzw. den nationalen Regierungen im Ministerrat, und anderen Akteuren auf der nationalstaatlichen Ebene, insbesondere den nationalen Parlamenten. Häufig besteht die Gefahr, diese Dimension zu übersehen, weil bei einer analytischen Gleichsetzung der Begriffe „Rat" und „Mitgliedstaaten", wie sie entlang der intergouvernementalen Leitidee der Europäischen Union oft vorgenommen wird, das Verhältnis beider Ebenen verwischt wird. Unter anderem auch deshalb ist das Interaktionsgeflecht zwischen Rat und nationalen Parlamenten sehr schwach ausgeprägt. Lediglich über die meist indirekte Verantwortlichkeit der Minister vor ihren nationalen Parlamenten sind Ereignisse im Rat von den nationalen Parlamenten aus steuerbar.[90]

Aus drei Gründen ist aber eine auch begrifflich scharfe Trennung zwischen dem Rat, den mitgliedstaatlichen Regierungen und den nationalen Parlamenten sinnvoll. Erstens ist eine von den Entwicklungen auf der Ebene der Mitgliedstaaten unabhängige Eigendynamik des Rats zu beobachten. Zweitens können Entwicklungen im

---

88 Die Komitologie ist ein komplexes System von Gremien, in welchem nationale Beamte und Kommissionsbeamte gemeinsam die Umsetzung europäischer Rechtsakte betreiben.
89 Vgl. OJ L184; 17.7.99; R 1999/468/EC.
90 Immerhin wurden bis 1979 die Abgeordneten des Europäischen Parlaments direkt aus den nationalen Parlamenten entsandt. Allerdings waren die Einflussmöglichkeiten des EP bis 1979 aufgrund des Fehlens des Mitentscheidungsverfahrens noch sehr beschränkt. In Dänemark hat sich der Folketing durch einen sehr mächtigen EU-Ausschuss, der die Verhandlungspositionen der Minister im Rat strikt vorgibt, eine sehr weitgehende Einflussposition gesichert. Dies ist jedoch im Vergleich zu den anderen nationalen Parlamenten einzigartig. Deren Macht beschränkt sich häufig auf eine gesetzlich geregelte Informationspflicht der Regierung, auf die Kontrolle der nationalen Regierungen sowie auf die Ratifikation von Vertragsänderungen.

Ministerrat auf das Verhalten der Mitgliedstaaten zurückwirken, etwa in Sozialisations- und Konvergenzprozessen. In diesem Kontetext ist insbesondere die Europäisierungsforschung interessant, welche die Anpassungsnotwendigkeiten und -leistungen nationaler Administrationen und Parlamente untersucht, die als Konsequenz des europäischen Integrationsprozesses entstehen.[91]

Und drittens sind im Rat die nationalen Regierungen bzw. nur die jeweiligen Ressortminister repräsentiert, nicht aber die Mitgliedstaaten insgesamt. Vor allem für die nationalen Parlamente ergeben sich dadurch potentielle Einbußen an Einflussmöglichkeiten.[92]

4. Erstaunliches zum Abschluss

Einiges, was über die Machtbeziehungen in und um den Rat der Europäischen Union gefunden wurde, ist nicht sonderlich überraschend. Weder ist erstaunlich, dass die Vertreter der Regierungen der EU-Mitgliedstaaten im Rat ihre national definierten Interessen durchzusetzen versuchen, der Rat also als strategischer Handlungsraum mit einem Geflecht von transitiven Machtbeziehungen zwischen den Regierungen verstanden werden kann. Ebenso wenig überrascht, dass die Austragung dieser Interessenkonflikte durch Prozesse spezifischer („package deals") und unspezifischer Reziprozität eingehegt wird, dass sich die formale Macht der Akteure im Rat mit mathematischen Instrumenten gut modellieren lässt und dass die formale Macht eines Akteurs im Rat nicht notwendigerweise seiner tatsächlichen Macht und auch nicht unbedingt seinem bevölkerungsmäßigen Gewicht entsprechen muss.

Wenig verblüffend ist darüber hinaus die Feststellung, dass der Rat nach wie vor eines der mächtigsten, wenn nicht sogar das mächtigste Organ der Europäischen Union ist. Philippa Sherrington nennt ihn sogar das „powerhouse of the EU."[93] Zwar bedeutet jeder Machtzugewinn für andere europäische Akteure, insbesondere für das Europäische Parlament, für die Europäische Kommission und für den Europäischen Gerichtshof, im strategischen Handlungsraum der gesamten Europäischen Union einen direkten Machtverlust für den Rat und die Mitgliedstaaten selbst. Die Regierungen der Mitgliedstaaten bleiben aber Vetospieler bei jeder Vertragsrevision und können damit auch jeden dramatischen Machtzugewinn der anderen europäischen Institutionen verhindern.

Dies alles ist also weder neu noch überraschend. Verblüffend sind dagegen zwei andere Aspekte der Machtausübung in und um den Ministerrat. Erstens, angesichts des Umfangs tatsächlich ausgeübter Macht des Rats, ist das die so große Ignoranz der meisten Europäer hinsichtlich dieser Institution. Und zweitens ist das die institu-

---

91 Siehe hierzu etwa M. Große Hüttmann/M. Knodt 2000; T. Börzel/Th. Risse 2000 oder die Ergebnisse der EGPA Jahrestagung 2004 in Ljubljana; http://www.fu.uni-lj.si/egpa2004/html/ws1.htm (Zugriff 06.07.2005).
92 Für einen Überblick siehe A. Maurer 2002.
93 Ph. Sherrington 2000, S. 2.

tionelle Eigendynamik, welche die Entwicklung des Rats seit 50 Jahren prägt. Auf beides soll abschließend eingegangen werden.

Warum ist es gerade der einflussreiche Ministerrat, der so wenig bekannt ist und dem so wenig Vertrauen entgegengebracht wird?[94] Dies hat mindestens fünf Gründe. Erstens ist die Funktionsweise des Rats in einer ganz außerordentlichen Weise kompliziert. Sowohl seine Organisation als auch seine differenzierten Abstimmungs- und Entscheidungsfindungsverfahren sind selbst für Experten nur schwer in Gänze zu erfassen. Aufgrund seines wenig konsistenten Leitideenbündels und seiner Zwitterstellung als halb-europäische und halb-mitgliedstaatliche Institution ist es schwierig, den Rat in altbekannte Klassifikationsschemata einzuordnen. Während für das Europäische Parlament, die Europäische Kommission und den Europäischen Gerichtshof funktionale Äquivalente in nationalstaatlichen politischen Systemen schnell zur Hand sind, ist der Rat eine ganz neuartige Institution, die gerade deshalb häufig falsch eingeschätzt wird. Zweitens ist die demokratische Legitimation des Rats im Vergleich zu jener des Europäischen Parlaments eine indirekte und abgeleitete. Konkret und folgenreich heißt das: Es gibt keine unmittelbare Schnittstelle zwischen dem Rat und den Staatsvölkern der Europäischen Union. Dass die Wahlen zu den nationalen Parlamenten indirekt auch Wahlen über die Zusammensetzung des Ministerrats sind, ist dann auch den wenigsten Wahlberechtigten bewusst. Immerhin dauerte es selbst im Fall des deutschen Nationalstaats einige Jahrhunderte, bis die gliedstaatlichen Landtagswahlen immer wieder auch als folgenreich für den Bundesrat als föderales Vertretungsorgan verstanden wurden. Drittens ist der Rat sowohl im Vergleich mit den übrigen europäischen Institutionen als auch im Vergleich mit anderen Institutionen, in welchen sich Regierungsvertreter zum Zwecke der Entscheidungsfindung treffen, etwa dem Deutschen Bundesrat, sehr intransparent. Viertens ist die massenmediale Berichterstattung im Anschluss an Ratssitzungen im Normalfall national versäult. Dies führt einerseits dazu, dass der Rat in der Öffentlichkeit häufig nicht als eigenständige Institution wahrgenommen wird, sondern ausschließlich als Treffen von Ministern. Andererseits hat das zur Folge, dass den Ministern auch tatsächlich ein Anreiz gegeben wird, nationale Interessen im Rat über ein europäisches Gemeinschaftsinteresse zu stellen, um dann eventuelle Verhandlungserfolge vor den heimischen Medien symbolträchtig zu inszenieren.[95] Und fünftens ist in diesem Zusammenhang auch das Phänomen der absichtlichen Verschleierung von tatsächlich ausgeübter Macht beobachtbar:[96] Das von seiner Struktur, seiner Personalpolitik und auch seinen institutionellen Interessen her supranationalste Element des Ministerrats, das Generalsekretariat, „intentionally maintains a low profile but is known to be highly influential in attaining consensus."[97] Dies ermöglicht allerdings

---

94 Siehe hierzu Eurobarometer 2004.
95 Vgl. etwa Le Monde, 13. Oktober 1992, S. 2.
96 Für Machtverschleierungstechniken bei anderen Institutionen vgl. A. Brodocz/Ch. Mayer/ R. Pfeilschifter/B. Weber 2005.
97 W. Wessels 1991, S. 140; vgl. für einen ähnlichen Befund beim AstV auch J. Lewis 2000, S. 265.

ein relativ effizientes, von massenmedialer Berichterstattung unbehelligtes Arbeiten, geht aber zu Lasten der Transparenz des Ministerrats. Es ist gerade dieses für den Ministerrat typische Spannungsverhältnis zwischen Effizienz, Transparenz und Legitimität, das ganz wesentlich dazu führt, dass der Ministerrat für die meisten Europäer eine *Terra incognita* bleibt, die eher zur Mythenbildung als zur sachlichen Analyse einlädt.

Der zweite erklärungsbedürftige und erstaunliche Aspekt ist die Evolution des Ministerrats. Von seinen Gründern war er zunächst als intergouvernemental ausgerichtetes Forum der Regierungen der Mitgliedstaaten, als „the most unashamedly national of the EU's institutions"[98] intendiert worden. Eine solche Rolle spielt der Rat aus den erwähnten Gründen aber längst nicht mehr in dieser Ausschließlichkeit. Die widersprüchlichen Finalitätsvorstellungen und Leitideen der Europäischen Union als ganzer können heute nicht mehr eindeutig einzelnen Institutionen zugeordnet werden. Weder ist der Ministerrat darum eine ausschließlich intergouvernementale Institution noch sind das Europäische Parlament oder die Europäische Kommission ausschließlich supranational ausgerichtet.[99] Vielmehr spiegeln sich die übergeordneten Leitideen in je unterschiedlicher Weise auch in den intra-institutionellen Funktionen und Strukturen wider. Die Evolution der EU ist also eine Geschichte der Internalisierung einer ursprünglich primär zwischen-institutionellen Leitideendifferenz in die einzelnen Institutionen hinein. Über die wichtigste Einheit des organisatorischen Unterbaus der Ministertreffen, den Ausschuss der ständigen Vertreter, urteilte etwa der frühere britische Außenminister Alan Clark:

> „Totally europhile. Sole objective, as far as I could see, being to 'expedite business' – i.e. not make a fuss about anything, however monstrous. Or at least, you could make a fuss, but only a 'show' fuss in order to get kudos from, soon after, surrendering in the interests of making progress."[100]

Der Rat ist also nicht mehr das, was er zu sein scheint, und erst recht nicht mehr das, was seine Gründer mit ihm vorhatten: „The Council developed as an institution in ways quite unexpected by the early founders."[101] Die Gleichung *Rat = Mitgliedstaaten* gilt nicht mehr und das ist das eigentlich Erstaunliche.

Wie kam es aber zu einer solchen Entwicklung? Paul Pierson führt den Leitideenwandel des Rats und der Europäischen Union insgesamt auf positive Rückkoppelungsprozesse, auf institutionelle Eigendynamiken und auf Sozialisierungsprozesse insbesondere jener organisatorischen Einheiten im Rat zurück, die stärker von einer auch personellen Kontinuität geprägt sind als die Ebene der Minister selbst.[102] Er bezieht sich dabei vor allem auf den Ausschuss der ständigen Vertreter und das Ge-

---

98 F. Hayes-Renshaw/H. Wallace 1997, S. 211.
99 Intergouvernemental ist an der Kommission etwa die Tatsache, dass aus jedem Mitgliedstaat – zumindest mittelfristig – noch ein Kommissar benannt wird; Ähnliches trifft auch für den Europäischen Gerichtshof zu.
100 A. Clark 1994, S. 138f.
101 F. Hayes-Renshaw/H. Wallace 1997, S. 175.
102 P. Pierson 2000.

neralsekretariat, beides Instanzen, die einerseits stärker supranational ausgerichtet und der Leitidee einer föderalen Kammer verpflichtet sind, und die andererseits auch stark von einer Verschiebung der Machtbalance innerhalb des Rats profitieren.[103] Denkbare Szenarien für die weitere Entwicklung des Rats der Europäischen Union ergeben sich natürlich aus seinen Leitideen. Es ist immer möglich, dass sich die Europäische Union insgesamt, oder aber auch einzelne ihrer Institutionen, stärker in Richtung eines föderalen politischen Systems supranationaler Prägung entwickeln. Aber auch eine „Re-Intergouvernementalisierung" ist grundsätzlich denkbar. Zwar zeigt das Beispiel des Europäischen Konvents als Methode zur Aushandlung neuer primärrechtlicher Grundlagentexte wie der Grundrechtscharta oder dem Verfassungsvertrag, dass sich auch die Europäische Union als ganze auf dem Weg zu einem gemeinsamen Handlungsraum befindet. Dieser gemeinsame europäische Handlungsraum ist aber ein gespaltener und noch sehr vager, wie mit dem Scheitern der Verfassungsreferenden in Frankreich und den Niederlanden im Sommer 2005 noch einmal deutlich wurde. Dies wird auch so bleiben, so lange und so weit die grundsätzlichen Leitideen der Europäischen Union und ihrer Institutionen ambivalent und widersprüchlich sind.

Literaturverzeichnis

Arthur, Brian (1989): Competing technologies, increasing returns, and lock-in by historical small events. In: Economic Journal 99, S. 116-131.

Banzhaf, John (1965): Weighted Voting Doesn't Work. A Mathematical Analysis'. In: Rutgers Law Review 19, S. 317-343.

Banzhaf, John (1966): Multi-Member Electoral Districts. Do They Violate the "One Man, One Vote" Principle? In: Yale Law Journal 75/8, S. 1309-1338.

Bieber, Roland/Palmer, Michael. (1975): Power at the Top. The EC Council in Theory and Practice. In: World Today 31/ 8, S. 310-318.

Bilal, Sanoussi/Hosli, Madeleine (2000): Connected Coalitions and Voting Power: Endogenous Policy in the European Union. Paper prepared for the annual meeting of the American Political Science Association, 31. August – 3. September 2000, Washington DC.

---

103 Lediglich ca. 15% der formal vom Rat verabschiedeten Rechtsakte werden auch wirklich im Rat behandelt. 85% der Rechtsakte werden in einer en-bloc-Abstimmung ohne Diskussion als sogenannte „A-Punkte" angenommen. Das bedeutet, dass 85% aller Richtlinien, Verordnungen oder Entscheidungen der EU *de facto* vom Ausschuss ständiger Vertreter und seiner Arbeitsgruppen verabschiedet werden, einer Institution, die nicht demokratisch gewählt ist und deren politische Verantwortlichkeit nur sehr indirekt ist. Unter der Prämisse, dass ca. 60% der Gesetzgebung in einem beliebigen Mitgliedstaat der Europäischen Union Umsetzungen von EU-Richtlinien oder direkt geltende EU-Verordnungen sind, folgt daraus, dass über die Hälfte der in Deutschland neu in Kraft tretenden Rechtssätze *de facto* nicht von einem demokratisch legitimierten Organ verabschiedet werden.

Börzel, Tanja/Risse, Thomas (2000): When Europe Hits Home. Europeanization and Domestic Change. In: European Integration online Papers (EioP) 4/15. http://eiop.or.at/eiop/texte/2000-015a.htm (Zugriff: 12.07.2005).

Brams, Steven/Affuso, Paul (1985): New Paradoxes of Voting Power on the EC Council of Ministers. In: Electoral Studies 4, S. 135-139.

Brodocz, André/Mayer, Christoph Oliver/Pfeilschifter, René/Weber, Beatrix (2005): Institutionelle Macht. Genese – Verstetigung – Verlust. Köln/Weimar/Wien: Böhlau.

Clark, Alan (1994): Diaries. London: Phoenix Books.

David, Paul (1985): Clio and the Economics of QWERTY. In: American Economic Review 75, S. 332-337.

Deutsch, Karl (1969): Politische Kybernetik. Freiburg i. Br.: Rombach.

Dinan, Desmond (1994): Ever close Union? An Introduction to the European Community. Basingtoke: Macmillan Press.

Dreischer, Stephan (2004): Das Europäische Parlament – ein Erfolgsmodell? Eine Analyse parlamentarischer Funktionserfüllung aus akteurszentrierter Sicht. Dissertation, Technische Universität Dresden.

Duff, Andrew/Pinder, Roy/Pryce, Roy (1994): Maastricht and Beyond. London/New York: Routledge.

Earnshaw, David/Judge, David (1993): The European Parliament and the Sweeteners Directive. From Footnote to Inter-Institutional Conflict. In: Journal of Common Market Studies 31, S. 103-116.

Egger, Alexander (1994): Das Generalsekretariat des Rates der EU. Baden-Baden: Nomos.

Elazar, Daniel J. (1991): Exploring Federalism. Tuscaloosa/London: The University of Alabama Press.

Felsenthal, Dan S./Machover, Moshé (1995): Postulates and paradoxes of relative voting power. A critical reappraisal. In: Theory Decision 38, S. 195-229.

Felsenthal, Dan S./Machover, Moshé (2000): Enlargement of the EU and Weighted Voting in its Council of Ministers. http://www.lse.ac.uk/collections/VPP/VPPpdf/eubooktd.pdf (Zugriff: 3.5.2005).

Felsenthal, Dan S./Machover, Moshé (2001): The Treaty of Nice and Qualified Majority Voting. Working Paper. http://www.lse.ac.uk/Depts/cpnss/projects/niceqmv.pdf (Zugriff: 12.07.2005).

Fischer, Joschka: „Vom Staatenverbund zur Föderation – Gedanken über die Finalität der europäischen Integration." Rede am 12. Mai 2000 in der Humboldt-Universität zu Berlin, http://www.auswaertiges-amt.de/www/de/infoservice/download/pdf/reden/2000/r000512a.pdf (Zugriff 12.7.2005)

Fukuyama, Francis (2004): Staaten bauen. Die neue Herausforderung internationaler Politik. Berlin: Propyläen.

Garrett, Geoffrey/Tsebelis, George (1999): Why Resist the Temptation to Apply Power Indices to the European Union? In: Journal of Theoretical Politics 11, S. 291–308.

Göhler, Gerhard (Hrsg.) (1997): Institution – Macht – Repräsentation. Wofür politische Institutionen stehen und wie sie wirken. Baden-Baden: Nomos.

Große Hüttmann, Martin/Knodt, Michèle (2000): Die Europäisierung des deutschen Föderalismus. In: Aus Politik und Zeitgeschichte B 52-53, S. 31-38.

Haas, Ernst B. (1975): The Obsolescence of Regional Integration Theory. Berkeley: Institute of International Studies.

Hauriou, Maurice (1965): Die Theorie der Institution und zwei andere Aufsätze, Berlin: Dunker & Humblot.

Hayes-Renshaw, Fiona/Wallace, Helen (1995): Executive Power in the European Union – The Functions and Limits of the Council of Ministers. In: Journal of European Public Policy 2, S. 559-582.

Hayes-Renshaw, Fiona/Wallace, Helen (1997): The Council of Ministers. Houndmills u.a.: MacMillan Press.

Hix, Simon (2004): The Political System of the European Union. 2.Aufl., London: Palgrave.

Hoffmann, Stanley (1966): Obstinate or Obsolete? The Fate of the Nation-State and the case of Western Europe. In: Daedalus 95, S. 862-915.

Holler, Manfred J./Kellermann, Johann (1977): Power in the European Parliament – What Will Change? In: Quantity and Quality 11, S. 189-192.

Holler Manfred J./Owen, Guillermo (2001): Power Indices and Coalition Formation. Boston/Dordrecht/London: Kluwer Academic Publishers.

Holler, Manfred J./Widgren, Mika (1999): Why Power Indices for Assessing EU Decision-Making?. In: Journal of Theoretical Politics 11, S. 321-330.

Johnston, Ronald (1995): The Conflict over Qualified Majority Voting in the European Union Council fo ministers – An Analysis of the UK Negotiating Stance Using Power Indices. In: British Journal of Political Science 25, S. 245-288.

Kirman, Alan/Widgren, Mika (1995): European Economic Decision-making Policy. Progress or Paralysis? In: Economic Policy 21, S. 421-460.

Koboldt, Christian/Schmidtchen, Dieter/Steunenberg, Bernard (1999): Strategic Power in the European Union. Evaluating the Distribution of Power in Policy Games. In: Journal of Theoretical Politics 11, S. 339-366.

Lewis, Jeffrey (1998): Wearing a Janus-Face. The Permanent Representatives of the European Union. Paper presented at Eleventh International Conference of Europeanists at Baltimore MD.

Lewis, Jeffrey (2000): The methods of community in EU decision-making and administrative rivalry in the Councils infrastructure. In: Journal of European Public Policy 7, S. 261-289.

Lewis, Jeffrey (2003): Informal integration and the supranational construction of the Council. In: Journal of European Public Policy 10, S. 996-1019.

Loth, Wilfried/Wallace, William/Wessels, Wolfgang (1995): Walter Hallstein: der vergessene Europäer? Bonn: Europa Union Verlag.

Mahoney, James (2000): Path dependency in historical sociology. In: Theory and Society 29, S. 507-548.

Maurer, Andreas (2002): Nationale Parlamente in der Europäischen Union – Herausforderungen für den Konvent. In: integration 25, S. 20-34.

McKay, David (1999): Federalism and European Union – A Political Economy Perspective. New York u.a.: Oxford University Press.

Moravcsick, Andrew (1998): The Choice for Europe. Social Purpose and State Power from Messina to Maastricht. Ithaca: Cornell University Press.

Noël, Emile (1967): The Committee of Permanent Representatives. In: Journal of Common Market Studies 5, S. 219-251.

Nurmi, Hanu/Meskanen, Tommi/Pajala, Antti (2001): Calculus of Consent in the EU Council of Ministers. In: Holler, Manfred/Owen, Guillermo (Hrsg.) (2001): Power indices and Coalition Formation. Boston/Dordrecht/London: Kluwer Academic Publishers, S. 85-106.

Parsons, Talcott (1967): Evolutionary Universals in Society. In: ders. (Hrsg.) (1967): Sociological Theory and Modern Society. New York: The Free Press,S. 490-520.

Patzelt, Werner J. (2003): Einführung in die Politikwissenschaft. 5., erneut überarb. u. wesentl. erw. Aufl., Passau: Rothe.

Penrose, Lionel S. (1946): The elementary statistics of majority voting. In: Journal of the Royal Statistical Society 109, S. 53-57.

Penrose, Lionel S. (1952): On the Objective Study of Crowd Behavior. London: Lewis.

Pfetsch, Frank (2001): Die Europäische Union. Eine Einführung. München: Fink.

Pierson, Paul (1996): The Path to European Integration: A Historical Institutionalist Analysis. In: Comparative Political Studies, 29, S. 123–63.

Rehberg, Karl Siegbert (1994): Institutionen als symbolische Ordnungen – Leitfragen zur Theorie und Analyse institutioneller Mechanismen (TAIM). In: Göhler, Gerhard (Hrsg.) (1994): Die Eigenart der Institutionen. Baden-Baden: Nomos, S. 47-84.

Rometsch, Dietrich/Wessels, Wolfgang (1994): The Commission and the Council of Ministers. In: Edwards, Geoffrey/Spence, David (Hrsg.) (1994): The European Commission. Harlow: Longman, S. 202-224.

Ross, George (1995): Jacques Delors and European Integration. Cambridge: Polity Press.

Sandholtz, Wayne/Stone Sweet, Alec (1998): European Integration and Supranational Governance. Oxford: Oxford University Press.

Schmitter, Philippe C. (2000): How to Democratize the European Union. London u.a.: Rowman & Littlefield.

Selck, Torsten J./Steunenberg, Bernard (2004): Between Power and Luck: The European Parliament in the EU Legislative Process. In: European Union Politics, 5/1, S. 25-46.

Sherrington, Philippa (2000): The Council of Ministers. Political Authority in the European Union. London: Pinter.

Tömmel, Ingeburg (2003): Das politische System der EU. München/Wien: Oldenbourg.

Tsebelis, George/Money, Jeanette (1997): Bicameralism. Cambridge: Cambridge University Press.

Turnovec, František (1998): Decision Making Games in the European Union. NEMEU Working Paper 98-3, University of Twente, Enschede.

Wallace, Helen (2000): The Policy Process. In: dies./Wallace, William (Hrsg.) (2000): Policy-Making in the European Union. Oxford: Oxford University Press, S. 39-64.

Wallace, Helen (2002): The Council – An Institutional Chameleon. In: Governance 15/3, S. 325-344.

Weidenfeld, Werner/Wessels, Wolfgang (1991): Europa von A – Z. Taschenbuch der Europäischen Integration. Bonn: Europa Union Verlag.

Wessels, Wolfgang (1991a): The EC Council: The Community's Decisionmaking Center. In: Keohane, Robert O./Hoffmann, Stanley (Hrsg.) (1991): The New European Community. Decisionmaking and Institutional Change. Boulder: Westview Press, S. 133-154.

Wessels, Wolfgang (1991b): EPC After the Single European Act: Towards a European Foreign Policy via Treaty Obligations? In: Holland, Martin (Hrsg.) (1991): The Future of European Political Cooperation. Essays on Theory and Practice. Houndmills u.a.: MacMillan, S. 143-160.

Westlake, Martin (1995): The Council of the European Union. London: Catermill.

Zwaan, Jaap W. de (1995): The Permanent Representatives Committee: Its Role in European Union Decision-Making, Amsterdam: Elsevier.

Der Machtaufstieg des Europäischen Parlaments und der Einfluss institutioneller Mechanismen

Stephan Dreischer

1. Leitfragen zur Analyse institioneller ‚Machtmechanismen'

Das Europäische Parlament verändert sich. War es bei seiner Gründung im Jahr 1952 noch eine relativ machtlose Vertretungskörperschaft, so ist es heute eine ziemlich machtvolle Institution mit einer Vielzahl von Einflussmöglichkeiten im europäischen Institutionengefüge. Damit stellt die Untersuchung des Europäischen Parlaments einen der Fälle dieses Sammelbandes dar, die sich mit dem parlamentarischen Machtaufstieg beschäftigen. Jener Prozess, so zeigt schon ein Blick in die Geschichte,[1] ist indessen eine nicht seltene, sondern eine tendenziell typische Variante der Parlamentsgenese in freiheitlich-demokratischen Systemen. Dort erfüllen Parlamente nämlich offenbar nützliche Funktionen für das sie umgebende Milieu. Das von ihnen ausgehende Legitimationspotential ist hoch, und darum bleibt ihnen der Machtaufstieg auch selten auf Dauer versperrt.[2] Allein Parlamente sind nämlich daraufhin optimierbare Institutionen, dass sie die höchst wünschenswerte enge Verbindung zwischen Regierenden und Regierten in Form einer Repräsentationsbeziehung herstellen.

Obgleich der Legitimationsgedanke als Hintergrund parlamentarischen Machtaufstiegs durchaus plausibel erscheint, ist jener selten dessen einziger Grund. Häufig ist es nämlich so, dass einmal geschaffene Institutionen an ihrem Machtaufstieg nur durch den Einsatz starker Sanktionen gehindert werden können. Autoritäre oder gar totalitäre politische Systeme praktizieren derlei Verhinderungsstrategien. Sie schei-

---

1 Vgl. dazu etwa die Geschichte des Machtaufstiegs des britischen Unterhauses in K. Kluxen 1991, S. 254ff. sowie E. Hübner/U. Münch 1999, S. 19ff.
2 Freilich gibt es auch gegenteilige Prozesse der Entmachtung zu beobachten. Bei diesen Debatten geht es in ihrer älteren Form, wie bereits bei Max Weber formuliert, um den Machtverlust des Parlaments aufgrund des Machtaufstiegs einer einflussreichen Bürokratie oder Exekutive; siehe M. Weber 1980, S. 851–857, ebenso formuliert bei C. Meier 1999, S. 164, 171. Neuere Debatten über den Machtverlust von Parlamenten zielen zudem auf zwei weitere Aspekte: einesteils auf die Wirkungen der Medienlandschaft und den damit verbundenen Verlust an Einfluss auf das Agenda-setting, welches mehr und mehr auf die Medien übergeht; andernteils auf die Reduktion nationalstaatlicher Parlamentskompetenzen aufgrund einer starken Supranationalisierung, zu der die nationalen Parlamente freilich durch die Ratifikation der entsprechenden Verträge häufig selbst beigetragen haben. Siehe zur Rolle der nationalen Parlamente und deren Bedeutungswandel in der EU vor allem A. Maurer 2001, S. 28, und zu den letzten beiden Aspekten außerdem M. Mai 2003, S. 1f.

tern allerdings, wie etwa das politische System der DDR, über kurz oder lang auch daran: Ein nur deklamatorisch-vorgeblendeter Legitimitätszuwachs für das politische System, welcher ein Parlament zu einem Appendix überwölbender Zielvorstellungen macht, verhindert nämlich parlamentarisches Erstarken nur unter Inkaufnahme hoher Transaktionskosten.[3] Ganz anders liegt der Fall hingegen, wenn ein Parlament, wie etwa das Europäische, tatsächlich Freiheitsgrade zur weiteren Entwicklung und zum Machtaufstieg hat. Solche Prozesse haben dann zwar auch etwas mit Legitimitätszuwachs für das politische System selbst zu tun. Aber viel mehr noch sind sie eine Art sich selbst verstärkender pfadabhängiger Prozess. Wenn nämlich einem Parlament erst einmal funktionstüchtige Strukturen, Organisationen und Mechanismen eingelassen sind und jenes Strukturgefüge tatsächlich Geltung als wirkliches Parlament für sich beansprucht, wird es sich auch entweder selbst um Funktionserweiterung und Machtsteigerung bemühen oder bis zu einem als ausreichend angesehenen Grad von außen mit weiteren Kompetenzen ausgestattet werden.

Unterschiedlich sind indessen die Wege, über die ein solcher – aus gleich welchen Gründen motivierter – Machtaufstieg eines Parlaments gelingen mag. Bei der Analyse des Europäischen Parlaments stehen häufig die großen Reformen durch Vertragsveränderungen im Zentrum des Interesses.[4] Zwar haben diese durch die Staats- und Regierungschefs der Mitgliedstaaten beschlossenen Umgestaltungen zumeist direkten Einfluss auf die parlamentarische Funktionserfüllung. Derlei Analysen erklären jedoch in der Regel nur einen Teil des parlamentarischen Machtaufstiegs. Denn selten wird ein Parlament allein dadurch machtvoll, dass es sich auf die freiwillige Machtreduktion von mit ihm in Konkurrenz stehenden Institutionen verlässt. Meist wird es vielmehr so sein, dass ein Parlament seine Machtposition in mehr oder minder schweren, verdeckt oder offen ausgetragenen Kämpfen wird erringen müssen.[5] Ebenso wegweisend wie die vermeintlich so wichtigen Reformen der Staats- und Regierungschefs sind deshalb jene in einer darunter liegenden Schicht zum Einsatz kommenden institutionellen ‚Machtmechanismen'. Obwohl diese Mechanismen vielfach überhaupt erst die konkrete Durchsetzung und das In-Geltung-Bringen parlamentarischer Machtbehauptung in der institutionellen Alltagspraxis ermöglichen, richtet sich der analytische Blick allzu selten in diese Richtung. Deshalb kommt der Beantwortung folgender Fragen eine Schlüsselstellung bei der Analyse des europaparlamentarischen Machtaufstiegs zu: Was sind die konstitutiven Merkmale institutioneller Machtmechanismen? In welchem Kontext können institutionelle Machtmechanismen wirken, und was leisten sie ganz konkret? Wie gelingt es, durch institutionelle Mechanismen erlangte Macht zu verstetigen? Und schließlich: Wie kann der gewonnene Einfluss in einem von allen institutionellen

---

3 Vgl. R. Schirmer 2002.
4 Siehe etwa zuletzt A. Maurer 2004.
5 Auch hier hilft ein Blick in die Geschichte, etwa des Machtaufstiegs des englischen *House of Commons*, derartige Prozesse nachzuvollziehen.

Akteuren akzeptierten und getragenen Werte- und Normenkanon als ‚gemeinsamer Handlungsraum'[6] verankert werden?

2. Was sind institutionelle ‚Machtmechanismen'?

Unter institutionellen Machtmechanismen ist eine Teilmenge ‚allgemeiner' institutioneller Mechanismen zu verstehen. Ein institutioneller Mechanismus ist ein *Dreiklang aus Regeln, Positionen und Interessen*. Das Wirken eines solchen Mechanismus lässt sich wohl auf das Klarste verstehen, wenn man darunter ein Hebelwerk begreift. Dessen Einsatz ruft – ebenso wie in der Mechanik – eine bestimmte und zumeist sicher erwartbare Handlung hervor. Dabei funktioniert das Zusammenwirken der drei konstitutiven Elemente eines institutionellen Mechanismus wie folgt:

- Innerhalb einer Institution oder auch zwischen Institutionen werden die verfügbaren *Positionen* durch handlungsfähige Personen oder Gruppen von Personen besetzt;
- es existieren formale und informale *Regeln*, welche das Zusammenwirken der Inhaber jener Positionen betreffen, und die ein kompetentes Mitglied einer Institution entweder kennt und darum befolgt oder gegen die aus Unkenntnis oder ohne gute Gründe zu verstoßen durch ein halbwegs verlässlich funktionierendes Sanktionssystem (d.h.: durch verlässlich konditionierende ‚Antizipationsschleifen') unwahrscheinlich gemacht wird;
- *Interessen* von Positionsinhabern (oder ebenfalls auch wieder von Gruppen von Positionsinhabern, also evtl. sogar ganzen Institutionen) sind fast immer bekannt. Deshalb werden bei der Entscheidung zwischen dem Befolgen oder dem Brechen einer das Zusammenwirken von Positionsinhabern betreffenden Regel die daraus wahrscheinlich resultierenden Folgen und Konflikte berücksichtigt.[7]

Offenkundig dienen so gekennzeichnete institutionelle Mechanismen dem ganz konkreten, alltagspraktischen Funktionieren einer Vertretungskörperschaft. Der Einsatz eines Mechanismus ruft eine sicher erwartbare Handlung hervor. Ein anschau-

---

6 Der Begriff des gemeinsamen Handlungsraums geht zurück auf Gerhard Göhler, der sich dabei an die Unterscheidung transitiver und intransitiver Macht durch Hannah Arendt anlehnt; siehe G. Göhler 1997, S. 45. Intransitive Macht stellt dabei eine Form des Gemeinschaftshandelns dar und ist nicht gegen andere Akteure gerichtet, sondern eine Form des gemeinsamen Agierens zum Wohl aller. Transitive Macht hingegen ist die klassische Form des Herrschens über andere. Dabei ist das Ziel nicht ein gemeinsames, sondern es geht um die direkte Durchsetzung von Interessen der Machthabenden gegenüber den Machtlosen. Siehe H. Arendt 1970, S. 45, sowie R. Speth/H. Buchstein 1997, S. 224f. Zum folgenden Begriffsgebrauch siehe das Einleitungskapitel dieses Bandes.
7 Siehe W. J. Patzelt 2003, S. 67f.

liches Beispiel findet sich im Europäischen Parlament bei dem in manchen Fraktionen praktizierten whip-System.[8] Das Ziel der Fraktionsführung ist es, ein möglichst geschlossenes Abstimmungsverhalten bei einer bestimmten Gesetzesvorlage herzustellen. Die *Positionen* werden dabei vom Geschäftsführer der Fraktion (chief whip) einerseits und den übrigen Fraktionsabgeordneten andererseits eingenommen. Das *Interesse* besteht auf Seiten des Geschäftsführers darin, dass die Fraktion geschlossen abstimmt. Das Interesse einzelner Abgeordneter könnte es sein, aus gleich welchen Gründen nicht entlang der Fraktionslinie zu stimmen. Deshalb würden sie – um eine offene Konfrontation zu umgehen – der Abstimmung fernbleiben wollen. Wenn es sich jedoch um eine wichtige Abstimmung handelt, gilt die *Regel*, dass vom chief whip ein Ladungsschreiben mit höchster Priorität verschickt wird. Das bedeutet für den einzelnen Abgeordneten, dass er der Abstimmung nur dann fernbleiben kann, wenn er das vorher beim chief whip angemeldet und begründet hat. Freilich weiß der einzelne Abgeordnete, dass die Fraktion ein Verzeichnis über die Abstimmungsteilnahmen führt. Will der Parlamentarier also nicht riskieren, von der Fraktionsführung etwa durch Nicht-Berücksichtigung bei der Vergabe von Berichten oder gar durch den Ausschluss aus der Fraktion abgestraft zu werden, wird er nicht allzu oft von der Fraktionsvorgabe abweichen.

Das Zusammenspiel der verschiedenen Elemente dient somit der sicheren Erfüllung einer ganz bestimmten Funktion, etwa dem möglichst geschlossenen Abstimmungsverhalten im Rahmen der Gesetzgebung. Das unterscheidet diese Form institutioneller Mechanismen allerdings von jener, wie sie Karl-Siegbert Rehberg vor Augen hat. Dessen Theorie und Analyse institutioneller Mechanismen (TAIM) versteht darunter nämlich Mittel der „institutionellen Geltungsstilisierung und Selbst(re)produktion".[9] Dazu zählen laut Rehberg Leitideen und Leitdifferenzen, die Symbolisierung institutioneller Ordnungsleistungen, Sprache, Entsituierung, Generalisierung, Transzendierung, Zeit-Konstruktionen und -Regulierungen, Autonomisierung und die Akkumulation von Mitteln institutioneller Geltung.[10] Es handelt sich also um Mechanismen, die institutionen- oder institutionalitäts*generierend* wirken, nicht aber um jene Sorte institutioneller Mechanismen, die das alltagspraktische Funktionieren einer Vertretungskörperschaft ermöglichen. Die Definition Rehbergs unterscheidet sich von der hier genutzten also schon allein durch die Fallhöhe zwischen Theorie und empirischer Prüfung. Das Ziel Rehbergs ist nämlich nicht die Analyse konkreter Institutionen, sondern die Formulierung allgemeiner institutionentheoretischer Kategorien.[11] In diesem Text ist das Interesse jedoch anders gelagert. Hier geht es um so greifbare Mechanismen wie das oben beschriebene whip-System, welches die Herstellung institutioneller Handlungsfähigkeit einer Institution

---

8 Vgl. dazu die ausführliche Darstellung in einem Leitfaden der Fraktion der Europäischen Volkspartei/Europäischen Demokraten in EVP/ED-Fraktion 1999, S. 12f.
9 Zur Theorie und Analyse institutioneller Mechanismen im Sinne Karl-Siegbert Rehbergs siehe ders. 1994, S. 80.
10 Ebd.
11 Vgl. W. J. Patzelt 2003, S. 67.

ermöglicht. Genau jene institutionelle Handlungsfähigkeit ist wiederum eines der Kernelemente parlamentarischer Funktionserfüllung. Darum können institutionelle Mechanismen auch mit gutem Grund als Hebelwerke der parlamentarischen Funktionserfüllung bezeichnet werden. Funktionen sind dabei all jene integrativen und steuernden Leistungen, die das Parlament für das es umbettende System erbringt.[12] Dazu zählen neben den instrumentellen Funktionen in Form von Kontrolle, Gesetzgebung, Kommunikation und Kreation[13] auch die symbolischen Funktionen der Repräsentation und Darstellung institutioneller Ordnungsvorstellungen und Geltungsansprüche durch Architektur, Rituale oder Traditionen.[14]

Weite Teile dieser Funktionserfüllung finden natürlich nicht isoliert und allein im Parlament statt, sondern im Zusammenspiel mit anderen Institutionen. Folgerichtig müssen auch institutionelle Mechanismen existieren, die *zwischen verschiedenen* Institutionen wirken. Jene funktionieren im Grunde nach dem gleichen Schema wie innerinstitutionelle Mechanismen. Anders ist eben nur, dass sich die Positionsinhaber in verschiedenen Institutionen befinden. So ist etwa die Fragestunde ein institutioneller Mechanismus, der im Rahmen parlamentarischer Kontrollausübung eingesetzt wird. Die *Positionen* werden dabei durch Parlamentarier auf der einen und durch Kommissions- bzw. Ratsmitglieder auf der anderen Seite besetzt. Das *Interesse* der Parlamentarier ist es, möglichst umfangreiche Informationen zu erhalten; das Interesse von Rat oder Kommission besteht hingegen darin, nur soviel an Informationen preiszugeben, wie unbedingt notwendig ist. In den Verträgen ist die *Regel* festgeschrieben, dass zumindest die Kommission Anfragen des Parlaments beantworten muss, während der Rat selbst darüber entscheidet, ob er Fragen beantwortet.[15] In beiden Institutionen ist natürlich bekannt, dass die Anfragen des Parlaments nicht nur dazu dienen, irgendwelche Informationen zu erhalten. Vielmehr macht das Parlament von der Qualität der Antworten abhängig, wie es beispielsweise auf Gesetzesvorschläge reagiert. Darum werden Kommission und Rat stets dann das Informationsbedürfnis des Parlaments decken, wenn sie nicht eine Verzögerung oder Ablehnung von Ordnungsvorhaben riskieren wollen.

Institutionelle Mechanismen können also sowohl innerhalb als auch zwischen Institutionen ihre Wirkung entfalten. Was zeichnet nun aber jene institutionellen Mechanismen aus, die unmittelbar zum Machtaufstieg des Parlaments beigetragen haben? Als ‚Machtmechanismen' sollen diejenigen Hebelwerke gelten, welche die

---

12 Siehe W. J. Patzelt 2003, S. 61.
13 Siehe zu einer detaillierten Beschreibung der parlamentarischen Funktionserfüllung W. J. Patzelt 2003 sowie speziell auf das Europäische Parlament gewendet S. Dreischer 2003.
14 Siehe zur symbolischen Funktionserfüllung von Parlamenten W. J. Patzelt 2001a, 2001b.
15 Siehe Art. 197 EGV.

Ausübungsmacht[16] des Europäischen Parlaments, also dessen Nettomacht,[17] im strategischen Handlungsraum vergrößern. Der strategische Handlungsraum ist dabei die Situation des ganz konkreten konfligierenden Gegenübers von zwei oder mehr Institutionen.

Ebenso wie ‚allgemeine' institutionelle Mechanismen kann auch deren Unterform der Machtmechanismen auf zwei Handlungsebenen gerichtet sein. Entweder handelt es sich um solche institutionellen Mechanismen, welche die Ausübungsmacht des Europäischen Parlaments *gegenüber anderen* Institutionen im strategischen Handlungsraum betreffen; oder es handelt sich um jene institutionellen Mechanismen, die auf die Ausübungsmacht *innerhalb* des Parlaments und somit zwischen seinen Akteuren zielen. Freilich sind für die Analyse des Machtaufstiegs und der Machtposition des Europäischen Parlaments im Machtgefüge der Europäischen Union vor allem solche institutionellen Mechanismen von Bedeutung, die das Zusammenspiel des Parlaments mit anderen Institutionen betreffen. Dessen Machtposition ergibt sich nämlich weniger aus seiner internen Struktur und Organisation als aus seiner Position gegenüber den anderen Institutionen.[18] Insgesamt kennzeichnen sich die im folgenden untersuchten Mechanismen durch drei Eigenschaften:

- sie wirken inter-institutionell;
- sie garantieren als zwischen Institutionen eingesetzte Hebelwerke das *relativ gesicherte Eintreten einer erwarteten Verhaltensweise* einer anderen Institution und die damit verbundene Erfüllung einer Funktion;
- sie *wirken jederzeit und sind transpersonell*, stellen also keine punktuellen Erscheinungen dar und sind auch nicht an bestimmte Personen gebunden.

---

16 „Ausübungsmacht" ist jene Kategorie der Macht, die das Zusammenwirken von potentiell vorhandener Bruttomacht, das Einwirken von diese Bruttomacht reduzierender Gegenmacht und die danach verfügbare Nettomacht erfasst. Ein Beispiel aus der Alltagspraxis eines Abgeordneten mag das leicht verdeutlichen. Jeder Abgeordnete in einem freiheitlich-demokratischen politischen System verfügt über ein (brutto)machtvolles freies Mandat. Die machtvolle Position des einzelnen Abgeordneten wird jedoch – vor allem in parlamentarischen Regierungssystemen – dadurch eingeschränkt, dass er sich bei Abstimmungen auf die Linie seiner Fraktion einlassen muss. Diese Gegenmacht des Prinzips der Fraktionsdisziplin vermindert die Bruttomacht des einzelnen Abgeordneten, der nun zwar nicht machtlos ist, aber doch über weniger Freiheitsgrade der Entscheidung verfügt. Seine Nettomacht als Teil einer gemeinsam handelnden Fraktion ist also geringer als die Bruttomacht, die ihm durch das freie Mandat beigegeben wurde. Siehe dazu auch das Einleitungskapitel dieses Bandes.
17 Der Begriff der Nettomacht geht zurück auf Karl W. Deutsch, der „gross power", d.h. Bruttomacht, und „net power", also Nettomacht unterscheidet, wobei „net power" diejenige Machtmenge bezeichnet, die einem Machtausübenden nach Abzug der die „gross power" mindernden Einwirkungen tatsächlich zur Verfügung steht. Siehe K. W. Deutsch 1969, S. 171, sowie das Einführungskapitel dieses Bandes.
18 Das soll natürlich nicht heißen, dass die innere Organisation und Struktur keinen Einfluss auf die Machtposition des Parlaments hätten, denn die Einsatzmöglichkeit und auch die Wirksamkeit eines institutionellen Mechanismus hängen natürlich von der inneren Handlungsfähigkeit des Parlaments ab.

Wenn es dem Parlament mittels eines Machtmechanismus gelingt, sich gegen andere Institutionen durchzusetzen, so trägt jener Mechanismus zum Machtaufstieg des jeweiligen Parlaments bei. Allein das Durchsetzen im strategischen Handlungsraum garantiert natürlich nicht, dass es auch schon zur Übernahme und Verstetigung dieses Machtverhältnisses im gemeinsamen Handlungsraum kommt. Jener findet sich als verinnerlichter Normen- und Wertekanon in verschiedenen Satzungen und Verträgen, inter-institutionellen Vereinbarungen und informalen Regeln verfestigt. Wie ganz konkret Machtmechanismen beschaffen sein müssen und welcher Voraussetzungen es bedarf, damit eine solche Akzeptanz und Verstetigung erreicht wird, ist eine zentrale Frage vergleichender empirischer Forschung.

3. Institutionelle Rahmenbedingungen von Machtmechanismen

Das direkte Gegenüber von Europäischem Parlament und anderen machtrelevanten Institutionen findet im Rahmen des strategischen Handlungsraumes statt. Dieser strategische Handlungsraum konstituiert sich aus einem Beschlussfassungsdreieck, dem neben dem Parlament die Kommission und der Rat angehören. Zwar spielen auch der Wirtschafts- und Sozialausschuss (WSA) sowie der Ausschuss der Regionen (AdR) eine beratende Rolle bei der Entscheidungsfindung; von der konkreten Beschlussfassung sind sie jedoch ausgenommen. Darum ist es sinnvoll, sich auf die Institutionen Parlament, Rat und Kommission zu konzentrieren, wenn es um den Einsatz wirkungsvoller Machtmechanismen geht.

Der institutionelle Rahmen, innerhalb dessen Machtmechanismen wirksam werden, ist erheblichen Wandlungsprozessen unterworfen. Sie lassen sich an der Genese des Europäischen Parlaments ablesen. So konstituierte sich das Europäische Parlament im Jahr 1952 als eine relativ machtlose Vertretungskörperschaft, deren Leitidee[19] sich zuerst als die eines ‚parlamentarischen Forums' darstellte, bevor sie sukzessive zu der eines ‚parlamentarischen Mitgestalters' ausdifferenziert wurde.[20] Mithin war der Einsatz machtvoller Mechanismen auf Seiten des Parlaments gegenüber Rat und Kommission in den Anfangsjahren weder möglich noch im Selbstverständnis der Institution überhaupt nötig. Denn einesteils waren der Position des Parlaments nicht genügend Ressourcen beigegeben, um im Sinne eines institutionellen Mechanismus tatsächlich erwartbare Handlungen bei den anderen Institutionen auslösen zu können; anderteils verstand sich das Europäische Parlament zwar von Beginn an als ein ‚echtes' Parlament, verband damit aber noch nicht die Funktionspraxis einer gesetzgebenden, kontrollierenden oder auf eine Repräsentationsbeziehung zwischen Bürgern und Abgeordneten ausgerichteten Vertretungskörperschaft.

Daran änderte sich erst dann etwas, als dem Europäischen Parlament auch tatsächlich Entscheidungskompetenzen übertragen wurden. An dieser Stelle wird be-

---

19 Zum Konzept der Leitidee siehe M. Hauriou 1965.
20 Siehe S. Dreischer 2003, S. 213ff.

sonders deutlich, dass das Einfallstor zur Etablierung von Machtmechanismen in der Existenz zumindest ‚irgendwelcher' funktionaler Kompetenzen liegt, die ein Parlament über den Status des ‚Dekorationsartikels' zur Vorblendung demokratischer Legitimität hinaustreten lassen. Ein Mindestmaß an Einfluss auf die letztendlich getroffenen Entscheidungen muss in der Hand des Parlaments liegen; erst dann können sich machtrelevante Mechanismen herausbilden.[21]

Die Herstellung des vollständigen Dreiklangs aus Positionen, Interessen und Regeln wurde auf europäischer Ebene häufig dann erreicht, wenn es zu Kompetenzverschiebungen auf die supranationale Ebene und zu einer stärkeren Einbindung des Europäischen Parlaments in die gemeinschaftliche Entscheidungsfindung und Beschlussfassung kam. Dadurch erweiterte sich der gemeinsame Handlungsraum übereinstimmend getragener Wert- und Normorientierungen. Es wurde also im Grunde ‚normal', dass das Europäische Parlament zu einer der zentralen Schaltstellen des europäischen politischen Systems wurde. Ganz konkret nahm diese Kompetenzausweitung ihren Anfang von einer veränderten Haushaltsbewilligungspraxis (1970/1975) und der Direktwahl (1979), gefolgt von veränderten Verfahren der Gesetzgebung und stetig gestiegenen Rechten bei der Kontrolle und Regierungskreation. Wesentliche Wendepunkte dieser zweiten, ab Mitte der 1980er Jahre einsetzenden Reformphase werden durch die Feierliche Deklaration von Stuttgart (1983), die Einheitliche Europäische Akte (1986), den Maastrichter und Amsterdamer Vertrag (1992 und 1997) sowie durch den Vertrag von Nizza (2001) und schließlich durch die Paraphierung (2004) des europäischen Verfassungsentwurfes aus dem Jahr 2003 markiert.

Im politischen System der Europäischen Union, in dem die Staats- und Regierungschefs bzw. die im Rat präsenten Regierungen der Mitgliedstaaten überaus einflussreich und prägend sind,[22] sind die Freiheitsgrade des Europäischen Parlaments zur weiteren Umgestaltung des systemaren Rahmens und damit des gemeinsamen Handlungsraumes zwangsläufig begrenzt. Darum verläuft die Entwicklung von Machtmechanismen auch weitgehend parallel und ergänzend zu jener der veränderten primärrechtlichen[23] Rahmengesetzgebung. Nichtsdestoweniger lässt sich zuweilen auch eine eigenständige Entwicklung ausfindig machen, die sich im Rahmen eben dieser Primärrechtsetzung bewegt. Dadurch werden dem Europäischen Parlament oftmals die fehlenden Ressourcen bereitgestellt, um aus einer einfachen Regel einen wirksamen institutionellen Mechanismus werden zu lassen.

---

21 Siehe dazu auch den Beitrag von C. Demuth zu diesem Band.
22 Siehe hierzu auch den Beitrag von J. Lempp in diesem Band.
23 Im europäischen Gemeinschaftsrecht wird zwischen Primär- und Sekundärrecht unterschieden, wobei dem Primärrecht quasi Verfassungsstatus zukommt, während das Sekundärrecht das daraus abgeleitete Recht darstellt. Siehe T. Oppermann 1999, S. 182.

4. Fallbeispiele institutioneller Machtmechanismen

Existenz, Einsatz und Wirkung institutioneller Machtmechanismen können sich nur im Rahmen parlamentarischer Funktionserfüllung, also der sowohl instrumentellen als auch symbolischen Bewältigung parlamentarischer Leistungen mit dem Ziel der Steuerung und Integration zeigen: Bloß dort geht es um die konkurrierende Durchsetzung gegensätzlicher Interessen von Parlament, Rat und Kommission. Bislang sind Machtmechanismen im europäischen politischen System – mit seinem eher schwach ausgeprägten symbolischen Funktionsinventar – mehrheitlich dort zu finden, wo es um die *instrumentelle* Funktionserfüllung in Form von Kontrolle, Gesetzgebung oder Regierungskreation sowie um die instrumentelle Seite der Repräsentation, also um Vernetzung, Responsivität, Darstellung und kommunikative Führung geht. Zwar ließen sich auch im Rahmen symbolischer Repräsentation sowie der auf Architektur und Gestaltung oder Traditionen, Riten und Zeremonien basierenden Symbolisierungsleistung machtrelevante Entscheidungen finden. Allerdings fehlt es dort noch weitgehend an der konkurrierenden Durchsetzung des Geltungsanspruches der verschiedenen europäischen Institutionen, denn Symbolisierungsleistungen sind nicht nur im Europäischen Parlament, sondern auf europäischer Ebene insgesamt noch unterentwickelt.

4.1. Zur Entstehung institutioneller Machtmechanismen

Die Entstehung von Machtmechanismen lässt sich paradigmatisch am *Misstrauensvotum* und an der *Einzelanhörung bei der Einsetzung einer neuen Kommission* nachzeichnen. Beide sind zwar funktionslogisch eng miteinander verknüpft, basieren aber auf unterschiedlichen Entstehungsgeschichten. So wurde das Misstrauensvotum durch Primärrechtsänderungen zu einem wirkungsvollen Mechanismus, der sowohl die parlamentarische Nettomacht im Rahmen der Ausübungsmacht vergrößerte als auch den gemeinsamen Handlungsraum übereinstimmend getragener Norm- und Wertvorstellungen ausweitete. Im Fall der Einzelanhörung der künftigen Kommissionsmitglieder, welche einen wirkungsvollen Mechanismus zur Einflussnahme auf die Regierungskreation darstellt, wurde hingegen eine interne Regel durch das Parlament so verändert, dass sich daraus ein Machtmechanismus entwickelte, der die Nettomacht des Europäischen Parlaments erweiterte und ebenfalls Schritt für Schritt Eingang in den gemeinsamen Handlungsraum fand.

Insgesamt fußt die Schaffung, Durchsetzung und Etablierung institutioneller Mechanismen jedoch weitaus seltener auf originär parlamentarischer Initiative als auf primärrechtlichen Änderungen. Das hat natürlich nicht wenig damit zu tun, dass der Europäische Rat in Form der Staats- und Regierungschefs der EU-Mitgliedstaaten als überwölbender Prägefaktor fungiert und das institutionelle Gefüge sowie die inter-institutionellen Handlungsstränge maßgeblich bestimmt. Vor allem ist jede Änderung der Gemeinschaftsverträge vom Votum der nationalen Regierungen abhängig, wobei das Beschlossene dann auch erst nach – gegebenenfalls sich über Jahre erstreckender[24] – Ratifikation durch die Staaten den Status von Gemeinschaftsrecht erhält – oder eben auch nicht.

Wie ein Mechanismus durch Primärrechtsänderungen zu einem wirkungsvollen Machtinstrument des Parlaments werden kann, zeigt sich am Beispiel des Misstrauensvotums überaus deutlich. Zwar spielt dieses auch aufgrund seiner nichtkonstruktiven Ausrichtung, in der alltäglichen Parlamentsarbeit keine überragende Rolle. Dennoch ist es ein besonders machtvolles Instrument, weil schon durch die bloße Sanktionsandrohung Handlungsfolgen hervorgerufen werden und darum dieser Mechanismus nicht nur demonstrativen Charakter als hohle und folgenlose Drohung hat.[25] Warum aber ist das Misstrauensvotum heute ein wirklicher Machtmechanismus, war es jedoch in der Anfangszeit des Europäischen Parlaments noch nicht?

Das Misstrauensvotum war anfänglich an den jährlichen Gesamtbericht der seinerzeitigen ‚Hohen Behörde' geknüpft.[26] Europäische Atomgemeinschaft (EAG) und Europäische Wirtschaftsgemeinschaft (EWG) kannten dieses Instrument ebenfalls, jedoch ohne dass es an die Einschränkung einer Diskussion des Jahresberichts gebunden gewesen wäre. Durch den 1967 in Kraft getretenen Fusionsvertrag[27] wurde das Verfahren schließlich in zweierlei Hinsicht generalisiert. Erstens ist es seither jederzeit und auf die gesamte Kommission anwendbar. Damit ist eine wesentliche Bedingung eines institutionellen Mechanismus erfüllt, nämlich dessen Verstetigung und die Abkehr vom Prinzip der begrenzten Einsetzbarkeit. Die zweite wesentliche Neuerung ergab sich durch den Direktwahlbeschluss aus dem Jahr 1976 und die darauf folgenden ersten Direktwahlen im Jahr 1979. Daraus resultierte eine geänderte Position des Europäischen Parlaments, dessen Legitimität nun nicht mehr nur indirekt durch die nationalen Parlamente vermittelt wurde, was seine Durchsetzungskraft gegenüber der Kommission ganz wesentlich verstärkte.

Allein diese Entwicklungen garantierten freilich noch nicht den Machtaufstieg des Europäischen Parlaments. Erst durch die Verknüpfung mit der durch den Maastrichter Vertrag eingeführten Regel,[28] dass eine neue Kommission durch das Europäische Parlament bestätigt werden müsse, wurde das Parlament nämlich zu einem mächtigen Mit- und Gegenspieler im strategischen Handlungsraum des euro-

---

24 Der Maastrichter Vertrag beispielsweise trat erst am 1. November 1993 in Kraft, wurde jedoch bereits am 7. Februar 1992 unterzeichnet.
25 An dieser Stelle mag auch ein Blick in die Geschichte des Reichstages in der Weimarer Republik hilfreich sein, um genau jene pfadabhängigen Prozesse besser zu verstehen, die einen Mechanismus zu einem tatsächlich wirksamen Instrument werden lassen. Dessen Machtaufstieg war ebenso mit einer Durchsetzung des Misstrauensvotums als wirkungsvollem Mittel der Machtsteigerung verbunden, wie das am Fall des Europäischen Parlaments nachzuvollziehen ist. Siehe dazu den Beitrag von C. Demuth in diesem Band.
26 Vgl. D. C. Bok 1955, S. 8.
27 ABl. L 252/1967, S. 2f.
28 Art. 158, Abs. 2 EGV.

päischen Institutionengefüges. Folglich ging von dem bereits formal verfügbaren Mechanismus nun eine substantiell andere Wirkung aus als zuvor: Die Einsetzung der Kommission war nunmehr stets an ein positives Votum des Parlaments gebunden, was eine Re-Investitur der alten Kommission praktisch aussichtslos und das Misstrauensvotum zu einem echten Machtmechanismus machte. So war gesichert, dass der Entlassung einer alten tatsächlich die Einsetzung einer neuen Kommission folgen würde.

Einen völlig anderen Entstehungsweg eines institutionellen Mechanismus zeigt hingegen das Beispiel der Einzelanhörung designierter Kommissare. Zwar ist dieses Hebelwerk eng mit dem Aufstieg des Misstrauensvotum zu einem tatsächlich Macht generierenden Mechanismus verbunden: Die primärrechtliche Verankerung einer parlamentarischen Kommissionsbestätigung war nun einmal die wesentliche Vorbedingung für die Kreation genau dieses Mechanismus. Der Mechanismus selbst, also die Prüfung der Tauglichkeit der designierten Kommissionsmitglieder, ist jedoch, wie das Zitat des folgenden Europaabgeordneten belegt, eine allein parlamentarische Leistung:

> „Das Europäische Parlament hat 1994 eine Prozedur begonnen, die weder in den Verträgen steht noch in der Geschäftsordnung. Wir müssen nämlich der Kommission insgesamt zustimmen. Das müssen wir nicht; aber die kommen sonst nicht ins Amt. Und das Parlament hat daraus gemacht: Wir tun das erst, wenn wir alle Kommissare, die designiert sind, öffentlich allerlei gefragt haben. Und dieses Procedere ist ja nun bei zwei Kommissionen [1995 und 1999] gehandhabt worden. Das erwähne ich deswegen, weil noch kein nationales Parlament in Europa das mit seiner Regierung gemacht hat. Das bedeutet, der demokratische Meinungsbildungsprozess ist hier beim Europäischen Parlament bei weitem entwickelter, als er in den nationalen Parlamenten ist."[29]

Der ganz konkrete Anlass, der die Schaffung und das Wirksamwerden dieses Mechanismus nötig und möglich machte, war die Investitur der Kommission unter Jacques Santer im Jahr 1995. Nach dem Inkrafttreten des Maastrichter Vertrags stand dem Europäischen Parlament das Recht zu, die Kommission insgesamt in ihrem Amt zu bestätigen. Allerdings fehlte es an der Möglichkeit, die politische und fachliche Eignung der Kommissare und damit der gesamten Kommission zu prüfen. Die Abgeordneten des Europäischen Parlaments erkannten dieses Problem und entschlossen sich, in Anpassung an den Maastrichter Vertrag die eigene Geschäftsordnung zu ändern. Artikel 33 der geänderten Geschäftsordnung legt nun fest, dass der Parlamentspräsident die vorgeschlagenen Kommissionsmitglieder auffordern soll, sich vor der Abstimmung im Parlament entsprechend ihren in Aussicht genommenen Zuständigkeitsbereichen den jeweiligen Ausschüssen vorzustellen. In solchen

---

29 Im Rahmen der Forschungen zum Europäischen Parlament innerhalb des Teilprojekts K des SFB 537 führte der Autor eine Reihe leitfadengestützter Interviews mit Abgeordneten des Europäischen Parlaments. Dieser Beitrag beinhaltet Teile der Auswertungsergebnisse dieser Interviews. Das Zitat stammt aus Interview Nr. 3, Zeilen 364 – 376.

Anhörungen sollen die Kandidaten Fragen beantworten und Erklärungen abgeben.[30] Wie wichtig die Durchsetzung dieses Prinzips für die alltagspraktische Arbeit des Parlaments tatsächlich war, zeigte sich unlängst bei der Investitur der Kommission unter José Manuel Durão Barroso: Allein durch das praktizierte Anhörungsverfahren wurde es überhaupt möglich, solchen Druck gegenüber dem Kommissionspräsidenten und den Staats- und Regierungschefs aufzubauen, dass es zu einer Umgestaltung der designierten Kommission nachgerade kommen musste.[31]

Vollkommen richtig bemerkte der oben zitierte Abgeordnete jedoch auch, dass das parlamentarische Vorgehen in Form der individuellen Anhörung der designierten Kommissare und das Kollegialitätsprinzip des Gemeinschaftsvertrages einander offenbar widersprechen.[32] Bereits im ersten Testfall, der Investitur der Kommission 1995, wurde dieses Dilemma jedoch zugunsten des Europäischen Parlaments aufgelöst. Der zu diesem Zeitpunkt designierte Nachfolger von Jacques Delors, Jacques Santer, entschied sich nämlich zu einer kooperativen Haltung gegenüber dem Parlament. Er wertete das knappe Abstimmungsergebnis nach seiner Anhörung vor dem Europäischen Parlament (260 Ja-Stimmen gegenüber 230 Nein-Stimmen bei 23 Enthaltungen) als Warnsignal und antizipierte die Gefahr einer Ablehnung der gesamten Kommission für den Fall der Verweigerung von Einzelanhörungen. Zwar war zu diesem Zeitpunkt die Abstimmung des Parlaments zur tatsächlichen Einsetzung des Kommissionspräsidenten formal noch gar nicht vorgesehen;[33] aber das Parlament hatte es sich trotzdem zu eigen gemacht, im Rahmen seiner Anhörungsrechte eine solche Abstimmung durchzuführen. Damit konnte klar signalisiert werden, wie viel Rückhalt der Kommissionspräsident im Parlament tatsächlich hatte. Und weil der designierte Kommissionspräsident Jacques Santer eben über eine nur schwache Mehrheit verfügte, war es für das Parlament leicht, ihm Zugeständnisse bei der Anhörungsprozedur abzuringen. Nachdem jedoch genau jener Mechanismus der indi-

---

30 Art. 33, Abs. 1 GO des EP i. d. F. vom 7. Dezember 1995, abgedruckt in: ABl. L 293/1995, S. 1ff.
31 Siehe dazu ausführlicher den Abschnitt 4.2.3.
32 In gleicher Weise findet sich das auch bei Andreas Maurer, welcher in einer Bilanz des ersten Investiturverfahrens nach der Änderung der Geschäftsordnung bereits auf diesen Widerspruch hinweist; siehe A. Maurer 1995, S. 89.
33 Erst im Vertrag von Amsterdam ist in Art. 214, Abs. 2 EGV die Regel eingeführt worden, dass der von den Staats- und Regierungschefs auserkorene Kommissionspräsident durch das Europäische Parlament bestätigt werden muss, bevor dessen tatsächliche Ernennung erfolgen kann. Diese Regel wurde zum ersten Mal bei der Investitur der Kommission unter der Leitung von Romano Prodi im Jahr 1999 angewandt. Bis zu diesem Zeitpunkt gab es nur ein Anhörungsrecht des Parlaments gegenüber dem designierten Kommissionspräsidenten gemäß Art. 158, Abs. 2 des Maastrichter Vertrages. Jener musste sich also nur einmal, und zwar gemeinsam mit der gesamten Kommission, der parlamentarischen Abstimmung stellen. Nach dem Inkrafttreten des Amsterdamer Vertrages ist es hingegen so, dass zuerst der Kommissionspräsident bestimmt und nach Zustimmung des Europäischen Parlaments ernannt wird. Anschließend erfolgt die Auswahl der übrigen Kommissionsmitglieder unter Mitsprache des Kommissionspräsidenten, bevor schließlich die gesamte Kommission, inklusive des Kommissionspräsidenten, vom Parlament bestätigt werden muss. Siehe Art. 214, Abs. 2 EGV.

viduellen Anhörung überhaupt einmal institutionalisiert war, war es nahezu unmöglich, wieder hinter diese Regelung zurückzufallen: Das Parlament würde sein Votum für die neue Kommission stets von der Zusage abhängig machen, erneut genau jenes Anhörungsverfahren zu praktizieren, welches bereits einmal durchgesetzt wurde.

Der vom Europäischen Parlament initiierte Machtmechanismus der Einzelanhörung designierter Kommissionsmitglieder konnte sich also aus zwei Gründen durchsetzen: Einesteils fehlte es einfach an einem angemessenen Instrument, welches die primärrechtlich verankerte Prüfkompetenz des Europäischen Parlaments sicherte, wobei dessen Durchsetzung zudem durch die Schwäche des designierten Kommissionspräsidenten begünstigt wurde; andernteils war es aber vor allem der Wagemut des Europäischen Parlaments, welches die Chance zu einer Verbesserung seiner Machtposition nicht ungenutzt lassen wollte, der diesen Machtaufstieg ermöglichte.

4.2. Einsatz und Wirkung von Machtmechanismen

Wie unterschiedlich die Entstehungsgeschichte inter-institutioneller Machtmechanismen auch sein mag, so ähnlich sind doch die von ihnen ausgehenden Wirkungen: Sie dienen durchweg der verlässlichen Erfüllung parlamentarischer Funktionen. Deshalb finden sich derlei institutionelle Mechanismen auch in allen Funktionsbereichen. Dennoch ist nicht jeder Mechanismus gleichermaßen geeignet, die Ausübungsmacht des Europäischen Parlaments bei seiner Durchsetzung gegenüber anderen Institutionen zu stärken. Wie verschieden sich deren Wirkung im Einzelfall darstellt, verdeutlichen drei Beispiele aus der parlamentarischen Praxis.

4.2.1. Vermittlungsausschuss

Der Vermittlungsausschuss zwischen Europäischem Parlament und Rat ist ein Instrument, welches seine Wirkung im Rahmen des Mitentscheidungsverfahrens in der Gesetzgebung entfaltet.[34] Kommt es dort nämlich innerhalb der ersten beiden von drei möglichen Lesungen nicht zu einer Einigung zwischen Rat und Europäischem Parlament, so kann der Vermittlungsausschuss angerufen werden.[35] Hierbei handelt es sich um ein paritätisch mit Mitgliedern des Parlaments und des Rats besetztes

---

34 Das Verfahren der Mitentscheidung wurde durch den Maastrichter Vertrag eingeführt und anschließend in den Verträgen von Amsterdam und Nizza vereinfacht sowie auf eine größere Zahl von Anwendungsfällen ausgeweitet. So lag der Anteil der Mitentscheidungsverfahren an der Gemeinschaftsgesetzgebung anfänglich bei weniger als 10%, während er nach dem Inkrafttreten des Vertrages von Nizza auf über 20% angewachsen ist. Seit dem 1. Februar 2003 ist das Verfahren in 45 von insgesamt 244 möglichen Fällen der Rechtsetzung auf EU-Ebene vorgesehen. Zu den Zahlen siehe die Berechnungen von A. Maurer 2001, S. 139, sowie ders. 2002, S. 135.
35 Siehe Art. 251 EGV.

Gremium,[36] welches eine Einigung bei umstrittenen Punkten herbeiführen soll. Darum ist der Vermittlungsausschuss mit Sicherheit ein Mittel zur Herstellung institutioneller Handlungsfähigkeit, wobei das Europäische Parlament die Verfügungsgewalt darüber freilich mit dem Rat teilt. Darum mangelt es jenem Mechanismus aus der Sicht sowohl des Parlaments als auch des Rates an der so wünschenswerten Eigenschaft, durch seinen Einsatz tatsächlich die von der jeweiligen Institution intendierten Handlungsfolgen zu produzieren. Keine der beiden Institutionen kann durch den Einsatz des Vermittlungsausschusses ihre Nettomacht vergrößern. Der Mechanismus dient somit zwar der Erfüllung einer Funktion in Form der Gesetzgebung; doch es steht von vornherein fest, dass das Hebelwerk nur dann funktioniert, wenn beide Seiten einen Kompromiss einzugehen bereit sind. Der in der Praxis sehr gut arbeitende Vermittlungsausschuss[37] ist deshalb nicht geeignet, einer einzelnen Institution im strategischen Handlungsraum des institutionellen Gegenübers einen Vorteil zu verschaffen: Im Rahmen institutioneller Ausübungsmacht sind hier die Bruttomacht der einen und die Gegenmacht der anderen Institution im Grunde gleichverteilt.

Falsch wäre es natürlich anzunehmen, der Vermittlungsausschuss habe ohnehin keine machtrelevante Wirkung. Denn jener ist ein Instrument, welches es dem Europäischen Parlament überhaupt erst ermöglicht, Gegenmacht zum Rat aufzubauen. Vor der Installation dieses Mechanismus war es nämlich im Grunde ausgeschlossen, dass das Parlament substantiellen Einfluss auf die Inhalte der Gesetzgebung nehmen konnte – zumindest dann, wenn der Rat nicht freiwillig mit ihm kooperierte. Die praktische Wirkung dieser Pattsituation zeigt sich daran, dass nahezu alle Vermittlungsverfahren mit einem gemeinsam getragenen Ergebnis enden, da es weder im Rats- noch im Parlamentsinteresse liegt, keine Einigung zu erzielen. Derlei Erfolglosigkeit wäre nämlich eine Abkehr von der Steuerungsfähigkeit, was für jede der beiden Institutionen einer Niederlage gleichkäme.

Der Vermittlungsausschuss ist in seiner jetzigen Verfasstheit also weniger als Beispiel eines – durch das Gegenüber verschiedener Institutionen gekennzeichneten – strategischen Handlungsraumes interessant, als vielmehr aufgrund von richtungsweisenden Einsichten zur Übernahme institutioneller Praktiken in den gemeinsamen Handlungsraum. Es ist nämlich inzwischen normal und von allen beteiligten Institutionen akzeptiert, dass das Europäische Parlament im Rahmen der Gesetzgebung auf bestimmten Feldern gleichberechtigt ist. Freilich gelang eine solche Übernahme in den gemeinsamen Handlungsraum nicht spontan und unvermittelt, sondern hatte einen langen und nun freilich pfadabhängigen Vorlauf. Dabei war die Installation eines Vorläufers in Form des Konzertierungsausschusses ein erster wichtiger Schritt. Das Ergebnis dieses strategischen Machtkampfes, den das Parlament mit Rat

---

36 Siehe Europäisches Parlament 2003, S. 8.
37 Es kam in den ersten fünf Jahren nach der Einführung des Mitentscheidungsverfahrens in 46 der 48 in den Vermittlungsausschuss eingebrachten Verfahren zu einem gemeinsamen Entwurf von Parlament und Rat. Nur in einem Fall scheiterte ein gemeinsamer Entwurf an der Ablehnung des Parlaments; siehe A. Maurer 1998b, S. 217.

und Kommission in den 1970er Jahren ausgefochten hatte,[38] war ein zuerst nur suspensives Vetorecht. Dadurch konnte eine Entscheidung im sogenannten Konzertierungsverfahren nur verzögert, aber nicht verhindert werden.[39] Jedoch war es sehr wahrscheinlich, dass ein erprobtes und recht gut funktionierendes Instrument dann Eingang in das Primärrecht finden würde, wenn es zu einer weiteren Ausdehnung der Regelungskompetenzen käme.

Entscheidend für die Akzeptanz substantieller parlamentarischer Beteiligung an der Gesetzgebung ist, dass ein permanenter Transfer von Regelungskompetenzen auf die supranationale Ebene der Legitimation durch das Europäische Parlament spätestens dann bedarf, wenn diese immer weniger durch die nationalen Parlamente bereitgestellt wird. Außerdem findet der Vermittlungsausschuss in einem Bereich Anwendung, welcher nun wirklich zu den originären Feldern parlamentarischer Arbeit gehört.[40] Hier das Parlament auf Dauer am Machtaufstieg zu hindern, würde leicht die Legitimation des gesamten politischen Systems in Frage stellen. Offenbar stehen die Chancen für die Übernahme von in strategischen Machtkämpfen erworbenen Einflussmöglichkeiten in den gemeinsamen Handlungsraum dann gut, wenn die Machtausdehnung des Parlaments positive Wirkungen für das europäische Institutionengefüge insgesamt hat. Darum ist es wohl auch so, dass diese Verfahrensart als wichtigstes Verfahren in den Verfassungsvertrag integriert wurde. Dort ist nämlich vorgesehen, dass die Anzahl der möglichen Gesetzgebungsverfahren auf europäische Rahmengesetze (vormals Richtlinien) und europäische Gesetze (ehedem Verordnungen) reduziert und das Mitentscheidungsverfahren zum ordentlichen Gesetzgebungsverfahren wird.[41]

---

38 Der ganz konkrete Hintergrund dieses Machtkampfes bestand darin, dass dem Parlament nach den Haushaltsreformen 1970/1975 zwar die Letztentscheidung über die Verausgabung der sogenannten nicht-obligatorischen Haushaltsmittel zugestanden wurde. Das Parlament hatte jedoch keinen Einfluss auf die Rechtsakte, die zur gezielten Verausgabung der Mittel führten. Darum drohte das Parlament, der Kommission das Misstrauen auszusprechen, wenn diese nicht einen Entwurf vorlegte, der die Mitwirkungsrechte des Parlaments steigerte. Daraus resultierte schließlich eine ‚Interorganvereinbarung' zwischen Rat, Europäischem Parlament und Kommission, in der die Einrichtung des Konzertierungsausschusses festgelegt wurde. Siehe ABl. C 89/1975, S. 1ff., sowie C. D. Ehlermann/M. Minch 1981; H.-J. Glaesner 1981; T. Läufer 1990.
39 J. Mégret 1979, S. 355.
40 So gab es keinen Parlamentarier, der bei den durchgeführten Interviews nicht die Gesetzgebung als die zentrale Aufgabe des Parlaments angab. Bei G. Loewenberg und S. C. Patterson wird ohnehin die Gesetzgebung als eines der typischen Felder des Machtzuwachses in parlamentarischen Gründungsphasen genannt, wenn sie schreiben, dass „the members of the assembly bargained with the central government, exchanging consent to the government's policies for legal favors to their constituents." Siehe G. Loewenberg/S. C. Patterson 1979, S. 9.
41 Siehe dazu Art. I-34 und III-396 Verfassungsvertrags-Entwurf (VVE) sowie die Bewertungen des ehemaligen Präsidenten des Europäischen Parlaments Klaus Hänsch (ders. 2004, S. 323).

4.2.2. Misstrauensvotum

Anders als beim Vermittlungsausschuss liegt der Fall beim Misstrauensvotum. Hier zeigt sich überaus deutlich, dass das Parlament durch den Einsatz genau dieses Mechanismus seine Nettomacht gegenüber der Kommission im strategischen Handlungsraum stärken kann. Das Misstrauensvotum ist ein Hebelwerk zur wirksamen parlamentarischen Kontrolle gegenüber der Kommission, das seine volle Wirkkraft erst schrittweise erlangen konnte.[42]

Wie gut der institutionelle Mechanismus des Misstrauensvotums tatsächlich geeignet ist, die Machtposition des Europäischen Parlaments zu verbessern, zeigt sich eindrucksvoll am Beispiel des Rücktritts der Kommission unter Jacques Santer. Dabei liegt die Besonderheit dieses Falls vor allem darin, dass das Misstrauen letztlich nicht einmal tatsächlich ausgesprochen werden musste, damit verlässliche Vorauswirkung von diesem Instrument ausgehen konnte. Während frühere Versuche, die Kommission zum Rücktritt zu bewegen, stets daran gescheitert waren, dass es dem Parlament entweder an den notwendigen Sanktionsmitteln fehlte oder eben keine parlamentarische Mehrheit hergestellt werden konnte, war beides im März 1999 sehr wahrscheinlich.

Ganz konkret nahm das Misstrauensvotum seinen Ausgangspunkt von dem Vorwurf, die Kommission habe Misswirtschaft betrieben und könne deshalb nicht für ihre Haushaltsführung entlastet werden. Dabei schien es anfänglich gar so, als ob die Nützlichkeit des Instruments sich noch nicht würde beweisen können, denn ein zuerst gewolltes und dann auch tatsächlich initiiertes Misstrauensvotum gegen die Kommission blieb zunächst erfolglos. Bereits im Winter 1998/99 versuchte nämlich ein Teil der Parlamentarier, den Rücktritt der Kommission zu erzwingen. Vor allem auf Seiten der SPE-Fraktion wurde jedoch eine gegenteilige Strategie verfolgt, wie sich anhand des folgenden Interviewausschnitts eines konservativen Abgeordneten nachvollziehen lässt. Darin wird auch der Ursprung der Konfrontation zwischen Parlament und Kommission sehr gut deutlich.

„Das [Problem] kam mit Sicherheit aus der Haushaltsentlastung. Das Problem [nämlich], dass bestimmte Unregelmäßigkeiten entdeckt wurden und der Kommission eine Frist gesetzt wurde, um bestimmte Dinge wenigstens für die Zukunft in Ordnung zu bringen. Das war die Kommission nicht bereit zu leisten, und dann haben die Sozialisten geglaubt, sie machen es ganz clever und haben gemeint: ‚Ja, wenn ihr der Kommission so misstraut, dann stellt doch auch einen Misstrauensantrag! Um euch mal die Perversität eures Denkens und Handelns vorzuführen, reichen wir als Sozialisten einen solchen Misstrauensantrag ein, aber wir wollen damit das Vertrauen für die Kommission organisieren.' Also, eine negative Vertrauensfrage oder ein negatives Misstrauensvotum, was ja ein Vertrauensvotum sein sollte. Und da hat eine kleine Gruppe von Abgeordneten auch noch ein Misstrauensvotum eingereicht. Ich habe das auch mitunterzeichnet. Und es kam, wie es kommen musste: Die Sozialisten haben ihren Misstrauensvotumsantrag zurückgezogen, und da war unserer noch da. So, und da wurde drüber

---

42 Siehe zur Entwicklungsgeschichte Abschnitt 4.1. in diesem Text.

abgestimmt, und es gab keine Mehrheit dafür.[43] Also, vom Vertrag her hätte die Kommission bestehen müssen, aber das war das, was die Sozialisten zur Befriedigung ihrer eigenen Klientel gemacht haben. Und was wir dann auch mitgemacht haben – schweren Herzens. Wir haben in einer Entschließung an diesem Zeitpunkt einen ‚Rat der Weisen'[44] eingesetzt, der die Kommission zu analysieren hatte, ob hier alles ordentlich zuging. Und dieser Rat der Weisen hat am Ende der Kommission attestiert, dass sie nicht in der Lage war, die übertragenen Aufgaben ordnungsgemäß auszuführen. Und das ist eine ordentliche Ohrfeige, will ich mal sagen, und daraufhin ist die Kommission zurückgetreten."[45]

Offenbar antizipierte die Kommission, dass es ihr nicht gelingen würde, den Kopf noch einmal aus der Schlinge zu ziehen, und trat deshalb geschlossen zurück, bevor es überhaupt zu einem erneuten Misstrauensantrag kam. Es war also gar nicht mehr nötig, formal das zu vollenden, was unter Rückgriff auf Antizipationsschleifen ohnehin schon klar war, nämlich dass die Demission der Kommission unvermeidlich geworden war. Somit zeugt etwa die Wahrnehmung der ‚Welt' von einer augenfälligen Fehleinschätzung, wenn darin am 10. Juni 2004 der Rücktritt der Kommission unter Jacques Santer noch als „verpasste Chance" gewertet wird:

„Am Ende erklärte die Kommission Santer geschlossen ihren Rücktritt, und die Abgeordneten waren beinahe erschrocken über die Wirkung ihrer Drohung. ‚Ich habe damals bedauert, dass das Parlament den Weg nicht bis zum Ende gegangen ist, bis zum Misstrauensvotum', sagt Diemut Theato, CDU-Politikerin und Haushaltsexpertin im Europa-Parlament. ‚Wir hatten die Möglichkeit, unseren Einfluss in voller Kraft einzubringen.' Verpasste Chancen in Straßburg."[46]

Ebenso wenig wie es sich um eine verpasste Chance handelte, muss man – anders als die Abgeordnete Diemut R. Theato – die Verfahrensweise des Parlaments bedauern: Politik beinhaltet nun einmal als eines ihrer Durchführungsmittel den Aufbau und die Nutzung von Antizipationsschleifen. Deshalb reicht häufig schon die Androhung der Nutzung eines Mechanismus, um ganz ohne dessen weitere Anwendung den gewünschten Effekt zu erzielen. Die Vorauswirkungen oder gar nur die Andeutung eines drohenden Misstrauensvotums waren dann auch so groß, dass es

---

43 Das Ergebnis der Abstimmung lautete: abgegebene Stimmen 552, Ja-Stimmen 232, Nein-Stimmen 293, Enthaltungen 27. Siehe Sitzungsprotokoll des Europäischen Parlaments vom 14. Januar 1999. Quelle: http://www3.europarl.eu.int/omk/omnsapir.so/calendar?APP=PDF&TYPE=PV1&FILE=19990114DE.pdf&LANGUE =DE [letzter Zugriff: 19. Oktober 2004].
44 Gemeint ist hier der aus fünf Personen bestehende ‚Ausschuss unabhängiger Sachverständiger'. Jener wurde nach dem gescheiterten Misstrauensvotum auf Grundlage einer Interorganvereinbarung zwischen Europäischem Parlament und Kommission eingesetzt, um die Frage zu klären, inwieweit das gesamte Kollegium der Kommission oder einzelne Kommissionsmitglieder Verantwortung für Korruption, Missmanagement oder Nepotismus trügen. Von den zwei anzufertigenden Berichten dieses Ausschusses führte letztlich schon der erste zum geschlossenen Rücktritt der Kommission, obgleich nur der Französin Edith Cresson zweifelsfrei Vetternwirtschaft nachgewiesen werden konnte. Vgl. W. Hummer/W. Obwexer 1999, S. 80ff.
45 Interview Nr. 11, Zeilen 623-654.
46 Quelle: http://www.welt.de/data/2004/06/10/289335.html?prx=1 [letzter Zugriff: 19. Oktober 2004].

überhaupt keines wirklichen Anwendungsfalles mehr bedurfte, in dem das Parlament der Kommission das Misstrauen tatsächlich aussprach.

Offensichtlich wird an dieser Stelle, dass die größere Ausübungsmacht des Europäischen Parlaments im Rahmen der Kontrollfunktionen ganz wesentlich durch das Misstrauensvotum erreicht wurde. Am obigen Beispiel zeigt sich aber ebenso deutlich, welche Mängel und welch zugleich großes Potential dieser Machtmechanismus birgt. Zwar ist das Misstrauensvotum im Grunde ein recht gut funktionierender institutioneller Mechanismus. Er weist jedoch zwei wesentliche Schwachstellen auf: Einesteils ist er nicht ständig einsetzbar, andernteils ist er (noch) nur in der Verfügungsgewalt des Gesamtparlaments wirkungsvoll. So entfaltet ein Mechanismus wie das Misstrauensvotum Vorauswirkung ja nur so lange, wie er nicht allzu häufig eingesetzt wird, da ansonsten die Gefahr der Abnutzung bestünde. Zudem darf natürlich die innere Zerrissenheit des Parlaments in solchen Kernfragen nicht zu offensichtlich und zu durchschaubar für die Kommission werden.[47] Erst die Unsicherheit über Möglichkeiten der Verhinderung einer Mehrheit für ein Misstrauensvotum garantiert ja (bislang) das Wirken genau jener Antizipationsschleifen, welche die Kommission zum Handeln zwingen. Das allein ist jedoch keine dauerhaft sichere Handlungsgrundlage für das Parlament. Würde die Kommission nämlich aus dem letzten gescheiterten Misstrauensvotum lernen, dass sich Mehrheiten zu ihrer Abwahl im Europäischen Parlament nur schwer einstellen, könnte sie – auf solche Zuversicht gestützt – das vom Parlament intendierte Handeln verweigern. Zwar änderte das natürlich nichts an der potentiellen Wirksamkeit des Misstrauensvotum-Mechanismus. Im Europäischen Parlament selbst müssten jedoch Mechanismen wirksam werden, die für verlässliche Mehrheiten sorgen.

Eine Chance dazu ergäbe sich durch die Herauslösung des Misstrauensvotums aus der Verfügungsgewalt des Gesamtparlaments. Jene wird umso wahrscheinlicher, als im Vertrag von Nizza nunmehr verankert ist, dass die Kommission nur noch mit qualifizierter Mehrheit und nicht mehr mit Einstimmigkeit durch die Staats- und Regierungschefs eingesetzt werden muss.[48] Daraus ergibt sich eine völlig neue Perspektive: Es wäre ja durchaus denkbar, dass es in Zukunft zu einer dauerhaften politischen Beziehung zwischen einer Parlamentsmehrheit und der Kommission kommt, die dann eben auch auf parlamentarische Unterstützung angewiesen wäre. Stabile parlamentarische Mehrheiten, welche die Kommission stützen, würden natürlich die bisherige Unsicherheit minimieren. Solange die Kommission sich so verhielte, wie es von der Parlamentsmehrheit intendiert ist, bräuchte sie nichts zu fürchten; wechselten jedoch die parlamentarischen Mehrheiten oder erwiese sich die Kommission

---

47 Einer der befragten Abgeordneten sprach in diesem Kontext von einem ‚Dreifach-Oxer', den es zu überwinden gelte (Interview Nr. 21, Zeilen 354–369). Die Aussage zielt – erstens – auf die Notwendigkeit, eine Zweidrittelmehrheit im Parlament zu erreichen, wobei – zweitens – diese Mehrheit auch die Mehrheit der Mitglieder des Parlaments sein muss. Außerdem ist es – drittens – nur möglich, der Kommission in ihrer Gesamtheit das Misstrauen auszusprechen. Siehe Art. 201 EGV.
48 Siehe Art. 214, Abs. 2 EGV.

als zu wenig responsiv gegenüber der parlamentarischen Mehrheit, wäre die Wahrscheinlichkeit eines erfolgreichen Misstrauensvotums sehr hoch. Dadurch würde dem Mechanismus noch mehr an Erwartbarkeit beigegeben als bisher, was letztlich eine zusätzliche Stärkung der Kontrollbefugnisse und der Ausübungsmacht des Parlaments bedeuten würde. Zudem ließe sich dadurch dauerhaft in den gemeinsam getragenen Normen- und Wertekanon implementieren, dass die Kommission grundsätzlich nicht mehr agieren könnte, ohne sich des parlamentarischen Plazets zu versichern. Im Gegenzug gewönne die Kommission einen deutlichen Machtzuwachs gegenüber dem Rat: Dieser müsste sich dann im Konfliktfall nicht nur mit der Kommission, sondern mit der Mehrheit eines demokratisch gewählten Parlaments anlegen. Erfahrungsgemäß gehen solche Machtproben oft zugunsten des Parlaments und der von ihm getragenen Regierung aus.

4.2.3. Einzelanhörung designierter Kommissionsmitglieder

Nicht nur die Kontrolle, sondern auch die Wahl der Regierung stellt einen hervorragenden Testfall für das Wirksamwerden parlamentarischer Ausübungsmacht dar. Zwar handelt es sich beim europäischen politischen System nicht um ein parlamentarisches Regierungssystem, da – noch – keine dauerhafte Unterstützung der Kommission durch eine parlamentarische Mehrheit existiert. Gleichwohl ist es so, dass die Kommission erst durch eine parlamentarische Bestätigung ins Amt kommt. Der vom Parlament nach der Einführung dieser Regelung durch den Maastrichter Vertrag geschaffene Mechanismus der Einzelanhörung der designierten Kommission eignet sich hervorragend, um die Entwicklungsgeschichte eines solchen Hebelwerks nachzuzeichnen. Auch wenn dessen volle Wirksamkeit noch nicht erreicht ist, wurde dadurch sukzessive die Ausübungsmacht des Europäischen Parlaments erweitert.

Die tatsächliche Durchschlagskraft des Mechanismus lässt sich an den bisher stattgefundenen Einzelanhörungen der designierten Kommissionsmitglieder im Jahr 1994, 1999 und 2004 ablesen. Wie schon bei den ersten Testfällen der Kommissionsbefragung unter Jacques Santer und Romano Prodi nahm auch der designierte und 2004 erstmals vom Parlament in einer formalen Abstimmung bestätigte Kommissionspräsident José Manuel Durão Barroso eine Ressortverteilung unter den zukünftigen Mitglieder der Kommission vor.[49] Derlei persönliche Zuweisung der designierten Kommissare zu einzelnen Ressorts ermöglicht es dem Europäischen Parlament überhaupt erst, eine Beurteilung der Eignung aufgrund dieser Information

---

49 Bis zum Inkrafttreten des Vertrages von Amsterdam war die formale Bestätigung nach Art. 214, Abs. 2 EGV des Kommissionspräsidenten durch das Europäische Parlament nicht vorgesehen. Jene wurde zeitgleich mit der Fixierung der politischen Führung der Kommission durch den Kommissionspräsidenten gemäß Art. 217, Abs. 1 EGV im Primärrecht verankert. Dennoch fanden auch bei den beiden Vorgängern von Barroso – Santer und Prodi – im Parlament ‚Probeabstimmungen' statt, mit denen das Parlament seine grundsätzliche Haltung gegenüber den jeweiligen Kandidaten signalisierte. Siehe dazu auch oben den Abschnitt 4.1.

vorzunehmen. Da außerdem die Amtszeit der Kommission seit dem Maastrichter Vertrag an die des Parlaments angeglichen ist, hat das Parlament seither die Chance auf Herstellung einer engeren politischen Beziehung zur Kommission, die nun – ähnlich wie die Regierung in einem parlamentarischen Regierungssystem – zeitgleich mit dem Parlament amtiert und bei der Investitur von dessen Zustimmung abhängig ist.[50] Schon seit dem ersten Testfall dieser Art appellierte das Parlament im Vorfeld an die Mitgliedstaaten, auf die politische Ausgewogenheit, Unabhängigkeit und Fachkompetenz der Kommissionskandidaten zu achten. Diese sollten ihre politischen Prioritäten für ihre Amtszeit offenlegen, zu wesentlichen Fragen der Integration Stellung nehmen sowie Gesprächsbereitschaft gegenüber dem Parlament zeigen.[51] Die designierte Kommission, der Macht des Europäischen Parlaments zu deren Ablehnung durchaus bewusst, fügt sich inzwischen klaglos dem parlamentarischen Willen. Allein schon die Tatsache, dass das Parlament die Kommission zu solch weitreichenden Informationspflichten zwingen kann, zeigt die Wirksamkeit des Instruments der Einzelanhörung.

Freilich könnte dieser Mechanismus sogar noch wirkmächtiger werden, wenn es gelänge, seine zentralen Schwachstellen zu beseitigen. Trotz der Breite der Anforderungen an die Kommissare und der Schaffung des Anhörungsverfahrens bestehen nämlich wesentliche Probleme bei der konkreten Durchführung. Da das Europäische Parlament eben keine Vertretungskörperschaft in einem parlamentarischen Regierungssystem ist, ist die Befragung der designierten Kommissare zu einer Aufgabe der Ausschüsse, nicht aber der Fraktionen des Europäischen Parlaments gemacht worden. Folgerichtig konnten die Befragungen bislang auch weniger entlang politischer, sondern vor allem anhand fachlicher Kriterien erfolgen. Dazu gesellte sich das Problem, dass das Europäische Parlament an der Auswahl der Kandidaten für die Kommission nicht beteiligt war. Und wohl auch deshalb, weil man ohnehin nicht wissen konnte, welche Kandidaten präsentiert werden würden, wurde vorher auch nicht festgelegt, wie denn verfahren werden sollte, wenn sich einer der Kommissare nach dem Anhörungsverfahren als nicht zustimmungsfähig erwies. Auch aus der Selbstsicht parlamentarischer Akteure werden die Schwachstellen durchaus wahrgenommen, was sich anhand der Äußerung eines Parlamentariers zum Anhörungsverfahren von 1999 eindrucksvoll darstellen lässt:

„Und dann hatten wir die ehrenhafte Aufgabe, diese Damen und Herren einer Befragung zu unterziehen. Und da machen wir den Fehler, wir überlassen das den Ausschüssen. Ich halte das für einen Fehler, ja. Also, der Sozialausschuss befragt die Frau Diamantopoulou. Die befragen natürlich nicht die Frau Diamantopoulou nach grundsätzlicher politischer Ausrichtung, sondern: ‚Wie willst du den sozialen Dialog fortsetzen?' Und was versteht sie unter der Fortfüh-

---

50 Vgl. M. Westlake 1995, S. 116.
51 Siehe A. Maurer 1995, S. 93. Praktisch werden diese Anforderungen etwa dadurch realisiert, dass das Europäische Parlament im Vorfeld der Anhörung einen Fragebogen an die designierten Kommissare verschickt. Einesteils werden darin allgemeine Fragen zur persönlichen Eignung und zur Beurteilung der Kommissionsrolle im Institutionengefüge gestellt, andernteils sollen spezielle Fragen zu dem in Aussicht genommenen Ressort beantwortet werden.

rung des fünften Abkommens[52] und was weiß ich, ja. Und dann fragen wir im Prinzip nur ab, ob sie sich schon eingelesen hat in das, was sie tun soll, ja oder nein. Das ist eigentlich uninteressant. Also, wir haben die Frau Schreyer auch abgefragt, wie sie mit der interinstitutionellen Vereinbarung von 1999 umgehen will. Sie hat den Begriff gekannt, sie hat ihn aussprechen können, und dann waren alle glücklich und zufrieden. Verstehen Sie, aber [das ist] nicht das Thema."[53]

Letztlich führte diese Praxis des Anhörungsverfahrens dazu, dass es bei der Abstimmung über die Investitur zu einer Art ‚Kuhhandel' zwischen den Fraktionen kam. Wenn etwa, wie bei der Anhörung 1999, sowohl bei den Sozialisten als auch bei den Konservativen des Europäischen Parlaments Zweifel an der Tauglichkeit einzelner Kandidaten bestanden, einigte man sich darauf zu sagen: „Ihr tut meinem nichts, und wir tun eurem nichts."[54]

Das basale Problem des Alten Dualismus, also des Gegenübers von Parlament und Regierung, wirkt sich hier besonders prägend aus. Nur in seiner Gesamtheit oder zumindest mit einer breiten Koalition gleichgesinnter Kräfte ist das Parlament nämlich relativ stark. Wenn jedoch kein breiter Konsens erreicht werden kann, weil die Spannungslinien sowohl entlang der Fraktionen als auch der Nationen im Parlament verlaufen, gleicht die Befragung am Ende einem Nullsummenspiel. Zwar ist es auch dann noch ein Fortschritt, dass sich die designierten Kommissare im vorhinein einer parlamentarischen Befragung stellen müssen. Noch größere Ausübungsmacht ginge von der Befragung jedoch aus, wenn die internen Mechanismen des Parlaments auch so gestrickt wären, dass Sanktionen in Form der Ablehnung als erwartbare Handlungen wahrscheinlicher als bisher würden.

Obwohl jene internen Mechanismen weder in Form informeller noch formaler vorheriger Absprachen existierten, zeigte sich bei der Investitur der Kommission unter José Manuel Durão Barroso das große Potential des Mechanismus. Wie bei allen vorhergehenden Befragungen auch, wurden die designierten Kommissare in den jeweilig zuständigen parlamentarischen Ausschüssen geprüft. Der im ‚Ausschuss für bürgerliche Freiheiten, Justiz und Inneres' befragte konservative Italiener Rocco Buttiglione wurde aufgrund seiner Äußerungen zu homosexuellen Partnerschaften und zur Rolle der Frau von einer Gruppe linker und liberaler Parlamentarier als nicht geeignet für das in Aussicht genommene Ressort eingestuft. Weitere designierte Kommissionsmitglieder wie der Ungar László Kovács, die Lettin Ingrida Udre und die Niederländerin Neelie Kroes wurden in den jeweiligen Ausschüssen ebenfalls kritisch beurteilt. Dennoch hätte die gesamte Kommission im Amt bestätigt werden können, wenn José Manuel Durão Barroso bereit und in der Lage gewesen wäre, Rocco Buttiglione in ein anderes Ressort umzusetzen; die Fraktion der Liberalen hatte nämlich genau das zur Bedingung eines positiven Votums für die Kommission

---

52 Hier ist das fünfte Rahmenprogramm für Forschung und Entwicklung gemeint, welches bereits in seiner Finanzierung zwischen Kommission und Rat heftig umstritten war, weil der Rat die Forschungsausgaben nicht auf das von der Kommission gewünschte Niveau anheben wollte.
53 Interview Nr. 11, Zeilen 499–513.
54 Interview Nr. 11, Zeile 546.

gemacht. Deren Stimmen hätten in Kombination mit den Stimmen der Konservativen ausgereicht, um eine parlamentarische Mehrheit für die neue Kommission zu sichern. Doch entweder fehlte es dem Kommissionspräsidenten an politischem Instinkt oder er wollte es vermeiden, sich den Unmut der Staats- und Regierungschefs zuzuziehen; jedenfalls verweigerte er eben jene Umverteilung. Darum kam es so, wie es fast zwangsläufig kommen musste: In hektischen Gesprächen versuchte Barroso, die Liberalen am Abend und sogar noch am Morgen vor der Abstimmung umzustimmen. Das gelang nicht, weshalb er das Parlament bitten musste, die geplante Abstimmung auszusetzen. Bei der darauf folgenden Tagung der Staats- und Regierungschefs im Rahmen der feierlichen Unterzeichnung des Europäischen Verfassungsvertrags wurde sodann beschlossen, sowohl den italienischen Kandidaten als auch die lettische Kommissionskandidatin auszutauschen und dem designierten ungarischen Kommissar ein anderes Portfolio zuzuweisen.[55] In einer zweiten Anhörungsrunde fielen die neuen Kandidaten dann nicht mehr durch, und die Kommission wurde durch das Europäische Parlament bestätigt.

Diese Entwicklung war für das Europäische Parlament im Grunde ein Glücksfall und eigentlich dringend notwendig, wenn der Mechanismus der Einzelanhörung nachhaltig Wirkung entfalten sollte. Die designierte Kommission musste bis zu diesem Zeitpunkt nämlich kaum fürchten, nicht bestätigt zu werden, wenn sie nur der Aufforderung zur Anhörung nachkam und sich auf den parlamentarischen Fragenkatalog einigermaßen ordentlich vorbereitete. Wäre die Überzeugung, genau diese reiche auch, erst einmal dauerhaft in die Selbstverständlichkeiten des Umgangs zwischen Kommission und Rat überführt worden, so wäre auch in Zukunft mit zwar *fachlich* gut präparierten Kommissionskandidaten zu rechnen gewesen, deren *politische* Eignung jedoch weiterhin unbedeutend geblieben wäre. Auf genau jene wurde durch das Anhörungsverfahren bislang nämlich kaum Wert gelegt. Erst eine zufällige Entwicklung[56] durch die Auswahl eines designierten Kommissars, der vermutlich eher versehentlich als absichtsvoll viele Parlamentarier gegen sich aufbrachte, führte dazu, dass sich die volle Wirksamkeit des Mechanismus entfalten konnte.

Wie beim Misstrauensvotum ebnet sich auch hier der Weg zur Verstetigung und Dauerhaftigkeit erwartbarer Handlungen über die Herauslösung des Mechanismus aus der Gesamtverfügung des Parlaments und durch dessen Überführung in die Verfügungsgewalt einer Mehrheitsfraktion oder -koalition. Vorerst scheint das Europäische Parlament einen solchen Schritt jedoch noch nicht gehen zu wollen oder zu

---

55 An diesem Beispiel zeigt sich aber auch die Grenze des Mechanismus: denn die Niederländerin Neelie Kroes, die ja ebenfalls bei den Parlamentariern umstritten war, wurde nicht ausgetauscht oder auf ein anderes Ressort umgesetzt. Grund dafür war, dass sich der niederländische Regierungschefs Jan-Peter Balkenende einer Umsetzung ‚seiner' Kandidatin hartnäckig widersetzte. Siehe Financial Times Deutschland vom 5. November 2004 unter http://www.ftd.de/pw/eu/1099117014321.html [letzter Zugriff: 18. Januar 2005].

56 Zufällig war natürlich nicht, dass genau jener Kandidat durch die italienische Regierung ausgesucht wurde, sondern zufällig war allein, dass Rocco Buttiglione sich genau in diesem Anhörungsverfahren in der Weise angreifbar über den Stellenwert der Frau und Homosexualität äußerte, wie er es ungeschickterweise tat.

können. Das liegt vor allem an der doppelten Fragmentierung und der daraus resultierenden inneren Organisation des Parlaments. Die nicht ausreichend vorhandene Kohärenz der Fraktionen führt nämlich dazu, dass nicht jene politischen Parlamentsgliederungen, sondern vor allem die Ausschüsse im Europäischen Parlament in die Entscheidung darüber eingebunden sind, ob die Eignung der designierten Kommissare wohl ausreiche. Doch wenn diese Vorrangstellung der Ausschüsse durchbrochen würde und den Fraktionen oder gar möglichen Koalitionen im Europäischen Parlament ein höherer Stellenwert zukäme, wäre der Weg hin zu einer „Parlamentarisierung der Kommission" gebahnt. Die Chancen dazu steigen indessen dadurch, dass der „Europäische Rat in Zukunft dem Europäischen Parlament einen Kandidaten im Lichte der Europawahl und nach Konsultationen des Europäischen Parlaments vorschlagen"[57] wird. Das wiederum könnte zur Benennung eines gemeinsamen Spitzenkandidaten durch die europäischen Parteifamilien für das Amt des Kommissionspräsidenten führen, und damit würde es viel wahrscheinlicher als bisher, dass die Spannungslinien im Parlament vor allem entlang der Fraktionen und nicht mehr der Nationen verlaufen.

Dadurch würde es auch gelingen, eben jene politischen Machtverhältnisse im gemeinsamen Handlungsraum zu verankern. Wenn es nämlich erwartbar würde, dass das Europäische Parlament einer neuen Kommission nur dann zustimmte, wenn jene auch gemäß der politischen Machtverteilung der Fraktionen im Parlament aufgestellt wäre, änderte sich vieles. Von da an wäre es vor allem eine höchst folgenreiche Selbstverständlichkeit innerhalb der Europäischen Union, dass Parlament, Rat und Kommission nur dann eine schlagkräftige Kommission zuwege bringen, wenn deren Zusammensetzung die *politischen* Machtverhältnisse des Parlaments widerspiegelt.

5. Fazit

Dass das Europäische Parlament heute machtvoller als bei seiner Gründung ist, verdankt es im hohen Maße der Schaffung, der Existenz und dem Einsatz institutioneller Machtmechanismen. Dabei sind zwei Dinge offenbar entscheidend für die Kreation und Wirksamkeit solcher Mechanismen in der Europäischen Union. Einesteils sind es der parlamentarische Wille und die Fähigkeit, Machtkompetenzen auszuweiten und auch tatsächlich zu nutzen,[58] wobei parlamentsinterne Prägefaktoren dem durchaus entgegenstehen können. Andernteils wirken sich Beschränkungen durch externe Faktoren scharf auf die Möglichkeit eines parlamentarischen Machtaufstiegs aus.

Die drei Fallbeispiele zeigen dabei die unterschiedliche Wirksamkeit der einzelnen Mechanismen. Deren gezielter Einsatz kann dem Europäischen Parlament im

---

57 E. Brok 2004, S. 329.
58 So findet sich das auch als Ergebnis der Analyse der Macht von Parlamenten bei C. Demuth in diesem Band.

Rahmen parlamentarischer Funktionserfüllung zu einer größeren Ausübungsmacht im strategischen Handlungsraum verhelfen. Einendes und einengendes Merkmal aller institutionellen Machtmechanismen des Europäischen Parlaments ist jedoch, dass sie bisher nur in der Verfügungsgewalt des *Gesamtparlaments* relativ wirkmächtig sind. Das hat natürlich damit zu tun, dass die Spannungslinien innerhalb des Parlaments nicht allein entlang der Fraktionen, sondern gerade auch der Nationen verlaufen. Das wiederum ist sehr folgenreich, weil es bislang oft unsicher bleibt, ob und wann ein Mechanismus tatsächlich wirkungsvoll eingesetzt werden kann. Die Beispiele zeigen jedoch auch, dass solche Verlässlichkeit herzustellen eine wichtige Grundlage für die Akzeptanz parlamentarischer Ausübungsmacht ist. Bis zum jetzigen Zeitpunkt hängt die tatsächliche Wirksamkeit noch oft von Zufällen ab – sei es die Schwäche eines Kommissionspräsidenten oder eben die Unachtsamkeit eines Kommissionskandidaten bei der Befragung.

Eine Verstetigung und Überführung des parlamentarischen Machtanspruches in den gemeinsamen Handlungsraum erreichte man in dem Moment, da es zum gemeinsamen Normen- und Wertekanon gehört, dass die Kommission von der dauerhaften Unterstützung einer parlamentarischen Mehrheit abhängig wäre und diese Mehrheit dann auch nicht übergangen werden könnte. Erst dann würde sich auch – wie auf dem Kontinuum vom Konzertierungsverfahren hin zum Vermittlungsausschuss nach jahrzehntelanger Erprobung geschehen – die Überzeugung einstellen, dass das Parlament als wesentlicher Bestandteil des Institutionengefüges nicht mehr um Selbstverständlichkeiten eines parlamentarischen Regierungssystems kämpfen muss, sondern dass diese im gemeinsamen Handlungsraum verankert sind. Dann wäre Misswirtschaft der Regierung und parlamentarischer Vertrauensentzug tatsächlich ein Rücktrittsgrund, und dann wäre es auch ganz normal, dass die Zusammensetzung der Kommission die politischen Machtverhältnisse widerspiegelt.

Vor alledem steht jedoch noch die Macht der Staats- und Regierungschefs, gegen deren Willen sich durchzusetzen dem Parlament im Grunde nicht möglich ist, solange jene es sind, die beispielsweise bei der Auswahl der Kandidaten für die Kommission mitwirken oder aber über die Überführung von Verfahren in die gemeinsame Regelungskompetenz von Parlament und Rat bestimmen. Hoffnungsfroh darf man jedoch bleiben, denn bisher hat das Parlament durchaus erfolgreich agiert. Und wenn es weiter so mutig und forsch voranschreiten sollte, wie es das fallweise bereits getan hat, steht seinem weiteren Machtaufstieg auf Dauer wenig entgegen.

Literaturverzeichnis

Arendt, Hannah (1970): Macht und Gewalt. München: Piper.
Bok, Derek Curtis (1955): The First Three Years of the Schuman Plan. Princeton: Princeton University Press.
Brok, Elmar (2004): Die künftige Verfassung der Europäischen Union – Plädoyer für einen Verfassungsvertrag. In: integration 4, S. 328-334.

Dreischer, Stephan (2003): Das Europäische Parlament. Eine Funktionenbilanz. In: Patzelt, Werner J. (2003) (Hrsg.): Parlamente und ihre Funktionen. Institutionelle Mechanismen und institutionelles Lernen im Vergleich. Wiesbaden: Westdeutscher Verlag, S. 213-272.

Deutsch, Karl W. (1969): Politische Kybernetik. Modelle und Perspektiven. Freiburg i.B.: Rombach.

Ehlermann, Claus-Dieter/Minch, Mary (1981): Conflicts between Community Institutions within the Budgetary Procedure – Article 205 of the EEC Treaty. In: Europarecht 1, S. 23-42.

Europäisches Parlament (2003): Handbuch Vermittlungsverfahren. 5. Ausgabe, September 2003, Dokument Nr. DV\500487DE.doc.

EVP/ED-Fraktion (1999): Leitfaden für die Mitglieder der EVP/ED-Fraktion im Europäischen Parlament, o.w.A.

Glaesner, Hans-Joachim (1981): Das Konzertierungsverfahren zwischen Rat und Europäischem Parlament. In: integration 1, S. 22-27.

Göhler, Gerhard (1997): Der Zusammenhang von Institution, Macht und Repräsentation. In: ders. u. a. (1997): Institution – Macht – Repräsentation. Wofür politische Institutionen stehen und wie sie wirken. Baden-Baden: Nomos Verlagsgesellschaft, S. 11-62.

Grabitz, Eberhard/Schmuck, Otto/Steppat, Sabine/Wessels, Wolfgang (1988): Direktwahl und Demokratisierung. Eine Funktionenbilanz des Europäischen Parlaments nach der ersten Wahlperiode. Baden-Baden: Nomos Verlagsgesellschaft.

Hänsch, Klaus (2004): Jenseits der Artikel – europäische Grundentscheidungen der EU-Verfassung. In: integration 4, S. 320-327.

Hauriou, Maurice (1965): Die Theorie der Institution. Berlin: Duncker & Humblot.

Hübner, Emil/Münch, Ursula (1999): Das politische System Großbritanniens. Eine Einführung. 2. aktual. Aufl., München: Verlag C. H. Beck.

Hummer, Waldemar/Obwexer, Walter (1999): Der „geschlossene" Rücktritt der Europäischen Kommission. Von der Nichtentlastung für die Haushaltsführung zur Neuernennung der Kommission. In: integration 2, S. 77-94.

Kluxen, Kurt (1991): Geschichte Englands. Von den Anfängen bis zur Gegenwart, 4. Aufl., Stuttgart: Alfred Kröner Verlag.

Läufer, Thomas (1990): Die Organe der EG – Rechtsetzung und Haushaltsverfahren zwischen Kooperation und Konflikt. Ein Beitrag zur institutionellen Praxis der EG. Bonn: Europa Union Verlag.

Loewenberg, Gerhard/Patterson, Samuel C. (1979): Comparing Legislatures. Lanham u.a.: University Press of America.

Mai, Manfred (2003): Das Parlament in der Mediengesellschaft. Parlamentarische Debatte oder Talk-Show? Vortragsmanuskript zum Vortrag gehalten im Rahmen der DVPW-Tagung in Passau am 6. Mai 2003.

Maurer, Andreas (1995): Das Europäische Parlament und das Investiturverfahren der Kommission – Bilanz eines Experiments. In: integration 2, S. 88-97.

Maurer, Andreas (1998a): Entscheidungseffizienz und Handlungsfähigkeit nach Nizza: die neuen Anwendungsfelder für Mehrheitsentscheidungen. In: integration 2, S. 133-145.

Maurer, Andreas (1998b): Regieren nach Maastricht: Die Bilanz des Europäischen Parlaments nach fünf Jahren „Mitentscheidung". In: integration 4, S. 212-224.

Maurer, Andreas (2001): National Parliaments in the European Architecture: From Latecomers' Adaption towards Permanent Institutional Change? In: ders./Wessels, Wolfgang (2001) (Hrsg.):

National Parliaments on their ways to Europe: Losers or Latecomers? Baden-Baden: Nomos Verlagsgesellschaft, S. 27-76.

Maurer, Andreas (2002): Parlamentarische Demokratie in der Europäischen Union. Der Beitrag des Europäischen Parlaments und der nationalen Parlamente. Baden-Baden: Nomos Verlagsgesellschaft.

Maurer, Andreas (2004) : Die Macht des Europäischen Parlaments. Eine prospektive Analyse im Hinblick auf die kommende Wahlperiode 2004 – 2009, SWP-Studie. Berlin: Stiftung Wissenschaft und Politik.

Mégret, Jaques (1979): Le droit de la Communauté Économique Européenne, 9. Band, L'Assemblée, le Conseil, la Commission, le Comité économique et social. Bruxelles: Édition de l'Université.

Meier, Christian (1999): Die parlamentarische Demokratie. München/Wien: Carl Hanser Verlag.

Oppermann, Thomas (1999): Europarecht. 2., vollständig überarbeitete Aufl., München: Beck.

Patzelt, Werner J. (2001a): Grundzüge einer ‚institutionellen Analyse' von Parlamenten. In: ders. (2001) (Hrsg.): Parlamente und ihre Symbolik. Programm und Beispiele institutioneller Analyse. Wiesbaden: Westdeutscher Verlag, S. 12-38.

Patzelt, Werner J. (2001b): Symbolizität und Stabilität: Vier Repräsentationskörperschaften im Vergleich. In: Melville, Gert (Hrsg.) (2001): Institutionalität und Symbolisierung: Verstetigung kultureller Ordnungsmuster in Vergangenheit und Gegenwart. Köln/Weimar/Wien: Böhlau Verlag, S. 603-637.

Patzelt, Werner J. (2003): Institutionalität und Geschichtlichkeit von Parlamenten. Kategorien institutioneller Analyse. In: ders. (2003) (Hrsg.): Parlamente und ihre Funktionen. Institutionelle Mechanismen und institutionelles Lernen im Vergleich. Wiesbaden: Westdeutscher Verlag, S. 50-117.

Rehberg, Karl-Siegbert (1994): Institutionen als symbolische Ordnungen. Leitfragen und Grundkategorien zur Theorie und Analyse institutioneller Mechanismen. In: Göhler, Gerhard (Hrsg.) (1994): Die Eigenart der Institutionen. Baden-Baden: Nomos Verlagsgesellschaft, S. 47-84.

Schirmer, Roland (2002): Die Volkskammer – ein ‚stummes' Parlament? Die Volkskammer und ihre Abgeordneten im politischen System der ‚DDR. In: Patzelt, Werner J./Schirmer, Roland (Hrsg.) (2002): Die Volkskammer der DDR. Wiesbaden: Westdeutscher Verlag, S. 94-180.

Speth, Rudolf/Buchstein, Hubertus (1997): Hannah Arendts Theorie intransitiver Macht. In: Göhler, Gerhard u. a. (1997): Institution – Macht – Repräsentation. Wofür politische Institutionen stehen und wie sie wirken. Baden-Baden: Nomos Verlagsgesellschaft, S. 224-261.

Weber, Max (1980): Wirtschaft und Gesellschaft. Studienausgabe. Tübingen: J. C. B. Mohr (Paul Siebeck).

Westlake, Martin (1995): A modern guide to the European Parliament. 2. Aufl., London: Pinter.

Machtzerfall und Restabilisierung der Volkskammer im Lauf der Friedlichen Revolution

Roland Schirmer

Über den politischen Zerfall des SED-Regimes wurden in den zurückliegenden Jahren zahlreiche politikwissenschaftliche Analysen verfasst. Die Mehrzahl davon stellt die Perspektive der Gesamtgesellschaft oder des politischen Systems in den Mittelpunkt der Betrachtungen. Rar sind bisher die Versuche, den Prozess politischer Destabilisierung am Beispiel einer konkreten Institution der DDR und unter Berücksichtigung des Blickwinkels ihrer Akteure nachzuzeichnen. Genau diesem Anspruch stellt sich der vorliegende Beitrag.

Auf der Grundlage von rund 30 leitfadenstrukturierten Interviews mit Abgeordneten und Mitarbeitern der Volkskammer in der neunten Wahlperiode (1986 bis März 1990) soll untersucht werden, wie eine weitgehend stabile oder doch zumindest stabil erscheinende zentrale politische Institution, welche die Volkskammer in der DDR bis zum Herbst 1989 war, brüchig wurde, um Handlungskraft im Transformationsprozess zwar bemüht war, doch danach zerfiel. Als theoretische Grundlage und Orientierung dienen die im Sonderforschungsbereich 537 gebräuchliche Institutionentheorie,[1] verschiedene Machttheorien, wie sie im vorliegenden Band dargestellt werden,[2] sowie ethnomethodologische Theoreme zu wirklichkeitskonstruktiven Methoden nach Berger und Luckmann bzw. Patzelt.[3]

1. Institutionelle Stabilität der Volkskammer bis zum Herbst 1989

Die Volkskammer der DDR war seit ihrer Gründung im Jahr 1949 vollständig von der SED abhängig und wurde von ihr umfassend beherrscht. Durch vielfältige Machtmechanismen war die oberste Volksvertretung personell und institutionell der politischen Führung untergeordnet. Ihr Leitgedanke war jener, der politischen Suprematie der SED zu folgen.[4] In den vierzig Jahren ihrer Herrschaft vermochte es die SED-Führung, ausschließlich ihr treu ergebenes Personal in die Volkskammer zu entsenden, welches nicht nur ihr Weltbild überwiegend teilte, sondern auch die Regeln und Wissensbestände institutionellen Verhaltens im SED-Staat übernommen

---

1 K.-S. Rehberg 1994, W. J. Patzelt 2001.
2 Siehe das Einleitungskapitel dieses Bandes und die dort angegebene Literatur.
3 P. L. Berger/Th. Luckmann 2001; W. J. Patzelt 1987.
4 Siehe R. Schirmer 2002.

hatte. Damit setzte jene gemeinsame politische Sozialisierung von Akteuren einer Institution ein, welche die Grundlage für eine ungestörte Weitergabe geltender Normen, Traditionen und Regeln und somit für die Stabilität der Volkskammer bildete.

Den seltenen Bemühungen einzelner Abgeordneter, den Weisungen der politischen Führung zu widersprechen, wurde schnell und effizient mit allen zur Verfügung stehenden Sanktions- oder Gratifikationsmitteln begegnet. Im institutionellen Gedächtnis hatte sich tief die Überzeugung von der Allmacht der SED-Führung und der Geltung ihrer Weltsicht verankert, sodass es sich die Herrschenden auch leisten konnten, immer weniger auf sanktionsankündigende oder gar sanktionsanwendende Machtpraktiken zurückzugreifen.

Die Volkskammer hatte sich praktisch zu einer Institution entwickelt, in der faktisch keine politischen Interessenunterschiede ausgetragen wurden und somit auch keine institutionelle Gegenmacht zur Herrschaft der SED erkennbar war. Diese monolithische Macht vermittelte den Eindruck unerschütterlicher Stabilität, die allerdings durch die weitgehende Unterdrückung realitätsbezogener Wahrnehmung des umgebenden Milieus und damit durch Unfähigkeit zum institutionellen Lernen erkauft war. Im institutionellen Bauplan der Volkskammer war ohnehin nicht ihre Fähigkeit vorgesehen, selbständig das umgebende Milieu zu analysieren, weil ebendiese Leistung durch den Apparat der SED erbracht und verbindlich an die Volksvertretung herangetragen wurde. Stabilität bedeutete darum Starrheit der politischen Strukturen und Funktionen. Damit verstärkte sich fast automatisch ein *Widerspruch zwischen institutioneller Trägheit und Dynamik des gesellschaftlichen Umfeldes.*

Obwohl die institutionellen Akteure den Geltungsanspruch der SED-Herrschaft tief verinnerlicht hatten und die Volkskammer in ihrer Funktionserfüllung und Symbolwirkung fast perfekt auf die Bedürfnisse der herrschenden SED abgestimmt war, barg die Eigenart der obersten Volksvertretung der DDR einen latenten Konfliktstoff, wie er in keiner anderen zentralen politischen Institution der DDR anzutreffen war. Bei ihr handelte es sich nämlich um die einzige zentrale politische Institution der DDR, zu der ein Kreis von Bürgern relativ unterschiedlicher Weltanschauung und sozialer Herkunft Zugang besaß: Der offizielle Anspruch deskriptiver Repräsentation verschaffte auch Christen, Besitzern kleiner Unternehmen oder Parteilosen Zugang zum Mandat. Selbst die Korrekturwirkung der Rekrutierungsmechanismen konnte nicht verhindern, dass damit mehr oder weniger weit abweichende Sichtweisen von der offiziellen Wirklichkeit in die Volksvertretung gelangten. Verstärkt wurde dieser Effekt noch durch den Umstand, dass es sich bei mehr als der Hälfte der Abgeordneten um keine hauptberuflichen Politiker handelte, die den Korrektureinflüssen der SED meist weniger ausgesetzt waren. Schließlich führte auch der Anspruch, in jeder Wahlperiode mindestens ein Viertel der Mandate neu vergeben zu wollen, zu erheblicher Instabilität des institutionellen Personals. Der deklamatorische Leitgedanke der Institution, eine Vertretungskörperschaft des ganzen Volkes zu sein, kollidierte also mit dem absoluten Machtanspruch der SED.

Ebenso trug die *Grundbauweise* einer parlamentsähnlichen Institution dazu bei, dass selbst die ihrer eigentlichen Funktionskraft beraubten Strukturruinen gelegentlich ihre diskursive und kommunikative Kraft entfalten konnten. Ausschüsse, Arbeitsgruppen und vor allem Fraktionen mit rudimentärer Klientelbindung förderten – gegen den Willen der Herrschenden – immer wieder ein spontanes Aufflackern begrenzter autonomer Meinungsbildung. Der parlamentarische Fremdkörper im Fleisch staatssozialistischer Totalität stellte allein schon durch seine Existenz den absoluten Geltungsanspruch der Partei zaghaft in Frage.

Diese latente Labilität der institutionellen Akteure – gemessen am Vergleich zu anderen politischen Zentralinstitutionen der DDR – war eine besondere Herausforderung für die SED-Führung, ihren eigenen Machtanspruch institutionell unangefochten zu erhalten. Ende der 1980er Jahre kamen noch massive Störeinflüsse aus der Gesellschaft und dem internationalen Umfeld verstärkend hinzu, worauf sich ein Prozess schrittweisen Machtverlustes der SED zu vollziehen begann. Die bis dahin beherrschbaren Fehlfunktionen des Systems wuchsen sich unter wirtschaftlichem Druck, der zunehmenden Unzufriedenheit vieler Bürger, dem Sichtbarwerden organisierter Gegenmacht der Zivilgesellschaft und der politischen Neuorientierung der KPdSU-Spitze unter Gorbatschow zu einer tiefen Gesellschafts- und Systemkrise aus. Bis zum Sommer 1989 gelang es allerdings der SED weitgehend, ihren Machtanspruch sowohl im Lande als auch in der Volkskammer in gewohnter Weise aufrechtzuerhalten. Zwar funktionierte die Volksvertretung äußerlich in der erwarteten Form; jedoch zeigte sich bereits jetzt ein partielles Auseinanderfallen von Normalformen praktizierten Verhaltens und Hintergrunderwartungen gesollten Verhaltens.[5] Handlungen und Sinndeutungen der Akteure ergänzten sich dann nicht mehr in einem reflexiven bzw. rekursiven Prozess, sondern begannen, sich zunehmend spannungsgeladen zueinander zu bewegen.

Die bisherige institutionelle Machterhaltung der SED schloss eine Vielzahl unterschiedlicher, aufeinander abgestimmter Kontroll-, Korrektur- und Stabilisierungsmechanismen ein. Der wirkungsvollste und bis zum Sommer 1989 auch dominierende war das *antizipatorische Verhalten*, bei dem die Abgeordneten aufgrund ihrer früheren Erfahrungen und Lernprozesse die bestehende Wirklichkeitskonstruktion der SED verinnerlicht und akzeptiert hatten sowie durch vorweggenommene Selbstkontrolle und Eigenkorrektur oft schon abweichende Gedanken und Überlegungen relativierten bzw. verwarfen. Die meisten der befragten Mandatare verwiesen genau auf diese antizipatorischen Verhaltensmuster, um ihre unkritische Haltung gegenüber der SED-Führung zu erklären. Die Festigkeit und Verbreitung derartiger Kontrollmechanismen signalisierte die damals noch unerschütterte Macht des Politbüros. Antizipation wurde getragen von der (trügerischen) Gewissheit um stabile Bedingungen und wurde unterstützt durch ein fein ausbalanciertes Verhältnis von Sanktionsandrohung und Belohnung. Ein Abgeordneter formulierte das so:

> „Zwanzig Jahre, dreißig Jahre ‚Friede, Freude, Eierkuchen'! Es war also alles gut gelaufen. Wir hatten unseren warmen Sessel, wir hatten unseren Freifahrschein, wir kriegten unsere Volkskammerdiäten; die waren nicht doll, verglichen mit heute. Und da konnte man ganz gut

---

5 W. J. Patzelt 1998, S. 14.

leben, man war wer im Wohngebiet, in der Stadt, im Bezirk. ... Also zumindest spreche ich von mir und weiß, dass viele auch so gedacht haben."[6]

Antizipatorisches Verhalten erweist sich für die Mächtigen als extrem ressourcensparend, weil ihr Weltbild im vorauseilenden Gehorsam akzeptiert wird. Oft bedeutete das nicht naiven Glauben an die offizielle Wirklichkeitskonstruktion, in jedem Fall aber Einsicht in die Unabänderlichkeit des Bestehenden und die Sinnlosigkeit von Aufbegehren. Besonders stabil erwies sich die Unterwerfungsbereitschaft, wenn sie durch *Parteidisziplin* flankiert wurde. Da es sich bei der Mehrzahl der Abgeordneten um Mitglieder der SED handelte, konnte die Führung davon ausgehen, sie könne die Institution Volkskammer allein schon dadurch beherrschen. Und tatsächlich erwies sich speziell die SED-Fraktion als außergewöhnlich folgsam. Obwohl sich auch in ihr nicht wenige kluge Köpfe fanden, herrschte dort fast Friedhofsstille. Die verinnerlichte Parteidisziplin wurde durch alltagspraktische Verfahren ständig gestärkt. So stand an der Spitze der Fraktion nicht nur stets ein Politbüromitglied, sondern auch alle anderen Mitglieder dieser obersten Parteiführungsebene und fast alle Bezirkssekretäre der SED hatten ihren Platz in der Fraktion. Allein schon diese Präsenz sorgte für eine fast vollständige Disziplinierung. Zusätzlich tagte die SED-Fraktion weit weniger als die anderen Fraktionen, und selbst in diesen seltenen Sitzungen fand kein Meinungsaustausch statt, sondern wurden oft genug nur administrative Anweisungen erteilt.

Als eher unwirksam erwies sich dagegen die *Parteigruppe der SED* in der Volkskammer, in der sich alle Genossen aus den unterschiedlichen Fraktionen zusammenfanden. Dieses Gremium tagte bis 1989 fast nur routinemäßig bei Eröffnung der neuen Legislaturperiode und hatte bis dahin keine wirkliche Aufgabe. Man kann diese Parteigruppe bis zu diesem Zeitpunkt darum als eher symbolische Institution des Machtüberschusses der SED interpretieren.

Die SED-Parteidisziplin war zweifellos eine starke Machtressource der politischen Führung, deren zerstörerische Wirksamkeit sich allerdings in der Paralysierung vieler konstruktiver Ideen in den Reihen der SED bemerkbar machte. Mit der parteiinternen Disziplin der SED hatte sich die führende Kraft der DDR im Grunde ein effizientes Organ institutioneller Lernunterdrückung geschaffen. Als dann die SED im Herbst auf Konzepte mit Problemlösungskraft angewiesen war, fehlten diese, was zur Demoralisierung der bis dahin herrschenden Elite ganz wesentlich beitrug.

Während viele Abgeordnete zwar formal den Rollenerwartungen an einen sozialistischen Volksvertreter entsprachen, aber Ende der achtziger Jahre bereits viele Illusionen über den tatsächlichen Charakter ihrer Tätigkeit verloren hatten, blieben einige immer noch ihren alten Idealen treu und behielt für sie die *offizielle Ideologie der Volkskammer* weiterhin ihre Geltung. Die Ursachen für solche Kontinuität waren vielfältig. Jedoch spielte eine besondere Rolle, durch die Abkehr vom alten Ideal nicht den ganzen Sinn des eigenen beruflichen und politischen Lebens in Frage stel-

---

6   Interview Nr. 9 (LDPD), S. 2.

len zu wollen. Oft waren das gerade jene Abgeordnete, die bereits viele Jahrzehnte in der Volkskammer arbeiteten und ihre politisch Primärsozialisierung in den 1950er Jahren erfahren hatten. Für sie war die Hemmschwelle besonders hoch, die Deutungsmacht der SED in Frage zu stellen.

Die Parteiführung der SED verließ sich aber nicht alleine auf die Selbstkontrolle der Abgeordneten bzw. deren Parteidisziplin. Über unterschiedliche Kanäle informierte sie sich laufend über das Geschehen und die Einstellungen der Abgeordneten in allen Fraktionen. Vor allem in den Fraktionsführungen besaß die SED-Führung ein ganzes Netz an *vertrauten Personen*, die nicht nur rechtzeitig und umfassend informierten, sondern auch ausgleichend und beschwichtigend im Sinne der Machterhaltung tätig waren. In erster Linie betraf das Fraktionsvorsitzende, hauptamtliche Funktionäre der Blockparteien und Massenorganisationen sowie weitere spezielle Personen, die nicht selten auch durch eine Mitarbeit im MfS[7] zu Stützen der Macht wurden. Disziplinierung vermischte sich hier mit Solidarisierung gegenüber einem sinnvoll erscheinenden Anliegen. Letztlich war es aber immer die Aufgabe dieser Vertrauten der SED, die offizielle Parteilinie abzusichern. Ein Mitarbeiter des Sekretariats der Volkskammer umreißt diese Aufgabe am Beispiel der FDJ-Fraktion folgendermaßen:

„Zum einen bestand eine wesentliche Funktion darin, für jeden einzelnen Abgeordneten Rückhalt zu sein: einmal in gesellschaftlichen, politischen Fragen bis hin zu familiären Dingen. Also Rückhalt zu sein, das Gefühl von Sicherheit zu geben; da ist jemand, an den kann ich mich immer wenden. ... Das zweite war: diese Abgeordneten mit der Linie der FDJ zu verbinden, ... also die Erlebnisse, Eindrücke, Schlussfolgerungen, die der einzelne Abgeordnete aus seinem Alltagsleben und aus seinen Überlegungen über die Gesellschaft zog, wieder in Übereinstimmung zu bringen mit der Linie der FDJ und letztendlich der Partei."[8]

Die machterhaltende Tätigkeit dieser Personen war in der Phase relativer politischer Stabilität nicht so sehr darauf gerichtet, mit repressiven Mitteln Folgsamkeit zu erzwingen; vielmehr ging es um die Sicherung bisheriger Konformität und um die präventive Minimierung möglicher Abweichungen vom Normverhalten der Abgeordneten. Die Rolle erstreckte sich bis hin zur seelsorgerischen Hilfe und zur sozialen Absicherung der Abgeordneten, konnte aber auch schnell von der eines Moderators klärender Diskussionen hin zu jener eines Korrektors ‚falschen' Denkens und Handelns umschlagen. In jedem Fall waren diese Personen mehr oder weniger subtile Stabilisatoren der Macht.

Ein weiterer wesentlicher Faktor für die politische Stabilität der Volkskammer war ihre von den Akteuren verinnerlichte und nicht mehr in Frage gestellte *institutionelle Funktionslogik*. Die Mechanismen ihrer Tätigkeit waren ja bewusst so konstruiert, dass Anweisungen der SED-Führung diskussionslos befolgt wurden und nur wenig Platz für autonome Handlungsabläufe gegeben war. Zwei Abgeordnete äußerten sich dazu so:

---

7 Ministerium für Staatssicherheit.
8 Interview Nr. 27 (Sekretariat), S. 2.

> „Sicher funktionierte die Kontrolle der Wege in der Volkskammer, also der Gesetzgebungsverfahren, der Vorbereitungen der Vorlagen, schon traditionell gut und eingefahren, sodass man aus dieser Sicht schon davon ausgehen konnte, dass viel Überraschendes nicht passieren konnte."[9]

> „Die Arbeitsweise der Volkskammer war natürlich sehr starr, und im Prinzip hat die keiner in Frage gestellt, und das heißt, dass das auch nicht als Möglichkeit gesehen wurde, um im gesellschaftlichen Disput die angestauten Probleme zu debattieren. Dafür war sie nicht gedacht, und das hat eigentlich auch keiner so gesehen."[10]

Andererseits blieb den Abgeordneten meist immer noch so viel Spielraum, dass der Eindruck entstehen konnte, tatsächlich etwas bewegen zu können. Dazu gehörten die Möglichkeiten, als Mitglied der Volkskammer im Wahlkreis kleinere Probleme lösen zu helfen, oder die Chance, mit Eingaben an die Einsicht der Obrigkeit zu appellieren. Zusätzlich tolerierte man vor allem in einigen Fraktionen und in bestimmten Ausschüssen eine Atmosphäre des relativ ungehinderten Meinungsaustausches, sodass zumindest ein Teil des eigenen Unmutes kollektiv diskutiert werden konnte:

> „Also ich kann das nur bezogen auf die Fraktion sagen. Und in der Fraktion wurden durchaus andere als offizielle Linien diskutiert. Wobei sicher dann eine Rolle spielte, dass der Berufsfunktionär etwas eher geneigt war, die Linie einzuhalten oder auch die Linie durchzusetzen."[11]

Institutionelle Festigkeit resultierte bei der Volkskammer also aus einem relativ gut austarierten Verhältnis von Disziplinierung und systemkonformer Konfliktminderung. Ganz im Sinne der Entproblematisierung konkurrierender Wirklichkeitsbeschreibungen[12] erfolgte dabei eine Eingrenzung des Widerspruchpotenzials der auftretenden Konflikte durch dessen Relativierung sowie Integration in den normativen Wertebestand bisheriger Sichtweisen und endete oft mit der Aufforderung, die Probleme erst einmal wirklich bis zu Ende zu denken und alle Faktoren zu berücksichtigen, bevor man künftig den gemeinsamen Standpunkt erneut vorschnell verlasse.

Letztlich konnte man bis zum Sommer 1989 immer noch auf die *Fraktionsdisziplin* zurückgreifen, wenn die eher dialogischen Sicherungsmethoden der Macht versagten. Allerdings hatte in den letzten Jahren gerade die formale Einforderung von Fraktionszwang an Bedeutung verloren, seit 1972 bei der Abstimmung über die Legalisierung des Schwangerschaftsabbruchs eine bestimmte Art von Gewissensentscheidung in der Volkskammer möglich geworden war und von der SED sogar nachträglich akzeptiert wurde. Legale weltanschauliche Unterschiede unter den Abgeordneten und die Eigendynamik von Fraktionen hatten auf niedrigem Niveau bereits bestimmte Formen kommunistischer Disziplinierung ansatzweise relativiert.

Zur Machtstabilisierung stand der SED gegenüber Volkskammerabgeordneten auch stets die Option direkter Anwendung von Zwangsmitteln und Belohnungen offen. Die Bedeutung von *Sanktionen und Gratifikationen* war deshalb besonders

---

9 Interview Nr. 38 (FDJ), S. 1.
10 Interview Nr. 27 (Sekretariat), S. 1.
11 Interview Nr. 2 (LDPD), S. 8.
12 Vgl. W. J. Patzelt 1998, S. 21.

groß, weil sie sich nicht nur auf die politische Rolle als Abgeordnete bezogen, sondern stets auch die gesellschaftliche, berufliche und mitunter sogar die private Position des Betreffenden beeinflussten, so wie es der totale Machtanspruch der Partei ja auch verlangte. Sowohl Belohnung als auch Bestrafung setzte die SED häufig und gezielt gegenüber den Abgeordneten ein. Verständlicherweise berichteten viele Abgeordnete nur zögerlich über die Vorteile, welche sie aus ihrer Tätigkeit als Mitglieder der Volkskammer zogen. Verglichen mit den heute üblichen Maßstäben materieller Entschädigung waren ihre Privilegien zwar gering und ließen sich eher an Karrierevorteilen oder an bevorzugter Versorgung mit raren Konsumgütern als an bemerkenswerten Geldeinnahmen messen. Dennoch fanden einige frühere Abgeordnete sehr offene und ehrliche Worte zu diesem Thema:

> „Wir waren natürlich auch Pragmatiker und haben an unser berufliches Fortkommen gedacht, dass wir die Vergünstigungen, die mit einem Volkskammermandat verbunden waren, nicht in Anspruch genommen hätten, so saubere Charaktere waren wir nun auch nicht."[13]

Mindestens genau so wirksam wie die Belohnungen waren die Sanktionen, mit denen die politische Führung ihren Abgeordneten Gefolgschaft ratsam machte. Charakteristisch für die Volkskammer der 1970er und 1980er Jahre war die überwiegend subtile Art und Weise, mit der man Strafen und meist Strafandrohungen einsetzte. Einerseits war man nicht mehr auf offenen Zwang angewiesen, da personell wie institutionell die Machtverhältnisse gesichert schienen. Andererseits hatten sich die Umfeldbedingungen seit der Gründung der DDR erheblich verändert, sodass die drakonischen Disziplinierungsmethoden der 1940er und 1950er Jahre unter Berücksichtigung der Außenwirkung der Volkskammer unpassend erschienen.[14]

Meist genügten deutliche Hinweise auf die erwünschte Korrektur bestimmter Auffassungen oder Handlungen, um beim betreffenden Abgeordneten ein entsprechendes Einlenken zu bewirken. Fast immer reichte dabei sanktionsankündigende Macht. Kritikwürdig waren bereits kleine ‚Vergehen' etwa, wenn man mit einer unvorbereiteten Frage einen Minister in der Ausschusssitzung überraschte, der dann auch keine Antwort wusste.[15] Wesentlich gefährlicher wurde es, wenn man Grundlagen der SED-Politik in Frage stellte, z.B. die Beibehaltung unverhältnismäßig billiger, aber staatlich nicht zu finanzierender Preise für Grundnahrungsmittel und Mieten:

> „Mir ist im Ausschuss vorgeworfen worden, ich untergrabe die Grundfesten des Sozialismus. Und man hat mich dann auch ein bisschen ... [überlegt] nicht diszipliniert, aber doch im freundschaftlichen Gespräch darauf hingewiesen, ich möge meine Zunge etwas zurücknehmen."[16]

Im Sommer 1989 kam es während einer Schulung der FDJ-Fraktion sogar zur direkten Konfrontation zwischen einem Abgeordneten und dem Politbüromitglied Egon

---

13 Interview Nr. 39 (CDU), S. 4.
14 Siehe dazu R. Schirmer 2002, S. 111.
15 Vgl. Interview Nr. 10 (LDPD), S. 3.
16 Interview Nr. 46 (CDU), S. 3.

Krenz über den aktuellen Kurs der Partei. Zu solchen Zwischenfällen war es bisher in der gesamten Geschichte der Volkskammer nicht gekommen. Auch wenn die Öffentlichkeit davon keine Kenntnis bekam, musste aus der Perspektive der Mächtigen derartige Unbotmäßigkeit bestraft werden. Die Sanktion fiel allerdings weniger drastisch aus als vermutet und gab damit bereits einen Hinweis auf die fortschreitende Handlungsunfähigkeit der SED-Führung:

> „Im Sommer, ich kann mich ganz genau entsinnen, da hatten wir diesen so genannten Lehrgang in der FDJ-Fraktion. Da habe ich mich auch so richtiggehend mit dem Herrn Egon Krenz anlegen müssen, weil der eine knallharte Linie gefahren hat, also sprich: Parteitagsbeschluss, und er war ja noch eine Autorität, er war da sehr uneinsichtig. Und ich war zum ‚Held der Arbeit' vorgesehen [dem höchsten zivilen Orden der DDR]; das stand schon in der Zeitung. Ich bin es aber nie geworden, das war 1989. Nur Egon Krenz hatte die Macht dazu, zu sagen: nein!"[17]

Bedeutsamer als Sanktionen gegen die ohnehin meist folgsamen Abgeordneten war für die Machterhaltung der SED der systematische *Entzug von Informationen* gegenüber der Volkskammer und ihren Akteuren. Durch eine selektive und begrenzte Sichtweise der Realität sollten unter den Abgeordneten die Möglichkeiten abweichender Interpretationen verringert werden. Dieses Verfahren der Machtsicherung erwies sich als sehr effektiv, erschwerte es doch im Zusammenhang mit der Unterbindung von Vereinigungs-, Versammlungs- und Kommunikationsfreiheit die Suche nach alternativen Bewertungen der Situation. Besonders unter Abgeordneten, deren Streben auf eine Reform des Staatssozialismus ausgerichtet war, reichte bereits die Erkenntnis, über ungenügende Informationen zu verfügen, meist aus, um von Alternativvorschlägen zur Position der SED-Führung Abstand zu nehmen.

Die Kehrseite dieses Verfahrens bestand allerdings darin, dass die Volkskammer als Vertretungskörperschaft fast vollkommen ausgehöhlt und gelähmt wurde, weil sie selbst über fundamentale Fakten der gesellschaftlichen Situation nicht informiert wurde. Das Politbüromitglied Gerhard Schürer fühlte sich noch im November 1989 an die von der SED gegenüber der Volkskammer verordnete Geheimhaltung gebunden, als er in der Plenarsitzung nicht ohne vorherigen Parteibeschluss offen über die Staatsverschuldung der DDR Auskunft geben wollte.[18]

Dieses System politischer Machtstabilisierung hatte sich in den vierzig Jahren DDR perfektioniert und basierte überwiegend auf antizipatorischem Verhalten der Abgeordneten sowie auf sanktionsankündigenden Korrekturmechanismen. Eine solche eher ‚sanfte', mit Gratifikationsversprechen angereicherte Stabilisierung der Macht war möglich, weil sich in der DDR die SED mit ihrem Weltbild und ihren Praktiken der Wirklichkeitskonstruktion voll durchgesetzt hatte. Zwar gelang es ihr keineswegs, ihre Normalitätsvorstellungen in alle Gruppen und sozialen Nischen der Gesellschaft glaubwürdig zu implementieren; jedoch war ihr Machtanspruch sowie ihre Fähigkeit, diesen nachhaltig durchzusetzen, allenthalben unbestritten.

---

17 Interview Nr. 15 (FDJ), S. 1.
18 Siehe Volkskammer, 13. November 1989, S. 260.

Trotz ihres wirkungsvollen Rekrutierungsmechanismus und der zahlreichen institutionellen Machtsicherungen stellte die Volkskammer allein schon durch ihre Existenz als parlamentarisch intendierte Vertretungskörperschaft mit ihren kollektiven Beratungsgremien, mit dem Vorhandensein von Fraktionen und mit der sozialen und weltanschaulichen Heterogenität ihrer Mitglieder ein gewisses Störelement im hierarchischen Regierungssystem der DDR dar, innerhalb dessen sich immer wieder, wenn auch wenig kraftvoll und stets nichtöffentlich, Zweifel an der herrschenden Wirklichkeitskonstruktion der SED artikulierten.

Stärke und gleichzeitig besonderer Schwachpunkt des institutionellen Machtgefüges war die für alle totalitären Systeme typische hohe Machtkonzentration auf wenige Repräsentanten der Elite. In der DDR, und damit auch in der Volkskammer, besaßen drei Personen fast unumschränkte Entscheidungsbefugnis: Erich Honecker, Günter Mittag und Erich Mielke. Selbst im Politbüro der SED hatte sich um sie ein sogenannter „kleiner Kreis" etabliert, in dem alle wichtigen Entscheidungen getroffen wurden.[19] Diese absolute Zentralisation verhinderte nicht nur einen Transaktionskosten sparenden Übergang der Macht innerhalb der bisherigen Herrschaftselite, sondern barg auch die Gefahr weitgehender Handlungsunfähigkeit der Führung, sollte es aus gesundheitlichen oder anderen Gründen zu einer längerfristigen Störung dieses Machtzirkels kommen.

Im Sommer 1989 trat mit einer Krankheit von Erich Honecker genau dieser Umstand ein. Er zog eine Lähmung des Politbüros zu einem Zeitpunkt nach sich, als der politische Problemlösungsdruck durch die eskalierende Systemkrise in der DDR dramatisch anwuchs. Außerdem hatten sich, trotz gewaltsamer Unterdrückungsstrategien am Ende der 1980er Jahre, handlungsfähige Bürgerbewegungen gebildet, die das Regime gewaltfrei und unter Ausnutzung legaler Verfahren in Frage zu stellen begannen. Das Auseinanderbrechen des sozialistischen Staatenbündnisses bot zahlreichen DDR-Bürgern obendrein die Möglichkeit, über die ungarische Grenze nach Österreich und in die Bundesrepublik Deutschland zu gelangen. Schließlich geriet die SED-Führung auch noch durch ihre Inflexibilität gegenüber dem neuen Kurs der KPdSU unter Michael Gorbatschow unter Druck. Zu diesem Zeitpunkt begann die bisherige Stabilität der DDR und ihrer Volkskammer zu zerbrechen.

Am deutlichsten wird die *Erosion bisheriger Selbstverständlichkeiten* der Macht im Verlauf der turnusmäßigen Plenarsitzung der Volkskammer im Juni 1989, als es neben der Haushaltsbestätigung auch zu einer Zustimmungserklärung der Abgeordneten zur blutigen Niederschlagung der Studentenrevolte auf dem „Platz des Himmlischen Friedens" in Peking kommen sollte. Das Politbüro der SED hielt eine solche Solidaritätserklärung zum Verfahren der KP Chinas für angebracht, traf allerdings mit seinem Anliegen überraschend auf Ablehnung einiger Abgeordneter. Vor allem in den vorbereitenden Fraktionssitzungen der CDU, der LDPD und der FDJ artikulierten sich Widerspruch und die Forderung nach ausführlicher Diskussion des Sachverhalts. Allein schon die Verweigerung sofortiger Gefolgschaft und die halb-

---

19 Vgl. Interview Nr. 35 (SED), S. 10.

öffentliche Äußerung von Bedenken stellten den Anspruch der SED auf absolute Herrschaft in Frage. Auch früher hatte es in den meisten Fraktionen zwar immer wieder Meinungsverschiedenheiten und informelle Kritik am Kurs des Politbüros gegeben. In der angespannten Situation des Sommers 1989, kurz nach den offensichtlichen Manipulationen bei den Kommunalwahlen durch die SED, barg derartiger Protest allerdings die Gefahr einer Machterosion im Zentrum des politischen Systems der DDR.

Deshalb war das Bestreben der SED-Führung vor allem darauf gerichtet, solches Verhalten unbedingt zu verbergen, also den äußeren Schein bisheriger Geschlossenheit aufrechtzuerhalten. Dem diente der Entschluss des Präsidiums, dem wahrscheinlich eine entsprechende Weisung des Politbüros vorausgegangen war, nicht wie üblich eine öffentliche Abstimmung über die Erklärung durchzuführen, sondern sie per Akklamation anzunehmen. In einer Abstimmung, die wie alle damaligen Abstimmungen der Volkskammer nicht geheim gewesen wäre, hätte sich der Protest für die Öffentlichkeit zu erkennen gegeben, und er wäre außerdem personifizierbar und quantifizierbar gewesen. Der ansonsten übliche Disziplinierungsmechanismus öffentlicher Abstimmungen hätte vorhersehbar versagt, weil jeder Beteiligte ohnehin davon ausgehen konnte, dass seine Haltung in den Fraktionssitzungen der SED-Führung bekannt war. Deshalb hatten sich einige Mandatare bereits intern zu ihrem geplanten Gegenvotum geäußert. Ein Abgeordneter berichtete über die damalige Situation folgendes:

> „Es gab sowohl in unserer Fraktion als auch in der LDPD-Fraktion Abstimmungen, dass wir dagegen stimmen werden. Unsere Aktivitäten müssen von irgendjemandem offen gelegt worden sein. Daraufhin machte man etwas, um solchen Dingen, die man nach außen hin nicht zeigen wollte, aus dem Weg zu gehen. Die Zustimmung wurde nämlich nicht per Abstimmung vollzogen, sondern per Akklamation. Der damalige Volkskammerpräsident Sindermann verlas den Text, und die Genossen klatschten. Und da wurde eben gesagt, damit ist der Beschluss angenommen. Und wir saßen alle wie schockiert da: Wir waren innerlich eingestellt, zum ersten Mal etwas dagegen zu sagen, und nun ist das nicht zustande gekommen. Für mich war das ein richtiger seelischer Schock. Ich kann seitdem nicht mehr aufstehen und klatschen."[20]

Aufschlussreich ist, wie die politische Führung bemüht war, durch die routinemäßige Nicht-Herstellung von Transparenz und durch den Verzicht auf abweichende Deutungen ihre Macht zu sichern. Dabei sollte die Beibehaltung des Rituals geschlossenen Verhaltens der Abgeordneten den Eindruck fortbestehender Einigkeit symbolisieren. Die so inszenierten Praktiken festigten allerdings nicht mehr für alle Beteiligten die Wechselbeziehung von Normverhalten und Hintergrunderwartung, sondern trugen durch die deklamatorische Art ihres Gebrauchs eher zu einem weiteren Bruch zwischen individueller und offizieller Beurteilung der Lage bei. Demagogisch verstärkt wurde dieser angestrebte Effekt noch dadurch, dass man seitens der politischen Führung in die Fernsehberichterstattung noch Bilder einer öffentlichen Abstimmung montieren ließ, um Normalität vorzutäuschen. Auf die kritischen Be-

---

20 Interview Nr. 6 (CDU), S. 19.

teiligten wirkte das um so demoralisierender. Eine Abgeordnete bemerkte später dazu:

„Wie ich erst sehr viel später erfuhr, ist im Fernsehen ein Bild gezeigt worden, wo die Volkskammerabgeordneten zur Abstimmung ihre Hände erhoben. Das hat mich wahnsinnig empört; das habe ich erst sehr viel später erfahren. Ein Bild ist von einer anderen Abstimmung hineingenommen worden. Und so kam es eben, dass die Erklärung angenommen worden ist."[21]

Die Führung der SED war zu diesem Zeitpunkt offensichtlich nicht mehr in der Lage, offensiv und unter Androhung oder Einsatz von Sanktionen die Disziplin unter den Abgeordneten herzustellen. Sie hatte selbst hier bereits einen Teil an Deutungsmacht einbebüßt. Obwohl man durch die Informationskanäle aus den Fraktionen sehr genau über den Protest unter den Abgeordneten informiert war, verzichtete man auf mögliche und verfügbare Sanktionen und lief somit Gefahr, dass aus individuellem kollektiver Ungehorsam werden konnte. Andererseits schien sich die SED in einer selbstüberschätzenden Weise ihrer Macht noch so sicher, dass sie auf die Anwendung repressiver Mittel glaubte verzichten zu können. Tatsächlich war diese Verhaltensabweichung damals noch auf nur wenige Fraktionen begrenzt, und bis zu diesem Zeitpunkt konnte man durchaus den Eindruck haben, die Machtmechanismen funktionierten so effektiv wie immer.

2. Die Erosion bisheriger Wirklichkeitskonstruktionen bei den Abgeordneten der Volkskammer

Die Analyse *veränderter Sichtweisen der Wirklichkeit* bei Abgeordneten gestattet es, die subjektiven Voraussetzungen für institutionellen Wandel zu erfassen, weil damit unter den hier beschriebenen Bedingungen immer ein Verlust an Vertrauen der Akteure in bisherige Machtbeziehungen verbunden ist. Die Art und der Zeitpunkt der *Schlüsselerlebnisse*, welche Brüche im bisherigen Weltbild der Akteure auslösten, können als Indikatoren für die Beurteilung der Volkskammer im Transformationsprozess der DDR dienen.

Unter Berücksichtigung der bereits beschrieben ambivalenten Unterwerfung der Abgeordneten unter die Macht der SED verwundert es wenig, dass nur vereinzelte Mandatare *keine Veränderung* ihrer Lagebeurteilung in den letzten Jahren der DDR vornahmen. Dabei handelte es sich meist um politisch stark gebundene hauptamtliche Funktionäre überwiegend der SED. Für sie war die fortbestehende Bindekraft des alten Wirklichkeitsbildes nicht zuletzt dank der seit Jahrzehnten eingeübten starken Parteidisziplin größer als ihre Bereitschaft, offensichtliche Veränderungen in der Gesellschaft wahrnehmen zu wollen. Bei ihnen lassen sich alle Methoden zur Sicherung wirklichkeitskonstruktiver Selbstverständlichkeiten als Schutzmechanismen gegenüber den Einflüssen einer sich immer schneller verändernden Umgebung

---

21 Interview Nr. 46 (CDU), S. 1.

nachweisen.[22] Besonders wichtig waren dabei jene Verfahren, mit deren Hilfe die unübersehbaren Widersprüche der bisherigen Herrschaftspraxis ‚weginterpretiert' bzw. ‚normalisiert' werden konnten. Die Äußerung eines führenden Mitarbeiters des Sekretariats der Volkskammer liest sich wie der verzweifelte Versuch, inneren Frieden durch die Rückbindung auf ein fast religiöses Glaubensbekenntnis zur kommunistischen Macht zu gewinnen, wenn sein zaghaftes Bitten, die Führung möge doch endlich auf die bedrohliche Lage reagieren, mit einer stereotypen Antwort der Mächtigen abgetan wurde:

> „‚Erst begehen wir den 40. Jahrestag [der DDR] und danach werden wir uns mit diesen Fragen befassen!' Natürlich war das für mich nicht gerade vertrauensbildend. Aber das war für mich keine Frage des Zweifels an der Richtigkeit des beschrittenen Weges. Auch nicht daran, dass ich damals fest daran geglaubt habe, dass das sozialistische System als ganzes einen längeren Bestand haben würde. Wir waren ja erzogen – unsere ganze Generation – in dieser verdammt gläubigen Parteidisziplin. Wir waren gläubig wie die Katholiken. ... Diese verdammt gläubige Parteidisziplin hat uns ja auch gehindert, aktiver zu werden, etwas zu tun, etwas zu verändern; nicht gegen diesen Staat, sondern für diesen Staat! Es ging damals überhaupt nicht darum, etwas gegen diesen Staat zu tun. Der Staat sollte ja verbessert werden, reformiert werden, demokratisiert werden. Wobei das mit der Demokratie ja damals wie heute eine zweischneidige Sache ist. Also, wer nun Demokratie daran misst, wie oft man sich in einer Volksvertretung beschimpft und parlamentarische Vorgänge hin und her berät, also, wenn das der Ausdruck für Demokratie ist, dann könnte ich darauf verzichten."[23]

Auch bei einem SED-Abgeordneten findet sich unveränderte Hoffnung auf den Fortbestand des bisherigen Staatssozialismus in der Besinnung auf die Mythen vom legitimierenden Antifaschismus und von der Freundschaft zur Sowjetunion:

> „Ich habe nie an ein Ende geglaubt. Für mich war auch 89 noch kein Ende, weil ich immer geglaubt habe, dass die Sowjetunion, die 20 Millionen Menschen verloren hat, um diesen Krieg gegen die Faschisten zu gewinnen, dass die diese DDR, die sie selber aufgebaut hat, einfach nicht untergehen lassen wird."[24]

Neben solchen „Hardlinern" mit unveränderter Gläubigkeit an die Dauer des SED-geführten Staatssozialismus in der DDR gab es eine zweite Gruppe von Abgeordneten, die an eine wirkliche Veränderung nicht ernsthaft dachten. Dabei handelte es sich um jene, die zwar die Erosion der alten Ideologie und Wirklichkeitsbeschreibung wahrnehmen, jedoch die praktische Macht der SED und der Sowjetunion als staatserhaltend bewerteten und auch von der Bereitschaft ihrer Repräsentanten ausgingen, wenn nötig extrem gewaltsame Mittel zur Eigensicherung einzusetzen. Diese meist älteren Abgeordneten hatten selbst erlebt, wie in Polen, der CSSR, Ungarn oder 1953 in der DDR auf eben diesem Weg der Status quo mit militärischer Gewalt aufrechterhalten wurde. Nicht zufällig diskutierte man im Sommer 1989 in diesem Zusammenhang die Androhung der SED, die „chinesische Karte" spielen zu wollen. Ganz unverblümt wurde Vertretern von DDR-Bürgerbewegungen angedroht, ebenso

---

22 Vgl. W. J. Patzelt 1998, S. 20.
23 Interview Nr. 19 (Sekretariat), S. 3.
24 Interview Nr. 35 (SED), S. 7.

zu verfahren, wie es die chinesische Führung im Juni bereits getan hatte. Bei dieser Gruppe von Abgeordneten hatte sich zwar der eher ideologische Glaube an die historische Überlegenheit des Sozialismus bereits aufgelöst; geblieben war allerdings die pragmatische Gewissheit, dass die Machtelite um den Erhalt ihrer politischen Herrschaft unter Einsatz aller Mittel kämpfen werde. Als alternativer Gesellschaftsentwurf war die kommunistische Wirklichkeitskonstruktion bereits gescheitert; aber man traute ihr noch die Fähigkeit zu, angedrohte Sanktionsmacht erfolgreich einzusetzen.

Im Unterschied zu diesen wenigen Abgeordneten, die sich, aus welchem Grund auch immer, nicht aus ihrem bisherigen Weltbild lösen konnten, erlebten die meisten Mandatare mehr oder weniger intensive Situationen, die sie zu einem Überdenken ihrer früheren Positionen veranlassten. Für die erfolgreiche Funktionsweise der Rekrutierungs- und Machtkontrollmechanismen der Volkskammer spricht, dass viele erst recht spät und dann auch meist nur sehr begrenzt begannen, ihr gewohntes Weltbild in Frage zu stellen. Charakteristisch ist eine gewisse Anhäufung von widersprüchlichen Situationen und Erlebnissen über einen längeren Zeitraum, durch die dann erst eine Erosion bisheriger Sichtweisen einsetzte.

Im Sommer 1989 schlossen diese *Brüche* mit dem bisherigen Weltbild fast immer als Alternative *eine Reform des Sozialismus* ein. Damit setzte sich immerhin die bis dahin offiziell unterdrückte Tendenz zum demokratischen und humanen Reformsozialismus im Denken der Abgeordneten durch, auch wenn dies meist noch keineswegs zu praktischen Überlegungen hinsichtlich des Wandels der Volkskammer führte. Andererseits wird die bestehende Distanz zwischen Mitgliedern der Volksvertretung und den bereits aktiven Repräsentanten von Bürgerbewegungen deutlich. Beide Gruppen bewegten sich anscheinend in Parallelwelten, ohne den Diskurs miteinander zu suchen. Die Abgeordneten sahen in den Bürgerbewegten eher noch Dissidenten, während diese ihrerseits mit den etablierten Mandataren nichts zu tun haben wollten. Die zögerlich entstehende *parlamentarische Gegenmacht* bewegte sich fast vollständig *isoliert von der gesellschaftlichen Gegenmacht* in der DDR. Sehr deutlich spiegelt das nachfolgende Interviewzitat diese zaghafte und einseitige Abnabelung vom bisher dominierenden Weltbild:

> „Eine Infragestellung des Staates oder des Landes hat es für mich nicht gegeben, und dass er wirklich weg ist, das ist mir erst sehr viel später klar geworden. Aber was schon die ganzen letzten Jahre schmorte, das war die Diskussion um Perestroika und Glasnost. Und damit gab es natürlich eine kritische Betrachtung vieler Erscheinungen in der DDR. Da war nicht 89 der Wendepunkt, sondern das hat es vorher schon gegeben. ... Die Vorschläge für Veränderung, die schwappten alle aus der Sowjetunion rüber, die haben natürlich auch den Blick auf unser eigenes Land geschärft. Dazu muss ich sagen, dass das eine Sache war, die nichts mit der so genannten Opposition zu tun hat, die hier irgendwas in Gang gesetzt hätte. Die haben unter sich diskutiert und haben sich mit der Staatssicherheit gezankt und gestritten."[25]

Fasst man die wichtigsten Schlüsselerlebnisse der Abgeordneten zusammen, die zu mehr oder weniger tiefen Brüchen mit der bisherigen Weltanschauung geführt ha-

---

25 Interview Nr. 31 (FDJ), S. 2.

ben, dann lassen sich folgende Situationen erkennen: Eine große Rolle spielte der zwar einseitige und letztlich missglückte *Reformversuch des Sowjetsozialismus* durch Gorbatschow, der seine Kraft für die Abgeordneten der Volkskammer weniger aus seiner Konsequenz und Systematik als vielmehr aus seiner Nähe zum alten Weltbild und zur modifizierten Nutzung alter Erklärungsmuster nahm. Die Politik der KPdSU musste traditionell nicht hinterfragt werden, weil sie ohnehin immer als richtig dargestellt wurde. Kritische Interpretationen verboten sich deshalb von selbst und beraubten damit der SED-Führung der Möglichkeiten allzu aggressiven Gegensteuerns. Dort, wo dies trotzdem geschah, etwa beim Verbot sowjetischer Zeitschriften in der DDR, löste das eine Welle der Empörung aus, die kein Tabu verletzen musste, sondern sich auf die führende Rolle der Sowjetunion berufen konnte. Glasnost und Perestroika senkten eindeutig die Hemmschwelle, sich aus der alten Ideologie der SED lösen zu können, erleichterten den kollektiven Übergang zu einer neuen Wirklichkeitskonstruktion und begünstigten die für eine totalitäre Macht besonders gefährliche autonome, fast schon halböffentliche Diskussion und Meinungsbildung um Reformen und Alternativen. Eine Abgeordnete erlebte das so:

> „Diese Diskussionen, das begann mit Glasnost, wofür wir durchaus Sympathien hegten, über die polnische Gewerkschaftsbewegung, später dann große Diskussionen über das Verbot des ‚Sputniks'. Das waren Dinge, die uns bewegten. Bislang hatte man immer gelernt: Von der Sowjetunion lernen heißt siegen lernen! - und plötzlich verbot man deren beliebte Zeitschrift. Es gab sogar Austritte aus der ‚Deutsch-Sowjetischen Freundschaft' bei uns im Wissenschaftsbereich, was eigentlich fast unmöglich war zu dieser Zeit 1987/88."[26]

Ein nicht minder unter den Abgeordneten verbreitetes Schlüsselerlebnis war die *ökonomische und wissenschaftlich-technische Krise* der DDR, und zwar nicht nur, da Abgeordnete unmittelbar in der täglichen Arbeit mit diesen Problemen konfrontiert wurden, sondern auch, weil sie sich im Vergleich zu westlichen Staaten exakt messen und erleben ließen und damit die ideologische Differenz zwischen Operations- und Perzeptionswirklichkeit erschüttert wurde. Ein Wissenschaftler beschreibt stellvertretend für viele seiner damaligen Kollegen den Bruch mit der deklamatorischen Staatsideologie so:

> „Wir hatten als modernste DDR-Rechentechnik den MC 30, Mikrocomputer 30, aus Gera bekommen. Und was der konnte und was der nicht konnte, das konnte ich direkt mit dem Computer, den ich in Wien an der Anlage hatte, vergleichen. Und das waren ungefähr 10 Jahre Rückstand. Der war fast handgeschmiedet und dafür mussten wir einen Sonderantrag stellen. 30.000 Mark kostete das Ding! Ich entsinne mich noch an eine Szene – ich weiß nicht mehr, in welchem Jahr das war, aber 1986, 87, 88 muss es gewesen sein – als Günther Mittag den 1-MB-Speicherchip vor der Presse Erich Honecker übergeben hat; so kurz vor dem Parteitag muss das gewesen sein. Und da hat Honecker Mittag umarmt und ihm auf die Schulter geklopft, das klang so: ‚Jetzt haben wir die Weltrevolution nun doch geschafft!' Und das Ding war ja nur irgendwo im Westen gekauft."[27]

---

26 Interview Nr. 46 (CDU), S.4.
27 Interview Nr. 39 (CDU), S. 2.

Ein weiteres Schlüsselerlebnis war der für viele Abgeordnete neue Einblick in die *Unfähigkeit der politischen Machtelite*, sich auf die veränderten Verhältnisse einstellen zu können, und in die damit verbundene Demoralisierung parteitreuer Kräfte. Unter dem Eindruck einer sich seit Ende der achtziger Jahre langsam auflösenden sozialistischen Gesellschaft verstärkte sich selbst bei hauptamtlichen Parteifunktionären das Gefühl einer offenen politischen Krise in der DDR, die von allen wahrgenommen wurde, nur nicht von der SED-Führung:

> „Ich glaube, in der zweiten Hälfte der 80er Jahre wuchs eigentlich Schritt für Schritt die Erkenntnis, dass das Gesellschaftssystem mit der führenden Rolle der Arbeiterklasse, so wie ich mir das vorgestellt hatte, nicht funktionierte. Offenbar gab es zwischen der Illusion, die ich hatte, und der Wirklichkeit doch große Divergenzen. Es schien mir zunehmend klar zu werden, dass die SED etwas völlig anderes unter ‚führender Rolle' verstand, dass sie Administration darunter verstand: ‚Die SED befiehlt, und alle anderen folgen'. Das ist mir auch bestätigt worden. Ich muss sagen, da war ich wie vor den Kopf gestoßen. Es war zum 40. Jahrestag der Gründung unserer Partei [der NDPD]. Da hatten wir eine Festveranstaltung, das war 1988. Und an dieser Festveranstaltung hat als Vertreter der SED Joachim Herrmann [Mitglied des Politbüros] teilgenommen. Nach dieser Festveranstaltung saßen wir im Präsidium mit ihm noch zusammen und führten ein Gespräch, in dem Joachim Herrmann im Hinblick auf andere sozialistische Länder feststellte: ‚Die diskutieren und diskutieren und kommen nicht zu einem Ergebnis. Bei uns ist das viel besser; bei uns entscheidet die SED, und dann gehen alle an die Arbeit.' Also so hatte sich für ihn die Sicht der führenden Rolle verkürzt und bestätigte eigentlich das, was wir in der Praxis in vielfältiger Weise erfahren haben. Ich muss sagen, das hat mich sehr erschüttert!"[28]

Nicht minder destruktiv wirkten sich die von der SED durchgeführten *Manipulationen der Kommunalwahlen* vom 6. Mai 1989 auf das Bild vieler Abgeordneter vom Sozialismus aus. Wegen des Einsatzes couragierter Bürger, die bereits koordiniert die Auszählung der abgegebenen Stimmen in den Wahllokalen überprüften, ließ sich der Eindruck offensichtlicher Wahlfälschung durch die SED nicht mehr glaubwürdig verbergen. Auch hier war das System an seine eigenen Grenzen gestoßen, denn die öffentliche Auszählung der Stimmen war durchaus legal. Bisher unüblich war alleine der Umstand, dass sich auch kritische Bürger und nicht nur die von der Nationalen Front berufenen Mitglieder der Wahlkommissionen dazu versammelten. Das Versagen des informellen Gebotes, dieses Recht nicht zu ernstgemeinter Kontrolle auszunutzen, offenbarte aufs deutlichste den Verfall der SED-Herrschaft. Manches Mitglied der Volkskammer nahm zwar traditionell an der Stimmenauszählung teil und erlebte ohnehin die offensichtliche Diskrepanz zwischen den dort registrierten Ergebnissen und jenen, die später von der zentralen Wahlkommission offiziell verkündet wurden. Dieses Erlebnis löste unter vielen Abgeordneten zwar persönlich desillusionierende Reaktionen aus, führte aber im Juni 1989 noch nicht zu einer kollektiven Beschäftigung mit diesem Sachverhalt, etwa in den Fraktionen. Ein Abgeordneter berichtet darüber so:

---

28 Interview Nr. 43 (NDPD), S. 3.

"Das war natürlich für uns auch jetzt wieder ein Zeichen, dass es knistert. In der Fraktion spielte das zu diesem Zeitpunkt noch keine Rolle. Ich hätte auch nicht – und die anderen auch nicht – gewagt zu sagen: ‚Hört mal, wir hatten im Wahlbüro 17 Prozent der Stimmen dagegen, und beim Wahlkreis waren es dann 0,04 Prozent. Da stimmt doch was nicht!' So etwas hat es zu diesem Zeitpunkt nicht gegeben."[29]

Den meisten Abgeordneten war die Unzufriedenheit vieler Bürger mit der politischen und wirtschaftlichen Lage in der DDR obendrein seit Jahren vertraut; sie erlebten diese ja meist aus unmittelbarer Nähe in ihren Arbeitskollektiven. In gewisser Weise hatten sich alle an diesen Zustand aber gewöhnt und konnten damit in den Grenzen der von der SED vorgegebenen Normen auch umgehen. Als sich der Unmut jedoch ab September 1989 als offener Protest in immer größer werdenden Demonstrationszügen öffentlich äußerte, erreichte er eine neue Qualität. Das löste bei vielen Abgeordneten ernsthaftes Nachdenken aus. Aufschlussreich ist der späte Zeitpunkt, zu dem die Massendemonstrationen der Bürger zu Veränderungen in der bisherigen Beurteilung der politischen Lage bei den Abgeordneten führten, und auch die Zwiespältigkeit, mit welcher solches Umdenken sich vollzog. Zwar sah man die Ursachen durchaus im Versagen der eigenen Führung; aber dennoch akzeptierten viele nicht die Legitimität solchen Verhaltens. Demonstrativer Protest als radikales Mittel eines gewaltlosen Widerstandes wurde nicht selten in die Nähe zu gesetzeswidrigem Aufruhr gestellt, den man durch die ebenfalls friedliche Mobilisierung der staatstreuen Mehrheit der Bürger eindämmen zu können glaubte. Selbst ein so offensichtlicher Einbruch in die bisherige Machtabsicherung, wie es die Demonstrationen waren, reichte also immer noch nicht aus, dass sich viele Abgeordnete und Mitarbeiter der Volkskammer von ihrem alten politischen Gedankengut lösen konnten. Trotz aller Verbindungen der Abgeordneten zu den Bürgern war offensichtlich der Kontakt zwischen Volkskammer und Gesellschaft sehr tief gestört. Die Demonstranten wurden darum kaum als natürliche Verbündete auf dem Weg zu notwendigen politischen Reformen anerkannt, sondern weitaus eher als Störfaktoren aufgefasst. Das veranschaulichen die Überlegungen eines Mitarbeiters des Sekretariats zu diesem Thema:

„Überrascht war ich vor allem von den Demonstrationen, besonders in Leipzig. Aber ich war damals der Meinung, dass man gegen diese Demonstrationen alle bewussten Kräfte hätte organisieren müssen, denn die Masse der DDR-Bevölkerung verkörperten die Demonstranten ja auch nicht. Am meisten hat mich geärgert, dass man von Seiten des Politbüros und der Führung so sprachlos war und alles hatte geschehen lassen, nicht reagierte. Vor allem hat man dadurch die Genossen allein gelassen. Vor allem fehlten Informationen."[30]

Die Erosion der bisherigen Wirklichkeitskonstruktion setzte bei den Abgeordneten der Volkskammer überwiegend spät und meist erst unter dem Druck nicht zu leugnender Fakten ein. Der Bruch mit dem alten Weltbild erfolgte zögerlich und konnte immer wieder durch die machtsichernde Kontrolle der SED sowie durch ihre eingespielten Interpretations- und Disziplinierungsmechanismen relativiert werden. Indi-

---

29 Interview Nr. 9 (NDPD), S. 2.
30 Interview Nr. 23 (Sekretariat), S. 2.

viduelle Zweifel an der Richtigkeit ideologischer Klischees führten darum auch fast nie zu einer kollektiven oder gar institutionellen Beschäftigung mit solchen Problemen in den Gremien der Volkskammer. Dazu war deren Tagungshäufigkeit auch zu gering, waren die Tabus noch zu mächtig und die institutionellen Sicherungsverfahren weiterhin zu wirksam.

Die Volkskammer konnte sich bis in den Herbst 1989 also nicht als eine Institution mit eigenständiger, die politischen Probleme erkennender und sie diskutierender Willensbildung etablieren. Vor allem hinderte sie ihre fortbestehende Isolierung sowohl von den Aktivisten der Bürgerbewegung als auch von den Demonstranten, die Kluft zwischen Gesellschaft und zentralen politischen Institutionen zu verringern. Ebenso mangelte es der Volkskammer an arbeitsfähigen institutionellen Strukturen der Problemerkennung und Problemverarbeitung sowie an einer Kultur autonomer Meinungsbildung. So wie die Volkskammer bis dahin Ausführungsorgan der SED gewesen war, lief sie nun Gefahr, der sich anbahnenden politischen Umwälzung einfach nachfolgen zu müssen.

Brüche mit dem bisherigen Weltbild setzten bei Abgeordneten vor allem dort ein, wo sie in ihrer beruflichen Praxis mit offensichtlichen, quantifizierbaren und existenziellen Konflikten des Systems konfrontiert wurden. Das geschah überwiegend im wirtschaftlichen Bereich. Verstärkend wirkte sich dabei oft der starre Dogmatismus der SED-Führung aus, der diese Probleme nicht wahrhaben wollte und sie durch kontraproduktive, unglaubwürdige Propaganda schönte. Bereits hier deutete sich das massive Versagen des bisherigen Wertungssystems und seiner Sicherungsmechanismen an. Die Schlüsselerlebnisse öffneten den Abgeordneten jedenfalls individuelle Wirklichkeitsübergänge zu alternativen, meist reformsozialistischen Vorstellungen, was vor allem dann erleichtert wurde, wenn auch bisherige Werte und Interpretationsmuster in neue Hintergrunderwartungen eingebracht werden konnten. In der Konsequenz vollzogen sich im Herbst erst zaghafte und verborgene, dann aber immer offensichtlichere Veränderungen auch in der Tätigkeit der Volkskammer: Modifikationen subjektiver Ansichten schlugen über kollektive Neubewertungen der Wirklichkeit zu tatsächlichen Veränderungen der Institution um.

3. Anzeichen des institutionellen Machtverlustes der SED in der Volkskammer bis zum Herbst 1989

Dem sich verstärkenden Unmut vieler Abgeordneter begegnete die SED-Führung meist mit Ignoranz. So wie sie sich weigerte, die veränderten Realitäten in der Gesellschaft insgesamt wahrzunehmen, glaubte sie auch nicht, auf die erkennbaren Wünsche und Anliegen der Mitglieder der Volkskammer reagieren zu müssen. Erleichtert wurde ihr eine solche Haltung durch die von der SED selbst angeordnete Seltenheit von Tagungen der Volkskammergremien. So trat beispielsweise das Plenum im Jahr 1989 im Juni zusammen, um turnusmäßig den Volkswirtschaftsplan zu bestätigen, und dann erst wieder außerplanmäßig am 1. September zum „Weltfriedenstag", um rituell die Friedenspolitik der SED hervorzuheben.

Bereits in dieser Zeit begannen sich, unsichtbar für viele Akteure und noch weit verborgener für die Bürger, geringfügige Abweichungen von der institutionellen Normalität zu vollziehen. Zuerst entwickelten sich bestimmte *Fraktionen zu Foren kollektiver Meinungsbildung*, in denen sich Unmut, aber auch Ohnmacht intensiver als bisher artikulierten, und in denen immer nachdrücklicher konkrete Wünsche und Forderungen an die Machtzentrale der SED gestellt wurden. Auch wenn in der Vergangenheit die meisten Fraktionen der Volkskammer eine gewisse latente Katharsisfunktion besaßen, sodass sich die Abgeordneten begrenzt und kontrolliert die sie bewegenden Probleme von der Seele reden konnten, erreichte diese Entwicklung erst in der zweiten Hälfte des Jahres 1989 eine neue Entwicklungsstufe, weil nun einige Fraktionen schrittweise zu ihrem eigentlichen parlamentarischen Zweck der kollektiven und kontroversen Willensbildung zurückfanden und sich von der institutionellen Führungsmacht der SED lösten.

Wie Fraktionen fast unmerklich zu Störfällen bisheriger Normalität der Macht wurden, zeigen die bereits geschilderten Diskussionen in Vorbereitung des Plenums im Juni 1989, als es um die angekündigte Bereitschaft von vermutlich zwanzig Abgeordneten aus den Fraktionen von CDU und LDPD ging, sich öffentlich gegen die Erklärung der SED zu den Ereignissen in China zu stellen. Einen Schritt weiter ging die Fraktion der FDJ, als sie, ebenfalls im Juni und dann immer wieder, von der SED-Führung Erklärungen und Lösungswege für die in der DDR eskalierenden Konflikte einforderte. Ein erstes Gespräch mit dem zuständigen Abteilungsleiter im ZK der SED, Klaus Sorgenicht, verlief durchaus nicht harmonisch und ließ viele Fragen unbeantwortet. Auch wenn bis zu diesem Zeitpunkt die förmlichen Über- und Unterordnungsverhältnisse respektiert wurden, erkannten Abgeordnete den sich erweiternden eigenen und kollektiven Handlungsspielraum, weil alleine schon die Art des Zustandekommens eines solchen Gesprächs die Brüchigkeit alter Normen signalisierte. Ein Beteiligter berichtet:

> „Dazu gab es ein internes Gespräch mit dem Leiter ‚Staat und Recht' im ZK der SED, und da wurde eigentlich deutlich, dass im Zuge dieses Gespräches unüberwindbare Meinungsverschiedenheiten bestanden. Die wurden nicht ganz offen ausgetragen; aber in den Fragen und in der Diskussion merkte man, dass sich der Parteirepräsentant auf einer ganz unbeweglichen und unverrückbaren Linie befand, also auch gar nicht auf die Diskussion eingehen konnte, und die Fraktionsmitglieder sehr unbefriedigt waren mit der Art und mit dem Verlauf dieser Diskussion. ... Das hatte zur Konsequenz, dass weiter diskutiert wurde, dass die Fragen natürlich längst nicht beantwortet wurden und dass die Unzufriedenheit wuchs."[31]

Einige Wochen später kam es erneut zu einem Treffen der FDJ-Fraktion, diesmal bereits mit dem Präsidenten der Volkskammer, dem Politbüromitglied Horst Sindermann. Konnte auch das Ungewöhnliche dieses Verfahrens hinter der Fassade einer scheinbar routinemäßigen Konsultation zwischen Präsident und Fraktion verschleiert werden, wie es sie bereits früher gegeben hatte, so war für die Beteiligten der mehrfache Tabubruch doch offensichtlich. Nicht der Präsident lud ein, sondern

---

31 Interview Nr. 38 (FDJ), S. 1.

die Fraktion forderte das Gespräch; und noch gravierender war der Umstand, dass die Öffentlichkeit anschließend darüber unterrichtet wurde, dass zwischen beiden unausgeräumte Meinungsverschiedenheiten fortbestanden. Das war als doppeltes Eingeständnis ihrer Schwäche durch die SED-Führung selbst zu verstehen: Erstens konnte sie solche Differenzen selbst mit ihrem eigenen politischen Nachwuchs offensichtlich nicht mehr unterdrücken, und zweitens war sie nicht mehr in der Lage, die Medien vollständig zu kontrollieren. Ein Beteiligter sah das folgendermaßen:

> „Wir haben uns als FDJ-Fraktion in der Zeit, kurz vor der Wende, mit Horst Sindermann getroffen, mit dem damals amtierenden Präsidenten. Und auch in dieser Sitzung oder diesem traditionell freundschaftlichen Gespräch, so wie es immer genannt wurde, in diesem Gespräch sind erhebliche Differenzen übrig geblieben, die dazu führten, dass erstmals in der ‚Jungen Welt' über dieses kontroverse Gespräch mit dem abschließenden Satz berichtet wurde, dass die Meinungsverschiedenheiten bis zum Schluss nicht ausgeräumt werden konnten."[32]

Dieses Beispiel macht deutlich, wie totalitäre Machtstrukturen in Institutionen zerbrechen: Ungenügend besänftigter oder unterdrückter Unmut institutioneller Akteure bündelt sich unter Reanimierung diskussionsfördernder Strukturen in kollektiv getragenen Übergängen zu einer alternativen Wirklichkeitsinterpretation. Ohne die alten Machtverhältnisse insgesamt auszuhebeln, kommt es zur Formierung institutioneller Gegenmacht, die sich anfänglich noch der alten Routinen und Verhaltensmuster bedient, um sich zu artikulieren. Neue Kraft erhält sie in dem Moment, wo sie öffentlich wird, den internen Kreis der unmittelbar Beteiligten verlässt und sich so zum massenhaft nachvollziehbaren Tabubruch wandelt. Besonders für totalitäre Verhältnisse ist selbst geringer Widerstand unverzeihlich und ein Durchbrechen der Intransparenz in diesem Punkt ein deutlicher Indikator schwindender Geltungskraft.

Wie die Interviews belegen, vollzogen sich ähnliche Prozesse der Aktivierung fraktionellen Lebens in mehreren Fraktionen. Warum gerade die FDJ in dieser Beziehung eine begrenzte Vorreiterrolle innehatte, erklärt sich auch aus ihrer Eigenart. Als Fraktion der Jugend gestattete die Führung ihr ein bescheidenes Maß an unkonventionellem Verhalten, solange man darin die eigene Parteilinie wiederzuerkennen glaubte. Ferner wurde die FDJ offiziell als „Kampfreserve der Partei" gehandelt, sodass möglicherweise das bei den anderen Blockparteien immer wieder spürbar werdende Misstrauen der SED-Spitze hier nicht ganz so stark entwickelt war. Immerhin waren einige Abgeordnete der FDJ-Fraktion auch Mitglieder des Zentralkomitees. Anders als in der SED-Fraktion konnte sich die FDJ-Fraktion aber ohne die lähmende Präsenz der alten Führungsriege eher kritisch artikulieren und ein deutlich vitaleres Fraktionsleben entfalten. Das jedenfalls berichteten Abgeordnete, die nacheinander in beiden Fraktionen gearbeitet hatten.

Fraktionen entwickelten auch dadurch ein gewisses Eigenleben, dass sie begannen, unkonventionell in die *Kaderpolitik* und den Rekrutierungsmechanismus der Volkskammer einzugreifen. Deutlich wurde das bei der LDPD und der FDJ. Manfred Gerlach hatte als Vorsitzender der LDPD in den achtziger Jahren durch öffent-

---

32 Interview Nr. 38, (FDJ), S. 4.

lich geäußerte Wünsche nach mehr Transparenz und Demokratie auf sich aufmerksam gemacht. Er beließ es nicht dabei, sondern bemühte sich auch darum, in die LDPD-Volkskammerfraktion solche Personen einzugliedern, die wegen ihrer Sachkompetenz und politischen Unverbrauchtheit zu Hoffnungsträgern für die Lösung der nach seiner Überzeugung tiefgreifenden Probleme werden konnten. Man kann hier den zaghaften Versuch erkennen, eine institutionelle Gegenelite für die Zeit nach dem Machtverlust der SED und für die dann erwarteten Konkurrenz um die Neuverteilung der Macht zu etablieren.

Einer dieser Wunschkandidaten von Gerlach war Prof. Michael Succow, der ihm als ausgewiesener Umweltexperte mit einer nicht ganz geradlinigen DDR-Biografie sehr geeignet erschien. Der erlebte es so, wie 1986 die Bitte um eine Kandidatur für die nächste Volkskammerwahl völlig unerwartet an ihn herangetragen wurde:

> „Die Probleme [in der DDR] wurden immer größer. Manfred Gerlach war ein kluger Mann und hat dann gemeint: ‚Wir als LDPD müssen das Thema Umwelt für uns pachten, und es muss in Zukunft auch einen Umweltausschuss in der Volkskammer geben'. Den gab es noch nicht, und das würde er gern, dass dies vorbereitet würde, ... Gerlach meinte: ‚Die Zeit ist reif ...' – das war so 86 – „... der Brotteig braucht Hefe zum Gären, und Sie sind die Hefe, die jetzt notwendig ist. Sie hätten, wenn Sie sich für die Volkskammer aufstellen ließen, viele Vorteile: Sie hätten eine Immunität, Sie hätten noch mehr Möglichkeiten, das zu sagen, was Sie wollten. Sie könnten frei in der DDR umherfahren, können überall sich Auskunft holen, also auch in den ganzen schwierigen Umweltdingen, und es wäre ganz wichtig, in den Agrarausschuss zu gehen, weil das eben das Potenzial ist, aus dem mal der Umweltausschuss entwickelt werden soll!'. Ich war sehr erschreckt und habe gesagt: ‚Das muss ich erst mal mit meiner Familie bedenken!' Das war schon die Zeit, wo Gorbatschow gerade rankam und ich mit Hoffnung in den Osten blickte. Dann habe ich Freunde gefragt, und die fanden das alle sehr richtig, das zu machen. Dann war ich in dieser Volkskammer – ich wurde aufgestellt und gewählt, das war ja alles automatisch."[33]

Auch hier wird deutlich, wie bisherige Regeln und Handlungsmuster als Vehikel für neue Sinninhalte und Verhaltensweisen benutzt wurden. Die begrenzten Möglichkeiten der kleineren Parteien, sich ihre Kandidaten selbst vorauszuwählen, wurden mit einer die herrschende Macht sabotierenden Intention versetzt, um durch Personalumbau nicht nur strukturelle Veränderungen in der Volkskammer auszulösen, etwa durch Installation eines neuen Ausschusses, sondern um auch die Funktionslogik der Institution mit Blick auf mehr Lernfähigkeit und weniger Machtkonzentration zu verbessern.

Ähnliches vollzog sich in der FDJ-Fraktion. Hier hatte man ebenfalls begonnen, den Personalbestand nach eigenem Ermessen zu optimieren, indem man passive, handlungsunwillige oder einfach überforderte Mitglieder durch geeignete austauschte:

> „Wir haben die Mitglieder der Fraktion sehr intensiv ausgewählt, dass sie von vornherein von der Persönlichkeit her sehr gut gemischt waren, aber auch ein sehr kritisches und konstruktives Potenzial vorhanden war. ... Es ging einfach um mehr Lebendigkeit, mehr offene Diskussionen, klarere Anforderungen an die Abgeordneten. Wir haben dann im September [1989]

---

33 Interview Nr. 41 (LDPD), S. 1.

angefangen, die ersten aus der Volkskammer abzuberufen. Die Fraktion [hatte die Möglichkeit], das Mandat abzuerkennen, weil die aus unserer Sicht inaktiv waren oder eben die Anforderungen nicht erfüllt haben. Das sind aber nicht Sachen, die ad hoc entstanden sind. Die haben geschwelt. Wir haben schon drei Jahre vorher gesagt: ‚Können wir nicht einmal hier jemanden raus[schmeißen]? Die diskreditieren das Ganze!' Aber damals wurde das nicht so ernst genommen."[34]

Wenn auch anfänglich nur schwach dosiert, wurde durch dieses Verfahren eine weitere strategische Machtposition der SED in Frage gestellt, nämlich ihre vollständige Kontrolle über die Personalauswahl für die Volkskammer. Damit bröckelt die Herrschaft der SED an einer weiteren Säule ihrer Durchsetzungsfähigkeit, und das um so mehr, als personelle Fragen unmittelbar mit der Entscheidungskompetenz für strukturelle und funktionelle Eigenschaften der Institution verbunden wurden. Dieses gewachsene Selbstbewusstsein bestimmter Fraktionen drückte sich dann auch in der Umbenennung der FDJ-Fraktion Ende September 1989 in „Jugendfraktion" aus. Damit wurde die von der bisherigen Macht vorgegebene sprachliche Codierung verlassen und ein mehr unabhängiges Selbstverständnis verdeutlicht.

Ab September setzte dann zaghaft in einigen Fraktionen eine Diskussion um eine *Reformierung der Volkskammerarbeit* ein. Diese Vorschläge blieben allerdings weitgehend spontanes Stückwerk; eine mehr oder weniger koordinierte Herangehensweise gab es bis Ende Oktober nicht. Schwerpunkt war zweifellos das Bemühen um die Einberufung einer als dringend notwendig erachteten Plenarsitzung der Volkskammer und um die Herstellung besserer Arbeitsfähigkeit. Gegen die gültige Geschäftsordnung verstoßend, verhinderte Horst Sindermann allerdings eine solche Tagung, obwohl diese zuerst – bereits Ende August, Anfang September – von der FDJ-Fraktion und später auch von der CDU und LDPD und dem Rechtsausschuss gefordert wurde.

Insgesamt gestaltete sich das Bemühen einzelner Akteure um Reformen im Vorfeld der im November 1989 zu neuem Leben erwachenden Volkskammer als ein äußerst zäher und wenig erfolgreicher Prozess. Im Gespräch waren dabei eine Verkürzung der Legislaturperiode, die Professionalisierung von bestimmten Abgeordneten und, vor allem, die Beseitigung der SED-Suprematie. Erst Ende Oktober wurde der Geschäftsordnungsausschuss mit der Aufgabe betraut, diese Vorschläge zu sammeln, die bislang vom Sekretariat der Volkskammer verwaltet worden waren.[35] Aber selbst nachdem die Volkskammer in eigener Verantwortung über ihre Geschäftsordnung entscheiden konnte, fehlte es an ernsthaftem Willen und an der Bereitschaft, dies nun auch wirklich zu tun. Im Strudel der sich überschlagenden Ereignisse hielt man es obendrein für überflüssig, sich mit der Modernisierung des institutionellen Regelwerks zu beschäftigen.[36] Immerhin hatte das letztlich erfolgreiche Ringen um die Einberufung der Plenarsitzung gezeigt, dass, irritiert von den Großdemonstrationen und durch die Massenflucht der Bürger, sich die Volkskammer aus der Herr-

---

34 Interview Nr. 27 (FDJ), S. 4.
35 Interview Nr. 19 (Sekretariat), S. 12.
36 Interview Nr. 6 (CDU), S. 6.

schaft der SED zu lösen begonnen hatte. Dadurch, dass sie im November schließlich tagen konnte, hatte sie, wenn auch bereits viel zu spät, immerhin die Voraussetzung für ein eigenständiges Handeln geschaffen.

4. Der offene institutionelle Machtzerfall der SED

Grundlegend für den Machtverlust der SED in der Volkskammer war in erster Linie ihre offensichtlich gewordene Unfähigkeit, in der gewohnten Weise den anderen Akteuren ihren Willen weiter aufzwingen zu können. Ihr Machtzerfall in der Volkskammer war vor allem Ergebnis des Aufkommens außerinstitutioneller Gegenmacht bei Verlust an eigener glaubwürdiger Sanktionsmacht und Durchsetzungskraft. Als einer der entscheidenden Zerfallsprozesse mit Auswirkung auf die Volkskammer erwies sich die handstreichartige *Selbstentmachtung* des inneren Führungszirkels im *Politbüro*, für den es gleichwohl keine glaubwürdigere Personalalternative gab. Mit der Ernennung von Egon Krenz zum neuen Generalsekretär der Partei hatte die politische Führung faktisch ihre letzte Chance verspielt, etwas Handlungsfähigkeit und Vertrauen zurückzugewinnen. In der Bevölkerung und selbst bei der Mehrheit der SED-Mitglieder stieß nämlich diese Entscheidung auf Ablehnung und löste Enttäuschung aus, weil Egon Krenz für Kontinuität zum bisherigen Kurs und nicht für Bemühungen um Reformen stand.

Auch die Praktiken der Entmachtung Erich Honeckers, die ganz in der Tradition kommunistischer Palastrevolutionen standen, entfalteten nicht mehr ihre übliche demonstrative Wirkungen. Jedenfalls vermittelten sie nicht länger das Bild einer zu internem Personalaustausch fähigen, aber dennoch unangefochten herrschenden Partei. Anders noch als beim Wechsel von Walter Ulbricht zu Erich Honecker im Jahr 1971 dominierte Ende Oktober 1989 also nicht mehr der Eindruck von einer ungebrochenen Macht der SED, sondern verstärkte sich vielmehr das Gefühl ihres krisenhaften Versagens: Selbst bei Strafe des eigenen Unterganges wäre die SED nicht mehr zu halbwegs akzeptablen Entscheidungen fähig. Damit untergrub die Parteispitze selbst ihren bisherigen Machtanspruch und öffnete endgültig die Schleusen für bislang unvorstellbare Entwicklungen auch der Volkskammer.

Unter den Abgeordneten wurden diese Veränderungen registriert, doch ohne deshalb die bisherigen Machtverhältnisse schon gleichermaßen radikal in Frage zu stellen, wie das die Demonstranten oder die Bürgerrechtler bereits taten. Für die Mehrheit der Mandatare zerbrach allerdings die von der SED getragene Ideologie endgültig dann, als sich die Handlungsunfähigkeit der SED in immer kürzer werdenden Abständen bestätigte: beginnend mit den Eindrücken von der Feier zum 40. Jahrestag der DDR und der Wahl von Egon Krenz zum Generalsekretär bis hin zur Öffnung der Berliner Mauer und den demaskierenden Auftritten von Erich Mielke und Willi Stoph vor der Volkskammer, also zwischen Mitte Oktober und Mitte November 1989. Befragt danach, ab wann für sie klar war, dass sich die Volkskammer und das politische System der DDR dauerhaft ändern würden, gaben die meisten Abgeordneten genau diese Ereignisse an, mit denen für sie sowohl die Deutungsmacht als auch das Drohpotenzial der SED weitgehend unglaubwürdig geworden waren und die alten Regeln institutionellen Verhaltens ihre Geltung verloren hatten. Als sehr deutliches Zeichen des Machtzerfalls begannen einige Abgeordnete sich bereits auf die „Zeit danach" einzustellen, um sich möglichst gute Ausgangspositionen für eine denkbare Karriere unter neuen Bedingungen zu verschaffen. Zwei Abgeordnete berichten darüber so:

> „Ich habe gedacht, Egon Krenz, das ist die alte Riege, es ändert sich nichts außer dem Namen. Honecker war ja damals krank. Und als sich die Minister vor der Volkskammer verantworten mussten ... das war derartig makaber, wenn ich z.B. an den Auftritt von Mielke denke. Und gerade bei Mielke habe ich so gedacht: ‚Und vor dem haben wir alle gezittert?'"[37]

> „Die Autorität war weg. Wir begannen das Gespräch über die Reputation der Volkskammer, über die aufgebaute propagandistische Fassade, die ja wirklich gewirkt hat. Das war ja eine propagandistische Leistung. Und ich würde meinen, dass diese Fassade in der Zeit als Potemkinsches Dorf wahrgenommen wurde. Und damit eigentlich der ganze Über- und Unterbau zerbrochen ist. ... Das Eis war gebrochen, eine physische Gewalt war nicht mehr in Sicht, sodass es möglich war, mindestens bei den Leuten, die sich mit einer ‚inneren Opposition' befasst haben, sich zu artikulieren, und außerdem wird der Karrierismus auch eine Rolle gespielt haben. Da werden sich wohl Leute die Startlöcher für die nächste Etappe vorgestellt haben. Und die haben sich dann eben auch recht deutlich artikuliert."[38]

Ein interessanter Hinweis auf den Machtzerfall der SED ist der Umstand, dass einige Abgeordnete, noch bevor sie innerhalb der Volkskammer die schwächer werdende Disziplinierungskraft der bisherigen Machtverhältnisse ignorierten, dies bereits *außerhalb der Institution* taten, also dort, wo sich bereits die zivile Gegenmacht herausgebildet hatte. In der Sogwirkung eines zumindest teilweise in Aufruhr geratenen institutionellen Umfeldes fanden bestimmte Abgeordnete dort nämlich eher als in der Volkskammer den Mut, gegen das normierte Verhalten ihrer bisherigen Rolle zu verstoßen. Ein Beispiel soll verdeutlichen, wie dabei die formale Wertigkeit des Volkskammermandats in einer Situation eskalierender Gewalt zum sanktionsdämpfenden Katalysator werden konnte. Nach der Rolle des Ministeriums für Staatssicherheit gefragt, berichtet ein Abgeordneter, wie es ihm gelungen sei, Anfang Oktober den Einsatz gröbster Gewalt gegen Demonstranten abzuwenden:

> „Meinen letzten verbalen Kontakt mit diesem Ministerium hatte ich, als Einheiten des MfS die Gethsemanekirche umstellt hatten, als die Bürgerbewegung dort drin war. Dann rief der Pfarrer bei mir zu Hause an, ob ich ihm denn nicht helfen könne, weil die Situation so zugespitzt war, dass man befürchten musste, dass die Leute schießen. Ob ich nicht helfen könne, das zu verhindern? Da habe ich von zu Hause das MfS angerufen als Volkskammerabgeordneter und habe die Herrschaften gebeten, noch mal darüber nachzudenken, was sie dort provozieren. Und fünf Minuten später kam ein Kontrollanruf, da stellte man mir noch ein paar Fragen, damit man erst mal wusste, wer ich überhaupt war. Drei Stunden später bekam ich einen Anruf,

---

37 Interview Nr. 13 (CDU), S.5.
38 Interview Nr. 10 (DBD), S. 13.

dass es den Befehl gegeben hat, dass die Leute mit Mannschaftswagen wegfahren. Da rief ich den Pfarrer wieder an und teilte ihm das mit."[39]

Nach der Absetzung von Erich Honecker ging die neue Führung in völliger Verkennung der Lage und im irrtümlichen Bewusstsein, nun das Gröbste geschafft zu haben, in gewohnter Weise daran, die neue Macht durch die Volkskammer absegnen zu lassen. Dazu berief Egon Krenz die Volksvertretung am 24. Oktober ein, um sich zum Staatsratsvorsitzenden und zum Vorsitzenden des Nationalen Verteidigungsrates wählen zu lassen. Diese Wahl offenbarte allerdings den nun auch die Volkskammer erreichenden Machtzerfall der SED. Erstmals wurde nämlich ein Staatsoberhaupt der DDR mit Gegenstimmen und Enthaltungen in sein Amt gewählt: etwa 10 Prozent der Abgeordneten (26 Neinstimmen, 26 Enthaltungen) verweigerten dem neuen Mann an der Spitze der SED ihre Zustimmung und signalisierten so den Bruch mit ihrer früheren Rolle.[40] Andererseits waren 90 Prozent der Mandatare auch zu diesem Zeitpunkt noch nicht bereit, sich mit legalen Mitteln gegen das führungsunfähig gewordene Politbüro der SED zu wenden.

Noch immer kostete es allerdings auch ein erhebliches Maß an persönlichem Mut, aus dem bisherigen Normverhalten auszubrechen, denn noch verfügte die SED-Spitze über viele ihrer Machtressourcen und ließ auch erkennen, dass sie gewillt war, diese nötigenfalls gegen Abtrünnige einzusetzen. Erst zwei Wochen zuvor, am 9. Oktober 1989, waren in Berlin und anderen Städten insgesamt 3456 protestierende Personen durch die Sicherheitsorgane „zugeführt" und 296 inhaftiert worden.[41] Wer damals offen gegen Egon Krenz stimmte, tat das nicht einfach aus einer alternativen politischen Grundüberzeugung, sondern überwiegend getrieben von der eigenen Verzweiflung, nicht sehenden Auges eine unvermeidliche Katastrophe begünstigen zu wollen. Ebenso wichtig war der Erwartungsdruck vieler Bürger in den Wahlkreisen, die von ihren Abgeordneten oft genug forderten, sich gegen die Wahl von Krenz zum Staatsratsvorsitzenden zu stellen. Auch hier wirkten selbst die erprobten Sicherungsmechanismen der Macht nicht mehr stabilisierend. War es bisher so, dass die SED durch die offene Stimmabgabe in der Volkskammer Gegenvoten verhindern konnte, weil die Hemmschwelle für diese sanktionsbedrohte Verhaltensweise sehr hoch lag, so kehrte sich jetzt die Transparenz des Verfahrens in ihr Gegenteil: Die Bürger, zu diesem Zeitpunkt bereits mit einer erheblichen Fähigkeit ausgestattet, politischen Druck auf ihre Abgeordneten auszuüben, nutzten die öffentliche Abstimmung zur Kontrolle ihrer Repräsentanten. Eine Abgeordnete kleidete die Vielfältigkeit sie bewegender Gedanken und Gefühle in folgende Worte, als sie ihr ‚Nein' gegen Krenz durch Aufstehen bei der entsprechenden Abstimmung bekundete:

---

39 Interview Nr. 06 (CDU), S. 18.
40 Volkskammer, 24.10.1989.
41 H. Bahrmann/Ch. Links 1999, S. 85.

„Ich gehörte zu den Gegenstimmen. Aber das war für mich eine ganz dramatische Sache. Bei der Abstimmung ging mir durch den Kopf: ‚So kann es nicht weitergehen, und bloß ein Wechsel in den Personen, das kann nicht sein' .... Obwohl, gegen die Person hatte ich keine Vorbehalte, aber gegen das Prinzip, das System. Bei der Abstimmung war ich ganz stark. Ich war nicht mal sehr aufgeregt. Ich war die Ruhe selbst. Meine Nachbarn haben es erst gemerkt, als ich mich aufgestellt habe. ... Ich habe das völlig spontan entschieden, aber ich war ganz gefasst. Und als ich nach Hause gekommen bin, war das Erste in der Wahlkreisversammlung, wo man mich fragte: ‚Na wie haben Sie denn gestimmt?' Und ich habe gesagt: ‚Dagegen!' Und da war die Wende für mich positiv gelaufen. Aber deshalb habe ich's nicht gemacht. Ich habe gar nicht geahnt, was meine Stimme hier für den Wahlkreis bedeutet hat, nämlich dass die Bürger ... [überlegt] gedacht haben, die hat doch Rückgrat, dass die nicht bloß geredet hat, sondern auch was durchgesetzt hat."[42]

Zwar hatten sich bei der Wahl des Staatsratsvorsitzenden Abgeordnete dazu durchgerungen, gegen ihre traditionelle Rollenerwartung zu verstoßen. Jedoch bedeutete das noch nicht, dass auch die Institution Volkskammer insgesamt zu einer neuen Funktionsweise gefunden hatte. Noch handelten die Mandatare isoliert, spontan und bemühten sich nur marginal um die Reorganisation institutioneller Gremien, Regeln und Verfahren. In den meisten Fraktionen fanden zwar Diskussionen im Vorfeld der Wahl statt, aber überwiegend wurde auf jede Form von ‚Fraktionszwang' verzichtet. Nur vereinzelt versuchte man noch, ‚Abweichler' mit dem Fraktionsausschluss zu bestrafen.[43]

Als weiterer Hinweis auf institutionellen Wandel ist der Umstand zu interpretieren, dass im Sekretariat, also der Verwaltung der Volkskammer, bereits im Vorfeld zur Wahl des Staatsratsvorsitzenden fest mit einer gewissen Anzahl an Gegenstimmen gerechnet wurde und man nicht mehr bereit oder fähig war, dagegen etwas zu unternehmen. Angeblich hatte sich bei Egon Krenz zu diesem Zeitpunkt bereits die Auffassung durchgesetzt, dass eine komfortable Mehrheit ausreichend sei und es nicht unbedingt zu einem geschlossenen Abstimmungsverhalten kommen müsse.[44] Unter den Mitarbeitern des Sekretariats machte sich sogar bis zu einem gewissen Grad Erleichterung breit, weil durch das differenzierte Abstimmungsergebnis die Volkskammer insgesamt glaubwürdiger wurde.[45]

Folgerichtig hatte man sich in Vorbereitung auf die Abstimmung auch auf die Auszählung eingerichtet, um – anders als früher – Stimmenthaltungen und Gegenstimmen exakt erfassen zu können. Selbst wenn bereits dieses Novum im institutionellen Ablauf den Zerfall der alten Macht sehr deutlich machte, zeigte doch die Oberflächlichkeit der Vorbereitung auf dieses neue Verfahren samt der so entstehenden Notwendigkeit mehrmaligen Nachzählens, wie ungewöhnlich dieser Vorgang immer noch war. Ein Angehöriger des Sekretariats schildert das so:

---

42 Interview Nr. 47 (LDPD), S. 56f.
43 Interview Nr. 41 (LDPD), 12.
44 Interview Nr. 19 (Sekretariat), S. 5.
45 Interview Nr. 23 (Sekretariat), S. 16.

„Ein Teil der Mitarbeiter, auch ich selbst, wir waren damals im Plenarsaal und haben geholfen, die Stimmenthaltungen und Gegenstimmen zu zählen und sie dem Präsidium mitzuteilen. Es gab damals noch keine Schriftführer oder Möglichkeiten, Gegenstimmen zu registrieren oder eine geheime Abstimmung durchzuführen; deshalb haben einige Mitarbeiter geholfen, das zu tun. Es gab ja nach der Sitzordnung in der Mitte den großen Block und rechts und links Blöcke. Und so weit ich mich erinnern kann, gab es jeweils drei Mitarbeiter, die in einem Block ausgezählt haben, in dem sie sagten: ‚Wer dagegen ist, bitte die Hand heben!' Und dann sind wir durch die Reihen gelangen und haben das abgezählt."[46]

Auch der Volkskammerpräsident, Horst Sindermann, schien zeitweilig durch die ungewohnte Registrierung der Stimmen überfordert.[47] Andererseits waren die neuen Freiheiten der Abgeordneten noch so unüblich, dass die weitaus größte Zahl der Mandatare aus ihrer bisherigen Rolle nicht ausbrach und sich selbst die kritischen Mitglieder der Institution mit ihrer Gegenstimme begnügten. Veränderungen des Verfahrens, etwa die Aufstellung von mehreren Kandidaten oder eine geheime Wahl, wurden jedenfalls nicht gefordert. Ebenso regte sich öffentlich noch kein Widerspruch gegen die Anweisung des Politbüros, die längst fällige und nachdrücklich von Fraktionen und Ausschüssen geforderte Plenarsitzung ausschließlich zur Wahl des Staatsratsvorsitzenden zu nutzen und keinerlei Diskussion zur Lage im Land durchzuführen. Nur informell hörte man gelegentlichen Unmut unter Abgeordneten, warum denn eine erneute Häufung zweier so wichtiger Ämter wie das des Staatsratsvorsitzenden und des Vorsitzenden des Nationalen Verteidigungsrates unbedingt nötig gewesen sei.

War die SED am 24. Oktober noch in der Lage, zumindest in bestimmten Grenzen den Anschein der Macht zu wahren, weil sie immer noch die Regeln und Resultate institutioneller Abläufe diktieren konnte, änderte sich das dramatisch in der nächsten Sitzung der Volkskammer am 13. November. Damals – und auch künftig – gelang es ihr nicht mehr, den Verlauf oder die Inhalte der Diskussion zu bestimmen. Dieser Zerfall institutioneller Macht wurde allerdings auch wieder nur möglich, weil unter dem Druck demonstrierender Bürger die Regierung unter Willi Stoph am 7. November ihren Rücktritt bekannt gab und einen Tag später auch das Politbüro geschlossen zurücktrat.[48] Zwar besaß die SED-Führung noch einmal die Kraft, Egon Krenz vom ZK erneut zum Generalsekretär wählen zu lassen. Doch es wurden die gerade ins Politbüro gewählten Bezirkssekretäre von Halle, Cottbus und Neubrandenburg 24 Stunden später von ihrer eigenen Parteibasis abgesetzt. Im einstigen Machtzentrum der DDR verbreitete sich anschließend offenkundige Konfusion, in deren Gefolge es am 9. November 1989 zur Öffnung der Berliner Mauer kam. Bereits am 8. November hatte die Bürgerrechtlerin Bärbel Bohley im Innenministerium die Bestätigung erhalten, mit dem das Neue Forum als offizielle politische Kraft anerkannt würde. Der Machtzerfall der SED war zu diesem Zeitpunkt eigentlich nicht mehr aufzuhalten. Die Führungselite hatte ihre letzte Reputation unter ihren Anhän-

---

46 Interview Nr. 23 (Sekretariat), S. 16.
47 H. Bahrmann/Ch. Links 1999, S. 44.
48 H. Bahrmann/Ch. Links 1999, S. 67f.

gern verloren; sie erwies sich immer deutlicher als handlungsunfähig, hatte mit der Legalisierung einer gegen sie gerichteten Bürgerbewegung politischen Pluralismus faktisch zugelassen und mit der Grenzöffnung auch noch die Kontrolle über das eigene Land eingebüßt. Selbst die Chance auf Nutzung der immerhin denkbaren Option eines Militärputsches war bereits weitgehend verstrichen, weil sich in der Armee nach ihrem geplanten Einsatz gegen Leipziger Demonstranten realistisch denkende Kräfte gegen eine solche Lösung ausgesprochen hatten. Und selbst innerhalb des Ministeriums für Staatssicherheit machten sich Enttäuschung und Demoralisierung breit.[49]

All diese bestimmenden Umwelteinflüsse prägen zunehmend das Verhalten der Abgeordneten in der Volkskammer. Am 13. November kam es endlich zu jener geforderten Plenarsitzung, auf der erstmals seit Beginn der offenen Krise in der DDR eine Aussprache über die Lage im Lande geführt wurde. Im Vergleich zum 24. Oktober hatte sich die Institution wieder ein Stück weiter aus der Vormacht der SED befreit, was allerdings in Anbetracht der nunmehr brüchigen gesellschaftlichen Position der Partei eher ein nachvollziehendes Bemühen der Abgeordneten war, den Kontakt zur Gesellschaft nicht vollends zu verlieren.

Zu den Elementen institutioneller Emanzipation gehört ferner die *Kontrolle der scheidenden Regierung* Stoph: Erstmals musste sich eine gesamte Regierungsriege wirklich kritische Fragen gefallen lassen. Allein schon der Umstand, dass auch der Minister für Staatssicherheit genötigt war, vor den Abgeordneten Rede und Antwort zu stehen, zeigt aufs Deutlichste, dass die Volkskammer mit mächtigen Tabus bisheriger Arbeit zu brechen begann. Obendrein ließ die Art und Weise, wie Mielke vor dem Plenum agierte,[50] selbst bei den treuesten Anhängern der SED die letzten Illusionen über einen eventuellen Erhalt ihrer Macht schwinden.

Erstmals begann die Volkskammer auch, sich am längst eingeleiteten gesellschaftlichen Dialog über die Probleme des Landes zu beteiligen. Zu diesem Zweck griff sie auf ihre völlig legalen Mittel der Regierungskontrolle zurück, die allerdings durch die Vormacht der SED bisher blockiert waren. Als entscheidend erwies sich dabei die Transparenz des Verfahrens, denn die Plenarsitzungen waren öffentlich. Wurde solche Transparenz bisher durch den Machtapparat der SED filtriert und hatte ohnehin nichts anderes als politische Einmütigkeit abzubilden, gerieten die Übertragungen aus der Volkskammer jetzt zu Publikumsmagneten: Erstmals erlebten die Bürger, dass sich Spitzenpolitiker für ihr Versagen öffentlich rechtfertigen mussten und der Ministerpräsident die volle Verantwortung für die Krise im Lande übernahm. Damit begann zwar die Volkskammer, sich wirklich aus ihrer Machtlosigkeit zu befreien und etwas mehr Vertrauen bei den Akteuren und Adressaten zu erhalten. Sie war aber immer noch nicht in der Lage, als selbstbewusste Institution zu handeln. Auffälligstes Indiz dafür war der *Verzicht der Abgeordneten auf eine tiefgründige Analyse der Ursachen* für die Misere in der DDR. Der Rücktritt der Regierung

---

49 Siehe M. Richter 1996, S. 44f.
50 Vgl. Volkskammer, 13.11.1989, S. 262.

unter Willi Stoph wurde von der Volkskammer fast mit Erleichterung angenommen, und zwar ohne die Debatte für eine erhellende Klärung der eigentlichen Gründe für das Scheitern der bisherigen Staatsdoktrin zu nutzen. Noch immer hatte auch die alte Regierung die Initiative, indem sie auf ihr eigenes Betreiben hin und nicht durch die Volkskammer ihrer Verantwortung enthoben wurde. Viele Abgeordnete waren zu sehr ihrer traditionellen Rolle verhaftet, Fremdentscheidungen als bindend anzuerkennen, um von sich aus Aufklärung zu fordern. Fast genierte man sich sogar, die früher Mächtigen zu zwingen, etwas von ihrem Herrschaftswissen preiszugeben.

Sehr deutlich wird das an einem Beispiel aus dem Bildungsausschuss. Dessen Vorstand beschloss, den bisherigen Vorsitzenden, Politbüromitglied Kurt Hager, von der weiteren Teilnahme an der Arbeit auszuschließen. Entgegen allen gültigen Regeln und nur einer politischen Stimmung folgend, wurde einem der einst mächtigsten Männer der DDR so praktisch die Erlaubnis entzogen, sein Volkskammermandat wahrzunehmen. Trotz dieser offensichtlich neuen Freiräume reichten die Fähigkeit und der Wille der Akteure nicht aus, endlich ihre eigene Handlungsfreiheit zu nutzen, um mehr über die Hintergründe der SED-Herrschaft zu erfahren: Statt Hager im Ausschuss zu befragen, entließ man ihn nämlich, ohne überhaupt ein auf persönliche oder institutionelle Rechenschaftslegung abzielendes Herangehen zu erwägen. Zwar war die Vorherrschaft der SED zerfallen; aber die Abgeordneten konnten sich noch nicht wirklich aus ihrem bisherigen Rollenverhalten lösen. Sie besaßen jetzt also Macht, konnten sie aber noch nicht konstruktiv nutzen. Ein Ausschussmitglied berichtete im Interview über genau diese Situation. Auf die Frage, ob man nicht auch daran gedacht hätte, mit Hager über die Situation zu reden, um von ihm Antworten auf die vielen offenen Fragen zu verlangen, meinte er:

> „Wenn Sie so fragen, dann muss ich sagen, die Möglichkeit wäre bestimmt nicht schlecht gewesen. Aber ich glaube, der Konsens im Vorstand bestand eben darin, keine Konfrontation mehr aufkommen zu lassen. ... Also, wir waren eigentlich froh, dass die Sache so zu Ende ging. Denn, was hätte es gebracht? Ein schmutziges Wäschewaschen hätte es gebracht! Also eine Abrechnung subjektivster Art. Der Ausschuss – der war doch so diffus – der hätte sich nie zu einer Meinung durchringen können."[51]

Auch innerhalb der Volkskammer gewannen die Akteure überwiegend nicht durch eigene Initiative an Macht, sondern weil die alte Herrschaftselite bereits durch die Umstände so weit demoralisiert war, dass sie weitgehend von sich aus ihre Positionen abtrat. Dazu gehörte auch der Verzicht der SED, weitere einflussreiche Posten besetzen zu wollen. Letztmalig gelangte mit Hans Modrow ein SED-Abgeordneter in ein Spitzenamt, als er, mit lediglich einer Gegenstimme, zum neuen Ministerpräsidenten gewählt wurde. Von da an hielt sich die SED bewusst mit ihren Wünschen nach weiteren Ämtern zurück. Deutlich wurde das etwa bei der Wahl eines neuen Volkskammerpräsidenten am 13. November, als die SED-Fraktion nicht einmal mehr einen eigenen Kandidaten aufstellte.

---

51 Interview Nr. 10 (DBD), S. 7f.

Die Wahl des neuen Präsidenten macht auch deutlich, wie sich in der Volkskammer langsam dann doch parlamentarische Regeln und Verfahren durchzusetzen begannen. Erstmals fand tatsächlich ein Wettbewerb um das Amt zwischen anfänglich fünf Kandidaten statt, bevor Günther Maleuda von der Bauernpartei im zweiten Wahlgang einen knappen Sieg erringen konnte. Eine Neuerung war ebenso das geheime Wahlverfahren, welches vielen Abgeordneten eine unabhängige Entscheidung ermöglichte. Allerdings fanden sich auch hier noch Relikte alten Normverhaltens. So wurde die FDJ-Fraktion vermutlich noch von der SED daran gehindert, einen eigenen Kandidaten aufzustellen, weil man nun den Koalitionspartnern das Feld überlassen wollte.[52] Auch die Fraktionen verhielten sich keineswegs so, wie man es in parlamentarischen Demokratien erwarten würde. In den Fraktionen kam es nämlich zwar zu Beratungen in Vorbereitung der Wahl; jedoch wurde kaum der Versuch unternommen, die Mitglieder auf den eigenen Kandidaten einzuschwören. Effektives Mannschaftsverhalten zeichnete sich hier also noch nicht ab, und die Fraktionen traten nicht als wirklich geschlossene Akteure in Erscheinung. Es fiel offensichtlich schwer, vom ehemals verordneten Fraktionszwang zur freiwilligen Disziplin auf der Grundlage von politischer Führung, Kommunikation und Gruppensolidarität zu finden. Ebenso lassen sich keine Anzeichen dafür feststellen, dass zwischen einzelnen Fraktionen Absprachen stattfanden, um einen Kandidaten gemeinsam zu unterstützen. Zwar stimmten in der Stichwahl die Mandatare von SED, FDJ und FDGB vermutlich überwiegend für Maleuda, weil sie immer noch dem alten Klischee vom Arbeiter- und Bauernbündnis folgten; jedoch war das bereits nicht mehr eine Forderung ihrer Parteien und Fraktionen.

Mehr Demokratie und Pluralismus bedeuteten auch noch nicht, dass eine parlamentarische Funktionsweise in die Volkskammer eingezogen wäre. Sie hatte sich vielmehr vom Ausführungsorgan der SED zu einer Institution ohne eigenes Profil entwickelt, in dem unter teilweise chaotischen Verhältnissen überwiegend verunsicherte Abgeordnete orientierungslos und als Individualisten bemüht waren, das Schlimmste für die Gesellschaft und oft auch für sich selbst abzuwenden.

Unverkennbar hatte die *SED* bis Mitte November 1989 fast vollständig ihre frühere Macht verloren. Das betraf auch die *Kontrolle über ihre eigenen Mitglieder*. So begannen selbst Abgeordnete aus der SED auszutreten, ohne dass das für sie Konsequenzen nach sich zog.[53] Der Parteigruppe der SED in der Volkskammer wurde vom Präsidenten der Volkskammer sogar ein Tagungsverbot im Parlamentsgebäude ausgesprochen, sodass sie – erstmals seit Langem einberufen – sich im ZK-Gebäude versammeln musste. Ein Versuch der Partei- und Fraktionsführung, der Parteigruppe ihren Willen aufzuzwingen, scheiterte anschließend nicht nur vollständig, sondern bestärkte viele SED-Abgeordnete sogar, der lernunfähigen eigenen Leitung jetzt endgültig das Vertrauen aufzukündigen und sich nunmehr in ihrer Volkskammertä-

---

52 Interview Nr. 27 (Sekretariat), S. 13f.
53 Interview Nr. 38 (FDJ), S. 9.

tigkeit ausschließlich vom eigenen Urteil leiten zu lassen. Ein Mandatar erlebte das so:

> „Ich weiß nur, dass ich sehr schockiert war über die Art der versuchten Erzwingung von Parteidisziplin im Abstimmungsverhalten, als es dann um Vorschläge ging für die neue Regierung, wie dann versucht wurde, die Genossen dort alle unter einen Hut zu bekommen. Ich habe mich dann dieser Disziplin entwunden. ... Nach meinem Eindruck war die Zeit an dieser Struktur ‚Parteigruppe' und an den Leuten, die das geleitet haben – Egon Krenz – vorbeigegangen. Es ging um die Personalentscheidungen, es ging natürlich um das Abstimmungsverhalten, also auch darum, dass man gewissermaßen auch den Zwang hätte, oder die Verpflichtung, als Genossen gleich abzustimmen, was ja aber der Struktur der Volkskammer dann am Ende schon widersprach."[54]

Nachdem die gesamte Führungsstruktur der SED zusammengebrochen war und Arbeitsgruppen an die Stelle des ZK getreten waren, um die Partei zu retten und zu reformieren, gab es ohnehin keine ernsthaften Disziplinierungsmöglichkeiten mehr, um die Genossen innerhalb der Volkskammer zusammenzuhalten. Noch im November wechselte ein Abgeordneter der FDJ-Fraktion zur SDP.[55] In Folge dieser Entwicklung sank nicht nur die politische Aktivität der SED-Fraktion, sondern auch das Selbstwertgefühl ihrer Mitglieder erheblich und lähmte spürbar das Engagement der meisten Mandatare. Eine Beobachtung, geschildert von einer Abgeordneten, mag das illustrieren:

> „Die SED hatte ziemlich schnell ihre Vormachtstellung verloren. Ich werde nie vergessen, als wir uns das erste Mal im Ausschuss zusammensetzten, da kam Täve Schur, und neben mir war noch ein Platz frei. Und er fragte: ‚Darf ich mich hier hinsetzen oder hast ... [unterbricht sich] haben Sie was dagegen?' Ich sagte: ‚Nein, ich hab keine Bedenken' ‚Na dann ist es ja gut.'"[56]

Nachdem fast die gesamte frühere SED-Führungselite praktisch nicht mehr ihr Mandat wahrnahm und wenig später auch aus ihrer Partei ausgeschlossen wurde, schieden zunehmend mehr SED-Mitglieder freiwillig aus der Partei und legten ihre Mandate nieder. Dieser personelle Aderlass betraf sehr wohl auch andere Fraktionen und wirkte durch seine bereinigende Konsequenz zwar nach außen hin vertrauensbildend, innerinstitutionell aber auch destabilisierend: Ein nicht unerheblicher Teil sachkundiger Führungskader schied aus der Volkskammer aus und machte weniger geübten Nachfolgekandidaten Platz. Insgesamt litt die Volkskammer bis zum Ende der Legislaturperiode an dem so entstandenen personellen Kompetenzmangel, zumal viele der fähigen Abgeordneten aus der zweiten Reihe alsbald Verantwortung im Ministerrat übernahmen und damit weitgehend nicht mehr im Parlament tätig wurden.

Die am 1. Dezember von der Volkskammer ohne Gegenstimmen und bei fünf Stimmenthaltungen[57] vollzogene Streichung des Artikels 1 der Verfassung, in dem bisher der Führungsanspruch der Partei geregelt war, besiegelte die formale Aner-

---

54 Interview Nr. 38 (FDJ), S. 2.
55 Interview Nr. 15 (FDJ), S. 7.
56 Interview Nr. 46 (CDU), S. 21.
57 Volkskammer, 1. Dezember 1989, S. 321.

kennung des Machtverlustes der SED. Es erscheint paradox, dass bereits einen Monat nach ihrer ersten Krisensitzung die ehemals so SED-treue Vertretungskörperschaft ihre alte verfassungsrechtlich fixierte Leitidee beseitigte. Doch aus der Perspektive der gesellschaftlichen Ereignisse kann das wenig überraschen. Genau so sahen es auch die Abgeordneten: Erstaunlich viele von ihnen haben im Rückblick nach fünfzehn Jahren kaum noch sichere Erinnerungen an diese Sitzung, weil in ihr lediglich das formal nachvollzogen wurde, was seit Wochen auf den Demonstrationen gefordert wurde und was obendrein die SED mit ihrer Führungsunfähigkeit ohnehin praktisch vorlebte. Aber auch hier erleichterte es vielen Abgeordneten noch ihre Zustimmung, dass die SED-Führung diesen Vorschlag notgedrungenermaßen selbst der Volkskammer unterbreitete. Mit diesem endgültigen Rücktritt von der bisherigen Macht hinterließ die SED nicht nur ein ruiniertes Land, sondern mit der Volkskammer auch eine ungeordnete und verwirrte Vertretungskörperschaft, die gerade erst unter dem Druck der Zivilgesellschaft begonnen hatte, zur institutionell verschütteten parlamentarischen Macht zu finden.

5. *Reinstitutionalisierung der Volkskammer*

Nachdem die Macht der SED in der Volkskammer zerbrochen war, setzte in der Volksvertretung ein durchaus nicht konsequenter, höchst widersprüchlicher Prozess des Ringens um eine neue institutionelle Identität ein. Besonders hemmend wirkte sich das weitgehende Fehlen halbwegs überzeugender *Alternativkonzepte* aus. Zwar fanden die meisten Abgeordneten die Pluralität von Meinungen und Interessen richtig und waren froh, dass sich jetzt unterschiedliche Interessen in der Volkskammer öffentlich äußern konnten. Jedoch herrschte weitgehende Unkenntnis, wie solche divergierenden Ansichten und Positionen institutionell geordnet und in handlungsfähige Politik umgewandelt werden könnten. Die jahrzehntelange Praxis der SED, ihre Macht durch Entzug konkurrierender Wissensbestände abzustützen, wirkte sich jetzt besonders kontraproduktiv aus. Doch es war nicht nur die parlamentarische Ahnungslosigkeit der weitaus meisten Abgeordneten, die eine relativ zügige Metamorphose der Volkskammer zu einer parlamentarisch funktionierenden Vertretungskörperschaft verhinderte. Auch die unter den damaligen Abgeordneten zu diesem Zeitpunkt noch vorherrschende, ideologisch motivierte Weigerung, Grundzüge des westdeutschen Regierungssystems zu übernehmen, engte die Wandlungsfähigkeit der Volkskammer erheblich ein.[58]

Die mit der Diskussion um die Regierungserklärung von Hans Modrow einsetzende Debatte in der Volkskammer zeigte jedenfalls sehr deutlich die Grenzen der Bereitschaft und Fähigkeit zum institutionellen Umbau. Lediglich die Vertreter von LDPD und CDU sprachen sich mehr oder weniger verschwommen für eine parlamentarische Demokratie aus; die übrigen Abgeordneten konzentrierten ihr Augen-

---

58 Siehe Volkskammer, 13. November 1989, S. 254.

merk auf eine wünschenswerte politische Gewaltenteilung, Normenkontrolle und sonstige Möglichkeiten der Machtkontrolle. Sie strebten politischen Pluralismus, demokratische Wahlen ohne Einheitslisten und Rechtsstaatlichkeit an, waren froh, endlich eine wirkliche Koalitionsregierung zu haben, lehnten allerdings parlamentarische Opposition weitgehend ab. Einig waren sich alle Diskussionsredner ohnehin darüber, dies alles auf der Grundlage eines erneuerten Sozialismus entwickeln zu wollen.[59] Am radikalsten formulierte Manfred Gerlach den angestrebten Umbau der Volkskammer. Aber selbst ihm fiel es offensichtlich schwer, den bisher geächteten Begriff der „Gewaltenteilung" zu übernehmen:

> „Die LPDP ist für parlamentarische Demokratie und politischen Pluralismus in der DDR. Und weil wir uns die DDR nur als sozialistischen Staat vorstellen können, meinen wir damit nicht – wie es hier und da absichtlich mißverstanden wird – die Rückkehr zum Kapitalismus und zu seinem politischen System. Was wir anstreben ist ... Gewaltenabgrenzung oder Gewaltenteilung, wobei wir die Dominanz der Volkskammer und aller Volksvertretungen weiterhin für unverzichtbar erachten."[60]

Noch dominierte bei den meisten Abgeordneten in der Volkskammer trotz des Zusammenbruchs alter, totalitärer Machtverhältnisse ein relativ homogener und weitreichender *gemeinsamer Wertekonsens des Realsozialismus,* der weit weniger differenziert war als die damaligen Positionen politischer Akteure in der Gesellschaft. Bereits zu diesem Zeitpunkt wurde solchermaßen klar, dass die Volkskammer in ihrer neunten Wahlperiode nicht mehr die Kraft finden würde, sich aus dem langen Schatten ihrer Vergangenheit zu lösen. Dazu waren die meisten Abgeordneten einfach nicht fähig oder bereit, waren die Gremien ungenügend profiliert, und war der Faktor Zeit nicht ausreichend vorhanden. Vor allem aber konnte die alte Volkskammer selbst durch noch so innovativen Institutionenumbau ihr Hauptproblem nicht überwinden: nämlich das auf ihr lastende *Legitimitätsdefizit.* Das hatten viele Akteure verstanden und konzentrierten sich demzufolge auf drei elementare Aufgaben, zu denen die Parlamentarisierung der Volkskammer allenfalls nur als Nebenprodukt zählte. Das erste Ziel war die Verhinderung des Ausbruchs offener Gewalt und die Erhaltung staatlicher Handlungsfähigkeit, das zweite die Sicherung des Wirtschaftslebens und der Grundversorgung der Bevölkerung und das dritte die Ermöglichung eines geordneten Übergangs in einen demokratischen Sozialismus mit einer neuen Volkskammer. Etwas schärfer formulierte ein Abgeordneter die noch zu leistenden Aufgaben der Volkskammer so:

> „Sie [die Volkskammer] war nicht frei gewählt, und aus meiner Sicht hatte sie lediglich die Aufgabe, mit großer Gewissenhaftigkeit die neuen Wahlen vorzubereiten und bis dahin alles so abzuwickeln, dass für diesen Staat der geringste Schaden entsteht."[61]

Von zentraler Bedeutung für die institutionelle Restabilisierung nach dem Zusammenbruch der SED-Vormacht war das Bemühen der Volkskammer um mehr Ver-

---

59 Volkskammer, 17. und 18. November 1989, S. 272ff.
60 Ebd., S. 281.
61 Interview Nr. 6 (CDU), S. 11.

trauen in der Bevölkerung. Wichtig war dabei die mit der Plenarsitzung vom 13. November 1989 einsetzende Aufarbeitung der politischen Geschichte der DDR und des bis dahin tabuisierten Machtmissbrauchs der SED. Institutionalisiert wurde dieses Bestreben durch die Einsetzung von zwei *Untersuchungskommissionen*. Die Einstellung der Abgeordneten zu diesen Ausschüssen, ihrer Arbeitsweise und ihrer Wirkung zeigt sehr anschaulich die innere Zerrissenheit und das mangelnde Reorganisierungsbestreben der Volkskammer.

Schon über den Zweck dieser Gremien waren sich die Mandatare uneinig. Ein Teil von ihnen sah hier den positiven Versuch, berechtigten Forderungen der Bürger nach Aufklärung entgegenzukommen; außerdem benötigt die Volkskammer selbst dringend Informationen über bisher geheime Sachverhalte, die man in den Ausschüssen zu erhalten glaubte. Schließlich erschien es nötig, Verleumdungen gegen prominente Politiker von berechtigten Vorwürfen trennen zu können. Dieser Gruppe der Befürworter standen nicht wenige Abgeordnete gegenüber, welche die Untersuchungsausschüsse grundsätzlich ablehnten, weil sie ihrer Meinung nach „Stimmungsmache" begünstigten, Racheorgane seien, der simplen Machtdemonstration dienten oder lediglich geeignet waren, „Dampf abzulassen".

Es verwundert nicht, dass viele Mandatare ihre Mitarbeit in diesen Ausschüssen verweigerten, weil sie nicht „im Dreck rumwühlen wollten" bzw. „keine Lust hatten, dreckige Wäsche waschen zu wollen". Die Fraktionen waren froh, jeweils wenigstens zwei Mitglieder benennen zu können, die später ohne alle Diskussion von der Volkskammer bestätigt wurden. Zum Vorsitzenden des Ausschusses zur Aufdeckung von Amtsmissbrauch wurde der Christdemokrat Heinrich Toeplitz gewählt, seit 1951 Mitglied der Volkskammer und Präsident des Obersten Gerichtes der DDR. Während die einen in ihm eine geeignete Person für diese Aufgabe sahen und auch mit seiner Arbeit im Ausschuss zufrieden waren, kritisierten andere diese Besetzung.

Offensichtlich war auch die Arbeit in den Ausschüssen sehr widersprüchlich. Während bestimmte Abgeordnete sich sehr intensiv einsetzten, wollten andere am liebsten niemandem weh tun und vermieden konkrete Bewertungen selbst von Fällen offensichtlichen Amtsmissbrauchs und offenkundiger Korruption. Eine Abgeordnete berichtete über ihre Eindrücke so:

> „Ich kann dazu nur sagen, dass mir ... Heinz Toeplitz bekannt war, und ... wir ein oder zwei Gespräche hatten, in denen er über den Untersuchungsausschuss berichtet hat, aber nicht offiziell, sondern persönlich. Und er mir dazu erklärte, dass er die Tätigkeit dieser Untersuchungsausschüsse als eine ausgesprochene Form der Gerechtigkeit empfindet, und er sich darüber beschwerte, dass viele Leute keinen Mumm in den Knochen oder kein Rückgrat hatten, wirklich eine Frage zur Klärung zu bringen, sondern das in einer Rumeierei endete. Und er sich da manchmal allein gelassen fühlte, wenn er ein Ergebnis vorlegen sollte."[62]

Obwohl die Untersuchungsausschüsse zu jenen Volkskammergremien gehörten, die am intensivsten in dieser Zeit arbeiteten,[63] spielten ihre Zwischenberichte und End-

---

62 Interview Nr. 31 (DFD), S. 11.
63 Vgl. V. Klemm 1991.

resultate in der täglichen Arbeit der Vertretungskörperschaft eine eher geringe Rolle. In einigen Fraktionen wurden diese nur beiläufig oder gar nicht zur Kenntnis genommen, und für eine intensivere Diskussion fehlten offensichtlich die Zeit oder das weiterführende Interesse. Für einige Beteiligte waren die letztlich mit viel Aufwand gewonnenen Erkenntnisse über kriminelles Verhalten in der alten Staats- und Parteiführung allerdings in hohem Maße deprimierend und demotivierend. Schlaglichtartig erhellt der Bericht eines engagierten Ausschussmitgliedes die düstere und wenig produktive Atmosphäre dieser Arbeit:

> „Also effektiv war der Ausschuss nicht. Ich habe mir damals einreden wollen, und habe es mir damals auch ganz lange Zeit eingeredet, dass es was nützt und dass wir vieles bewegen können, was dem Land hilft. Aus der jetzigen Sicht muss man sagen: Das war eine sinnlose Geschichte, weil ... die ganzen Privatbereicherungen [der alten Staatsführung], die sind später als Immobilien weggegangen, da haben sich welche richtig was unter den Nagel gerissen, einschließlich der Mitglieder des Ausschusses. Die hatten als erste Kenntnis darüber und sind da drangeblieben. Als die ersten Fraktionsmitglieder mit dem Volvo gefahren kamen, ist mir der Atem stehen geblieben."[64]

Obwohl die Untersuchungsausschüsse die formelle und materielle Unterstützung des neuen Volkskammerpräsidiums und des neuen Ministerrates erhielten, waren sie institutionell und rechtlich nicht wirklich in der Volkskammer verankert, und die Befangenheit vieler ihrer Mitglieder warf die berechtigte Frage danach auf, ob sie im Rahmen dieser Volkskammer ihrer Aufgabe überhaupt gerecht werden konnten. Ein Weg aus dieser Misere wäre die enge Kooperation mit den analogen Untersuchungsausschüssen des Zentralen Runden Tisches gewesen. Zwar bestanden immer wieder sporadische Kontakte. Sie kamen allerdings eher dadurch zustande, dass einige Volkskammerabgeordnete auch am Runden Tisch präsent waren. Eine wirkliche Zusammenarbeit gelang aber aufgrund der beiderseitigen inneren Distanz nicht. Zwar besänftigte die Existenz der Untersuchungsausschüsse bis zu einem gewissen Grad die Forderungen der Bürger, endlich über Amtsmissbrauch, Korruption und illegale Gewaltanwendung informiert zu werden. Zu Gremien wirkungsvoller politischer Aufklärung oder zu institutionellen Keimzellen parlamentarischer Restabilisierung wurden die Untersuchungsausschüsse der Volkskammer aber nicht.

Eine weitere Möglichkeit der Volkskammer, sich zu einem machtvollen Parlament zu entwickeln, wäre die Erlangung der *Regierungskontrolle* gewesen. Hinsichtlich des Ministerrats unter Willi Stoph verzichtete sie, wie bereits dargestellt, auf wirkliche Kontrolle. Hatte die Vertretungskörperschaft aber daraus gelernt, um ein mehr selbstbewusstes Verhältnis zur nachfolgenden Modrow-Regierung aufbauen können?

Nie zuvor waren die Beziehungen einer Volkskammer zur Regierung so partnerschaftlich und von gegenseitiger Akzeptanz getragen, wie seit dem 18. November, als ein neuer Ministerrat unter Führung von Hans Modrow gewählt wurde. Die meisten Abgeordneten brachten ihm Sympathie entgegen und sahen in Modrow ei-

---

64 Interview Nr. 15 (FDJ), S. 14.

nen Hoffnungsträger für die Lösung der anstehenden Probleme. Bereits im Vorfeld gab es auch erstmals *Koalitionsverhandlungen*, die ihren Namen verdienten: Zwischen den Fraktionen wurde um Ministerposten und um politische Inhalte gerungen.[65] Das alles bewegte sich aber noch im Rahmen einer gelockerten Blockpolitik. So wurde beispielsweise die absolute Dominanz der SED im künftigen Ministerrat nicht in Frage gestellt, wenngleich die übrigen Parteien mehr Minister als bisher stellen konnten. Im Prinzip hatte man sich auf eine Art gemeinsame Regierungsverantwortung geeinigt, die in etwa dem entsprach, was Alfons Steiniger 1949 in seinem gemäßigten Gegenentwurf zum später praktizierten unumschränkten Herrschaftsanspruch der SED als „demokratische Blockpolitik" definiert hatte.[66] Es war der Versuch, alle im Parlament vertretenen Gruppen in die Koalition einzubinden, um so ohne innerinstitutionelle Opposition regieren zu können. Konnte man den praktischen Versuch der Bildung einer möglichst großen Koalition in Krisenzeiten immerhin noch für akzeptabel halten, so war die konzeptionelle Grundlage, politischen Pluralismus ohne Opposition zu probieren, zweifellos ein Missverständnis parlamentarischer Demokratie und stand darüber hinaus im krassen Gegensatz zur gesellschaftlichen Realität.

Die Abgeordneten nahmen allerdings ihr *Wahlrecht* trotz des gemeinsamen Vorschlages aller in der Volkskammer vertretenen Fraktionen durchaus kritisch wahr. Mit fünf Gegenstimmen und sechs Enthaltungen wurden die 17 SED-Minister, drei Christdemokraten, vier Liberale, zwei Minister der DBD und zwei der NDPD gewählt.[67] Ohne Rücksprache mit der FDJ hatte der Ministerpräsident kurzfristig den von der Jugendfraktion vorgeschlagenen Kandidaten für ein Ministeramt durch einen anderen der SED ersetzt, was nicht nur als fortbestehender Hegemonieanspruch der Partei zu sehen war, sondern auch als vorweggenommene Entscheidung dafür, die Massenorganisationen zukünftig aus dem Parlament zu entfernen.

Zwar hatte der Ministerpräsident in seiner ersten Regierungserklärung gefordert, dass die Volkskammer zu ihrer verfassungsmäßigen Rolle als oberste staatliche Institution finden solle, und auch viele der neuen Minister strebten solch einen Wandel hin zu einem machtvollen Parlament an. Jedoch konnte die Volkskammer diesem Anspruch letztlich nicht gerecht werden. Viele Abgeordnete waren ihrer alten Rolle des vorauseilenden Gehorsams zu sehr verhaftet, als daß sie sich noch von ihr hätten lösen können. Ein Abgeordneter und Minister beurteilt das so:

„Es gab sicher eine wesentlich größere Bereitschaft bei allen Ministern, Fragen von Abgeordneten zu beantworten, auf Fragen einzugehen. ... Es gab einige Minister darunter, die wollten selbst etwas verändern. Das war dann schon ein anderes Verhältnis. Ich sage [aber] noch einmal: Aus diesem Organismus ‚Alte Volkskammer' heraus, mit dem gewohnten vorauseilenden Gehorsam, wurden die gleichen Fragen gestellt wie vorher auch; da hat sich prinzipiell nichts geändert."[68]

---

65 Vgl. Interview Nr. 02 (LDPD), S. 6.
66 A. Steiniger 1949.
67 Protokoll, 17. und 18. November 1989, S. 307.
68 Interview Nr. 06 (CDU), S. 15.

Auch der Umstand, dass acht Tage nach seiner Ernennung zum Minister im Kabinett Modrow Gerhard Schürer verhaftete wurde,[69] weil gegen ihn noch frühere Vorwürfe des Amtsmissbrauchs vorlagen, ändert nichts an der Bewertung der Volkskammer als schwaches Parlament. In erster Linie handelten die Justizorgane hier unter dem Druck der außerparlamentarischen Opposition und nicht auf Anweisung der Volkskammer. Wichtiger noch war, dass Zeiten des radikalen Umbruchs und der Krise stets die Exekutive herausfordern, auch selbstständige und schnelle Entscheidungen zu treffen, und zwar auch ohne Rückkoppelung mit dem Parlament.

Schließlich hatte sich seit dem 7. Dezember das gesamte politische System der DDR mit der Bildung des Zentralen Runden Tisches grundlegend verändert. Von da an wurde Regierungskontrolle primär nicht mehr von der Volkskammer, sondern vom Runden Tisch und den dort vertretenen politischen Kräften des Wandels ausgeübt. An ihm waren – anders als in der Volkskammer – alle bis dahin relevanten politischen Gruppierungen vertreten. Der Runde Tisch besaß also eine höhere Legitimation und tagte auch öfter als das Parlament. Viele Entscheidungen des Runden Tisches wurden darum faktisch für den Ministerrat bindend, so z.B. die Eckpunkte der Verhandlungsstrategie mit der westdeutschen Bundesregierung oder zahlreiche Gesetzesinitiativen. In kurzer Zeit entwickelte sich der Zentrale Runde Tisch so von einem Vetoorgan zu einer Steuerungsinstanz der DDR.[70] Eine dauerhafte institutionelle Kooperation zwischen Volkskammer und Rundem Tisch bildete sich jedoch nicht heraus. Ein Mitarbeiter des Sekretariats und ein damaliger Minister unterstreichen das aus ihrer Sicht so:

> „Na ja, die Volkskammer ist ja ‚nur' beschließendes Organ; die beschließt nur das, was die Regierung vorlegt oder andere Organe vorschlagen. Aber die Vorentscheidung erfolgte natürlich am Runden Tisch. Diese Überlegung war das entscheidende Motiv für das Handeln von Modrow."[71]

> „Ich habe ja mehrfach am Runden Tisch teilgenommen als CDU-Vertreter. Das stimmt, die Volkskammer hat keine Rolle mehr gespielt. Die Rolle der Volkskammer ging eigentlich zu Ende mit dem Protest gegen Krenz, mit dem kläglichen Auftreten von Mielke und der Abwahl der Regierung Stoph. Das waren für mich die Meilensteine, und danach verlief es sich im Sande. Das war im Fernsehen wichtig. Aber das Fernsehen hat doch von der Volkskammersitzung nichts mehr übertragen; das kam denen gar nicht in den Sinn. Der Runde Tisch war [aber] live von morgens bis abends ... Die [Volkskammer aber] tagte nicht so häufig. Und so richtig los ging's mit der Volkskammer erst wieder ab April."[72]

Ein deutlicher Hinweis für die mangelhafte Regierungskontrollfähigkeit der Volkskammer war ebenso ihre vollständige Einflusslosigkeit auf zentrale Machtbereiche des Staates. So unterlag beispielsweise der Regierungsbeauftragte für die Auflösung des Amtes für Nationale Sicherheit, Peter Koch, mit seiner Behörde keinerlei öffent-

---

69 Interview Nr. 35 (SED), S. 12.
70 U. Thaysen 1990, S. 80.
71 Interview Nr. 19 (Sekretariat), S. 16.
72 Interview Nr. 39 (CDU), S. 10.

licher bzw. parlamentarischer Kontrolle.[73] Weitgehend konservatives Abgeordnetenverhalten, kaum Zeit für ein Wechselspiel zwischen Ministerrat und Volksvertretung oder für die neue Rolle relativ ungeübte Ausschüsse und Fraktionen, sowie machtvolle Einmischung der neuen politischen Akteure aus der Gesellschaft machten für die Regierung die weitere Vernachlässigung der Volkskammer praktisch ratsam. Auch deshalb gelang ihr eine parlamentarische Reinstitutionalisierung nicht.

Als sich die politische Handlungsfähigkeit der Regierung im Januar erschöpft hatte und erneut eine dramatische Krisenverschärfung drohte, entschloss sich Hans Modrow zur Bildung einer „Regierung der Nationalen Einheit" unter Einbeziehung von acht Vertretern der neuen politischen Bewegungen vom Runden Tisch als *Minister ohne Geschäftsbereich*. Diese Maßnahme war weder mit der Volkskammer abgesprochen noch bereicherten die neuen Minister die Tätigkeit der Volksvertretung spürbar. Ihre Aufgabe war eine doppelte. Einerseits war ihre Präsenz ein symbolisches Zeichen für die Akzeptanz der außerparlamentarischen Kräfte und sollte vor allem dem Ministerrat seine Legitimation nach innen und außen verbessern. Andererseits agierten die neuen Minister als Verbindungsleute zum Runden Tisch und zu den entstehenden oder sich formierenden Bewegungen und Parteien. Einige von ihnen übernahmen bereitwillig Aufgaben in bestimmten Ministerien und setzten mit ihrer Autorität manche Idee auch gegen den Widerstand der Bürokratie oder des alten politischen Denkens durch. Teilweise fungierten sie auch als Kontaktpersonen zu westdeutschen Akteuren. Doch für die Volkskammer ergab sich daraus kein institutioneller Entwicklungsvorteil, weil diese Aktivitäten an ihr einfach vorbeiliefen.

Lediglich in einem Punkt ergab sich eine Neuerung. Als nämlich die SDP aus grundsätzlichen Überlegungen keinen Vertreter in das erweiterte Kabinett Modrow schicken wollte, verkündete die CDU, in diesem Falle auch aus der Koalition auszuscheiden, um nicht andernfalls ihrem Hauptkonkurrenten bei der bevorstehenden Wahl einen zusätzlichen Vorteil einzuräumen. Damit etablierten sich Mechanismen vorausschauender Machterhaltung und zerbrachen die bisher aufrechterhaltene Geschlossenheit des alten politischen Blocks.

Typisch für Prozesse politischer Transformation sind Versuche der *alten Eliten*, ihren vollständigen Machtverfall aufzuhalten und jede Möglichkeit zum *Widerstand* oder zur *Gegenoffensive* zu nutzen. Doch solche Versuche gab es im politischen Bereich kaum, und noch viel weniger gegenüber der Volkskammer. Die weitgehend fortbestehende politische Homogenität der Volkskammerakteure minderte zweifellos die Notwendigkeit für reaktionäre Kräfte, sich innerinstitutionell energisch zur Wehr zu setzen. Und nachdem darüber hinaus die am meisten belasteten Vertreter der SED und anderer Parteien ihr Mandat niedergelegt oder aberkannt bekommen hatten, fand sich in der Volkskammer ein durch ständige Rücktritte weiterer Mandatare instabiler Akteurspool wieder, der nur noch begrenzt durchsetzungsfähig war. Durch ihre Machtlosigkeit war die Volkskammer auch jetzt nicht der zentrale Ort für

---

73 M. Richter 1996, S. 138.

entscheidende Machtkämpfe. Diese mussten vielmehr außerhalb, etwa zwischen Ministerrat und Rundem Tisch, ausgefochten werden.

Dennoch gab es zögerliche Versuche, die Veränderung der Volkskammer hin zu einem richtigen Parlament aufzuhalten. Im Herbst 1989 lag der diesbezügliche Schwerpunkt des Politbüros darin, ein kontinuierliches Arbeiten der Volkskammer zu verhindern. Als das nicht mehr möglich war, bemühte sich Egon Krenz, die alte Arbeitsweise so weit wie möglich zu erhalten und die Parteigruppe der SED als institutionelles Machtorgan zu formieren. Und nach dem Scheitern auch dieses Versuchs verlegte man sich darauf, wenigstens die verbliebene Macht zur Blockade der neu formierten Gremien einzusetzen. So verbot beispielsweise Willi Stoph dem designierten neuen Ministerpräsidenten ein Betreten des Ministerratsgebäudes, solange er dazu noch in der Lage war.[74]

Die moderateren Vertreter der SED mit Hans Modrow setzten beim Versuch, Bisheriges so weit wie möglich zu erhalten, hingegen auf eine Strategie begrenzter Reformen, kontrollierter Information und möglichst minimierter Beteiligung der außerparlamentarischen Kräfte an der Macht. Als im Zusammenhang mit dem Scheitern seiner Politik der Reorganisation des MfS Modrow ab Mitte Januar 1990 gezwungen war, stärker mit dem Runden Tisch zu kooperieren, ging es bereits nicht mehr um die Rückgewinnung von Macht, sondern lediglich darum, den Übergang zu einer absehbar nachsozialistischen Entwicklungsetappe möglichst gewaltfrei und auf der Grundlage demokratischer Wahlen zu ermöglichen.

Die Option militärischen Eingreifens hatte die SED offenbar schon relativ früh, nämlich nach den Leipziger Demonstrationen im Oktober 1989 aufgegeben,[75] zumal nach dem Verlust der Solidarität und des militärischen Schutzes seitens der Sowjetunion der Rückgriff auf militärische Gewalt seine rationale Komponente der Machtsicherung verloren hatte.[76] Ein Beteiligter erlebte das so:

> „Ich hatte Gelegenheit, an einer der Sitzungen der Parteiführung teilzunehmen, die sich mit dieser Frage beschäftigten. Und dort stand auch die Frage – Krenz leitete die Sitzung, Modrow war dabei und viele andere –, wie wir bei bestimmten Demonstrationen und Massenbewegungen zu reagieren haben. Es war damals ganz eindeutig. Heinz Keßler [Verteidigungsminister] hat erklärt: ‚Solange ich Minister bin, schießt kein NVA-Angehöriger auf einen Bürger der DDR!' Das war in den vier Wochen, in denen Krenz in der Funktion [des Staatsratsvorsitzenden] war."[77]

Auch das Ministerium für Staatssicherheit griff weitgehend nicht spürbar in das Geschehen der Volkskammer ein: Kaum ein Abgeordneter registrierte irgendwelche Versuche des MfS, Einfluss auf bestimmte Entscheidungen zu nehmen; obwohl einige von ihnen seit längerem unter der Beobachtung des MfS standen, bei einer nicht näher zu benennenden Anzahl von einer Mitarbeit auszugehen war und einzelne Mandatare über Anwerbungsversuche in früheren Jahren berichteten. Das Ver-

---

74 Interview Nr. 2 (Sekretariat), S. 8.
75 Siehe M. Richter 1996, S. 32ff.
76 St. Wolle 1992, S. 84.
77 Interview Nr. 19 (Sekretariat), S. 10.

hältnis von MfS und Volkskammer war zweifellos ambivalent. Einerseits bestand ein informelles Gebot des Ministeriums, Abgeordnete nicht verstärkt in seine Aktivitäten einzubeziehen. Andererseits nutzten etliche Mitglieder der Volkskammer vor dem Herbst 1989 ihre formellen und informellen Kontakte zum Sicherheitsapparat, um mit aufgeschlossenen Offizieren in einer Art „Spiel über die Bande" konkrete Probleme zu lösen. Lediglich in einem Fall berichtete ein Abgeordneter, wie sein Versuch, im Dezember 1989 Kontakt mit einem westdeutschen Bundesministerium aufzunehmen, vom MfS behindert wurde:

> „Dann bekam ich zehn Tage später den Brief, in dem der Bundesumweltminister mich bat, eine Gruppe von Umweltbewegten aus der DDR zusammenzustellen, die er nach Bonn einlädt, um dort eine gemeinsame Umweltberatung zu machen. Da habe ich wieder brav einen Teil kritischer Genossen mit eingeladen, und dann sind wir nach Bonn gefahren. Ich bekam das Auto vom Kulturbund. Da hatte aber die Stasi die Reifen angepiekt, und so hatten wir eine Panne nach der anderen. Dann hatte der aber, wie es in der DDR üblich war, so zwei oder drei Ersatzreifen. Jedenfalls kamen wir noch gerade über die Grenze ... Ich habe gesagt, dass wir zum Töpfer müssen, und dann kam der ADAC und die haben alle Autoreifen gewechselt. Nach Mitternacht kamen wir in Bonn an."[78]

Reaktionäre Gegenmacht formierte sich entweder außerhalb der Volkskammer, wo tatsächlich gegensätzliche Positionen aufeinandertrafen, oder aber punktuell dort, wo der bisherige institutionelle Konsens verlassen wurde, z.B. bei der Zusammenarbeit mit Institutionen der Bundesrepublik Deutschland. Insgesamt waren aber diese Aktivitäten der alten Macht nur sporadisch, gehemmt durch die Lähmung ihrer Akteure, und auch ohne wirkliche Hoffnung auf Rückgewinnung früherer Machtvollkommenheit. Sie orientierten sich vielmehr an einer imaginären Vision staatlicher Eigenständigkeit der DDR innerhalb der nicht näher definierten Grenzen eines demokratischen Sozialismus. Über tatsächliche Gegenmacht verfügte die SED bis Anfang 1990 nur noch durch jenen Vorsprung an Sachkompetenz und Information, den viele ihrer Amtsträger weiterhin besaßen. Besonders entscheidend wirkten sich dabei der privilegierte Zugang zu den Sicherheitsorganen und ihre bevorzugte Stellung zu den Medien aus.[79]

Insgesamt war die Volkskammer in den letzten Wochen ihrer neunten Wahlperiode zu einer Reparlamentarisierung nicht in der Lage. Ihr institutionelles Reformbestreben war zu begrenzt, ihre Legitimation zu gering, der zur Verfügung stehende Zeitrahmen zu kurz. Nach Ansicht der Abgeordneten wurde zwar ihr individueller Handlungsfreiraum größer und die Arbeitsatmosphäre gelöster. Aber die Fraktionen und die Ausschüsse gewannen nicht jene Handlungsmacht, die nötig gewesen wäre, um aus der Volkskammer ein wirkliches Arbeitsparlament mit Gestaltungskraft zu formen. Offensichtlich überholte Regeln und Normen wurden zwar in der Verfassung und in der Geschäftsordnung gestrichen oder überarbeitet; ein radikaler Umbau der Werte, Normen und Regeln fand jedoch nicht statt. Die Arbeit des damit beauf-

---

78 Interview Nr. 41 (LDPD), S. 8.
79 Siehe U. Thaysen (1990), S. 56.

tragten Geschäftsordnungsausschusses verlief, wie sein Vorsitzender berichtet, im Sande:

> „Die inhaltlichen Dinge in der Kammer haben sich nicht verändert, trotz Bemühens. Wenn ich daran denke, wie sich unsere Arbeit im Geschäftsordnungsausschuss mehr oder weniger totlief und zu keinem Ergebnis führte, so war das in den anderen Ausschüssen auch, denke ich. Schon die Tatsache, dass ich es nicht weiß, ist ein Zeichen dafür."[80]

Die Arbeitsintensität der Volkskammer stieg zwar deutlich an, die Tagungshäufigkeit ihrer Gremien aber nicht gleichermaßen. So kam das Plenum trotz der akuten Krisensituation mit insgesamt acht Plenarsitzungen vom 24. Oktober bis zum 7. März 1990 lediglich etwa alle zwei Wochen zusammen. Ähnliches gilt für die Fraktionen und Ausschüsse. Vor allem verlagerte sich die Tätigkeit auf Gesetzgebungsprozesse, wobei die Wahlkreisarbeit schwächer wurde und die ohnehin spürbare Kluft zwischen Institutionen und Gesellschaft sich nicht verringerte, zumal insbesondere die Distanz zwischen der Volkskammer und den reformorientierten Kräften der Zivilgesellschaft erhalten blieb.

Folgerichtig führte die neu gewonnene Freiheit der Abgeordnetenrolle nicht zu einem freien Mandat bei freiwilliger Bindung des Abgeordneten an eine bestimmte Klientel- oder Unterstützergruppe, sondern bei den meisten Abgeordneten nur zu einem Mandat der Ohnmacht und Orientierungslosigkeit. Insgesamt 60 Abgeordnete legten ihr Mandat denn auch nieder oder verloren es,[81] wodurch die Volkskammer einen zusätzlichen Stoß hin zur Instabilität und Arbeitsunfähigkeit erhielt. Enttäuscht von den Erkenntnissen und Erlebnissen der letzten Monate verließen insbesondere Abgeordnete der SED ihre Partei. Bis auf eher geringfügige Ausnahmen büßten auch alle Parteiführungen weitgehend ihre Leitfunktion für die Fraktionen ein. Zugleich wurde früh klar, dass die Massenorganisationen künftig keine Möglichkeit mehr haben würden, Abgeordnete in eine Volkskammer zu entsenden. Nur wenige Abgeordnete rechneten sich bald noch eine Chance aus, erneut in die Volkskammer gewählt zu werden. Die meisten wollten das auch nicht. Damit verlor der an sich wirkungsvolle Wiederwahlmechanismus seine Ordnungskraft. Das Verhalten der meisten Abgeordneten wurde darum unvorhersehbar. Viele stellten ihre Mitarbeit auch generell ein.

Jedenfalls fehlten der Volkskammer nach dem Zusammenbruch der alten Machtstrukturen wirkungsvolle institutionelle Mechanismen, Regeln und Werte, um aus der bisherigen sozialistischen Vertretungskörperschaft ein Parlament mit demokratischer Tendenz machen zu können. Der von einigen Akteuren unternommene Versuch, bisherige institutionelle Wissensbestände und Routinen auf die veränderten Umweltanforderungen zu übertragen und anzupassen, scheiterte weitestgehend, und für eine radikale Neuorientierung fehlte die hinreichende Fähigkeit zum individuellen wie zum institutionellen Lernen.

---

80 Interview Nr. 06 (CDU), S 18.
81 Eigene Auszählung auf Grundlage der Protokolle der Volkskammersitzungen in der 9. Wahlperiode.

Keine der in der Volkskammer vertretenen Kräfte konnte eine wirkungsvolle Kommunikation mit der Gesellschaft herstellen; niemand war mehr in der Lage, durch überzeugende und tragfähige Konzepte orientierend auf politischen Führung hinzuwirken. Der Ballast politischer Homogenität wurde weiterhin durch eine Institution geschleppt, der es nicht gelang, den diffusen alten Wertekonsens zu modernisieren und durch eine neue Ausrichtung der Institution zu ergänzen. Deshalb verfestigte sich bei den Bürgern zu Recht der Eindruck, die Volkskammer sei eine machtlose und eher unwichtige Institution geblieben, der man nur wenig Vertrauen schenken müsse: Ende Januar 1990 brachten nur 20 Prozent von ihnen der Volkskammer großes bzw. sehr großes Vertrauen entgegen, während 80 Prozent ihr gegenüber nur ein geringes bzw. überhaupt kein Vertrauen hatten.[82] Die Mehrzahl der Abgeordneten sah das ähnlich. Einer von ihnen formuliert seine Einschätzung folgendermaßen:

> „Ich denke, dass es schon eine Demokratisierungswelle in der Volkskammer gab, die auch von vielen Abgeordneten getragen wurde, nur dass die politischen Ereignisse generell diese Demokratisierungswelle überrollt haben ... Es wollte ja auch keiner mehr wissen, was da die Leute miteinander machten. Ich denke, was die Reflexion im Volke anbelangt, war die Volkskammer eigentlich abgestempelt. Die Bestrebungen konnten noch so fortschrittlich sein, und auch die Suche nach Aufarbeitung oder der Wille, kritisch zurückzublicken. Aber es war einfach vorbei, es war einfach eine Frage der Zeit, dass die Volkskammer als Gremium an Berechtigung verloren hatte."[83]

Die auf der Straße liegende Macht konnte durch die Volkskammer darum nicht aufgenommen werden. Auch als Rekrutierungsraum für die neue politische Elite eignete sie sich wenig: Lediglich 14 ihrer Abgeordneten gelang der erneute Einzug in die Volkskammer der 10. Legislaturperiode.[84] Aus der Perspektive ihrer Akteure bestand die eigentliche Leistung der Volkskammer denn auch nur darin, zu einem weitgehend gewaltfreien und geordneten Übergang in eine Zeit nach der Herrschaft der SED beigetragen zu haben. Dazu gehörten der Beginn einer öffentlichen Aufarbeitung dieser Herrschaft, die Verhinderung des wirtschaftlichen und staatlichen Zusammenbruchs der DDR, und vor allem die Erarbeitung und Bestätigung von Gesetzen des Übergangs, insbesondere des Wahlgesetzes, auf dessen Grundlage dann am 18. März die erste freie Wahl in der DDR stattfinden konnte.

So wie die alte Volkskammer 40 Jahre lang im Schatten der Macht ihr Dasein gefristet hatte, so schied sie auch mit ihrer letzten Plenarsitzung am 7. März 1990 aus dem politischen Leben: still, kaum mehr von der Öffentlichkeit wahrgenommen, aber immer noch mit dem Gefühl, in den zurückliegenden Wochen wenigstens einen kleinen Beitrag zur zukünftigen Lösung der gesellschaftlichen Krise geleistet zu haben. So formulierte das auch rückblickend ein Abgeordneter:

---

82 P. Förster/G. Roski 1990, S. 172.
83 Interview Nr. 38 (FDJ), S. 9.
84 Ch. Hausmann 2000, S. LXXI.

"Historisch gesehen hatte die Volkskammer auch nicht die Chance, das Ganze erfolgreich zu schaffen. Ich glaube, das war nur die Vorbereitung einer weiteren Entwicklung, und ich glaube, darüber waren sich die Abgeordneten auch klar, dass die Weiterentwicklung eigentlich ohne sie abgehen würde."[85]

6. Zusammenfassung

Die Endphase der sozialistischen Volkskammer zeigt sehr anschaulich, wie sich der Wandel einer politischen Institution aus der Wechselwirkung der Akteurs- mit der Systemebene erklären lässt. Die Leitidee einer der Suprematie der SED folgenden Vertretungskörperschaft wurde über 40 Jahre lang ständig am institutionellen Leben gehalten, indem eine bestimmte Auslese der Abgeordneten nach den Kriterien der herrschenden SED vorgenommen wurde, die dann wiederum dem gewünschten Geltungsanspruch Folge leisteten. Dieser Reproduktionsmechanismus funktionierte im Falle der Volkskammer bis zum Herbst 1989 ziemlich widerspruchslos, sodass die notwendigen Korrekturen mit eher sanktionsarmer Macht erfolgen konnten. Allerdings stellte allein schon die Existenz einer Vertretungskörperschaft mit parlamentarischen Wurzeln, wie die Volkskammer eine war, ein besonderes Konfliktpotenzial im politischen System des Realsozialismus dar, weil durch die strukturelle Gliederung der Volkskammer parlamentarische Informationsreste im institutionellen Gedächtnis der Volkskammer erhalten blieben und die Widersprüchlichkeiten ihrer deklamatorischen Leitideen das Vertrauen in die Institution untergruben.[86]

Genau an solchen Bruchstellen eines spannungsvollen Verhältnisses von Institution und Umwelt ergaben sich unter den Bedingungen einer krisenhaften Zuspitzung der Milieuverhältnisse im Sommer und Herbst 1989 jene Ansatzmöglichkeiten, um aus dem Zustand institutioneller Stabilität in einen der Instabilität zu geraten. Die Geltungsmacht der SED zerbrach zuerst dort, wo die gewünschte soziale Heterogenität der Abgeordneten mit ihren differenzierten Weltsichten in Verbindung mit ihrem Status eines milieuverankerten, ehrenamtlichen Mandats den starren Horizont des institutionellen Leitbildes sprengte. Ebenso boten Gremien wie Ausschüsse und vor allem die Fraktionen geeignete Voraussetzungen, um stillgelegte Strukturruinen wieder zu parlamentarischem Leben zu erwecken. Der institutionelle Geltungsverlust setzte dort ein, wo der von außen hereingetragene Zweifel einzelner an der Wirklichkeitskonstruktion der SED sich zur autonomen Willensbildung vieler in den Fraktionen formierte. Hier erfolgte die Transformation von individuellen, isolierten und spontanen Wirklichkeitsübergängen zum kollektiven, gezielten und institutionalisierten Übergang in eine alternative Sichtweise.

Die langjährige absolute Herrschaft der SED verhinderte in der Volkskammer selbst latente Gegenmacht sowie eine entsprechende politische Kultur kontroverser

---

85 Interview Nr. 38 (FDJ), S. 11.
86 Vgl. R. Schirmer 2002, S. 108ff.

Willensbildung. Deshalb bestand der typische Weg des Ausbruchs aus dem vormundschaftlich geprägten Wertekonsens der Volkskammer im Herbst 1989 darin, bisherige Wissensbestände, Normen und Regeln schrittweise mit neuen Hintergrunderwartungen zu versehen, ohne sie selbst vorerst abzuschaffen. So erhielt plötzlich die Öffentlichkeit der Plenartagungen einen Stellenwert als Kontrollmöglichkeit der Wähler über das Verhalten ihrer Abgeordneten und diente nicht mehr der Inszenierung von Geschlossenheit; aus dem imperativen Abgeordnetenmandat der SED wurde eines im Auftrag der Bürger; das Bekenntnis zur führenden Rolle der Sowjetunion konnte man mit der Forderung nach mehr Demokratie und Transparenz im eigenen Land verbinden; und die Konsultation einer Fraktion mit dem Volkskammerpräsidenten mutierte von einer patriarchalischen Belehrung zu einer Herausforderung der Macht des Politbüros.

Damit geriet die gesamte Wertestruktur der Institution Volkskammer in Bewegung. Informale Regeln wurden entweder außer Kraft gesetzt, wie z.B. das Gebot, keine Plenarsitzung ohne vorherige Zustimmung des Politbüros der SED einzuberufen, oder sie erhielten einen neuen Inhalt, etwa die Erwartung eines einheitlichen Abstimmungsverhaltens der Fraktionen, welches zwar seine Indikatorfunktion für eine Unterwerfung unter die Macht der SED verlor, nun aber zur Voraussetzung für die Politikfähigkeit selbstständiger Fraktionen wurde. Ebenso wurden jetzt legale, aber bisher tabuisierte Regeln und Normen auch tatsächlich umgesetzt. Das galt unter anderem für das Recht der Abgeordneten, gegen einen Vorschlag im Plenum zu stimmen, öffentlich kritische Anfragen an Regierungsvertreter zu stellen, Untersuchungskommissionen einzuberufen oder die Stimmauszählung bei Wahlen zu überwachen.

In einem nächsten Schritt der Deinstitutionalisierung erfolgte dann die Beseitigung hemmender formaler Regeln und Normen. Wichtige Schritte waren die Entfernung des Führungsanspruchs der SED aus der Verfassung und die Zulassung geheimer Abstimmungsverfahren. Schließlich mündete der Machtumbau darin, dass man gegen die alten Herrscher auch regelwidrig und willkürlich entschied, etwa wenn der Vorsitzende eines Ausschusses von der Teilnahme an einer Sitzung ausgeschlossen wurde.

Damit war die Macht der SED endgültig zerbrochen, die Volkskammer aber noch nicht zu einem demokratischen Parlament umgewandelt. Zwar bemühte sich die Volkskammer in einem ersten Schritt in diese Richtung um mehr Legitimation durch öffentliche Aufarbeitung des Machtmissbrauchs der SED. Ebenso begann man, die institutionellen Regeln und Strukturen mit Blick auf Pluralismus und Arbeitsfähigkeit anzupassen. Jedoch blieb dieser Umbau halbherzig, weil die Begrenzung der Leitidee auf vorparlamentarische Konzepte einer „Demokratie ohne Opposition" und mit dem Ziel eines „demokratischen Sozialismus in den Farben der DDR" nicht weit genug griff, um die entstandenen Probleme im Lande wirklich lösen und die Kluft zu den entsprechenden Forderungen der Bürger schließen zu können.

Diesen zweiten Schritt einer konstruktiven Reinstitutionalisierung vermochte die Volkskammer in ihrer neunten Wahlperiode also nicht zu tun. Ihre Distanz zur Gesellschaft blieb zu groß, die Sozialisierung ihrer Akteure zu konservativ und das

Konzept eines demokratisch-parlamentarischen Umbaus der Institution und des Staates zu diffus. Bezogen auf die Wechselwirkung zwischen Akteuren und politischem System erklärt sich die begrenzte Reformfähigkeit der Volkskammer darum aus ihrer Dialektik von speziellen Sozialisierungs- und Rekrutierungsmechanismen sowie ihrer institutionellen Funktionslogik:

> „Der Sozialismus deformiert den Menschen solange, bis er nicht mehr in der Lage ist, gegen gesetzte Obrigkeit Widerspruch zu erheben. Alle für eine Gesellschaftsveränderung notwendigen Charaktereigenschaften dagegen verkümmerten im Laufe der Jahre. Kreativität, Phantasie, Intelligenz, Bildung, Risikobereitschaft, Initiative und Zivilcourage, Verantwortungsbewußtsein. ... Der Sozialismus ist nicht Opfer einer großen Verschwörung oder feindlicher Machenschaften geworden. Sein Sturz war nicht einmal primär das Ergebnis des Kampfes der Opposition, sondern das Resultat der systematischen Verkümmerung von menschlichen Eigenschaften, ohne die keine Gesellschaft auskommt. Je perfekter die Beherrschung und Reglementierung der Menschen funktionierte, desto labiler wurde die sozialistische Staatsmacht. Das kommunistische System ist an sich selbst zugrunde gegangen."[87]

Literaturverzeichnis

Arendt, Hannah (1996): Macht und Gewalt. München: Piper.

Bahrmann, Hannes/Links, Christoph (1999): Chronik der Wende. Berlin: Ch. Links Verlag.

Förster, Peter/Roski, Günter (1990): DDR zwischen Wende und Wahl: Meinungsforscher analysieren den Umbruch. Berlin: LinksDruck Verlag.

Göhler, Gerhard (1997): Der Zusammenhang von Institution, Macht und Repräsentation. In: ders. u.a. (Hrsg.): Institution – Macht – Repräsentation. Wofür politische Institutionen stehen und wie sie wirken. Baden-Baden: Nomos 1997, S. 11-62.

Hausmann, Christopher (2000): Biographisches Handbuch der 10. Volkskammer der DDR (1990). Weimar/Köln/Wien: Böhlau.

Klemm, Volker (1991): Korruption und Amtsmissbrauch in der DDR. Stuttgart: Dt. Verl.-Anst.

Melville, Gert/Vorländer, Hans (Hrsg.) (2002): Geltungsgeschichten. Über die Stabilisierung und Legitimierung institutioneller Ordnungen. Köln/Weimar/Wien: Böhlau.

Merkel, Wolfgang (1999): Systemtransformation. Opladen: Leske+Budrich.

Patzelt, Werner J. (1987): Grundlagen der Ethnomethodologie. Theorie, Empirie und politikwissenschaftlicher Nutzen einer Soziologie des Alltages. München: Wilhelm Fink Verlag.

Patzelt, Werner J. (1998): Wirklichkeitskonstruktion im Totalitarismus. Eine ethnomethodologische Weiterführung der Totalitarismuskonzeption von Martin Drath. In: Siegel, Achim (Hrsg.) (1998): Totalitarismustheorien nach dem Ende des Kommunismus. Weimar/Köln/Wien: Böhlau, S. 235-271.

Patzelt, Werner J. (2001): Grundzüge einer ‚institutionellen Analyse' von Parlamenten. In: ders. (Hrsg.) (2001): Parlamente und ihre Symbolik. Programme und Beispiele institutioneller Analyse. Wiesbaden: Westdeutscher Verlag, S. 12-38.

Patzelt, Werner J./Schirmer, Roland (Hrsg.) (2002): Die Volkskammer der DDR. Sozialistischer Parlamentarismus in Theorie und Praxis. Wiesbaden: Westdeutscher Verlag.

---

87   St. Wolle 1992, S. 88.

Rehberg, Karl-Siegbert (1994): Institutionen als symbolische Ordnungen. In: Göhler, Gerhard (Hrsg.) (1994): Die Eigenart der Institutionen. Zum Profil politischer Institutionentheorie. Baden-Baden: Nomos.

Richter, Michael (1996): Die Staatssicherheit im letzten Jahr der DDR. Weimar/Köln/Wien: Böhlau.

Schirmer, Roland (2002): Die Volkskammer – ein ‚stummes' Parlament? Die Volkskammer und ihre Abgeordneten im politischen System der DDR. In: Patzelt, Werner J./Schirmer, Roland (Hrsg.) (2002): Die Volkskammer der DDR. Sozialistischer Parlamentarismus in Theorie und Praxis. Wiesbaden: Westdeutscher Verlag, S. 94-181.

Steiniger, Alfons (1949): Das Blocksystem: Beitrag zu einer Verfassungslehre. Berlin: Akademie-Verlag.

Thaysen, Uwe (1990): Der Runde Tisch oder: wo blieb das Volk? Wiesbaden: Westdeutscher Verlag.

Volkskammer der Deutschen Demokratischen Republik, Stenografische Niederschrift der Plenarsitzungen.

Weber, Max (1985): Wirtschaft und Gesellschaft. Grundriss der verstehenden Soziologie, Tübingen: Siebeck.

Wolle, Stefan (1992): Der Weg in den Zusammenbruch: Die DDR vom Januar bis zum Oktober 1989. In: Jesse, Eckhard/Mitter, Arnim (Hrsg.) (1992): Die Gestaltung der deutschen Einheit. Bonn/Berlin: Bouvier, S. 73-110.

Wieviel Macht haben Parlamente?
Die Machtstellung der deutschen nationalen Parlamente zwischen 1871 und 2005

Christian Demuth

1. Macht und Ohnmacht von Parlamenten

Welche Macht haben eigentlich Parlamente? Diese Frage ist keineswegs eine rhetorische Frage, denn gerade bei Parlamenten scheinen Macht und Ohnmacht nahe beieinander zu liegen. Einesteils haben sich Parlamente in den letzten Jahrhunderten in fast allen Gesellschaften gegen oft erhebliche Widerstände durchgesetzt und sich in vielen politischen Systemen zu zentralen Steuerungs- und Integrationsinstitutionen entwickelt.[1] Anderenteils kontrastiert dieser Eindruck von der Bedeutung der Parlamente mit einer anderen Wahrnehmung, nämlich der allgegenwärtigen und immer wiederkehrenden Diskussion um eine drohende oder auch als gegeben angesehene Machtlosigkeit von Parlamenten: Ständig wird von einer Marginalisierung, von Regressionserscheinungen oder von Legitimationskrisen gesprochen,[2] und ständig scheinen Parlamente in Gefahr, zu einem Hilfsorgan der Parteien[3] oder der Exekutive[4] degradiert zu werden.

Gerade anhand der deutschen Geschichte demokratischer Parlamente kann in besonderer Weise das Auf und Ab der Machtstellung eines Parlaments betrachtet werden. Nicht nur der rasante Aufstieg und Fall der ersten demokratisch gewählten Vertretungskörperschaft in Deutschland, der Paulskirchenversammlung von 1848/49, zeugt in überdeutlicher Form von dieser ambivalenten Machtstellung. Auch die Parlamente im Kaiserreich und in der Weimarer Republik wiesen keine stabile Machtposition auf. Alle standen sie einem (Ersatz-) Kaiser gegenüber, der hinsichtlich der Orientierungs- und Ordnungsfunktionen mit dem Parlament konkurrierte, und stets existierten auch gesellschaftliche Gegenkräfte, welche die Existenz demokratischer Parlamente grundsätzlich ablehnten – sei es das konservative Junkertum des Deutschen Kaiserreiches, seien es totalitäre Kräfte wie die Nationalsozialisten oder die Kommunisten. Und ungeachtet dessen, dass dem Bundestag laut Verfassung die zentrale Stellung innerhalb des politischen Systems der Bundesrepublik Deutschland zusteht, wurde und wird auch die Machtstellung dieses demokratischen Parlaments immer wieder als prekär angesehen: in den 1960er Jahren wegen des Aufstiegs einer

---

1 Vgl. etwa S. Patterson/G. W. Copeland 1997 und W. J. Patzelt 1996.
2 Vgl. U. Sarcinelli 1998; M. Hereth 1971; H.-J. Hett 1987.
3 Vgl. D. Herzog 1993, S. 46; auch E. Schuett-Wetschky 2001.
4 J. Agnoli/P. Brückner 1968; R. Dahrendorf 2002; 1999; J. Blumenthal 2003.

außerparlamentarischen Opposition, heute durch Verlagerung von Machtkompetenzen auf die Ebene der Europäischen Union, durch die Umgehung parlamentarischer Strukturen mittels einer Vielzahl von Regierungskommissionen oder die Übernahme der Artikulationsfunktion in Fernsehsendungen wie „Sabine Christiansen".

Die Macht eines Parlaments scheint also nicht stabil zu sein. Im Gegenteil muss die Macht eines Parlaments offenbar als ein parlamentarischer „Aggregatzustand" angesehen werden, der einem ständigen Wandel unterliegt. Parlamente haben danach unter verschiedenen Umweltbedingungen in unterschiedlicher Weise die Chance, ihre Geltungsansprüche gegenüber anderen Institutionen durchzusetzen und wahrzunehmen.[5] Daraus folgt, dass kein Parlament Macht einfach qua formaler Verfassungsprinzipien besitzt. Vielmehr müssen jeweils jene Rahmenbedingungen der Performanz von Parlamenten betrachtet werden, die es diesen überhaupt möglich machen, parlamentarische Macht auszuüben. Die ganze Komplexität der Machtstellung muss also in diese Analyse einfließen. Sodann muss es ein zentrales Ziel sein, gerade die Entwicklung der Machtstellung von Parlamenten zu untersuchen, um aus dieser Betrachtung abzuleiten, welches wohl die zentralen Faktoren sind, die Parlamente machtvoll machen – oder eben nicht.

Im Folgenden soll daher in einer diachronen Darstellung der Geschichte demokratisch gewählter Parlamente in Deutschland exemplarisch die Machtdynamik von Parlamenten betrachtet werden. Obwohl die Geschichte des deutschen Parlamentarismus weit länger zurückreicht, und zwar über den Frühparlamentarismus des 19. Jahrhunderts hinaus bis in die Zeit landständischer Verfassungen, wird sich die Darstellung zum einen auf demokratische Parlamente, zum anderen auf die Zeit von 1871 bis 2004 beschränken. Ziel ist es, anhand der drei Phasen 1871-1918, 1918-1945 und 1949-2004 die Entwicklung der Machtbilanz dieser Parlamente zu untersuchen. In bisherigen Darstellungen wurde meist formuliert, dass der Reichstag des Kaiserreiches machtlos gewesen sei, da er nicht in einem parlamentarischen Regierungssystem, sondern in einem konstitutionellen Verfassungssystem wirkte; der Reichstag der Weimarer Republik sei ebenfalls machtlos gewesen, da sowohl die Akteure wie auch die Adressaten dieser Institution keine Republikaner gewesen wären; und am Ende dieser Entwicklung scheint ein Bundestag zu stehen, der im historischen Überblick nachgerade zur Apotheose parlamentarischer Entwicklung in Deutschland gerät.

Doch ist diese Sichtweise stimmig? Kritik scheint angebracht. Nicht nur wird in politikwissenschaftlichen Analysen die Machtstellung des Bundestages keineswegs als völlig gesichert angesehen. Auch die fast teleologische Interpretation einer Machtverfestigung des deutschen nationalen Parlaments ist mehr als problematisch. Ursache dieser Defizite scheint zu sein, dass zum einen meist nur die Verfassungsnormen als Maßstab für die Macht eines Parlaments benutzt wurden, und zum anderen, dass besonders in historischen Betrachtungen die Institution des Parlaments

---

5 Vgl. das Einleitungskapitel in diesem Band.

meist gar nicht in den Blick geriet,[6] sondern fast ausschließlich die Rolle des Parlaments im Rahmen der Parlamentarisierung und Demokratisierung des deutschen politischen Systems[7] betrachtet wurde. Das alles ist zwar höchst fruchtbar. Andere wichtige Aspekte der institutionellen Geschichte deutscher Parlamente konnten dadurch aber gerade nicht deutlich gemacht werden. Ihnen ist der folgende Beitrag gewidmet.

2. Indikatoren von Parlamentsmacht?[8]

Douglass C. North hat in seinem Werk über institutionellen Wandel als eine zentrale Komponente für die Verteilung von Macht in einem Institutionengefüge die machtrelevanten Akteure hervorgehoben. Welche Ressourcen und Beteiligungsrechte also einem Parlament zugewiesen werden, wird nach North grundlegend durch die Verhandlungsmacht der individuellen, kollektiven oder institutionellen Akteure festgelegt, die an den Aushandlungsspielen um die Machtbeteiligung teilnehmen. Haben daher bestimmte Akteure keine, keine mobilisierbare oder keine von anderen ihnen zugebilligte Verhandlungsmacht, so werden sie auch keinen Einfluss auf die Verteilung der Macht der Institution besitzen oder erhalten.[9] Institutionen, etwa Parlamente, sind so nichts anderes als eine institutionalisierte Verkörperung einer bestimmten situationsbedingten Machtkonstellation.[10] Sie reflektieren Macht-Asymmetrien innerhalb von Gesellschaften „that allow more powerful actors to impose their institutional preferences on the less powerful actors."[11] Auch deswegen trat das Großbürgertum nach der Revolution von 1848/49 für einen konstitutionellen Parlamentarismus ein, da dadurch die eigene Macht gesichert, andere Machtgruppen aber ausgeschlossen werden konnten. Im 19. Jahrhundert waren die unterprivilegierten Klassen durch ein Drei-Klassenwahlrecht von der politischen Beteiligung fast so ausgeschlossen wie die Sklaven in den griechischen Stadtstaaten. Forderungen nach einer Veränderung der Machtverteilung ergeben sich hingegen dann, wenn sich entweder die Opportunitätskosten der beteiligten Akteure ändern,[12] also wenn zum Beispiel

---

6 Vgl. hier die Hinweise bei C. Schöneberger 2001, S. 623; T. Mergel 2002, S. 14f.
7 Für das Kaiserreich siehe die Kontroverse um dessen Parlamentarisierung nach 1900, vor allem angestoßen mit der These einer „stillen Parlamentarisierung" durch Michael Rauh (1973, 1977); vgl. hier auch die Darstellungen bei C. Schöneberger 2001, S. 624; W. Mommsen 1983; D. Langewiesche 1979. Für den Weimarer Reichstag wird vor allem die schwache Rolle der Parteien erörtert (u.a. siehe H. Boldt 1997; H. A. Winkler 1993; M. Stürmer 1985). Seltene Ausnahme einer thematisch auf die Institution selbst ausgerichteten Analyse ist T. Mergel 2002.
8 Zur breiteren Diskussion eines Machtbegriffes zur Analyse von Institutionen siehe das Einführungskapitel dieses Bandes.
9 Vgl. D. C. North 1992.
10 Vgl. M. Mitterauer 1977, S. 14ff.; R. Schultze 2000.
11 K. Thelen 2003, S. 216.
12 D. C. North 1992, S. 58f.

andere Interessen artikuliert werden oder die bestehenden Interessen nicht mehr durchgesetzt werden können. Oder es wird Umschichtungen der Machtverteilung dann geben, wenn neue machtrelevante Akteure auf den Plan treten, welche die Verhandlungsmachtbilanz verändern und so eine Neuordnung der Ressourcen und Beteiligungsrechte von Institutionen einfordern können und auch wollen. Gerade die Revolution von 1848/49 zeigt, dass neue Akteure – das Bürgertum und die Arbeiter- bzw. Handwerkerbewegung – auf den Plan traten und die bestehende Machtverteilung des Frühparlamentarismus in Frage stellten. Gleichzeitig wird hier deutlich, dass die mobilisierbare Macht der beiden tragenden Kräfte der Revolution einerseits zu gering war, als dass die von ihnen angestoßene Machtverschiebung auch hätte institutionalisiert werden können. Die konkurrierenden institutionellen und gesellschaftlichen Gegenmächte des Konstitutionalismus des 19. Jahrhundert, also die von der Monarchie bestellte Regierung sowie die monarchieunterstützenden Kräfte, besaßen ein Vielfaches an Machtressourcen. Andererseits waren die Machtmöglichkeiten auch unterschiedlich: Das (rechts-)liberale Bürgertum konnte mit der Revolution letztlich doch eine leichte Machtverschiebung und eine parlamentarische Beteiligung zu seinen Gunsten erreichen, während die Arbeiterbewegung und die Unterschichten weiterhin unterprivilegiert blieben.

Tatsächlich resultiert also die Macht von Parlamenten aus intra- und inter-institutionellen sowie aus gesellschaftlichen Verteilungskämpfen. Während in intra-institutionellen Verteilungskämpfen die parlamentarischen Akteure in der Institution darum streiten, ob die bestehenden Geltungsansprüche des Parlaments rückgebaut, verteidigt, gestärkt oder ausgebaut werden sollen, geht es in inter-institutionellen und in gesellschaftlichen Verteilungskämpfen um die Durchsetzung parlamentarischer Geltungsansprüche gegenüber konkurrierenden institutionellen und gesellschaftlichen Gegenmächten. Folgt man dieser These, so ergeben sich insgesamt vier Indikatoren, anhand welcher die Machtlage von Parlamenten überprüft werden kann. Erstens rückt die Machtstellung der institutionellen Gegenmächte der Parlamente in den Mittelpunkt der Analyse: Ist nämlich die Neuordnung der Ressourcen und Beteiligungsrechte eines Parlaments von konkurrierenden Institutionen abhängig, so kann die Verhandlungsmacht des Parlaments erheblich sinken. Der erste Indikator ergibt sich dann aus einer Überprüfung der Machtstellung jener institutionellen oder gesellschaftlichen Gegenmächte, die um die Verteilung der Macht im gesamten Institutionengefüge ringen, und damit aus der Untersuchung der Macht-Gegenmacht-Konstellation im politischen System. Bei der hier vorliegenden Analyse der deutschen Parlamente beinhaltet dies in erster Linie die Betrachtung der Gegenmächte des Parlaments, und zwar der föderalen Kammern, der Regierungen beziehungsweise der Präsidenten oder Monarchen, der Parteien, der antiparlamentarischen Gegenmächte sowie, im Falle des Bundestages, der europäischen Institutionen.

Allerdings muss das Verhältnis des Parlaments zu institutionellen Gegenmächten in zwei unterschiedlichen Dimensionen betrachtet werden. Denn einerseits bestimmt die Macht von Gegenmächten überhaupt, welche Chance Parlamente eigentlich haben können, den eigenen Willen auch gegen Widerstreben einer jeweiligen Gegenmacht durchzusetzen. Anderseits beeinflusst der Grad der Macht von Gegenmächten, welche Machtressourcen wiederum Parlamenten wünschenswerterweise zugewiesen wurden. Man kann hier in Anlehnung an Gerhard Göhler von *transitiver* Macht sprechen,[13] welche im Sinne Max Webers, „jede Chance [bedeutet], innerhalb einer sozialen Beziehung den eigenen Willen auch gegen Widerstreben durchzusetzen, gleichviel worauf diese Chance beruht".[14] Die Bestimmung der real einschätzbaren transitiven Macht überprüft also den zweiten Indikator zur Bestimmung der Machtposition eines Parlaments. Wieviel Macht eine Institution selbst aufbringt, hängt nun von ihrem Zugriff auf instrumentelle und symbolische Machtressourcen ab.[15]

Instrumentelle Machtressourcen dienen institutionellen Akteuren dazu, durch Nutzung institutioneller Regeln, Strukturen, Kompetenzen und Mechanismen eigene Interessen durchzusetzen. Dazu gehört insbesondere die Nutzung von Zeitstrukturen,[16] von Geschäftsordnungs- und Verfassungsregeln, von Wissenszugängen, von Vetopositionen oder von institutionellen Mechanismen.[17] Gerade letztere sind wichtige Pfeile im Köcher institutioneller Akteure. Sie sind Bündel von hinsichtlich ihrer Abhängigkeit einschätzbaren, in ihren Gesamtfolgen recht verlässlich kalkulierbaren und immer wieder zielgerichtet nutzbaren Handlungsketten. Institutionelle Mechanismen stellen so Hebelwerke institutioneller Funktionserfüllung dar, mit deren Hilfe Akteure über ihre mit transitiver Macht ausgestatteten institutionellen Positionen ihre Interessen durch die Nutzung von Regeln durchsetzen können.[18] Institutionelle Mechanismen können damit die instrumentellen Machtressourcen der Positionsbesitzer erhöhen, indem sie einfach die Funktionslogik institutioneller Arrangements nutzen. Symbolische Machtressourcen ergeben sich hingegen aus der symbolischen Darstellung von politischem Handeln.[19] Dies beinhaltet beispielsweise die Fähigkeit zur Besetzung von Symbolen, Begriffen oder Themen, womit man Deutungsmacht erlangt. Symbolische Machtressourcen umschließen also die Nutzung von Zeremonien, von Herrschaftsarchitektur, von politischen Ritualen und Reden.[20] Fassbar wird die Anwendung der symbolischen und instrumentellen transitiven Machtressourcen in jenem ‚strategischen Handlungsraum', in dem sich Akteure in konkreten, durch jeweilige Über- oder Unterordnung ihres Willens gekennzeich-

---

13 Vgl. G. Göhler 1997, S. 11-62 sowie das Einleitungskapitel dieses Bandes.
14 M. Weber 1972, S. 28.
15 Dies beinhaltet jedoch keine Festlegung, *wer* im Parlament dann die besten Chancen hat, seinen Willen auch gegen Widerstand durchzusetzen, also ob im Konsens der Fraktionen oder im Konflikt, oder ob der einzelne Abgeordnete oder die Fraktionsführung.
16 Vgl. G. Riescher 1994; A. E. Töller 1995.
17 Vgl. etwa die Fallstudie von S. Dreischer in diesem Band.
18 Vgl. W. J. Patzelt 2003, S. 67.
19 Werner J. Patzelt betont, dass politische Symbolik nicht mit symbolischer Politik verwechselt werden darf. Während letztere vorgibt, etwas zu repräsentieren, was sie faktisch dann doch nicht ist oder tut, beinhaltet politische Symbolik ein zentrales Element jeglicher Wirklichkeitskonstruktion; vgl. W. J. Patzelt 2001.
20 W. J. Patzelt 2001, S. 54f.

neten Machtbeziehungen gegenüberstehen.[21] Strategische Handlungsräume können sich verändern, und gerade der europäische Einigungsprozess zeigt, wie neu beschaffene strategische Handlungsräume politischer Institutionen entstehen.

Doch es sind nicht nur die im strategischen Handlungsraum eingesetzten instrumentellen und symbolischen Machtressourcen, welche Institutionen Macht geben. Es ist vielmehr eine Eigenart von Institutionen, dass sie nur solange bestehen, wie ihre Geltungsansprüche im Alltag reproduziert und als verbindlich angesehen und behandelt werden.[22] Wo dies geschieht, kann man von einem gemeinsamen Handlungsraum sprechen. Die in ihm nutzbare Macht kann man mit Göhler die ‚intransitive' Macht einer Institution nennen: Sie ist da und wirkt, auch wenn sie nicht bewusst ist und gegen niemand eingesetzt wird. Intransitive Macht hat ein Parlament also dann, wenn seine Geltungsansprüche so institutionalisiert, internalisiert und verfestigt sind, dass sie nicht nur nicht mehr umstritten sind, sondern dass nicht einmal mehr thematisiert wird, wenn Parlamente ihre Geltungsansprüche gegenüber ihren Adressaten und Gegenmächten durchsetzen. Genau die Analyse der intransitiven Macht von Parlamenten erbringt den dritten Indikator ihrer tatsächlichen Machtlage. Zwar existieren bei großer intransitiver Macht immer noch konfliktive Machtbeziehungen im strategischen Handlungsraum. Doch sie ruhen auf gemeinsamen Selbstverständlichkeiten auf und sind darum strukturell stabil: Es ist ein routinisiertes Zusammenspiel der Akteure entstanden. Will man also die intransitive Macht eines Parlaments ausfindig machen, so muss einesteils die Routinisierung und Institutionalisierung der Machtansprüche betrachtet und andernteils festgestellt werden, wieweit die Geltungsansprüche des Parlaments außer Frage stehen.[23]

Keineswegs beinhaltet dies, dass ein Parlament seine intransitive Macht auch auf Dauer besitzt. Gerade politische Institutionen, die an der alltäglichen Produktion von Entscheidungen und an der symbolischen Repräsentation des politischen Systems beteiligt sind, werden einen wechselhaften Grad an intransitiver Macht aufweisen, da durch die Konflikthaftigkeit des Alltags die Gültigkeit institutioneller Geltungsansprüche immer wieder in Frage gestellt werden kann.[24] Also kommt es immer wieder zu Deutungskämpfen im gemeinsamen Handlungsraum, bei welchen um die Durchsetzung und Geltungssicherung parlamentarischer Wertvorstellungen und Ordnungsprinzipien gerungen wird. Obwohl Institutionen also grundsätzlich sehr feste soziale Strukturen, eine Art „Hort der Stabilität in der Vielfalt sozialer Aktionen und Beziehungen" darstellen,[25] müssen Institutionen sich auch verändern und

---

21 Zum Begriffspaar des ‚strategischen' und ‚gemeinsamen' Handlungsraums siehe das Einleitungskapitel dieses Bandes.
22 Vgl. S. Rehberg 1995; G. Göhler 1997; W. J. Patzelt 2001.
23 Vgl. hier vor allem H. Popitz 1999.
24 Vgl. hier auch W. J. Patzelt 1987, S. 239. Gerade die Geschichte der Parlamente zeigt, dass diesem Institutionentyp, der durch seine Konstruktion als Forum und Pol gegenüber der Regierung besonders offen und heftig Konflikte austrägt, immer wieder besondere Krisenanfälligkeit droht; vgl. U. Thaysen 1976, S. 82.
25 G. Göhler 1997, S. 21.

anpassen, wenn sie ihre intransitive Macht erhalten oder gegenüber konkurrierenden Geltungsansprüchen verteidigen wollen. Da die erfolgreiche Begründung einer Institution nicht bedeutet, dass sie auch schon auf Dauer gestellt wäre, muss eine Institution auf Veränderungen ihrer relevanten Umwelt stets durch institutionelle Lernprozesse reagieren – und hier vor allem auf die Machtambitionen konkurrierender Orientierungs- und Ordnungsansprüche.[26]

Das Ausmaß transitiver wie auch intransitiver Macht kann durch das analytisch wertvolle Begriffspaar von Brutto- und Nettomacht näher bestimmt werden.[27] Wirksam wird in inter-institutionellen und gesellschaftlichen Verteilungskämpfen nämlich nur die Nettomacht eines Akteurs, also jener Teil seiner Bruttomacht, die nicht durch die Machtentfaltung von Gegenspielern neutralisiert wird oder aufgrund von Opportunitätserwägungen gar nicht zum Einsatz kommt. Die ‚an sich' gegebenen Machtressourcen eines Parlaments stellen hingegen nur jene Bruttomacht dar, die in der Praxis nur selten ungeschmälert zum Einsatz kommt oder ihre Wirkung tun kann.

Hierdurch rücken wiederum jene Machtakteure selbst in den Mittelpunkt, die in intra- und inter-institutionellen Verteilungskämpfen agieren. Zum einen ist es ja nicht immer so, dass diese überhaupt an den Verteilungskämpfen teilnehmen wollen. Zum anderen können in- und außerhalb des Parlaments selbst sehr unterschiedliche Interessen hinsichtlich der einzusetzenden Machtressourcen und der einzugehenden Risiken bestehen. Folglich ist die Machtstellung eines Parlaments auch vom Willen der außerhalb und innerhalb des Parlaments agierenden Machtakteure bzw. von deren Mehrheit abhängig. Exemplarisch zeigt das nicht nur das Verhalten des Großbürgertums im 19. Jahrhundert, das mit der untergeordneten Machtrolle des Parlaments im Deutschen Konstitutionalismus recht zufrieden war, sondern auch – in freilich ganz anderer Weise – das Verhalten der Abgeordneten der NSDAP im Reichstag nach 1933. Dort war überhaupt kein Wille vorhanden, irgendwelche Geltungsansprüche des Reichstages ein- oder zurückzufordern. Zum vierten Indikator von Parlamentsmacht führt also die Überprüfung, ob innerhalb oder außerhalb des Parlaments überhaupt ein Wille besteht, die Macht des Parlaments zu verteidigen, auszudehnen oder gar zu minimieren.[28]

3. Der Reichstag im Deutschen Kaiserreich (1871 bis 1918)

Betrachtet man nun anhand dieser Indikatoren[29] den Reichstag des Deutschen Kaiserreiches, so wird deutlich, dass die Machtbilanz des Reichstages keineswegs durch

---

26 Vgl. u.a. C. Wise/T. L. Brown 1996, S. 219.
27 Vgl. K. W. Deutsch 1969 sowie das Einleitungskapitel dieses Bandes.
28 Vgl. K. W. Deutsch 1969, S. 170 und M. Crozier/E. Friedberg 1979, S. 40.
29 Also anhand der Gegenmächte, der transitiven und intransitiven Machtressourcen sowie des praktischen Willens zur Macht.

die Aufzählung der – vielleicht gar nur verfassungsformalen – transitiven Machtressourcen gezogen werden kann, wie dies bisher oft in der Literatur geschieht.[30] Die Bruttomacht des Reichstages war keineswegs unbeachtlich: Neben dem Gesetzgebungs- und Budgetrecht konnte er eine wirkungsvolle Bühne der Regierungskritik sein und stützte sich obendrein auf aus freien Wahlen hervorgegangener Macht. Es stellt sich aber nun die Frage, wieviel Nettomacht des Reichstages dann auch wirklich wirksam wurde. Es war die Eigenart der Verfassung von 1871 und des ganzen deutschen Konstitutionalismus, dass sie eine Kompromissstruktur darstellte und die Frage, wie viel Nettomacht jeweils konkurrierende Institutionen besaßen, offen ließ. Die Verfassung stellte so eine Momentaufnahme des Verteilungskampfes der konkurrierenden Geltungsansprüche des monarchischen, liberalen und demokratischen Prinzips dar, die seit der Revolution von 1848/49 sichtbar um die Durchsetzung ihrer Geltungsansprüche gerungen hatten. „Die Letztentscheidung über die Macht blieb, um den inneren Frieden zu bewahren, in der Schwebe", stellte Michael Stürmer fest.[31] Denn sollten hohe Transaktionskosten wie Polizeistaat, Bürgerkrieg oder Revolution vermieden werden, so mussten die verschiedenen machtrelevanten, also auch die liberalen und die demokratischen Kräfte, beteiligt werden, obwohl dies von einflussreichen konservativen Kräften zu verhindern versucht wurde, die eine Beibehaltung eines Ständeparlamentarismus befürworteten. Deren Angst war auch begründet. Allein schon die Einrichtung eines nach allgemeinem, gleichem und geheimem Wahlrecht gewählten Parlaments beinhaltete, dass die einstige absolute Macht der Krone eingeschränkt war und jede noch so minimale weitere Kompetenz von Parlamenten eine weitere Einschränkung von deren Handlungsspielraum bedeutete.

Gerade Bismarck hatte allerdings erkannt, dass Parlamente auch Möglichkeiten der Machtdurchsetzung für die Regierenden eröffnen, da die in der Vertretungskörperschaft beschlossenen Entscheidungen auch allgemeine Geltung beanspruchen können. Bismarck trat daher zum Schrecken seiner konservativen Anhänger für die Einführung eines allgemeinen, geheimen und gleichen Wahlrechts ein,[32] um genau durch die Einrichtung eines demokratischen Parlaments den Einfluss seiner liberalen Gegner zu senken. Absicht war es von Anfang an aber auch, vor allem die Nettomacht des Reichstages so begrenzt zu halten, dass die Gegenmacht der Reichsregierung und des Kaisers jederzeit zum Zug kommen konnte.

Dass die Machtstellung des Reichstages vom Konkurrenzverhältnis gegenüber den monarchischen Institutionen geprägt war, zeigt sich besonders deutlich bei der Betrachtung jener Deutungskämpfe im gemeinsamen Handlungsraum des Reiches, bei denen – vor allem in der Institutionalisierungsphase – um die Durchsetzung und

---

30 Vgl. zum Beispiel K. Kluxen 1983, S. 178 und E. Hübner/H. Oberreuter 1977, S. 126f. Die Diskussion in der Geschichtswissenschaft hat sich hier seit den 1980er Jahren gewandelt: Allgemein wird der Reichstag heute als einflussreicher angenommen als noch in den 1970er Jahren; vgl. u.a. T. Nipperdey 1992, S. 102ff; K. Zwehl 1983; W. Mommsen 1983, S. 348f.
31 M. Stürmer 1983, S. 145.
32 K. E. Pollmann 1983, S. 221.

Hegemonialisierung von Wertvorstellungen und Ordnungsprinzipien gerungen wurde. Schon in der Verfassung hatte Bismarck als deren Konstrukteur versucht, durch die symbolische Nennung der monarchischen Institutionen vor dem Parlament die höhere Legitimation der Monarchie hervorzuheben, wobei der Reichskanzler auch keine Gelegenheit ausließ zu betonen, dass die Verfassung nur vereinbart, nicht jedoch vom Parlament beschlossen worden sei.[33] Hier zeigt sich, wie wünschenswert und vorteilhaft es für Institutionen ist, wenn sie durch symbolische transitive Machtressourcen die eigenen Geltungsansprüche verfestigen, die Geltungsansprüche der konkurrierenden Institution jedoch in Frage stellen können. So erfolgte dann auch im Reichstagsplenum immer wieder die deutliche symbolische Infragestellung der Geltungsansprüche des Parlaments, wenn nämlich der Reichskanzler „eine ihm unangenehme Interpellation beantwortet hat, sich sogleich nachher mit beleidigter Miene erhebt und das Haus verlässt".[34] Dass in der politischen Führung des Landes die Anerkennung der parlamentarischen Geltungsansprüche nicht besonders weit gediehen war, wird auch in der Tatsache deutlich, dass der Reichstag sich nie ganz sicher sein konnte, dass ein Auskämpfen der eigenen Rechte nicht zu seiner Abschaffung führen könnte. Zwar wagten Bismarck und auch Kaiser Wilhelm II. letztlich nicht den Staatsstreich gegen das Parlament; jedoch wurde nicht nur einmal die Abschaffung des demokratischen Wahlrechts angedroht. Bismarck wie der Kaiser konnten solche Drohungen sogar aussprechen, ohne dass ihre eigenen Geltungsansprüche in Frage gestellt wurden. Denn auch die Gegenmächte des Reichstages verfügten über große intransitive Macht im gemeinsamen Handlungsraum: die Reichsregierung durch das „Genie" Bismarcks,[35] der Kaiser durch die Wandlung der Institution einer Bundespräsidialgewalt hin zu der eines Reichsmonarchen, der den Staat symbolisierte und die Nation integrierte.[36] Die Betonung des Militärs und des militärführenden Kaisertums, die Begründung kaiserlicher Vereine und der Bau Tausender von Denkmälern mit Darstellungen des (alten) Kaisers – wunderbar dargestellt in Heinrich Manns „Der Untertan" – sind sowohl Formen als auch eigendynamische Folgen dieses Institutionalisierungsvorgangs.[37]

Trotz dieser „Aufrüstung" der kaiserlichen Geltungsansprüche, die mit einem Machtverlust des Bundesrates als des eigentlichen Bundesorgans einherging, gab es keine vollständige Verdrängung parlamentarischer Ordnungs- und Orientierungsansprüche.[38] Denn nicht nur die Institution des Kaisers, sondern auch der Reichstag

---

33 Vgl. W. Tormin 1966, S. 25.
34 Zitiert in C. Schöneberger 2001, S. 641.
35 Vgl. W. Hardtwig 1994; hier auch A. Neumann-Hofer 1911, S. 67.
36 Vgl. H.-P.Ullmann 1999, S. 3.
37 Vgl. W. Hardtwig 1994, hier auch der Unterschied zwischen der prachtvollen großen Achse des königlichen Berlins vom Stadtschloss bis zum Brandenburger Tor im klassizistischen Stile und der daneben an die Spree gedrückte Reichstag; vgl. M. Stürmer 1983, S. 145.
38 Vgl. A. Biefang 2003, S. 41.

wurde zu einem nationalen Symbol.[39] Die Abgeordneten agierten als „Mitglieder des Reichstages als Vertreter des gesamten Volkes" (Art. 29 der BRV [Bismarcksche Reichsverfassung]) und verliehen dadurch dem neuen politischen System einen dauernden großen Teil seiner Legitimität.[40] So argumentierte der keineswegs linke Staatsrechtler Paul Laband im Jahr 1911:

> „Seine [des Reichstages] Teilnahme am Leben des Reiches durchdringt dieses Leben in allen Beziehungen und nach allen Richtungen. Keine Aufgabe, welche das Reich als der souveräne deutsche Staat zu erfüllen hat, kein Gebiet des nationalen Gesamtlebens, auf welches die Fürsorge des Reiches sich erstreckt, bleibt von der Teilnahme und Mitwirkung des Reichstages ausgenommen. Materiell reicht die Zuständigkeit des Reichstages genau ebenso weit wie die Zuständigkeit des Reiches."[41]

Der große Andrang auf den Zuschauertribünen sowie der erhebliche quantitative Anteil der parlamentarischen Debatten an der politischen Berichterstattung der großen Tagesblätter machte deutlich, dass der Reichstag im Zentrum der öffentlichen Debatte stand.[42] Selbst für Regierungspolitiker war klar, dass sich über den Reichstag die politische Öffentlichkeit am wirkungsvollsten belehren und beeinflussen ließ.

> „Das Reichstagsplenum war nicht nur das wichtigste Bindeglied zum Pluralismus der Interessen, es hatte auch eine Hauptaufgabe darin, der Nation das Bewusstsein ihrer Einheit und Zusammengehörigkeit zu vermitteln, die großen politischen Gestaltungsfragen (...) im Konflikt darzustellen und Konsens zu stiften".[43]

Obendrein verfügte der Reichstag über symbolische Machtressourcen zur Darstellung eigener Geltungsansprüche, die außerdem zum Ausbau seiner intransitiven Macht genutzt werden konnten. Tatsächlich hatte Bismarck stets bei der Begründung der Reichstage zuerst des Norddeutschen Bundes, dann des Kaiserreiches an das erste demokratische Parlament Deutschlands, die Frankfurter Nationalversammlung, symbolisch angeknüpft, indem er das Reichstagswahlgesetz dieser Institution vom 12. April 1849 übernahm. Durch die Nutzung dieser Geltungsgeschichte[44] sollte nicht nur die Unterstützung der Liberalen für die Verfassung gewonnen werden,[45] sondern auch in den Deutungskämpfen um den Sinn der entstehenden Reichsstruktur dieses Symbol für das konstitutionelle System genutzt werden. Solche Gründung der institutionellen Geltungsansprüche hatte jedoch ebenso zur Folge,

---

39 Dies auch deswegen, da der Reichstag nicht für die Leitlinien der Politik verantwortlich gemacht werden konnte, sondern eine publikumswirksame Einrichtung darstellte, die sich ganz auf die Kritik an der Regierung konzentrieren konnte. Die fehlende Akzeptanz für Mehrheitsentscheidungen, die sich dann später in der Weimarer Republik negativ auswirken sollte (vgl. C. Schöneberger 2001, S. 629), hatte so wenig Einfluss auf die intransitive Macht des Reichstages.
40 A. Milatz 1963, S. 208f.
41 Paul Laband, Das Staatsrecht des Deutschen Reiches, zitiert in: E. Deuerlein 1963, S. 21f.
42 Vgl. A. Biefang 2003, S. 33.
43 Vgl. M. Stürmer 1983, S. 149f.
44 Zum Konzept parlamentarischer Geltungsgeschichten siehe W. J. Patzelt 2001.
45 Vgl. W. Mommsen 1983, S. 196

dass auch der Reichstag stets genau diese Geltungsgeschichte zur symbolischen Darstellung und Rechtfertigung seiner konkurrierenden Geltungsansprüche nutzen konnte: Nicht von ungefähr zeigte sich im Laufe der Geschichte des Kaiserreiches immer wieder eine symbolische Konkurrenz zwischen monarchischer „Sedansfeier" und demokratischen „Paulskirchenjubiläen".

Doch nicht nur solche Nutzung von Geltungsgeschichten stabilisierte die Geltungsansprüche des Reichstages und erhöhte seine intransitive Macht. Auch das Verhalten der Nachfolger des ersten Reichskanzlers führte zu einer Verfestigung parlamentarischer Ordnungs- und Orientierungsansprüche. Während nämlich Bismarcks ganze Politik gegenüber dem Reichstag davon geprägt gewesen war, die Geltungsansprüche des Parlaments nicht nur instrumentell, sondern auch symbolisch einzuschränken sowie jede auch nur kleine Abhängigkeit der Exekutive von der Legislative zu vermeiden, war dies den nachfolgenden Reichskanzlern nicht mehr im gleichen Umfang möglich. Bismarck war es noch gelungen, sich bei der Gesetzgebung gleich wie hinter dem Bundesrat „hinwegzuducken", so dass der Reichstag nicht dem Reichskanzler und der Reichsregierung, sondern allein der Fürstenkammer gegenüberstand.[46] Dies änderte sich nach dem Rücktritt Bismarcks 1890. In keiner Weise im Besitz von dessen taktischem Genie, mussten die nachfolgenden Regierungspolitiker immer stärker mit dem Reichstag zusammenarbeiten, um überhaupt Gesetze verabschieden zu können. Wurde dies aber erst einmal normale politische Praxis, so führte eben dies zu deren Verfestigung, da sich hier Routinen entwickelten, die nicht mehr, oder nur von einer kleinen Minderheit, in Frage gestellt wurden.[47] Es institutionalisierte sich damit ein gemeinsamer Handlungsraum, in welchem die Verbindlichkeit und Evidenz der jeweils anderen Institution nicht mehr in Frage gestellt wurden. Genau dadurch aber stabilisierte sich auch die intransitive Macht des Reichstages.

Keineswegs war dies nur dem Personalwechsel an der Spitze der Reichsregierung geschuldet. Als Antwort auf den gestiegenen Gesetzgebungs- und Finanzierungsbedarf des Reiches hatte sich seit den 1890er Jahren ganz einfach die Notwendigkeit ergeben, für die Tagespolitik die Zusammenarbeit zwischen Reichstag und Reichsministerium formell wie informell zu intensivieren. Um die Gesetzgebung zu beschleunigen, wurde sich zwischen der Exekutive und den Fraktionen im Reichstag auf Gesetze vorverständigt,[48] wobei dadurch der Bundesrat – eigentlich laut Verfassung die maßgebliche Institution der Gesetzgebung – immer öfter vor vollendete Tatsachen gestellt wurde. Während also der Bundesrat in der Gesetzgebung immer

---

46 Vgl. W. Mommsen 1983.
47 Adolf Neumann-Hofer schreibt hier: „Die [auf Bismarck folgenden] Regierungen durften es sich nicht mehr erlauben, das Parlament als nichts anderes als ein stets zu überwindendes Hindernis auf ihrem Weg zu behandeln, sondern sie gewöhnten sich daran, es als Mitarbeiter zu benutzen (...)"; A. Neumann-Hofer 1911, S. 68.
48 Vgl. M. Rauh 1973, S. 249.

mehr in den Hintergrund trat, gingen Reichstag und Reichsleitung gestärkt aus dieser Entwicklung hervor.[49]

Der Bundesrat als andere Gegenmacht des Parlaments wurde auf diese Weise mehr und mehr geschwächt. Weil der Bundesrat schon unter Bismarck über eine – taktisch-symbolisch zwar überzeugende – instrumentelle Schattenexistenz kaum hinausreichte, unter Bismarcks Nachfolgern in dieser Schattenexistenz aber vollends aufging, konnte er hinfort keinerlei machtvolle Geltungsansprüche mehr symbolisch oder instrumentell glaubhaft im Alltag erheben. Gerade aber die glaubhafte symbolische Darstellung der Geltungsansprüche und der Effektivität einer Institution sind zentrale Voraussetzungen von deren Machtstellung auch im Alltag.[50] Und besonders nachteilig für die mit dem Reichstag konkurrierende Gegenmacht des Bundesrates wirkte sich erst recht aus, dass einerseits nicht von einer politischen Geschlossenheit der Bundesstaaten im Reichsrat gesprochen werden konnte,[51] andererseits aber durch die Hegemonie Preußens sich die Macht auch des Bundesrates ohnehin auf den preußischen König als Kaiser und dessen Regierung konzentrierte.

Doch nicht nur der Bundesrat, sondern auch die intransitive Nettomacht des Kaisers erlitt – vor allem nach der Jahrhundertwende – empfindliche Schläge, was natürlich zu einer Zunahme der intransitiven Macht des Reichstages führte. Ausgangspunkt dieses Verlusts war keineswegs die Institution des Kaisertums selbst; diese hatte an Bruttomacht sogar gewonnen. Zentraler Grund war vielmehr das Verhalten des Amtsinhabers, nämlich Wilhelms II.[52] Ein Höhepunkt dieser schleichenden De-Institutionalisierung war die sogenannte Daily-Telegraph-Affäre, als der Kaiser in einem Interview den Kampf der Buren gegen die Briten in Südafrika im eklatanten Widerspruch zu den Äußerungen des Reichskanzlers als unterstützenswert bezeichnet hatte. Gegen diese Äußerungen erhob sich einmütiger Protest, der nicht bei inhaltlicher Kritik stehen blieb, sondern sich gegen den Kaiser selbst richtete.

> „Das müssen wir sagen: wie nie zuvor ist in allen Kreisen Deutschlands bis weit hinein in die Frauen und in das heranwachsende Geschlecht das politische Interesse wachgerufen und das Gefühl erweckt, dass so die Dinge nicht mehr weitergehen können."[53]

Der Erste Weltkrieg führte schließlich durch die Übernahme der transitiven Machtkompetenzen der Monarchie durch die Oberste Heeresleitung sowie durch die dramatisch zunehmende Ablehnung von deren Kriegsführung zu einem zunächst all-

---

49 C. Schöneberger 2001, S. 641.
50 W. J. Patzelt 2001; S. Rehberg 1995.
51 Vgl. W. P. Fuchs 1983.
52 Diese Entwicklung führte auch zu einer Stärkung der neuen Rechten im Reich: Denn während die Geltungsansprüche eines militaristischen, nationalistischen und auf seinen Prärogativen bestehenden Kaisertums in weiten Kreisen der Bevölkerung als evident und verbindlich angesehen wurden, galt die Person des Kaisers immer mehr als problematisch. Zu diesen Folgen gehört – vor allem nach dem Untergang des Kaiserreiches – die Übertragung solcher Geltungsansprüche auf den republikanischen Führerstaat.
53 Abgeordneter Bassermann, Aussprache über die Daily Telegraph-Affaire, Stenographischer Bericht, zitiert in: Bundeszentrale für Heimatdienst 1963, S. 165-216.

mählichen, dann aber irreversiblen Verlust der Geltungsansprüche von Kaisertum und Monarchie. Im November 1918 brach sie dann auch nachgerade widerstandslos zusammen.[54]

Wie groß war nun die Macht des Reichstages im System der konstitutionellen Monarchie wirklich? Betrachtet man die Ergebnisse der Reichstagswahlen von 1871 bis 1912, so wird deutlich, dass im Reichstag immer jene Parteien die Mehrheit hatten, die an einer Ausweitung der parlamentarsichen Beteiligungsrechte nicht interessiert oder gar für deren Rücknahme waren (vgl. Grafik 1). Zwar nahm auch die Zahl derer zu, die eine Erweiterung der Rechte des Reichstages wünschten; jedoch war auch noch 1912 bei der Abstimmung um die große Geschäftsordnungsreform des Reichstages die Mehrheit gegen eine Erweiterung parlamentarischer Bruttomacht.

Grafik 1: Wahlergebnisse der Parteien 1871-1912, zusammengefasst nach der Haltung zu parlamentarischen Beteiligungsrechten

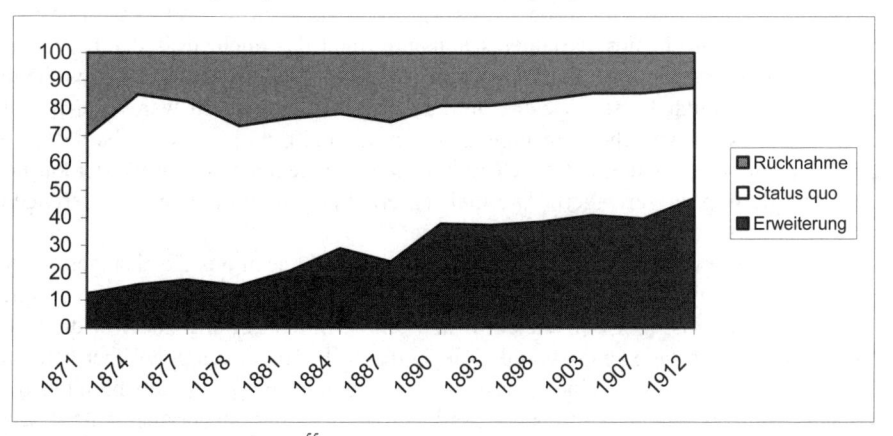

Quelle: Eigene Zusammenstellung[55]

Die Grafik 1 zeigt, dass der Reichstag weitestgehend genau solche Beteiligungsrechte und somit parlamentarische Bruttomacht besaß, wie sich das die maßgeblichen Machtakteure – in der kaiserlichen Kompromiss-Demokratie also die konservative

---

54 Es muss hier jedoch eingeschränkt werden, dass es auch nach dem Ende des Kaiserreiches noch eine große Anzahl von Anhängern der Monarchie gab, hier vor allem unter den Anhängern der DNVP.

55 Eine Erweiterung parlamentarischer Beteiligungsrechte wünschten vor allem die verschiedenen sozialdemokratischen und linksliberalen Parteien; für eine Beibehaltung des Status quo waren die gemäßigten und rechten Liberalen sowie das Zentrum; für eine Beschneidung parlamentarischer Beteiligungsrechte waren große Teile der Konservativen. Vgl. auch W. Tormin 1966; T. Nipperdey 1992.

und liberale Parlamentsmehrheit – eben wünschten.[56] Vor allem die Liberalen, die gerade in der Anfangszeit eine Verantwortlichkeit der Minister vor dem Reichstag gefordert hatten, doch darin erfolglos blieben, hatten sich unter dem Eindruck der zunehmenden Mobilisierung des Proletariats und der Sozialdemokraten mit der begrenzten Machtteilung abgefunden und nutzten den bestehenden Parlamentarismus des Kaiserreiches zum Schutz gegen die Sozialdemokratie. Diese wiederum war neben den Linksliberalen die einzige Partei, die sich aktiv für eine Erweiterung parlamentarischer Bruttomacht einsetzte. Denn, wie Karl Kautsky formulierte,

> „was nutzt das Steigen unseres [des sozialdemokratischen, Anm. d. Verf.] Einflusses, unserer Macht im Reichstag, wenn der Reichstag selbst ohne Einfluß und Macht dasteht. Die Macht muß ihm erst erobert, ein wirklich parlamentarisches Regime durchgesetzt, die Reichsregierung muss zum Ausschuß des Reichstages gemacht werden."[57]

Doch obwohl sich die Sozialdemokraten für einen demokratischen Volksstaat einsetzten, hatten sie sich gleichzeitig in ihrem Sozialmilieu eingerichtet und mit der Vorstellung einer nur schrittweisen Umwandlung des Staates arrangiert. Dass die Reichstagsmehrheit sowohl in der Anfangsphase[58] als auch bis 1912 eine Erweiterung der Bruttomacht des Parlaments ablehnte, hieß das auch, dass der Reichstag eine Ausweitung seiner Macht durchaus nicht aktiv angehen wollte.[59] Offenbar hätte es jene Opportunitätskosten, welche die Parteien zu tragen bereit waren, doch sehr überstiegen, wenn sie eher um eine Erweiterung ihrer parlamentarischen Rechte gerungen hätten als es beim Versuch zu belassen, die Gegenmacht zumal der kaiserlichen Regierung zu verringern. Die meisten erhoben jedenfalls keine Forderungen nach einer parlamentarischen Regierungsform.[60]

Wie verhielt es sich nun aber mit den konkreten Chancen des Reichstages, seine Wünsche auch gegen Widerstand durchzusetzen? Über wie viel Nettomacht verfügte er? Grundsätzlich ist hier ein Wandel festzustellen. In der Anfangszeit war die Nettomacht des Reichstages ganz von der Gegenmacht Bismarcks geprägt. Der hatte in der Verfassung bewusst keine klaren Formulierungen gebraucht, um nämlich die genaue Brutto- wie auch Nettomacht des Parlaments nicht festschreiben zu müssen. Michael Stürmer konstatierte: „Bismarcks Verfassung war in den Artikeln, in denen es darauf ankam, so einsilbig, dass ungeachtet allen Wandels wesentlicher Verfassungstatbestände nennenswerte Textänderungen von 1871 bis Oktober 1918 nicht

---

56 In diesem Zusammenhang sind auch die Agrar- und Industrieeliten zu nennen, die ebenfalls als machtrelevante Akteure den Status quo stützten, wobei allerdings das ostelbische preußische Junkertum – gerade auch mit der Zunahme eines aggressiven Deutschen Nationalismus (Alldeutscher Verband) – den Parlamentarismus eher ablehnte.
57 K. Kautsky 1972, S. 89.
58 Die einzige nennenswerte Partei, welche zu Beginn des Kaiserreiches eine Ausweitung der Bruttomacht des Reichstages forderte, war der radikal-demokratische Flügel der Liberalen. Dieser hatte jedoch zu Beginn des Kaiserreiches eine nur sehr geringe Basis in der Bevölkerung; vgl. K. E. Pollmann 1983, S. 219.
59 Vgl. K. Kluxen 1985, S. 37f. und A. Milatz 1974, S. 208f.
60 R. Schmidt 1909, S. 189.

erforderlich wurden".[61] Ob nun die monarchische oder die parlamentarische Seite über mehr Chancen verfügte, ihre Interessen auch gegen Widerstand durchzusetzen, war darum von vielerlei auch zufälligen Faktoren abhängig und schwankte entsprechend.

Als zentrale Funktion des Parlaments war in Artikel 23 der Reichsverfassung das Recht festgelegte, „innerhalb der Kompetenz des Reiches Gesetze vorzuschlagen und an ihn gerichtete Petitionen dem Bundesrathes resp. Reichskanzler zu überweisen". Andere klassische Parlamentsfunktionen waren allerdings implizit in der Verfassung enthalten. Die Artikulationsfunktion war durch Artikel 22 statuiert, in dem festgehalten war, dass „die Verhandlungen des Reichstages (...) öffentlich" sind, die Repräsentationsfunktion durch Artikel 29, welcher die Mitglieder des Reichstages „Vertreter des gesamten Volkes" nannte. Natürlich war dem Reichstag auch die Selbsterhaltungsfunktion übertragen: Die Regelung für seinen „Geschäftsgang und seine Disziplin durch eine Geschäfts-Ordnung" und die Wahl von Präsident, Vizepräsidenten und Schriftführern waren ausschließliche Rechte des Parlaments (Art. 27 BRV). Darüberhinaus sah die Verfassung Bestimmungen vor, welche den Reichstag vor illegitimen Eingriffen der Gegenmacht der Fürsten bewahren sollten. Hierzu gehörte vor allem der persönliche Schutz des einzelnen Abgeordneten (Art. 24-27; 30; 31 BRV). Zwei Parlamentsfunktionen waren in der Verfassung allerdings nicht aufgeführt: die Kontrollfunktion und die Regierungsbildung. Stattdessen war sogar die Inkompatibilität von Ämtern der Legislative und der Exekutive festgelegt (Art. 21 Abs. 2 BRV).

Diese Rechte des Parlaments waren nun die Grundlage für jene Verteilungskämpfe um Beteiligungsrechte und Ressourcen, die zwischen Reichstag und Reichsregierung in den Folgejahren ausgetragen wurden. Hinsichtlich ihrer Ergebnisse wird von der Geschichtswissenschaft immer deutlicher festgestellt, dass die Macht des Reichstages allzu lange unterschätzt wurde.[62] Selbst in seinen schwächsten Zeiten sei das Parlament ein eigenständiger Faktor der Gesetzgebung gewesen:

> „Vergleicht man so die ursprünglichen Vorstellungen Bismarcks über die Sozialgesetzgebung mit dem entsprechenden Gesetz, so wird klar, wie groß die Macht des Parlaments im Kontext der Funktion der Gesetzgebung war. (...) Allein in Fragen der Außenpolitik, im Militärwesen und bei der Beamtenbenennung blieb es überwiegend auf der Seite der Zuschauer."[63]

In der Gesetzgebung bestand grundsätzlich Parität mit der Regierung beim Gesetzesinitiativrecht und gab es ein wechselseitiges Vetorecht und damit ein wechselseitiges Abhängigkeitsverhältnis, sobald Gesetze verabschiedet werden sollten. Bei der Gesetzgebung war also die Zustimmung des Parlaments unabdingbar.[64] Der Reichstag billigte auch nicht nur Gesetze, sondern beriet und beschloss sie in allen Details. Desgleichen wuchsen dem Reichstag „nicht nur wie von selbst alle Kompetenzen

---

61 M. Stürmer 1983, S. 145.
62 Für einen Überblick siehe C. Schöneberger 2001; H.-P. Ullmann 1999.
63 Vgl. M. Stürmer 1983, S. 151f.
64 Vgl. T. Nipperdey 1992, S. 102; D. Langewiesche 2003, S. 16.

des Norddeutschen Reichstages und des Zollparlaments zu. Wesentliche Fragen der Forschungs- und Wissenschaftsförderung wurden vom Reichstag entschieden, ohne dass es konstitutionell vorgesehen war"; auch in der Wirtschafts- und Sozialpolitik „war der Reichstag mehr Mitspieler als Schachfigur".[65] Obgleich der Reichstag damit ein gehöriges Maß an Bruttomacht besaß, stellt sich doch immer wieder die Frage, welche Nettomacht jeweils auch wirksam werden konnte.

Mit einem ganzen Bündel an Maßnahmen hatte Bismarck versucht, „den Reichstag unfähig zur Macht zu machen".[66] Der Reichskanzler verfügte als Bevollmächtigter des Kaisers sowie des Bundesrates und als preußischer Ministerpräsident[67] über beträchtliche Machtressourcen, welche die Macht des Reichstages stark verringern konnten, gerade auch bei der Gesetzgebung und beim Budgetrecht. Die wichtigsten Machtressourcen, welche die Macht des Parlaments beschränkten, betrafen dabei keineswegs nur Vetopositionen, Wissenszugang oder Strukturen.[68] Auch die fast exklusive Nutzung von bürokratischen Strukturen sowie die willentliche Überlastung der Abgeordneten durch Gesetzesfluten brachten der Regierung die gleichen Machtressourcen wie heute ein.[69] Die für sich wichtigste Machtressource stellte aber die Möglichkeit einer taktisch günstigen Nutzung von Zeitstrukturen und institutionellen Mechanismen dar. Ersteres geschah etwa durch die langfristige Festlegung des Budgets und zumal der Militärausgaben, wodurch die Macht des Parlaments klar beschnitten wurde. Zwar war Bismarck damit gescheitert, das Budget nur alle drei Jahre zu beschließen; die Festlegung erfolgte jährlich. Aber durch die Einführung des sogenannten Septennats, welches eine siebenjährige Festlegung der Friedenspräsenzstärke der Armee beinhaltete, umging er auf einem höchst wichtigen Politikfeld das Budgetrecht des Parlaments.[70] Dies wog um so schwerer, als das Militär in den Anfangsjahren des Kaiserreichs den einzigen großen Einzelposten darstellte.

Zudem ermöglichte die geschickte Nutzung institutioneller Mechanismen die Vergrößerung der Macht des Kanzlers. Ein erster bestand im strategischen Gebrauch flexibler Mehrheiten im Parlament. Es war Bismarck in seiner Position als Reichskanzler möglich, sich trotz der indirekten Unterstützung bestimmter Fraktionen

---

65 Vgl. M. Stürmer 1983, S. 151f.
66 M. Stürmer 1969, S. 604.
67 Preußen spielte nicht nur durch seine beherrschende Stellung im Bundesrat sowie durch die Personalunion zwischen den Ämtern des Reichskanzlers und des preußischen Ministerpräsidenten eine zentrale Rolle, sondern auch deshalb, weil das Steuerrecht – ein Haupthebel für die Macht des Parlaments – ebenfalls vom nach dem Drei-Klassen-Wahlrecht gewählten preußischen Landtag abhängig war; vgl. u.a. L. Bergsträsser 1980, S. 146f.
68 Ohnehin hatte der Reichstag nur eingeschränkt Einfluss auf die Zusammensetzung der Regierung, die Außenpolitik, das Militär und die Bürokratie sowie keinen bestimmenden Einfluss auf die Gesamtpolitik des Reiches; vgl. A. Biefang 1998, S. 240 und T. Nipperdey 1992, S. 102.
69 C. Schöneberger 2001, S. 642.
70 Die Liberalen waren Anfang der 1870er Jahre beim Versuch gescheitert, das Militärbudget wie auch das Restbudget jährlich festzulegen.

durch selektive Konzessionsbereitschaft nie vollständig von einer einzigen parlamentarischen Kraft abhängig zu machen. Das Vetorecht des Reichstages verpuffte dadurch in der Anfangszeit des Kaiserreiches weitgehend. Jedoch erzeugte dies nicht eine Schwäche des Parlaments: Für einzelne Parteien im Reichstag hatte dies den Vorteil, fallweise eigene Interessen durchsetzen zu können. Für die jeweils zustande kommende Parlamentsmehrheit bedeutete dies daher eine relativ hohe Nettomacht. Ein zweiter institutioneller Mechanismus, den Bismarck einsetzte, beinhaltete die Androhung der Infragestellung des Reichstages selbst. Vor allem die taktische Staatsstreichsdrohung, die Einrichtung eines korporativ organisierten Volkswirtschaftsrates oder die dauernde symbolische Negierung der Macht des Reichstages durch Bismarck sind Beispiele. Ein dritter institutioneller Mechanismus bestand in der Möglichkeit des Bundesrates oder des Kaisers, den Reichstag aufzulösen. Durch dieses – in der Praxis auch immer wieder genutzte – Recht[71] war es der Regierung möglich, eine oppositionelle Reichstagsmehrheit durch geschickte Festlegung des Wahltermins sowie durch einen mit nationalistischen Tönen gemischten Wahlkampf zu brechen und dergestalt die eigenen Interessen durchzusetzen.[72]

Trotz dieser Einschränkungen der Macht des Reichstages durch die exekutive Gegenmacht verfügte auch der Reichstag über nennenswerte Machtressourcen.[73] Gerade in Zeiten, in denen es eine große Anzahl von Gesetzen zu verabschieden galt, was den Reichstag zu einer Quelle der Ungewissheit machte,[74] wuchs die Macht des Parlaments. Nicht nur in der Anfangszeit des Reiches, als die zentralen Weichenstellungen und Gesetze des neukonstituierten Reiches beschlossen wurden, sondern gerade nachdem ab den 1890er Jahren immer mehr finanzielle Mittel eingefordert wurden und der Staat in immer mehr gesellschaftliche Bereiche eindrang, nahm die Bedeutung der Gesetzgebung zu und damit die Möglichkeit des Reichstages, als Veto-Spieler aufzutreten. Zwar wurde durch die Einbeziehung von sozialen und wohlfahrtsstaatlichen Elementen in die Gesetzgebung die Machtposition des Reichstages auch geschwächt, da eine einfache Ablehnung des Haushalts zahlreiche gesellschaftliche Gruppen und nicht mehr nur die staatlichen Gegenspieler getroffen hätte. Jedoch unterstützten die neuen Handlungsumstände eher die Machtstellung des Parlaments als die der Regierung. Nicht nur wurde die Arbeitskraft der Exekutive immer mehr in Aushandlungsprozessen zwischen ihr und der Legislative gebunden. Auch wandelte sich die unverbindliche Konzessionsbereitschaft der Regierung zu

---

71 Vorzeitige Reichstagsauflösungen fanden 1878, 1887, 1893 und 1907 statt.
72 K. Kluxen 1985, S. 37.
73 Die Kölnische Zeitung führte 1873 aus: „Der Reichstag, dessen erste Legislaturperiode jetzt ihr Ende erreicht hat, ist der Schwerpunkt der politischen Entwicklung gewesen, wie vor ihm noch niemals eine deutsche parlamentarische Versammlung", zitiert in: K. E. Pollmann 1983, S. 218.
74 M. Crozier/E. Friedberg konstatieren, dass, sobald Akteure in einem Prozess über einen Freiraum der Kontrolle verfügen, sie auch über Macht verfügen, da dies für die Gegenseite eine Ungewissheitsquelle enthält: „Diejenigen, die dank ihrer Situation, ihrer Ressourcen und ihrer Fähigkeiten (...) dazu fähig sind, diese Ungewissheiten zu kontrollieren, werden ihre Macht benützen, um ihren Standpunkt anderen aufzuzwingen." M. Crozier/E. Friedberg 1993, S. 13.

einer institutionalisierten Kompromissstruktur. Obendrein änderte das Parlament sein Verhalten, indem es nicht mehr nur eingebrachte Gesetze ablehnte, sondern sich eine differenzierte und auf Gestaltung ausgehende legislative Mitarbeit des Reichstages selbst entwickelte, in der Gesetzesvorlagen im Sinne der Parlamentsmehrheit durch Neuerungen ergänzt wurden, die vorher nicht in den Gesetzesvorlagen der Regierung aufgetaucht waren. Solche Entwicklungen ließen das ausgeklügelte und informell geregelte innenpolitische Kontrollsystem Bismarcks nach 1890 schnell zusammenbrechen. Verstärkt wurde dieser Zuwachs an parlamentarischen Machtmöglichkeiten durch ein Ansteigen der Fraktionsdisziplin,[75] durch immer verlässlichere parteiliche Blockbildung im Parlament, durch eine geradezu explodierende Wahlbeteiligung[76] und durch den Machtaufstieg der systemkritischen SPD. Nicht nur wurde so die intransitive Macht des Reichstages gestärkt, da dessen Geltungsansprüche zunehmend auch von den konkurrierenden Gegenmächten anerkannt und im Alltag als verbindlich angesehen wurden. Sondern es verlor die Exekutive auch die Nutzungsmöglichkeit zweier zentraler institutioneller Mechanismen. Einesteils waren unter diesen gewandelten Bedingungen die Androhung einer Auflösung des Reichstages oder die Strategie Bismarcks, sich dauernd durch unterschiedliche, kurzfristige Bündnisse Mehrheiten zu verschaffen, nicht mehr ohne weiteres möglich, da die einzelnen Parteien nicht mehr gegeneinander ausgespielt werden konnten und sich eine zunehmende Stabilität der Wahlergebnisse ergab. Anderntfeils wurde die taktische Nutzung von Zeitstrukturen und prozeduralen Ablaufmustern eingeschränkt. Zwar wurde der Militärhaushalt weiter auf sieben Jahre festgelegt; jede Änderung benötigte jedoch eine Zustimmung des Parlaments, und das vergrößerte die Chancen des Parlaments, Macht auszuüben gerade in Zeiten einer Aufrüstung des Deutschen Reiches mit Flottenrüstung und Erhöhung der Heeresstärke.

Danneben war es der Reichstag selbst, der durch institutionelles Lernen seine Machtressourcen ausbaute. Das fand zunächst bezüglich der symbolischen Machtressourcen statt, indem durch die Weitergabe stenographischer Berichte an die Öffentlichkeit, durch die Schaffung geeigneter Arbeitsmöglichkeiten für Journalisten, durch die Einrichtung einer Pressetribüne im Plenarsaal und von Arbeitszimmern für Presseleute sich die Möglichkeiten des Reichstages stark verbesserten, auf die Öffentlichkeit einzuwirken.[77] Antiparlamentarische Staatsstreichsideen wurden dergestalt immer abwegiger. 1908 war es dann im Rahmen der Daily-Telegraph-Affäre das erste Mal, dass das Parlament eine Abgrenzung der Machtbefugnisse zwischen den Organen des Reiches formulierte und den Kaiser auch symbolisch und gerade über die Medien in die Schranken wies.

Zugleich kam es zu einem Ausbau der Kontrollrechte des Parlaments. Durch die große Geschäftsordnungsreform nach den Reichstageswahlen von 1912 nahm der Reichstag in seine Geschäftsordnung Bestimmungen auf, nach denen er Interpella-

---

75 Vgl. K. Zwehl 1983, S. 103.
76 Von 50,7% (1871) auf 84,9% (1912).
77 Vgl. A. Biefang 2003, S. 29ff.

tionen unmittelbar an den Reichskanzler richten und bei deren Debatte Anträge stellen durfte, „welche die Feststellung verlangen, daß die Behandlung der den Gegenstand der Interpellation bildenden Angelegenheit durch den Reichskanzler der Anschauung des Reichstages entspricht oder dass sie ihr nicht entspricht".[78] Zwar hatte das noch keine formalen Konsequenzen; aber derartige Misstrauensvoten waren wie symbolische Machtrepräsentationen. Im Anschluss an sie konnte der Kaiser einen Reichskanzler zwar rechtlich, kaum aber mehr faktisch im Amt lassen, falls die Mehrheit im Parlament nachdrücklich dessen Ablösung wünschte. Bethmann Hollweg trat zwar 1913 wegen der Zabern-Affäre nicht zurück; doch es bestehen erhebliche Zweifel, ob der Kanzler ohne den Kriegsausbruch von 1914 noch lange im Amt geblieben wäre, da seine Autorität bei den Parteien erschüttert war. Vier Jahre später war schließlich die Autorität von Kaiser und Reichsregierung so weit gesunken, dass nunmehr die Macht des Reichstages ausreichte, dass der Reichskanzler Michaelis nach einem Misstrauensantrag von USPD und MSPD 1917 abberufen und durch Max von Baden ersetzt wurde. Der Kaiser hatte hier nur noch die Freiheit in der Wahl der Person, nicht mehr jedoch in der grundsätzlichen Frage, ob er einen neuen Kanzler ernennen müsse.[79]

Insgesamt wird deutlich, dass der Reichstag 1917 klar mehr Nettomacht besaß als 1871 vorgesehen war,[80] sich seine Bruttomacht zwischen 1871 und 1917 aber nicht wesentlich verändert hatte. Die Nettomacht war hingegen durch Institutionalisierung vorhandener Geltungsansprüche, durch Umweltwandel, durch institutionelles Lernen und durch den Machtverlust von Gegenmächten angestiegen. Erst aufgrund des letzteren kam es zu einer Erweiterung auch der Bruttomacht, indem nämlich das entstandene Machtvakuum selbst das Parlament in die Verantwortung zog: Der Haushaltsausschuss trat ab 1916 auch dann zusammen, wenn der Reichstag vertagt war; der Reichstag befasste sich auf einmal mit Vorlagen, die ihm formell gar nicht zugewiesen worden waren; sogar ein Ausschuss für auswärtige Angelegenheiten, eine bisher ausschließlich dem Kaiser zugewiesene Kompetenz, wurde gegründet;[81] und schließlich führte der fortschreitende Machtverlust der Reichsregierung sogar zur Gründung eines interfraktionellen Reichstagsausschusses, der die Ausweitung parlamentarischer Rechte bis hin zu einem parlamentarischen System einforderte. Kurz vor Kriegsende wurde dies dann auch eingeführt. Thomas Nipperdey konstatiert in diesem Kontext: „Je schwieriger die Kriegslage wurde, desto mehr gewann der Reichstag – ohnehin Sprachrohr des Volkes wie Medium zwischen Regierung

---

78 §32, Abs 1. Satz 1, 33a Abs.1 Satz 1 GORT.
79 L. Bergsträsser 1980, S. 150f.
80 Vgl. W. Mommsen 1983, S. 199; D. Langewiesche 2003, S. 15f.
81 Ein folgenreicher Präzedenzfall ereignete sich 1916, als die Konservativen Anträge zum uneingeschränkten U-Boot-Krieg einbrachten, was als Militärfrage bisher absolutes Vorrecht des Kaisers gewesen war. Dabei kam es zu institutionellen Lernprozessen, in deren Folge die parlamentarischen Geltungsansprüche auch auf dieses Feld ausgedehnt wurden und transitive Machtressourcen – wenn auch nur in geringem Maße angesichts der Macht der OHL – zur Verfügung standen; vgl. L. Bergsträsser 1980, S. 150.

und Volk – auch als selbständige und eigenwillige Institution an Macht".[82] Doch die Abgabe der Macht von der Obersten Heeresleitung an das Parlament am Ende des Krieges ergab sich nicht nur aus exekutiver Schwäche, sondern ebenfalls aus dem Motiv, die Verantwortung für die nationale Katastrophe loszuwerden. Das gelang denn auch – mit äußerst negativen Folgen für die Weimarer Republik, weil fortan der Parlamentarismus propagandistisch mit der militärischen Niederlage verbunden werden konnte.

4. Der Reichstag in der Weimarer Republik (1919-1933)

Mit der Weimarer Reichsverfassung änderte sich die Machtposition des Reichstages in zweifacher Weise. Auf der einen Seite ergab sich eine klare Stärkung seiner Macht, welche auch über die der letzten Kriegsmonate hinausging. Er war nun unmittelbar zum „Träger der Reichsgewalt" geworden:[83] Reichskanzler und Reichsminister waren von ihm abhängig und konnten durch parlamentarisches Misstrauensvotum zum Rücktritt gezwungen werden (Art. 54 WRV). Ferner waren gegen den Reichstag wirkende Vetopositionen beseitigt worden, weil das neue föderative Gremium, der Reichsrat, gegen die vom Reichstag verabschiedeten Gesetze nur mehr ein aufschiebendes Veto besaß. Die Macht des Reichspräsidenten war im Vergleich zu jener des Kaisers ebenfalls beschnitten.

Auf der anderen Seite hatte sich auch die bisherige und institutionalisierte Macht- und Gegenmachtkonstellation gewandelt. Nicht mehr das Gegenüber von Kaiser beziehungsweise von Reichsregierung und Reichstag, sondern neue, radikale und sich gegenseitig widersprechende Orientierungs- und Ordnungsansprüche rangen zu Beginn der Republik um eine Hegemonie im Staat und um die Verteilung von Ressourcen und Beteiligungsrechten. Auf der linken Seite standen gegen den demokratischen Parlamentarismus die Ideen einer Räte- und später einer Volksdemokratie, auf der rechten Seite die Forderungen nach Ständestaat und Führerdiktatur. Selbst die intransitive Macht des Reichstages war so von Beginn an durch Gegenmächte bedroht, die machtpolitisch massiv die Geltungsansprüche des Parlaments durch konkrete Umsturzversuche wie den Kapp-Putsch, den Hitler-Putsch oder den Spartakus-Aufstand in Frage stellten.[84]

---

82 T. Nipperdey 1992, S. 833; vgl. P. Steinbach 1997, S. 231.
83 H. Boldt 1997, S. 20.
84 Hier sind die Interessen weiterer machtrelevanter Akteure ebenfalls zu nennen. Zum einen war da die Reichswehr, die als „Staat im Staate" die Geltungsansprüche des Systems zwar nicht dauernd bekämpfte, sie jedoch auch nicht mit voller Kraft unterstützte. Ferner nahm das Interesse der Industrie und der Wirtschaftseliten an der Existenz eines parlamentarischen Systems ab, was sich schließlich in der Unterstützung der Nationalsozialisten und Hitlers durch breite Teile der Wirtschaftseliten zeigte (vgl. F. Fischer 1979). Schließlich war es auch die Bürokratie, deren Bereitschaft nur gering entwickelt war, „parlamentarische Entscheidungen, die der eigenen Überzeugung widersprachen, zu respektieren" (P.-C. Witt 1982, S. 120).

Grafik 2: Wahlergebnisse der Parteien 1919 bis 1932, zusammengefasst nach der Haltung zu parlamentarischen Beteiligungsrechten

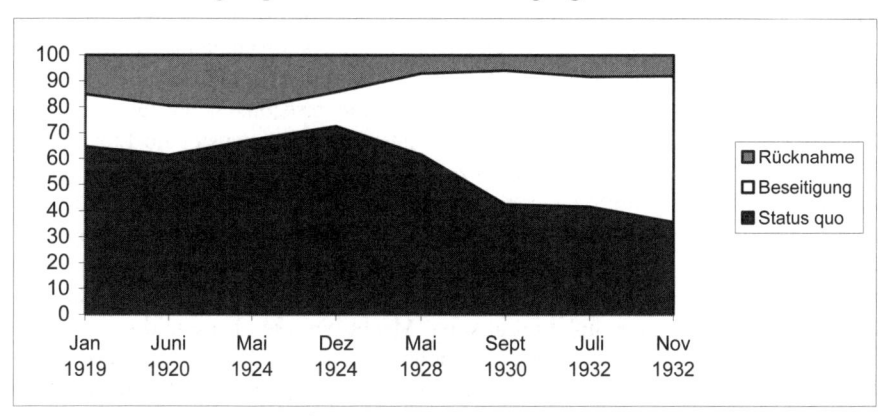

```
100
 90
 80
 70
 60                                              ▨ Rücknahme
 50                                              ☐ Beseitigung
 40                                              ■ Status quo
 30
 20
 10
  0
     Jan    Juni   Mai    Dez    Mai   Sept  Juli   Nov
    1919   1920   1924   1924   1928  1930  1932  1932
```

Quelle: Eigene Zusammenstellung[85]

Besonders deutlich wird die fragile Stellung des Reichstages auch anhand der Wahlergebnisse jener Parteien, die antiparlamentarisch eingestellt waren – und zwar sowohl derjenigen, die eine Rücknahme von Beteiligungsrechten des Parlaments zugunsten einer konstitutionellen oder ständestaatlichen Monarchie befürworteten wie die DNVP, als auch jener, welche die komplette Abschaffung der parlamentarischen Demokratie forderten, wie die NSDAP und die KPD: Deren Wähleranteile nahmen bis zum Ende der Republik immer weiter zu (vgl. Grafik 2). Angesichts der bestehenden Handlungsumstände nach dem Kriegsende mit Versailler Vertrag, Inflation und Weltwirtschaftskrise konnten die Erwartungen einer zwar fragmentierten, aber am Ende der Kaiserzeit und infolge der Revolution hochpolitisierten Öffentlichkeit an das neue parlamentarische System einfach nicht erfüllt werden. Gerade die Sozialdemokraten hatten seit 60 Jahren als zentrales Dogma des Begründers des Allgemeinen Deutschen Arbeitervereins (ADAV), Ferdinand Lassalle, die Meinung vertreten, dass nicht nur die Demokratisierung, sondern gerade auch die Parlamentarisierung des deutschen politischen Systems die Lage der arbeitenden Klassen entscheidend verbessern würde. In den Jahren der Weimarer Republik wurden viele Anhänger der SPD als besonders parlamentsfreundlicher Partei jedoch vom konkreten Funktionieren und von den Politikergebnissen des Weimarer Systems enttäuscht und wählten in der Folge in großer Zahl die antiparlamentarische KPD.[86]

---

85 Die Parteien, welche die Rücknahme von Beteiligungsrechten des Parlaments forderten, waren vor allem die DNVP und Teile der DVP; Parteien, welche die Abschaffung des Parlamentarismus wünschten, waren die Kommunisten, die Nationalsozialisten und Teile der DNVP; die Parteien, die schließlich den Status quo der parlamentarischen Demokratie verteidigten, waren die SPD, die DDP, Teile der DVP und das Zentrum. Vgl. auch W. Tormin 1966; A. Milatz 1963.
86 Vgl. H. H. Knütter 1988, S. 388; C. Rudolph 1995.

Unterstützt wurde solcher Vertrauensverlust auch durch die wechselseitig destruktive Politik der Parteien in der Weimarer Republik, durch welche dem parlamentarischen Regierungssystem, und damit auch dem Reichstag, immer weniger Akzeptanz entgegengebracht wurde.[87] In Tausenden von Alltagspraxen verächtlich gemacht und diskreditiert, verfielen so die politischen Institutionen der Weimarer Republik.

Obwohl die Stabilisierung des Weimarer Parlamentarismus in der kurzen Zeit der Weimarer Republik nie vollständig gelang, ist keine eindimensionale Entwicklung der Machtstellung des Reichstages festzustellen. Wie im Kaiserreich liefen gegensätzliche Entwicklungen ab, welche die Macht des Reichstages teils erhöhten, teils schwächten. Gerade das Verhältnis der Parteien zum Reichstag zeigt diese Ambivalenz. In der Anfangsphase stellten auch die Gegner der Weimarer Republik keineswegs die Machtstellung des Parlaments einfach in Frage, wohl weil schon der kaiserliche Reichstag eine hohe intransitive Macht besessen hatte und sich die parlamentarischen Geltungsansprüche pfadabhängig in der Republik weiter reproduzierten.[88] Mit Ausnahme der Kommunisten und Nationalsozialisten verhielten sich die Parteien sogar mehr oder weniger staatstragend: mehr, weil selbst die monarchistische, eigentlich verfassungsfeindliche und antiparlamentarisch agierende DNVP keineswegs Fundamentalopposition betrieb, sondern durch Beteiligung an Koalitionsregierungen die Geltungsansprüche des Reichstages als evident und verbindlich verfestigte;[89] weniger deswegen, weil selbst die SPD als die – neben DDP und Zentrum – tragende Kraft der Weimarer Verfassung keineswegs die Geltungsansprüche des Parlaments vorbehaltlos reproduzierte, sondern aus Angst, immer mehr Wähler an radikale Parteien zu verlieren, ihrerseits mal um mal radikale Positionen vertrat und oft keine konstruktive Rolle im Parlament übernahm.[90]

Dass der Reichstag trotz seiner schwierigen Institutionalisierungsphase relativ viel intransitive Macht besaß, zeigen aber zwei Ereignisse am Ende der Weimarer Republik. Einesteils macht gerade der Brand des Reichstages deutlich, was für ein vielfach akzeptiertes und wichtiges nationales Symbol doch der Reichstag darstellte: Genau der Brand dieses Gebäudes sollte den Nationalsozialisten die Begründung geben, ihre Schreckensherrschaft durch Notverordnungen und Ermächtigungsgesetz zu installieren. Andernteils zeigt sich die weiter existierende intransitive Macht des Reichstages bei der Auslöschung der Republik, als über die Gesetzgebungsfunktion des Reichstages eine legale Machtergreifung vorgetäuscht wurde: Sowohl die Adressaten als auch die Akteure des Reichstages sahen trotz dessen institutioneller Schwäche seine parlamentarischen Geltungsansprüche als evident und verbindlich an. Die Zerstörung der Republik konnte gerade deshalb als legal gelten, weil die Legalität der Funktionen des Reichstages weiter anerkannt wurde. Wie wichtig die

---

87 Vgl. G. Loewenberg 1969, S. 46.
88 Vgl. hier P. Steinbach 1997, S. 233ff.
89 Vgl. etwa die Beteiligung der DNVP an der Regierung Marx im Januar 1927, deren Minister ausdrücklich die Rechtsgültigkeit der Reichsverfassung anerkannten; vgl. C. F. Trippe 1995, S. 203ff.
90 Vgl. G. Loewenberg 1969, S. 44.

Nutzung des Reichstages auch bezüglich der symbolischen Machtdarstellung der Nationalsozialisten war, zeigt ebenfalls die Tatsache, dass trotz deren klarer Mehrheit im Reichstag – die Abgeordneten der KPD und auch teilweise der SPD waren verhaftet oder emigriert, die der bürgerlichen Parteien stimmten dem Ermächtigungsgesetz zu – ein enormer psychischer und physischer Druck auf die verbliebene und weiter opponierende SPD ausgeübt wurde. Die berühmte Rede von Otto Wels am 23. März 1933[91] ist genau deshalb in Erinnerung geblieben, weil der Missbrauch der Leitidee des Parlaments durch die Nationalsozialisten vor Augen geführt und versucht wurde, die symbolische Macht des Reichstages für die Republik zu nutzen.

Obwohl der Reichstag am Ende der Weimarer Republik noch über diese intransitiven Machtressourcen verfügte, besaß er keine transitive Macht mehr. Dies bedeutet jedoch nicht, dass er auch in den knapp 13 Jahren seines Bestehens keine transitiven Machtressourcen besessen hätte. Zwar erfolgte die Nutzung der instrumentellen wie auch symbolischen Macht des Reichstages in dieser Zeit des öfteren nur aus der Motivation, die Nettomacht der eigenen Partei zu festigen oder den Parlamentarismus zu schwächen; doch es routinisierte solche Nutzung des Parlaments auch gleichzeitig dessen Geltungsansprüche.[92] Deswegen konnten die Nazionalsozialisten den Reichstag nicht einfach auflösen, sondern mussten ihn langsam und unter Aufwendung hoher Transaktionskosten wie Propaganda, Gewalt, Folter, Unterdrückung und Dauermobilisierung hinter den Geltungsansprüchen des Führers und anderer nationalsozialistischer Institutionen gleichsam „verschwinden" lassen.

Keineswegs war der Weimarer Reichstag als nur ein Ort der Agitationen und der Tumulte, was auch Thomas Mergel in seiner vorzüglichen Untersuchung dieses unglücklichen Parlaments konstatiert.[93] Wer das anders sieht, reproduziert eher die polemische Sichtweise der Gegner des Weimarer Parlamentarismus.[94] Es wurden im Reichstag sehr wohl Gesetze abgestimmt, politische Meinungen verkündet, Regierungen bestellt und kontrolliert und so die zentralen Funktionen eines Parlaments ausgeführt, wenn auch, wie Peter-Christian Witt schrieb, die Durchschlagskraft parlamentarischer Funktionserfüllung oft recht gering war.[95] Das kann angesichts der damaligen Rahmenbedingungen politischen Handelns (Kriegsfolgen, Wirtschaftskrise etc.) sowie der Heterogenität der Parteien aber auch nicht wundern. Das viel eher Verwunderliche ist, dass der Reichstag überhaupt so gut und so lange funktionierte. Natürlich übernahm die Reichsregierung bei der Formulierung und Ausarbeitung der Gesetze den zentralen Part, so dass nur eine geringe Zahl an Gesetzen vom Reichstag selbst ausgearbeitet wurde.[96] Das aber unterscheidet sich gerade nicht von

---

91 Vgl. O. Wels 1993.
92 Vgl. T. Mergel 2002, S. 49.
93 T. Mergel 2002, S. 161ff.; vgl. auch P.-C. Witt 1983, S. 140.
94 Siehe zur Analyse des antiparlamentarischen und antidemokratischen Denkens in der Weimarer Republik das klassische Werk von K. Sontheimer 1994.
95 P.-C. Witt 1983.
96 T. Mergel 2002, S. 223.

der Rolle moderner demokratischer Parlamente wie des Bundestages, ohne dass dies in solchen Fällen von kundigen Beobachtern als Machtlosigkeit ausgelegt würde.[97]

Dass es dem Reichstag trotzdem während der gesamten Dauer der Weimarer Republik nicht gelang, zwischen den gegensätzlichen Kräften innerhalb der Gesellschaft zu vermitteln und als Aushandlungszentrum sowie Integrationsinstitution zu dienen,[98] lag vor allem daran, dass ja auch grundsätzlich kein Konsens über das politische System bestand. Opposition bedeutete damals oft nicht eine Gegnerschaft zur amtierenden Regierung, sondern beinhaltete meist auch die Forderung nach Abschaffung der bestehenden Staatsform. Dies wirkte sich auf die innerparlamentarische Kohärenz aus. Die Geschäftsordnung etwa war ständig umstritten und diente nicht der Ausgestaltung parlamentarischer Bruttomacht, sondern fast ausschließlich der Festigung der Nettomacht einzelner Parteien oder Fraktionen. Ebenfalls wurden institutionelle Mechanismen wie jener der Koalitionenbildung nicht genutzt, obwohl sie zum Ausbau von parlamentarischer Macht im höchsten Maße geeignet gewesen wären. Grund war das Weiterwirken parlamentarischer Kultur aus dem Kaiserreich, das eine echte Koalitionsbildung im Rahmen einer konstitutionellen Monarchie ja nicht zu kennen brauchte, sondern den Parteien alle Freiheit ließ, für unterschiedliche politische Fragen auch unterschiedliche Mehrheiten zu suchen.[99] Nach Einführung einer auf stabile Parlamentsmehrheiten angewiesenen Regierungsform hinzuzulernen aber unterblieb oder scheiterte an der politischen Kompromisslosigkeit der Fraktionen im Reichstag. Selbst Parteien, die nicht antiparlamentarisch eingestellt waren, fassten jedenfalls nicht den Willen, die neuen Machtmöglichkeiten des Reichstages wirklich zu nutzen.[100] Doch Macht braucht nun einmal auch den Willen, genutzt zu werden, um unter Konkurrenzbedingungen Wirksamkeit zu entfalten. Weil er sich darauf nicht einließ, konnte der Reichstag einesteils seine neue regierungstragende Funktion nicht gut erfüllen; anderenteils nahm sowohl die transitive als auch die intransitive Macht der institutionellen Gegenmächte des Reichstages zu. Vor allem zum Reichspräsidenten verschob sich die Machtbilanz, da dem Reichstag der Wille fehlte, eine konstruktive Mehrheit gegen die Machtressourcen des Reichspräsidenten einzusetzen.

Es waren also nicht die in der Verfassung festgesetzten Beschränkungen parlamentarischer Bruttomacht, etwa die Möglichkeit des Reichstagspräsidenten, durch einen Volksentscheid über einzelne Gesetze abstimmen zu lassen, welche die Macht des Reichstages wirkungsvoll beschränkten. Derlei zeigte in der Verfassungswirklichkeit kaum eine Wirkung.[101] Die Machtverlagerung ergab sich vielmehr erst durch das Verhalten der Akteure im Parlament, indem nämlich die Parteien die Verantwortung für die Regierungsbildung an den Reichspräsidenten abgaben. Ab 1930 kamen nur noch Regierungen zustande, die sich auf das Vertrauen des Reichspräsi-

---

97 Vgl. zum Beispiel W. Ismayr 2001, S. 239f.; E. Hübner/H. Oberreuter 1977, S. 42ff.
98 M. Stürmer 1985b, S. 238f.
99 Vgl. P.-C. Witt 1983, S. 132.
100 Vgl. G. Arns 1971, S. 227; T. Mergel 2002.
101 L. Bergsträsser 1980, S. 153.

denten stützten, und die solange bestanden, wie nicht der Reichstag mit Mehrheit gegen sie stimmte. Verstärkt wurde diese Entwicklung durch die Interpretation des Amtes des Reichspräsidenten als Nothelfer in Krisensituationen (Art. 48).[102] Durch den ausgedehnten und auch notwendigen Gebrauch des Notverordnungsrechts in der Anfangsphase der Weimarer Republik wurde dieses Recht des Reichspräsidenten routinisiert und sein Geltungsanspruch verbindlich. Doch während in der Institutionalisierungsphase die Ersatzgesetzgebung Friedrich Eberts die Republik stabilisierte, indem etwa gegen den Kapp- oder Hitler-Putsch vorgegangen wurde, war am Ende der Weimarer Republik das Gegenteil der Fall: Nachdem in der Wirtschafts- und Staatskrise nach 1929 fast die gesamte Nettomacht des Reichstages auf den Reichspräsidenten sowie wie Präsidialkabinette Brüning, v. Schleicher und v. Papen übergegangen war,[103] repräsentierten die politischen Verantwortlichen nicht mehr überzeugte Republikaner, sondern gesellschaftliche Kräfte, die für eine Verschiebung der Beteiligungsrechte und Ressourcen eintraten: Brüning mit seinem Werben für die Monarchie,[104] von Papen durch sein Steuern auf ein rechtes Kabinett mit den Nationalsozialisten. Eingesetzt hatte diese Entwicklung jedoch schon früher: Nach dem Tod Friedrich Eberts wurde mit Hindenburg ein Reichspräsident gewählt, der ebenfalls ein Repräsentant antiparlamentarischer Gegenmächte war.

Problematisch war ebenfalls, dass durch den fehlenden Konsens im Reichstag zu wenige institutionelle Lernprozesse versucht wurden und erfolgreich waren, als dass es gelungen wäre, von innen heraus die Geltungsansprüche dieser Institution zu stärken. Und weil der Reichstag auch nicht vermochte, die symbolische Darstellung der eigenen Geltungsansprüche in der Öffentlichkeit auszubauen,[105] konnten die Geltungsansprüche von Parteien mit Hakenkreuz oder Hammer und Sichel eine symbolische Übermacht über die republikanischen Symbole erringen. Zuletzt hatte der Reichstag fast allen Einfluss im politischen System verloren. Nicht nur standen die Mehrheit der Akteure im Parlament und ein großer Teil von dessen Adressaten der Leitidee des Parlamentarismus negativ gegenüber, sondern es war auch durch die dramatischen Veränderungen der Mehrheitsverhältnisse im Reichstag seit 1930 die Arbeitsfähigkeit des Parlaments dauerhaft von antiparlamentarischer Obstruktion bedroht.[106] Obendrein wurden die Geltungsansprüche des Reichstages zunehmend durch alternative Orientierungs- und Ordnungsansprüche der systemfeindlichen Parteien auf der Straße in Frage gestellt. In dieser Lage verfügte der Reichstag in

---

102 H. Boldt 1987, S. 32f.
103 Der Reichstag trat 1931 einundvierzigmal, 1932 sogar nur fünfzehnmal zusammen; vgl. G. Loewenberg 1969, S. 47.
104 W. Conze 1985, S. 341; vgl. K. Schönhoven 1992, S. 69.
105 T. Mergel 2002, S. 360f; P. Steinbach 1997, S. 241; P.-C. Witt 1983, S. 129f.; P.-C. Witt betont zusätzlich, dass gerade die Regierungen seit 1930 aktiv versuchten, die Geltungsansprüche des Parlaments einzuschränken und dessen institutionelles Lernen zu verhindern. P.-C. Witt 1983, S. 124.
106 Vgl. T. Mergel 2002, S. 167.

keiner Weise mehr über transitive Nettomacht, um die eigenen Geltungsansprüche gegen solchen Widerstand durchzusetzen oder zu verteidigen. Doch auch der Weimarer Reichstag war keineswegs immer und grundsätzlich eine machtlose Institution gewesen. Er hatte aber auf die sich ihm eröffnenden Machtmöglichkeiten nicht entschlossen zugegriffen, und am Ende hatten die institutionellen Gegenmächte ihre Nettomacht derart erhöht, dass sie keine Kompromisse mehr mit dem Parlament eingehen mussten: Der Verteilungskampf um Beteiligungsrechte und Ressourcen im gemeinsamen und strategischen Handlungsraum hatte mit einem Sieg der antiparlamentarischen Kräfte geendet.

5. Der Deutsche Bundestag (1949 bis 2005)

Die Nazi-Diktatur hat den Reichstag nach 1933 zu einer Farce von Parlament gemacht. Erst im September 1949 kam mit dem Bundestag wieder ein neues demokratisches Parlament zustande. Ist es aber auch ein mächtiges Parlament geworden? Betrachtet man die eingangs erörterten Machtindikatoren, so stellt man fest, dass der Bundestag grundsätzlich ein hohes Maß intransitiver Macht besitzt. Seine Geltungsansprüche werden nicht oder nur wenig in Frage gestellt, und seine Machtausübung ist nicht oder nur wenig konfliktiv, etwa bei der genauen Kompetenzabgrenzung zwischen Ländern und Bund. Auch hat die Infragestellung bundesdeutscher Institutionen durch die 1968er Bewegung der Rolle des Bundestages nicht nachhaltig geschadet.

Trotzdem ist nicht zu übersehen, dass nicht nur die Effizienz des Bundestages immer mehr bezweifelt wird, sondern auch das Vertrauen in den Bundestag deutlich gesunken ist. Auch in einer neuen Untersuchung[107] beurteilen die Bürger, gemessen auf einer Skala von sieben bis eins, die Leistungen des Parlaments, den Willen der Mehrheit des Volkes durchzusetzen oder die Wünsche und Ansichten des Volkes zur Grundlage seiner Entscheidungen zu machen, mit 3,4 bzw. 3,5 als ziemlich schlecht. Kaum weniger schlecht beurteilen die Deutschen die Leistungen des Bundestages bei der Sorge um das Gemeinwohl (3,7) oder für Gerechtigkeit (3,8). Auch beim Voranbringen gesellschaftlicher Reformen leistet der Bundestag nach Ansicht der Befragten zu wenig (3,9). „So gesellt sich zu den ‚demokratietheoretischen' Zweifeln an der Leistungsfähigkeit des Bundestages auch noch Zweifel an sowohl seiner Gemeinwohl- und Gerechtigkeitsfähigkeit als auch an seiner Reformkraft. Kein Wunder, dass man einer so wahrgenommenen Institution nicht reichlich Vertrauen und Achtung spendet".[108]

---

107 W. J. Patzelt 2005.
108 W. J. Patzelt 2005, S. 19. Überdurchschnittlich wird dagegen die Leistungsfähigkeit des Bundestages beim Beschließen von Gesetzen (4,8) sowie bei der Kontrolle der Regierung (4,3) und beim Überprüfen von Gesetzen bewertet (4,3).

Auch andere Daten zeigen, dass das Vertrauen in das deutsche Parlament und seine Abgeordneten gering ist und außerdem stark abgenommen hat. Derzeit glauben nur 28% der Bürger, dass sich ihr Wahlkreisabgeordneter für ein Anliegen eines Bürgers, das dieser dem Parlamentarier mitteilt, auch wirklich einsetzen würde; 39% glauben dies eher nicht, 9% bestimmt nicht. Damit sind teilweise wieder Verhältnisse wie in den 1950er Jahren erreicht (vgl. Tabelle 2). Zudem weisen auch die populären Forderungen nach plebiszitären Elementen und nach einer Machtsteigerung des Bundespräsidenten auf eine gewisse Fragilität der Machtstellung des Bundestages hin.

Tabelle 1: Würde sich ein Abgeordneter um ein brieflich an ihn herangetragenes Anliegen kümmern?

	Westdeutschland					Ostdeutschland		
	1951	1972	1981	1996	2001	1990	1996	2001
Denke: ja	23	41	36	25	28	55	31	25
Wahrscheinlich: nein	35	26	25	36	39	14	28	28
Bestimmt nicht	21	8	11	19	9	5	15	18
Weiß nicht	21	25	28	20	24	26	26	29

Quelle: E. Noelle-Neumann/R. Köcher 2002.

Gleichzeitig zeigen die Wahlergebnisse aber, dass parlamentsfeindliche Parteien nur marginalen Zulauf haben, obwohl die Akzeptanz autoritärer Orientierungs- und Ordnungsmuster zugenommen hat.[109] Auch ist totz eines allgemeinen Rückgangs ein gehöriges Maß an Grundvertrauen immer noch vorhanden (siehe Grafik 3). Dessen Ausmaß hängt aber sehr stark zusammen mit der Zufriedenheit mit dem jeweils agierenden politischen Personal, mit der tagespolitisch überformten Systemzufriedenheit, mit der Einschätzung der wirtschaftlichen Lage und obendrein mit der allgemeinen Systemzufriedenheit.[110] Der Bundestag besitzt also sehr wohl ein hohes, wenn auch stark politisch konjunkturanfälliges Maß an intransitiver Macht, die auch routinemäßig anerkannt und reproduziert wird:[111] Er ist das zentrale Symbol der deutschen Demokratie; ihm allein ist das demokratische Legitimationsmonopol zugewiesen; und auch gegenüber den europäischen Institutionen wird seine Machtkompetenz nicht bezweifelt.[112]

---

[109] K. Arzheimer/M. Klein 2000, S. 373.
[110] Vgl. W. J. Patzelt 2005, S. 28.
[111] Gerhard Loewenberg, zitiert in: K. Porzner/H. Oberreuter/U. Thaysen 1990, S. 52.
[112] Vgl. u.a. Vertrag über eine Verfassung für Europa (VVE) Art. I-5; I-11, Abs. 3.

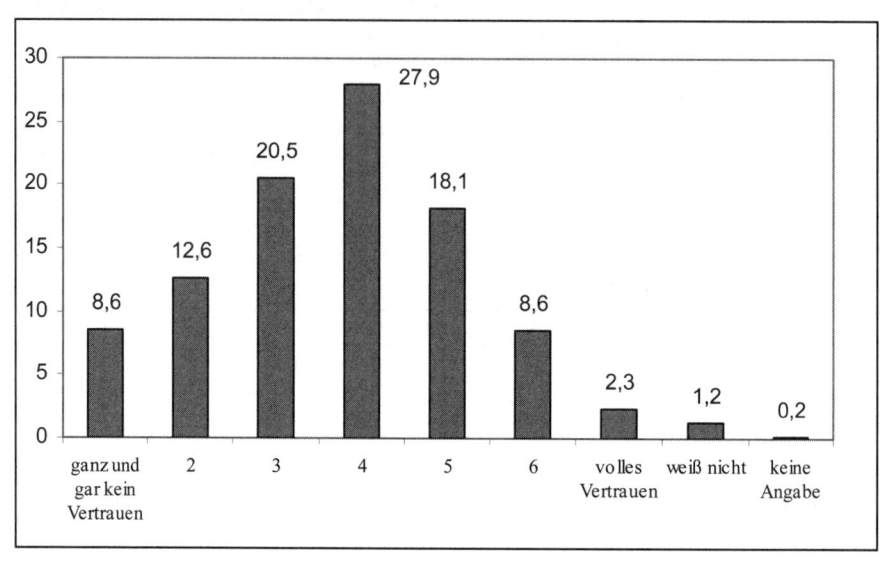

Grafik 3: Wie sehr vertrauen Sie persönlich dem Bundestag?

```
30
                        27,9
25
              20,5
20
                        18,1
15      12,6
10  8,6                       8,6
 5                                  2,3
                                          1,2
 0                                              0,2
  ganz und  2    3   4    5    6   volles weiß nicht keine
  gar kein                         Vertrauen        Angabe
  Vertrauen
```

Quelle: W. J. Patzelt 2005.

Wie steht es aber um die transitive Macht des Bundestages? Mit Sicherheit hat er gegenüber seinen demokratischen Vorgängerinstitutionen einen großen Funktionszugewinn zu verzeichnen. Er ist nicht mehr nur eine Legislative, sondern auch ein zentrales Organ der demokratischen Willensbildung und Kontrolle[113] und obendrein das einzige Kreationsorgan der Bundesregierung. Dass die meisten Gesetzesvorlagen durch die Regierung und nicht aus der Mitte des Parlaments eingebracht werden, ist unmittelbare Folge der Verfügungsmacht der Parlamentsmehrheit über die Tätigkeit der Regierung.

An Macht hat die Regierungsmehrheit dabei natürlich mehr als die Opposition. Deren transitive Macht erhöht sich aber stets, wenn sie im Bundsrat die Mehrheit stellt. Will man die transitive Macht der Regierungsmehrheit feststellen, so muss man also ihre Machtdurchsetzung gegenüber der Regierung von jener gegenüber der Opposition unterscheiden. Hübner und Oberreuter betonen: „Macht oder Entmachtung des Parlaments entscheiden sich an zwei (...) Problemen: Zum einen daran, ob im Binnenverhältnis zwischen Mehrheit und Regierung Kommunikationsprozesse funktionieren", also ob im Konfliktfall auch Durchsetzungschancen der Mehrheitsfraktionen in solchen Fällen bestehen, „in denen sie mit einer Regierungsvorlage zumindest partiell nicht übereinstimmen. Zum anderen daran, inwieweit (...) Mehrheit und Regierung ihre politische Führungsabsicht gegenüber anonymen Koopera-

---

[113] E. Hübner/H. Oberreuter 1977, S. 11.

tionsprozessen von Verwaltung und Verbandseinfluß durchsetzen".[114] Weil solche Durchsetzungschancen in der Praxis immer wieder bestehen, ist keineswegs der Behauptung zuzustimmen, dass die Tatsache, dass im parlamentarischen Regierungssystem die Regierung „Fleisch vom Fleische des Parlaments ist", an sich schon einen Machtverlust des Parlaments nach sich ziehe. Eher trifft das Richtige, wer im Zugriff der Parlamentsmehrheit auf die Regierungsämter den Höhepunkt von Parlamentsmacht sieht. Allerdings erlegt die notwendige Disziplin des Regierungshandelns den regierungstragenden Parlamentariern auch ihrerseits Handlungsdisziplin auf, was dann seinerseits zu einem Nettomachtverlust der mitregierenden Regierungsmehrheit führt. Diesem Machtverlust steht jedoch immer der vollständige Machtverlust im Falle eines Scheiterns der eigenen Regierung gegenüber.

Welche Macht Mehrheitsfraktionen dann wirklich haben, wird solange unterschätzt, wie die Macht des Parlaments mit der Macht des einzelnen Abgeordneten gleichgesetzt wird. Doch im Bundestag sind die mächtigsten Akteure nun einmal die Fraktionen. Vertreter der Mehrheitsfraktionen sind bei allen formellen und informellen Koalitionsrunden, Regierungsabsprachen und in Arbeitsgruppen dabei; der Kanzler muss bei seiner Politikplanung, besonders bei den Haushaltsberatungen, immer auf die Mehrheitsfraktion und den Koalitionspartner zugehen; und dies ist erst recht der Fall, wenn die Regierung im Parlament nur eine kleine Mehrheit besitzt. In einer solchen Konstellation zählt jede Stimme, so dass die Macht selbst einzelner Abgeordneter steigt. Auf der anderen Seite wächst aber bei knappen Mehrheiten auch die Macht des Bundeskanzlers. Er kann über eine Vertrauensfrage unter offener Androhung des Scheiterns seiner Regierung und von Neuwahlen Abstimmungsdisziplin in den ihn tragenden Fraktionen durchsetzen. So hielt es etwa Bundeskanzler Gerhard Schröder 2001, um die Zustimmung seiner Koalition zum Einsatz der Bundeswehr in Afghanistan zu erhalten.

Auch andere Konstellationen schwächen das Parlament. So wird grundsätzlich die Macht von Mehrheitsfraktionen und erst recht der Opposition dann beschränkt, wenn es der Regierung gelingt, verbindliche Vorabsprachen in Institutionen oder Gremien zu treffen, an denen das Parlament nicht beteiligt ist. Das nämlich erniedrigt den Bundestag zu einem Ratifikationsorgan. Eine derartige Entmachtung des Parlaments ist nicht nur bezüglich der Installierung von politikberatenden Kommissionen zu konstatieren,[115] sondern gerade auch im Kontext von internationalen Verhandlungssystemen[116] oder – vor allem – bei der Politikformulierung innerhalb der Europäischen Union. Gerade letzteres hat zu einem deutlichen Verlust an parlamentarischer Brutto- und Nettomacht des Bundestages geführt: Während sich der strategische Handlungsraum der Regierung nämlich sehr wohl auf Europa erstreckt, bleibt jener des Bundestages weitestgehend auf Deutschland beschränkt. Die Europapolitik der Regierung entzieht sich so zunehmend parlamentarischer Kontrolle.[117] Doch

---

114 Ebd., S. 27.
115 L. Kißler 2001, S. 570; vgl. W. J. Patzelt 2004, S. 279ff.
116 H. Oberreuter 2002, S. 314; H. Scheer 2003, S. 96-100.
117 R. Dahrendorf 1999, 2002; U. Thaysen 1995.

während etwa der Europaausschuss seit Jahren Vorschläge zur Verbesserung der Kontrollrechte des Deutschen Bundestages gegenüber der Regierung im Rahmen europäischer Entscheidungen anmahnt, also eine Erhöhung parlamentarischer Nettomacht anstrebt, hat dies im Bundestag kaum zu nachhaltigen institutionellen Lernprozessen geführt. Dies ist für die Machtlage des Bundestages umso bedauerlicher, als jetzt schon je nach Fachausschuss 60 bis 90 Prozent aller Entscheidungen des Bundestages europäischen Ursprungs sind.[118] Um die Nettomacht des Parlaments wieder zu erhöhen, wurde jedenfalls durch den Europaausschuss angeregt, eine Vertretung des Bundestages in Brüssel als Frühwarnsystem zu schaffen, um so bessere Voraussetzungen für einen größeren Einfluss auf die europäische Politik zu schaffen. Dergestalt soll institutionelles Lernen die transitive Nettomacht des Bundestages erhöhen.

Auch Nutzungspraktiken parlamentarischer Zeitstrukturen können zu einer Marginalisierung der Macht des Bundestages führen. Gerade weil die Mehrheitsfraktionen mit der Regierung eine Funktionseinheit bilden, wächst in Zeiten hoher Gesetzesdichte die Macht der Regierung: Die Regierungsmehrheit muss sich einfach – wie bei der Zustimmung zum Einigungsvertrag – auf die Arbeit der eigenen Regierung verlassen. Es ist allerdings interessant, wie ähnliche Umweltbedingungen je nach sonstigen Umständen ganz unterschiedliche Auswirkungen auf die Macht des Parlaments haben können: Während im Kaiserreich bei hoher Intensität der Gesetzgebungstätigkeit die Macht des Parlaments zunahm, ging sie in der Bundesrepublik in solchen Zeiten zurück.[119] Gerade die Wiederherstellung der Deutschen Einheit führte dazu, dass der Bundestag immer wieder zu einer ‚Abnickinstitution' wurde, die weder breit über Entscheidungen debattierte noch unterschiedliche Optionen durchspielen konnte.[120] Also hat das Ausgreifen des Staates in die Gesellschaft im Kaiserreich noch die Macht des Parlaments gestärkt, im voll entwickelten Sozialstaat oder in Sondersituationen dem Wiedervereinigungsprozess aber dazu geführt, dass die Nettomacht des Parlaments wieder zurückging. Hübner und Oberreuter fragten sogar, ob es überhaupt sinnvoll sei, angesichts des massiven Ausbaus des Staates ein Machtgleichgewicht zwischen Parlament und Regierung zu fordern, da dies den Aufbau einer Gegenbürokratie nötig machen würde.[121]

Blickt man auf die Opposition, so ist zu erkennen, dass hier die transitive Macht des Parlaments allerdings zugenommen hat: Die Opposition besitzt durchaus Mitwirkungsmöglichkeiten auf staatliche Entscheidungen. Im Gegensatz zur Lage im Kaiserreich sind die Mitwirkungsmöglichkeiten der Opposition im Bundestag sogar

---

118 Vgl. A. E. Töller 2004.
119 Schon in der Weimarer Republik ist diese Entwicklung zu sehen, hier verstärkt durch das Fehlen eines ausreichenden Mitarbeiter- und Verwaltungsapparats des Reichstages; vgl. P.-C. Witt 1983, S. 145.
120 Vgl. K. v. Beyme 2000, S. 38ff.
121 E. Hübner/H. Oberreuter 1977, S. 52.

institutionalisiert und nicht nur sporadische, sondern normierte Macht.[122] Insofern hat die Bruttomacht des Parlaments insgesamt zugenommen, da jetzt nicht nur die Regierungsmehrheit, sondern auch die Opposition transitive Machtressourcen besitzt und diese durch institutionelle Lernprozesse – etwa beim taktisch klugen Umgang mit Untersuchungsausschüssen – auch weiter ausbauen kann. Vor allem wird die Opposition viel transitive Nettomacht aufweisen, wenn sie im Bundesrat eine Mehrheit besitzt. Nicht nur symbolische, sondern auch instrumentelle transitive Machtressourcen bekommt sie dann zusätzlich: Durch die Möglichkeiten der Überweisung von Gesetzen in den Vermittlungsausschuss und der Ablehnung zustimmungsbedürftiger Gesetze durch die Opposition werden durch die Regierungsmehrheit ...

„Probleme gar nicht [mehr] angefasst, sozusagen in Vorwegnahme der Konflikte, die es im Bundesrat gibt, oder dass man es doch nicht durchsetzen kann letztlich. Zum Teil werden in Vorwegnahme der zu erwartenden Einwände von der Bundesratsebene Dinge schon von vornherein in einer bestimmten Richtung gelöst".[123]

Auch bei der Kontrollfunktion hat die Bruttomacht des Bundestages gegenüber seinen Vorgängerinstitutionen zugenommen. Nicht nur wurden der Opposition Minderheitenrechte eingeräumt, etwa durch das Untersuchungsausschussgesetz. Auch die Regierungsfraktionen kontrollieren von innen her die Regierung mit. Selbst wenn diese wirksame Form der Regierungskontrolle in der Regel verdeckt erfolgt und zu Zeiten starker Kanzler auch drastisch reduziert sein kann, verfügt die Regierungsmehrheit stets über ein hohes Potential auch an Brutto- und Nettomacht: Der Einfluss auf das politische Schicksal der Bundeskanzler Adenauer, Erhard, Brandt, Schmidt und auch bei Schröder macht das deutlich. Wenn also der Wille zur Macht vorhanden ist, verfügt eine Regierungsmehrheit im Bundestag stets über ein gehöriges Maß an Nettomacht.

Die Kontrollmacht der Opposition ist dagegen oft unwirksam, da sie auf Herstellung von Öffentlichkeit angewiesen ist, während die Regierungsmehrheit natürlich kein Interesse an einer Aufdeckung von Skandalen oder Problemen hat.[124] Doch fallweise gelingt der Opposition diese Herstellung von Öffentlichkeit eben doch und entfaltet dann nicht selten große Durchschlagskraft: beim Rücktritt von Franz-Josef Strauß in der Spiegel-Affäre von 1962 nicht anders als beim Visa-Untersuchungsausschuss von 2005.

---

122 Vgl. die Institutionalisierungsstufen von Macht bei H. Popitz 1999, S. 236-260 sowie im Einleitungskapitel dieses Bandes.
123 Dieser Interviewausschnitt stammt aus der Befragung von Abgeordneten der Ausschüsse für Geschäftsordnung, Immunität und Wahlprüfung sowie des Ausschusses für Angelegenheiten der Europäischen Union im Rahmen eines Dissertationsprojektes des Autors. Sie wurden zwischen Dezember 2004 und März 2005 geführt.
124 Auch bei der Kontrolle der Verwaltung haben die Medien eine wichtige Machtstellung eingenommen. Potentiell bleibt jeder Verwaltungsvorgang zwar dem Zugriff des Bundestages ausgesetzt; jedoch beschränken sowohl die begrenzten Zeit- und Wissensressourcen die Nettomacht des Parlaments drastisch. Vgl. E. Hübner/H. Oberreuter 1977, S. 21.

6. Wann haben Parlamente welche Macht?

Die Analyse der Macht demokratischer Parlamente in Deutschland hat gezeigt, dass es sinnvoll ist, nicht nur die sichtbaren verfassungsformalen Parlamentsrechte als Machtindikatoren zu betrachten. Parlamente sind nicht mächtig, nur weil sie demokratisch konstituiert sind oder besonders viele Funktionen besitzen. Es braucht schon auch die nötigen Ressourcen an intransitiver Macht sowie den Willen und die Kompetenz, sich gegen institutionelle und gesellschaftliche Gegenmächte durchzusetzen. Alles in allem sind es vier Faktoren, von denen abhängt, ob Parlamente Macht besitzen oder nicht. Erstens besitzen Parlamente Macht, wenn es ihnen gelingt, sich zu institutionalisieren und anschließend die eigenen Geltungsansprüche auf Dauer zu stabilisieren. Institutionalisierung und Stabilisierung sind dann erfolgreich, wenn einesteils die Einflüsse von alternativen Geltungsansprüchen minimiert werden sowie ausreichende Ressourcen und Sanktionsmöglichkeiten zur Verfügung stehen, die parlamentarischen Geltungsansprüche zu verteidigen und durchzusetzen. Andernteils gelingen Institutionalisierung und Stabilisierung, wenn die Normen und Regeln des Parlamentarismus überzeugend begründet und so gut symbolisch dargestellt werden, dass sie die mehrheitlichen Verhaltens- und Deutungsmuster in einer politischen Gemeinschaft prägen.[125]

Zweiter Faktor der Macht von Parlamenten ist deren Lernfähigkeit. Wenn Parlamente lernen, die eigenen transitiven Machtressourcen auszubauen, zu nutzen sowie die Machtressourcen der Gegenmacht auszuhebeln, und wenn sie es überdies schaffen, auf Passungslücken zwischen sich und ihrer gesellschaftlich-institutionellen Umwelt anpassend zu reagieren, so dass die Institution nicht instabil wird oder an intransitiver Macht verliert, dann steigt oder stabilisiert sich auch ihre Netto- und Bruttomacht. Beide Lernergebnisse hängen dabei zusammen. Parlamenten ist es leichter möglich, eigene Interessen auch gegen Widerstand durchzusetzen, wenn die Institution ein hohes Maß an intransitiver Macht besitzt, und genau in diesem Fall wird es dem Parlament auch leichter möglich sein, mehr transitive Machtressourcen zu erhalten und zu nutzen. Gleichzeitig besitzen Parlamente mit wenigen transitiven Machtmitteln auch weniger Möglichkeiten, sich gegenüber konkurrierenden Geltungsansprüchen zu behaupten. Schließlich haben Parlamente auch dann mehr intransitive Macht, wenn es ihnen gelingt, übehaupt die Sinnhaftigkeit und Effizienz von Parlamenten deutlich zu machen. Gelingt dies aber nicht, so werden die Geltungsansprüche des Parlamentes zunehmend in Frage gestellt werden.

Der dritte Faktor ist der Wille der Akteure, die Netto- und Bruttomacht ihres Parlaments überhaupt auszuweiten, zu verteidigen oder durchzusetzen. Dies gilt sowohl hinsichtlich der Zielformulierung institutioneller Lernprozesse als auch bezüglich der Durchsetzung beziehungsweise Erweiterung institutioneller Bruttomacht oder Nettomacht. Haben nämlich die Akteure im Parlament kein Interesse, die Geltungsansprüche ihrer Institution zu verteidigen, durchzusetzen oder auszubauen, so kann

---
[125] S. N. Eisenstadt 1964, S. 235f., 247f.

hierdurch nicht nur die Durchschlagskraft des Parlaments gegenüber Gegenmächten zurückgehen, sondern kann ebenfalls die intransitive Macht der Vertretungskörperschaft sinken. Hauptsächlich gilt dabei, dass Macht „ohne Willen nur eine Wirkung ohne Ziel", jedoch auch ein Wille „wirkungslos ohne Macht" ist.[126] Der vierte Faktor ist die Schaffung und Nutzung von Ungewissheitszonen sowie von institutionellen Mechanismen durch das Parlament, desgleichen die Aushebelung solcher Machtressourcen der Gegenmächte. Institutionelle Mechanismen können die Machtprojektion eines Parlaments erlauben, und einmal geschaffene Ungewissheitszonen parlamentarischen Handelns zwingen die institutionellen Gegenspieler, selbst solche Machteinsätze und machtprojizierenden institutionellen Mechanismen ins Kalkül zu ziehen, deren Einsatz vom Parlament vielleicht gar nicht verlässlich erwogen wird.

Insgesamt zeigt die Analyse der Macht von Parlamenten, dass nicht nur ein komplexes Analyseraster angewendet werden muss, um die Frage zu klären, welche Macht Parlamente besitzen. Obendrein ist der nachgerade teleologischen Sichtweise entgegenzutreten, dass die Macht von Parlamenten immer weiter anwachsen müsse. Dabei mag zwar unter demokratietheoretischen Gesichtspunkten häufig wünschenswert sein. Doch die tatsächliche Machtlage von Parlamenten folgt nun einmal nicht dem Wünschenswerten, sondern der rein empirischen Funktionslogik von Institutionalisierung und institutionellen Mechanismen.

Literaturverzeichnis

Agnoli, Johannes/Brückner, Peter (1968): Die Transformation der Demokratie. Frankfurt: Europäische Verlagsanstalt.

Anderson, Margaret L. (2000): Practicing Democracy. Elections and Political Culture in Imperial Germany. Princeton: Princeton University Press.

Arns, Günter (1971): Regierungsbildung und Koaltionspolitik in der Weimarer Republik 1919-1924, Tübingen: Univ. Diss.

Arzheimer, Kai/Klein, Markus (2000): Gesellschaftspolitische Wertorientierungen und Staatszielvorstellungen im Ost-West-Vergleich. In: Falter, Jürgen/Gabriel, Oscar W./Rattinger, Hans (Hrsg.) (2000): Wirklich ein Volk? Die politischen Orientierungen von Ost- und Westdeutschen im Vergleich. Opladen: Leske + Budrich, S. 363-402.

Bergsträsser, Ludwig (1980): Die Entwicklung des Parlamentarismus. In: Kluxen, Kurt (Hrsg.) (1980): Parlamentarismus. Königstein/Ts.: Verlagsgruppe Athenaeum, S. 138-160.

Beyme, Klaus von (1997): Der Gesetzgeber. Der Bundestag als Entscheidungszentrum. Opladen: Westdeutscher Verlag.

Beyme, Klaus von (2000): The Bundestag – Still the Centre of Decision-Making? In: Helms, Ludger (Hrsg.) (2000): Institutions and Institutional Change in the Federal Republic of Germany. New York: Macmillan, S. 32-47.

Biefang, Andreas (1998): Modernität wider Willen. Bemerkungen zur Entstehung des demokratischen Wahlrechts des Kaiserreichs. In: Pyta, Wolfram/Richter, Ludwig (Hrsg.) (1998): Gestal-

---

126 K. W. Deutsch 1969, S. 170.

tungskraft des Politischen. Festschrift für Eberhard Kolb. Berlin u.a.: Duncker und Humblot, S. 239-259.

Biefang, Andreas (2003): Der Reichstag als Symbol der politischen Nation. Parlament und Öffentlichkeit 1867-1890. In: Gall, Lothar (Hrsg.) (2003): Regierung, Parlament und Öffentlichkeit im Zeitalter Bismarcks. Paderborn u.a.: Schöningh, S. 23-42.

Blumenthal, Julia von (2003): Auswanderung aus den Verfassungsinstitutionen – Kommissionen und Konsensrunden. In: Aus Politik und Zeitgeschichte B 43, S. 9-15.

Boldt, Hans (1997): Die Stellung von Parlament und Parteien in der Weimarer Reichsverfassung. Verfassungstheorie und Verfassungswirklichkeit. In: Kolb, Eberhard/Mühlhausen Walter (Hrsg.) (1997): Demokratie in der Krise: Parteien im Verfassungssystem der Weimarer Republik. München/Wien: Oldenbourg, S. 19-58.

Blondel, Jean (1973): Comparative Legislatures. Englewood Cliffs: Prentice-Hall.

Deuerlein, Ernst (Hrsg.) (1963): Der Reichstag. Aufsätze, Protokolle und Darstellungen zur Geschichte der parlamentarischen Vertretung des deutschen Volkes 1871-1933. Bonn: Bundeszentrale für Heimatdienst.

Conze, Werner (1985): Die Reichsverfassungsreform als Ziel der Politik Brünings. In: Stürmer, Michael (Hrsg.) (1985): Die Weimarer Republik. Belagerte Civitas. 2. Aufl., Königsstein/Ts.: Athenaeum, S. 340-348.

Crozier, Michel/Friedberg, Erhard (1993): Die Zwänge kollektiven Handelns. Über Macht und Organisation. Frankfurt am Main: Hain.

Dahrendorf, Ralf (1999): Trauriges Parlament. In: Frankfurter Allgemeine Zeitung, 8.9.1999.

Dahrendorf, Ralf (2002): Sprachlose Parlamente. In: Süddeutsche Zeitung, 29.8.2002.

Deuerlein, Ernst (1963): Der Reichstag in Verfassungsrecht und Verfassungswirklichkeit 1871-1945. In: Bundeszentrale für Heimatdienst (Hrsg.) (1963): Der Reichstag. Aufsätze, Protokolle und Darstellungen zur Geschichte der parlamentarischen Vertretung des deutschen Volkes 1871-1933. Bonn: Bundeszentrale für Heimatdienst, S. 13-32.

Deutsch, Karl W. (1969): Politische Kybernetik. Freiburg i. Br.: Rombach.

Dondorf, Bernhard (1919): Die rechtliche Natur der Geschäftsordnung und der Geschäftsgang im Deutschen Reichstag, Greifswald: Universitäts Diss.

Eisenstadt, Shamuel. N. (1964): Institutionalization and Change. In: American Sociological Review 29, S. 235-247.

Fischer, Fritz (1979): Bündnis der Eliten. Zur Kontinuität der Machtstrukturen in Deutschland 1871-1945. Düsseldorf: Droste.

Fuchs, Walther P. (1983): Bundesstaaten und Reich. Der Bundesrat. In: Pflanze, Otto (Hrsg.) (1983): Innenpolitische Probleme des Bismarckreichs. München/Wien: Oldenbourg, S. 239-256.

Göhler, Gerhard (1997): Der Zusammenhang von Institution, Macht und Repräsentation. In: ders. u.a. (Hrsg.) (1997): Institution – Macht – Repräsentation. Wofür politische Institutionen stehen und wie sie wirken. Baden-Baden: Nomos, S. 11-62.

Hardtwig, Wolfgang (1994): Bürgertum, Staatssymbolik und Staatsbewusstsein im Deutschen Kaiserreich 1871-1914. In: ders. (Hrsg.) (1994): Nationalismus und Bürgerkultur in Deutschland 1500-1914. Ausgewählte Aufsätze. Göttingen: Vandenhoeck & Ruprecht, S. 191-218.

Hereth, Michael (1971): Die Reform des Deutschen Bundestages. Opladen: Leske + Budrich.

Hett, Hans-Jürgen (1987): Die Öffentlichkeit der Parlamentsverhandlungen, das Grundrecht der Informationsfreiheit und Informationspflichten der Exekutive. Frankfurt am Main: Lang.

Hübner, Emil/Oberreuter, Heinrich (1977): Parlament und Regierung. Ein Vergleich dreier Regierungssysteme. München: Ehrenwirth.

Ismayr, Wolfgang (2001): Der Deutsche Bundestag im politischen System der Bundesrepublik Deutschland. 2. Aufl., Opladen: Leske + Budrich.

Kautsky, Karl (1972 [1909]): Der Weg zur Macht. Politische Betrachtungen über das Hineinwachsen in die Revolution. Frankfurt am Main: Europäische Verlagsanstalt.

Kirsch, Martin (1999): Monarch und Parlament im 19. Jahrhundert. Göttingen: Vandenhoeck & Ruprecht.

Kißler, Leo (2001): Parlament und gesellschaftliche Interessen. In: Westphalen, Raban Graf von (Hrsg.) (2001): Deutsches Regierungssystem. München: Oldenbourg, S. 545-571.

Kluxen, Kurt (1985): Britischer und deutscher Parlamentarismus im Zeitalter der industriellen Massengesellschaft – Ein verfassungsgeschichtlicher Vergleich. In: Birke, Adolf M./Kluxen, Kurt (Hrsg.) (1985): Deutscher und Britischer Parlamentarismus. München u.a.: Saur, S. 21-44.

Knütter, Hans-Helmuth (1988): Die Weimarer Republik in der Klammer von Rechts- und Linksextermismus. In: Bracher Karl, Dietrich/Funke, Manfred/Jakobsen, Hans-Adolf (Hrsg.) (1988): Die Weimarer Republik 1918-1933. 2. durchgesehene Aufl., Bonn: Bundeszentrale für politische Bildung, S. 387-406.

Kühne, Thomas (1994): Dreiklassenwahlrecht und Wahlkultur in Preußen 1867-1914. Landtagswahlen zwischen korporativer Tradition und politischem Massenmarkt. Düsseldorf: Droste.

Langewiesche, Dieter (1979): Das Deutsche Kaiserreich – Bemerkungen zur Diskussion über Parlamentarisierung und Demokratisierung Deutschlands. In: Archiv für Sozialgeschichte 19, S. 628-642.

Langewiesche, Dieter (2003): Politikstile im Kaiserreich. Zum Wandel von Politik und Öffentlichkeit im Zeitalter des „politischen Massenmarktes". In: Gall, Lothar (Hrsg.) (2003): Regierung, Parlament und Öffentlichkeit im Zeitalter Bismarcks. Paderborn u.a.: Schöningh, S. 1- 21.

Lassalle, Ferdinand (1993 [1850]): Über das Verfassungswesen. Hamburg: Europäische Verlagsanstalt.

Lösche, Peter (2000): Der Bundestag – kein „trauriges", kein ohnmächtiges Parlament. In: Zeitschrift für Parlamentsfragen 31, S. 926-936.

Loewenberg, Gerhard (1969): Parlamentarismus im politischen System der Bundesrepublik Deutschland. Tübingen: Wunderlich.

Loewenberg, Gerhard (1972): Comparative Legislative Research. In: Patterson, Samuel (Hrsg.) (1972): Comparative Legislature Behaviour. Frontiers of Research. New York u.a.: John Wiley and Sons, S. 3-22.

Mergel, Thomas (2002): Parlamentarische Kultur in der Weimarer Republik. Politische Kommunikation, symbolische Politik und Öffentlichkeit im Reichstag. Düsseldorf: Droste.

Milatz, Alfred (1963): Wahlrecht, Wahlergebnisse und Parteien des Reichstages. In: Deuerlein, Ernst (Hrsg.) (1963): Der Reichstag. Aufsätze, Protokolle und Darstellungen zur Geschichte der parlamentarischen Vertretung des deutschen Volkes 1871-1933. Bonn: Bundeszentrale für Heimatdienst, S. 33-52.

Milatz, Alfred (1974): Reichstageswahlen und Mandatsverteilung 1871 bis 1918. Ein Beitrag zu Problemen des absoluten Mehrheitswahlrechts. In: Ritter, Gerhard A. (Hrsg.) (1974): Gesellschaft, Parlament und Regierung. Zur Geschichte des Parlamentarismus in Deutschland. Düsseldorf: Droste, S. 207-223.

Mitterauer, Michael (1977): Grundlagen politischer Berechtigung im mittelalterlichen Ständewesen. In: Bosl, Karl (Hrsg.) (1977): Der moderne Parlamentarismus. Berlin: Duncker & Humblot, S. 11-41.

Mommsen, Wolfgang (1983): Die Verfassung des Deutschen Reiches von 1871 als dilatorischer Herrschaftskompromiss. In: Pflanze, Otto (Hrsg.) (1983): Innenpolitische Probleme des Bismarckreichs. München/Wien: Oldenbourg, S. 195-216.

Neumann-Hofer, Adolf (1911): Die Wirksamkeit der Kommissionen in den Parlamenten. In: Zeitschrift für Politik, S. 51-85.

Nipperdey, Thomas (1992): Deutsche Geschichte 1866-1918. 2. Band. Machtstaat vor der Demokratie. München: Beck.

Noelle-Neumann, Elisabeth/Köcher, Renate (Hrsg.) (2002): Allensbacher Jahrbuch der Demoskopie 1998-2002. München: Saur.

North, Douglass C. (1992): Institutionen, institutioneller Wandel und Wirtschaftsleistung. Tübingen: Mohr.

Oberreuter, Heinrich (2002): Parlamentarismus in der Bundesrepublik Deutschland. Eine Bilanz. In: ders./Kranenpohl, Uwe/Sebaldt, Martin (Hrsg.) (2002): Der Deutsche Bundestag im Wandel. Ergebnisse neuer Parlamentarismusforschung. 2. durchgesehene Aufl., Wiesbaden: Westdeutscher Verlag, S. 303-320.

Patterson, Samuel/Copeland, Gary W. (1997): Parliaments in the Twenty-first Century. In: dies. (Hrsg.) (1997): Parliaments in the Modern World. Changing Institutions. Ann Arbor: University of Michigan. 4. Aufl., S. 1-12.

Patzelt, Werner J. (2001): Parlamente und ihre Symbolik: Aufriss eines Forschungsfeldes. In: ders. (Hrsg.) (2001): Parlamente und ihre Symbolik. Programm und Beispiele institutioneller Analyse. Wiesbaden: Westdeutscher Verlag, S. 39-76.

Patzelt, Werner J. (2003): Parlamente und ihre Funktionen. In: ders. (Hrsg.) (2003): Parlamente und ihre Funktionen. Programm und Ergebnisse institutioneller Analyse. Wiesbaden: Westdeutscher Verlag, S. 13-37.

Patzelt, Werner J. (2004): Chancellor Schröder's Approach to Political and Legislative Leadership. In: German Politics 13, S. 268-299.

Patzelt, Werner J. (2005): Warum verachten die Deutschen ihr Parlament und lieben ihr Verfassungsgericht? Ergebnisse einer vergleichenden demoskopischen Studie. In: Zeitschrift für Parlamentsfragen 35/3 (im Erscheinen).

Pollmann, Klaus Erich (1983): Der Norddeutsche Bund – ein Modell für die parlamentarische Entwicklungsfähigkeit des deutschen Kaiserreichs? In: Pflanze, Otto (Hrsg.) (1983): Innenpolitische Probleme des Bismarckreichs. München/Wien: Oldenbourg, S. 217-237.

Popitz, Heinrich (1999): Phänomene der Macht. 2. stark erw. Aufl., Tübingen: Mohr.

Porzner, Konrad/Oberreuter, Heinrich/Thaysen, Uwe (Hrsg.) (1990): 40 Jahre Deutscher Bundestag. Baden-Baden: Nomos.

Rauh, Michael (1973): Föderalismus und Parlamentarismus im Wilhelminischen Reich. Düsseldorf: Droste.

Rauh, Michael (1977): Die Parlamentarisierung des Deutschen Reiches. Düsseldorf: Droste.

Rehberg, Siegbert (1995): Die „Öffentlichkeit" der Institutionen. Grundbegriffliche Überlegungen im Rahmen der Theorie und Analyse institutioneller Mechanismen. In: Göhler, Gerhard (Hrsg.) (1995): Macht der Öffentlichkeit – Öffentlichkeit der Macht. Baden-Baden: Nomos, S. 181-211.

Riescher, Gisela (1994): Zeit und Politik. Zur institutionellen Bedeutung von Zeitstrukturen in parlamentarischen und präsidentiellen Regierungssystemen. Baden-Baden: Nomos.

Rudolph, Carsten (1995): Die sächsische Sozialdemokratie vom Kaiserreich zur Republik (1871-1923). Weimar/Köln/Wien: Böhlau.

Sarcinelli, Ulrich (1998): Repräsentation oder Diskurs? Zur Legitimität und Legitimationswandel durch politische Kommunikation. In: Zeitschrift für Politikwissenschaft 8, S. 547- 567.

Scheer, Hermann (2003): Die Politiker. München: Kunstmann.

Schirmer, Roland (2002): Die Volkskammer – ein ‚stummes' Parlament? Die Volkskammer und ihre Abgeordneten im politischen System der DDR. In: Patzelt Werner J./Schirmer, Roland (Hrsg.) (2002): Die Volkskammer der DDR. Sozialistischer Parlamentarismus in Theorie und Praxis. Wiesbaden: Westdeutscher Verlag, S. 94-180.

Schmidt, Richard (1909): Parlamentsregierung und -kontrolle in Deutschland. In: Zeitschrift für Politik 2, S. 186-211.

Schönberger, Christoph (2001): Die überholte Parlamentarisierung. Einflussgewinn und fehlende Herrschaftsfähigkeit des Reichstages im sich demokratisierenden Kaiserreich. In: Historische Zeitschrift 272, S. 623-666.

Schönhoven, Klaus (1992): Strategie des Nichtstuns? Sozialdemokratischer Legalismus und kommunistischer Attentismus in der Ära der Präsidialkabinette. In: Winkler, Heinrich August (Hrsg.): Die deutsche Staatskrise 1930-1933. Handlungsspielräume und Alternativen. München: Oldenbourg, S. 59-76.

Schuett-Wetschky, Eberhard (2001): Auswanderung der Politik aus den Institutionen: Schwächung der Demokratie? In: Zeitschrift für Parlamentsfragen 32, S. 3-30.

Schultze, Rainer-Olaf (2000): Constitutional Reform as Process. In: ders. (Hrsg.) (2000): The politics of constitutional reform in North America. Coping with new challenges. Opladen: Leske + Budrich, S. 11-31.

Schwarzmeier, Manfred (2002): „Nur" Stilfragen? Informale Verhaltensregeln und Handlungsnormen im Deutschen Bundestag. In: Oberreuter, Heinrich/Kranenpohl, Uwe/Sebaldt, Martin (Hrsg.) (2002): Der Deutsche Bundestag im Wandel. Ergebnisse neuer Parlamentarismusforschung, 2. durchgesehene Aufl., Wiesbaden: Westdeutscher Verlag, S. 27-45.

Sontheimer, Kurt (1994): Antidemokratisches Denken in der Weimarer Republik. 4. Aufl., München: Deutscher Taschenbuch Verlag.

Steinbach, Peter (1997): Vom Kaiserreich zur Bundesrepublik. Kontinuität und Wandel der politischen Institutionen in Deutschland. In: Göhler, Gerhard (Hrsg.) (1996): Institutionenwandel. Leviathan Sonderheft 16/1996. Opladen: Westdeutscher Verlag, S. 227-252.

Stürmer, Michael (1969): Staatsstreichgedanken im Bismarckreich. In: Historische Zeitschrift 209, S. 566-615.

Stürmer, Michael (1983): Eine politische Kultur – oder zwei? Betrachtungen zur Regierungsweise im Kaiserreich. In: Pflanze, Otto (Hrsg.) (1983): Innenpolitische Probleme des Bismarckreichs. München/Wien: Oldenburg, S. 143-154.

Stürmer, Michael (Hrsg.) (1985): Die Weimarer Republik. Belagerte Civitas. 2. Aufl., Königstein/Ts.: Athenaeum.

Stürmer, Michael (1985): Koalitionen und Oppositionen: Bedingungen parlamentarischer Instabilität. In: ders. (Hrsg.) (1985): Die Weimarer Republik. Belagerte Civitas. 2. Aufl., Königstein/Ts.: Athenaeum, S. 237-253.

Thaysen, Uwe (1972): Parlamentsreform in Theorie und Praxis. Zur institutionellen Lernfähigkeit des parlamentarischen Regierungssystems. Eine empirische Analyse der Parlamentsreform im 5. Deutschen Bundestag. Opladen: Westdeutscher Verlag.

Thaysen, Uwe (1976): Parlamentarisches Regierungssystem in der BRD. Opladen: Leske + Budrich.

Thaysen, Uwe (1995): Demokratie in Europa nach der Zeitenwende 1989/1990. In: ders./Steffani, Winfried (Hrsg.): Demokratie in Europa. Zur Rolle der Parlamente. Zeitschrift für Parlamentsfragen. Sonderband zum 25-jährigen Bestehen. Opladen: Westdeutscher Verlag, S. 7-30.

Thelen, Kathleen (2003): How Institutions Evolve. In: Mahoney, James/Rueschemeyer, Dietrich (Hrsg.) (2003): Comparative Historical Analysis in the Social Sciences. Cambridge: Cambridge University Press.

Töller, Annette Elisabeth (1995): Europapolitik im Bundestag. Frankfurt am Main: Lang.

Töller, Annette Elisabeth (2004): Dimensionen der Europäisierung – Das Beispiel des Deutschen Bundestages. In: Zeitschrift für Parlamentsfragen 35, S. 25-50.

Tormin, Walter (1966): Geschichte des deutschen Parlamentarismus. Hannover: Verlag für Literatur und Zeitgeschehen.

Trippe, Christian F. (1995): Konservative Verfassungspolitik 1918-1923. Die DNVP als Opposition im Reich und Ländern. Düsseldorf: Droste.

Ullmann, Hans-Peter (1999): Politik im Deutschen Kaiserreich 1871-1918. München: Oldenbourg.

Weber, Max (1972): Wirtschaft und Gesellschaft. Grundriss der verstehenden Soziologie. 5., revid. Aufl., Tübingen: Mohr.

Wels, Otto (1993): Rede zur Begründung der Ablehnung des „Ermächtigungsgesetzes" durch die Sozialdemokratische Fraktion in der Reichstagessitzung vom 23. März 1933 in der Berliner Krolloper, Hamburg: Europäische Verlagsanstalt.

Winkler, Heinrich August (1993): Weimar 1918-1933. Die Geschichte der ersten deutschen Demokratie. München: Beck.

Wise, Charles R./Brown, Trevor L. (1996): Laying the Foundation for Institutionalization of Democratic Parliaments in the Newly Independent States. The Case of Ukraine. In: The Journal of Legislative Studies 2, S. 216-244.

Witt, Peter-Christian (1983): Kontinuität und Diskontinuität im politischen System der Weimarer Republik. In: Ritter, Gerhard A. (Hrsg.) (1983): Regierung, Bürokratie und Parlament in Preußen und Deutschland von 1848 bis zur Gegenwart. Düsseldorf: Droste, S. 117-148.

Zwehl, Konrad von (1983): Zum Verhältnis von Regierung und Reichstag im Kaiserreich (1871-1918). In: Ritter, Gerhard A. (Hrsg.) (1983): Regierung, Bürokratie und Parlament in Preußen und Deutschland von 1848 bis zur Gegenwart. Düsseldorf: Droste, S. 90-116.

Phänomenologie, Konstruktion und Dekonstruktion von Parlamentsmacht

Werner J. Patzelt

Es ist üblich, kraftvolle Taten statt leerer Worte einzufordern. Machen, nicht bloß reden: Das wünscht man sich gerade auch beim politischen Handeln. Wie nimmt sich da eine politische Institution aus, welche – wie eben das Parlament[1] – das Reden schon im Namen trägt,[2] deren Leitidee von einflußreichen Kommentatoren immer wieder zusammengestaucht wird auf ‚Diskussion und Öffentlichkeit'[3] und von deren allgemeinem Machtverlust im 20. Jahrhundert kaum jemand mühsam überzeugt werden mußte?[4]

1. Zur Aufgabenstellung

Doch von irgendwoher muß die gleichwie zu umgrenzende, immer wandelbare und nicht allenthalben verfügbare Macht von Parlamenten ja einmal gekommen sein – ganz gleich, ob sie heute noch besteht oder mit einem sagenhaften ‚Goldenen Zeitalter des Parlamentarismus' verschwunden ist.[5] Also wird es helfen, sich im folgenden systematisch auf die Suche nach den Quellen von Parlamentsmacht zu begeben –

---

1 In diesem Beitrag wird durchweg ein breiter Parlamentarismusbegriff verwendet. Von Parlamentarismus und von einer parlamentarischen Institution wird nämlich stets dann gesprochen, wenn es in einem politischen System eine Vertretungskörperschaft gibt, der eine politische Aufgabe zumindest zugeschrieben wird. Zum forschungsstrategischen Nutzen solcher Begriffsverwendung siehe W. J. Patzelt 2002a, S. 13-20.
2 In O. Brunner/W. Conze/R. Kosselleck 1978, S. 649, liest sich das so: „‚Parlament', altfranz. ‚parlement' (von ‚parler'), mittellat. ‚parlamentum' bedeutet zunächst ‚Unterredung', ‚Verhandlung', ‚Versammlung', bezeichnet später bestimmte institutionalisierte Versammlungen und anschließend auch deren Tagungsgebäude. Die ursprüngliche Bedeutung von ‚Unterredung' hält sich noch lang in der Ableitung ‚parlamentieren', das im 17. Jahrhundert auf Kapitulationsverhandlungen – vor allem von belagerten Städten – eingeengt wird." Auf der Folgeseite wird die Entwicklung der deutschen Wortbedeutung beschrieben: von der Bezeichnung des britischen Parlaments und der französischen Reichsgerichte in den Lexika des 18. Jahrhundert bis hin zur Ablehnung des Begriffs ‚Parlament' zugunsten der deutschen Begriffe Ständeversammlung, Landstände, Landtag oder Reichstag noch in der Mitte des 19. Jahrhunderts.
3 So höchst folgenreich in C. Schmitt 1996.
4 Vgl. H. Oberreuter 1981.
5 Vgl. H. Oberreuter 1977.

ganz gleich, ob diese Macht sich selbstbewußt zur Schau stellt oder zweckvoll verbirgt. Das muß kein einfach historisches Thema sein. Noch vielen steht unmittelbar vor Augen, welchen Machtaufstieg das Europäische Parlament nahm: Einst als ganz einflußloses ‚parlamentarisches Forum' geschaffen und allein simulativ den Rang eines Parlaments besetzend,[6] wurde es inzwischen zu einem machtvollen ‚parlamentarischen Mitgestalter', der Europäische Kommissionen stürzen, die Regierungen von EU-Staaten zur Zurückziehung von Kandidaten für das Amt eines Europäischen Kommissars zwingen und institutionelle Eifersucht seitens des europäischen Ministerrats wecken kann.

Auch mag hinter einem behaupteten oder auch nachweisbaren Machtverlust von Parlamenten mehr stecken als ein sozusagen naturwüchsiges und in der Konkurrenz mit anderen Akteuren vielleicht wirklich unvermeidliches ‚Blühen und Verwelken' einer Institution. Noch werden sich viele daran erinnern, daß jene Revolutionen, welche den realsozialistischen Staaten den Garaus machten, ihren Katalysator oft in Parlamenten und im Umfeld von Parlamenten hatten: von der paktierten polnischen Revolution bis hin zur unlängst abschließend vollzogenen, wenn auch ihres nachhaltigen Erfolgs immer noch ungewissen, in der Ukraine. In diesen Fällen war es so, daß gerade den Parlamenten sich Entscheidungs- und Gestaltungsspielräume öffneten, deren Nutzung allgemein als rechtens empfunden und auch erwartet wurde. Und warum? Weil dem Parlament als gewissermaßen ‚überparteilichem' Institutionentyp eine wichtige politische Rolle gerade in der Zeit zugeschrieben wurde, als sich die alternativen Machtstrukturen der kommunistischen Parteien auflösten, und weil genau darum viele jener tausend Fäden zu zerreißen begannen, mit denen der Gulliver eines strukturell durchaus schon bestehenden Parlaments an den Boden von funktionaler Machtlosigkeit gefesselt war. Alsbald konnte der parlamentarische Gulliver sich erheben und die ihrer Schutzvorkehrungen beraubten Liliputaner auf ihre Plätze verweisen.

Hat man sich mit dieser ‚Gulliver-Perspektive' parlamentarischer Machtlosigkeit erst einmal vertraut gemacht, so werden jene Vorkehrungen und Mechanismen analytisch attraktiv, mittels welcher sich die Machtlosigkeit einer potentiell machtvollen Institution kunstvoll herbeiführen läßt. Um jene Vorkehrungen und Mechanismen gut verstehen zu können, ist zunächst aber die Frage zu beantworten, welche strukturellen und verhaltensmäßigen Eigentümlichkeiten eine Vertretungskörperschaft denn überhaupt machtvoll machen können, so daß an ihnen vernünftigerweise ansetzt, wer sozial konstruierte Parlamentsmacht wieder destruieren will. Und vorab muß überhaupt eine Art ‚Phänomenologie von Parlamentsmacht' geleistet werden, damit dasjenige erst einmal anschaulich wird, dessen Konstruktion oder Destruktion es zu erklären gilt.

Ein solches Forschungsunterfangen wird zweifach ansetzen müssen und ansonsten iterativ durchzuführen sein. Erstens braucht es schon eine breite empirische Grundlage in Gestalt sowohl verfassungsgeschichtlicher Arbeiten zum Parlamenta-

---

6 Vgl. W. J. Patzelt 2004. Siehe auch S. Dreischer in diesem Band.

rismus und von (vergleichenden) Fallstudien zur Konstruktion und Destruktion konkreter Parlamentsmacht. Erstere liegen schon umfangreich vor;[7] letztere wurden im Rahmen des Teilprojkts K des Dresdner Sonderforschungsbereichs ‚Institutionlität und Geschichtlichkeit' mit großer Sorgfalt erarbeitet: zum Europäischen Parlament[8] und zum faktisch (auch, doch nicht nur) wie eine föderale Parlamentskammer fungierenden Rat der Europäischen Union,[9] zur französischen Nationalversammlung und zum französischen Senat,[10] zum kanadischen Senat,[11] zu den Reichstagen des Bismarckreichs sowie der Weimarer Republik und zum Deutschen Bundestag,[12] sowie zur Volkskammer der DDR[13] und zur Nationenkammer der CSSR.[14] Zweitens muß erarbeitetes Daten- und Faktenmaterial nicht nur ausgebreitet, sondern auch im Licht unserer sozialwissenschaftlichen Fragestellungen nach der Konstruktion und Destruktion von Parlamentsmacht zum Sprechen gebracht werden. Hierzu eignen sich einesteils jene Theoreme des Dresdner Sonderforschungsbereichs ‚Institutionalität und Geschichtlichkeit', welche um das Konzept ‚institutioneller Mechanismen' gelagert sind,[15] und anderteils mit ihnen verbundene Konzepte bewährter sozialwissenschaftlicher Machtanalyse. Diese reichen von der Unterscheidung zwischen institutioneller Brutto- und Nettomacht durch Karl Deutsch[16] über Gerhard Göhlers – von Hannah Arendt inspirierte[17] – Polarität aus transitiver und intransitiver Macht[18] bis hin zu Pierre Bourdieus Begriff des kulturellen Kapitals.[19] Iterativ muß unser Unterfangen darum sein, weil es einesteils schon eine immense Literatur zum Aufstieg und Verfall von Vertretungskörperschaften aller Art gibt, auf welcher weiterzubauen ist, weil andernteils aber mit neuen Denkweisen auch an längst bekannte Erscheinungen parlamentarischen Funktionierens herangetreten wird, die zunächst einmal eine eher essayistische Zusammenschau des in ihrem Licht Erkennbaren verlangen. Ihr haben später systematische Ausarbeitungen des hier in erster Linie nur Plausibilisierten zu folgen.

---

7 Nur exemplarisch und in Ergänzung des noch erwähnten Schrifttums seien genannt K. Bosl 1977 und M. A. R. Graves 2001.
8 S. Dreischer 2003 und in diesem Band.
9 J. Lempp in diesem Band.
10 R. Messerschmidt 2003 und in diesem Band.
11 J. Amm 2003.
12 C. Demuth in diesem Band.
13 R. Schirmer 2002, 2003 und in diesem Band.
14 J. Amm 2001.
15 Mit diesem Konzept bezeichnen wir im folgenden nicht – wie Karl-Siegbert Rehberg – institutionen*generierende* Mechanismen (siehe K.-S. Rehberg 1994), sondern solche Handlungsketten, die sich auf der Grundlage bereits gesicherter Institutionalität zielsicher und zweckvoll, also quasi ‚mechanisch', auslösen lassen. Siehe hierzu W. J. Patzelt 2003, v.a. S. 66-82.
16 K. W. Deutsch 1969, v.a. S. 171f.
17 Siehe H. Arendt 1996.
18 G. Göhler 1997.
19 P. Bourdieu 1975.

2. Worin besteht die Macht eines Parlaments?

2.1. Analytische Kategorien

Es wird hilfreich sein, den Begriff der Macht zunächst nicht allzu stark aufzugliedern.[20] Was sich an Differenziertheit des Machtverständnisses gewinnen läßt, wird nämlich oft durch empirische Sperrigkeit des zurechtgelegten Analyseinstrumentariums wieder eingebüßt. Unseren Zwecken reicht es, für die folgenden vier Erscheinungsweisen von Macht sensibel zu sein. Erstens gibt es die Macht, Dinge durchzusetzen ('Durchsetzungsmacht'), Entscheidungen zu verhindern ('Vetomacht') sowie bereits jene Begriffe festzulegen, in deren Perspektive und Sprachspiel von jenen politischen Gestaltungsmöglichkeiten in sozial akzeptabler (d.h. 'politisch korrekter') Weise gehandelt wird, die es zu nutzen oder zu verhindern gilt ('Deutungsmacht').[21] Ausgeübt wird solche Macht durch Zugriff auf instrumentelle und symbolische Machtressourcen. Zu den ersteren gehören – neben dem (angedrohten) Rückgriff auf Mittel physischer Gewalt – etwa die Nutzung von Verfassungs- oder Geschäftsordnungsregeln, von Zeitstrukturen, die Handlungsoptionen eröffnen, oder von besonderen Wissenszugängen. Die symbolischen Machtressourcen umschließen vor allem die Besetzung von Begriffen und von Symbolen aller Art. Dabei ist klar, daß dem Instrumentellen in der Regel Symbolisches, dem Symbolischen in der Regel Instrumentelles beigefügt ist. Im übrigen nimmt die Sichtbarkeit von Macht von der Durchsetzungsmacht hin zur Deutungsmacht klar ab. Wer sich gegen Widerstreben durchsetzen will, kann auf Dauer nicht im Verborgenen wirken. Das hingegen reicht zu, wenn es darum geht, den Durchsetzungswünschen eines anderen in den Weg zu treten. Nicht umsonst ist die versteckt gesponnene Intrige ein klassisches Machtmittel. Deutungsmacht schließlich wirkt dann perfekt, wenn man schon gar nicht bemerkt, wie straff die eigenen Begriffe und Argumente am Zügel einer Instanz oder Akteursgruppe geführt werden, welche die kulturelle Hegemonie ausübt.

Zweitens tritt Macht nicht nur in Gestalt einer bewußten, strategischen Benutzung von Deutungs-, Durchsetzungs- oder Verhinderungsmöglichkeiten auf, was sich mit Gerhard Göhler als Ausübung 'transitiver Macht' in einem 'verschränkten' (klarer wohl: in einem 'strategischen') Handlungsraum bezeichnen läßt.[22] Sondern Machtausübung ereignet sich bereits, und zwar überaus wirkungsvoll, in Gestalt jener

---

20 Als viel detailliertere Darstellung der diesem Beitrag zugrundeliegenden machttheoretischen Überlegungen siehe das Einleitungskapitel dieses Bandes.
21 Das alles füllt Max Webers allgemein bekannte Definition von Macht als der – gleich worauf beruhenden – Chance, in einer sozialen Beziehung seinen Willen auch gegen Widerstreben durchzusetzen, inhaltlich auf.
22 Siehe G. Göhler 1997. Göhler benutzt den Begriff eines 'verschränkten' Handlungsraums, welcher das tatsächlich Gemeinte viel weniger klar bezeichnet als der hier statt dessen verwendete Begriff eines 'strategischen' Handlungsraums. Zum letzteren Begriff siehe das Einleitungskapitel dieses Bandes.

selbstverständlichen Anpassung von ‚kompetenten Mitgliedern einer Ethnie'[23] an allgemein bekannte und punktuell immer wieder exemplifizierte Verhaltenserwartungen, die in den uns umgebenden sozialen Strukturen eingelassen sind. Diese enttäuscht oder ‚diskreditiert' man besser nicht, falls man nicht als inkompetenter oder böswilliger Störer ausgegrenzt werden will.[24] Hier wirkt sozusagen ‚intransitive Macht' in einem, so Gerhard Göhlers Begriff, ‚gemeinsamen Handlungsraum' bzw. – wie Michel Foucault das nannte – in einem ‚Dispositiv der Macht'.[25] Gerade die im ‚gemeinsamen Handlungsraum' wirkende Macht ist für die ‚natürliche Einstellung' des Alltagsdenkens[26] unanschaulich und bleibt dem nicht auf ihre Entdeckung ausgehenden Blick zumeist verborgen. Sie ist nämlich eingelassen in jene Selbstverständlichkeiten des Alltagsdenkens und Alltagshandelns, welcher man in der Regel so wenig gewahr wird wie jener Luft, die einen umgibt und die man atmet. Bemerkbar werden die Machtstrukturen des ‚gemeinsamen Handlungsraums' meist nur dann, wenn die eigenen Denk- und Verhaltensweisen, oder die eines auffälligen Anderen, aus gleich welchen Gründen den Kernbereich etablierter Selbstverständlichkeiten zu überschreiten beginnen, bald gegen den Strich dieser Machtstrukturen wirken und diese alsdann auf die gleiche Weise sichtbar machen, wie das ein ethnomethodologisches Erschütterungsexperiment mit alltagspraktischen sozialen und kognitiven Strukturen tut[27] oder man das durch die Kollisionsexperimente in Teilchenbeschleunigern mit den Strukturen der Materie unternimmt.

Drittens trifft Macht immer wieder auf Gegenmacht[28] und ist ihre Ausübung verbunden mit Transaktionskosten, Risiken und unerwünschten Nebenwirkungen. Also kommt meist nicht das gesamte, im Grunde aufbringbare Machtpotential zur Geltung (‚Bruttomacht'), sondern nur ein Teil institutioneller Macht: jener nämlich, der nach dem Abzug eingesetzter Gegenmacht tatsächlich wirkt, und ohnehin nur jener, dessen Einsatz man sich beim Blick auf zu vermeidende Transaktionskosten, auszuschließende Risiken und abzuwehrende Nebenwirkungen glaubt leisten zu können. Man vermag also – wie das hinsichtlich der internationalen Beziehungen die Schule der ‚Gleichgewichtspolitiker' von jeher lehrte[29] – real anwendbare Nettomacht selbst dann zu schwächen, wenn sich an der verfügbaren Bruttomacht überhaupt nichts ändern sollte. Natürlich erschließt sich das nur dem analytisch geschulten Blick, der in der Fülle der Phänomene genau jene Machtpotentiale und Machtbilanzen aufzufinden versteht, die dem naiven Blick verborgen bleiben. Einesteils verdeckt nämlich eine stabile Konstruktion sozialer und institutioneller Beziehungen die real

---

23 So das einschlägige Konzept aus der ethnomethodologischen Analyse der Konstruktion sozialer Ordnung; siehe W. J. Patzelt 1987, S. 42-144.
24 Siehe W. J. Patzelt 1998c.
25 Siehe M. Foucault 1978.
26 Hierzu siehe A. Schütz 1971.
27 Vgl. W. J. Patzelt 1987, S. 110-115 und S. 180-194.
28 Hier kommt ein auf konfligierende Verhandlungsmacht fokussierter Analyseansatz ins Spiel; siehe D. C. North 1992.
29 *Locus classicus:* H. J. Morgenthau 1948.

bestehenden Machtverhältnisse oft ebenso gut, wie das eine kühne Stahl- und Glasarchitektur mit den sie durchwaltenden Schub-, Zug- und Zerrkräften tut. Und anderntreils versteht man die tatsächliche Steuerung sozialer und institutioneller Beziehungen am besten wie die Steuerung von Maschinen mit gewaltigen Kräften: Auch diese kann man oft vom Computer aus und somit anhand einer elektrischen Stromstärke steuern, welche nur einen Bruchteil der tatsächlich von der Maschine ausgeübten Wucht ausmacht. In beiden Fällen können die tatsächlichen Kraft- bzw. Machtverhältnisse von einem Kundigen zwar sehr wohl erkannt werden; doch für viele praktische Zwecke läßt man sich doch lieber von der Illusion der Leichtigkeit einer ingenieurhaften bzw. institutionellen Architektur verführen oder ist damit zufrieden, ansonsten nicht näher durchschaute Kräfte- und Machtstrukturen hinter einem absichtlich nicht weggezogenen Schleier des Unwissens einfach zu unterstellen.

Viertens hat Macht die Eigentümlichkeit, oft gar nicht wirklich ausgeübt werden zu müssen, um dennoch wirksam zu sein. Vielmehr reicht es nicht selten aus, daß die mögliche Anwendung spezieller Machtmittel nur unterstellt und antizipiert wird, um bereits jenes Verhalten hervorzubringen, auf das es den Inhabern geeigneter Machtmöglichkeiten ankommt. Das heißt: Alle Formen von Macht wirken auch mittels ihrer bloßen Antizipation, die einen tatsächlichen Einsatz darum nicht selten sogar erübrigt. Das ist gewissermaßen der praktische Höhepunkt des Verbergens wirksamer Macht. Allerdings gelingt solche Machtausübung durch Antizipation nur solange, wie vernünftigerweise davon ausgegangen werden kann, die entsprechenden Machtmittel wären tatsächlich verfügbar und würden auch wirklich eingesetzt. Beispielsweise tut das Vorzeigen von Folterwerkzeugen, historisch meist der erste Grad des Folterns, seine Wirkung nur so lange, wie der, dem sie vorgezeigt werden, auch ernsthaft damit rechnen muß, mit diesen Werkzeugen würde ihm alsbald ziemlicher Schmerz zugefügt. Dann freilich reichen in der Regel einige exemplarische, gut kommunizierte Foltervorgänge aus, oder die niedrigeren Stufen des Folterns, um für die Mehrzahl der Fälle das tatsächliche Foltern, oder die Anwendung von dessen schmerzhafteren Stufen, unnötig zu machen. Dem naiven Beobachter mutet das oft wie eine Funktionslosigkeit der – vermeintlich überflüssigerweise – vorgehaltenen (schärferen) Folterinstrumente an. Doch er könnte sich kaum stärker täuschen: Sind keine Folterwerkzeuge mehr verfügbar, oder ist nicht länger von ihrem sicheren Einsatz auszugehen, so ist die gesamte soziale Situation anders definiert, in der Folterwerkzeuge eine Rolle spielen können. In einer anders definierten sozialen Situation folgt rationales Handeln aber auch anderen Erwägungen und Kalkülen und führt darum zu ganz anders gearteten Handlungsketten. Diese ‚Vorauswirkung' von Machtmöglichkeiten, diese ‚Machtentfaltung über Antizipationsschleifen', ist nun aber keineswegs auf die mögliche und zu vermeiden gesuchte Anwendung physischer Gewalt beschränkt. Tatsächlich gilt sie für sämtliche Anwendungsformen von Macht: als perzipierte Durchsetzungs-, Verhinderungs- oder Deutungsmacht; als exemplarische oder systematische Ausgrenzung von Störern gemeinsamer sozialer Wirklichkeitskonstruktion; und auch hinsichtlich der tatsächlich in Rechnung zu stellenden Nettomacht, die ein Gegner wohl aufbringen oder aufzubringen versuchen mag.[30] Alles in allem zeigt sich hier, daß auch beim Verbergen von Macht eine gewisse Untergrenze nicht unterschritten werden darf, wenn Macht nur verborgen, nicht aber auch beseitigt werden soll. Gelingt es hingegen, Wissen um eine zwar verborgene, doch zweifellos existente Macht in fragloser Selbstverständlichkeit zu halten, so kann zugleich immer wieder das nur scheinbare Zauberkunststück gelingen, aus – im Wortsinn – ‚offenbar' nichts etwas überaus Handfestes zu schaffen: nämlich reale Wirkungen einer Macht, die sich nirgendwo praktisch zeigt.

Von der erstgenannten bis zur letztaufgeführten Erscheinungsform von Macht sind die Machtmöglichkeiten von Personen oder Institutionen, und somit auch von Politikern und von Parlamenten, immer weniger sichtbar und darum auch immer schwerer analytisch bzw. methodisch zu erfassen. Im Fall der handlungsprägenden Antizipation einer nur als zu erwarten unterstellten, doch real gar nicht getätigten Ausübung von (vielleicht ja gar nicht wirklich verfügbarer!) Macht gerät man sogar an die Grenzen dessen, was sich empirisch – und somit jenseits bloßer Vermutungen – überhaupt erhellen läßt: Erinnerungen an reale Entscheidungskalküle können, nicht zuletzt zur Vermeidung kognitiver Dissonanzen, fehlerhaft sein; sie können obendrein, etwa zum Zweck eines absichtsvollen Eindrucksmanagements, bewußt in die Irre führen. Beschreibungen oder Rationalisierungen von Entscheidungskalkülen werden dann selbst zu Zügen in jenem Strategiespiel,[31] als welches sich auch die Praxis politischen und parlamentarischen Agierens und Funktionierens so trefflich analysieren läßt. Dies geschieht eher umständlich, wenn auch sehr exakt und im Alltagsdenken oft unbedachte Dinge vor Augen führend, in der Sprache der zur Zeit modischen Rational choice-Modelle politischen Handelns. Viel anschaulicher gelingt eine solche Analyse in der rationalisierenden Erzählperspektive von politischen Akteuren, die in Interviews oder Memoiren ihre handlungsleitenden Erwägungen vor Augen führen. Daß solche Datenquellen erst recht gründliche Quellenkritik erfordern, macht empirische Analysen politischer und parlamentarischer Machtspiele nur noch komplexer. Angesichts dieser Lage dämpft man wohl besser alle Hoffnungen auf eine grundsätzliche oder gar auf eine einfache Quantifizierungsmöglichkeit von Machtverhältnissen.

Sicher wäre weder den (auch historischen) Sozialwissenschaften im allgemeinen noch der Parlamentarismusforschung im besonderen geholfen, würde man methodisch einfachere Wege zu jenem Gegenstand in Aussicht stellen, den es zu erhellen

---

30 Noch komplexer wird die Sachlage dadurch, daß einzelne sich immer wieder der einschüchternden Vorauswirkung von gegen sie einsetzbaren Machtmitteln entziehen können, und zwar mit allen Übergangsstufen vom anfänglichen Widerstehen und späteren Mitmachen bis hin zur grundsätzlichen und mit der eigenen Vernichtung endenden Verweigerung. Weder die Widerstandskraft dieser einzelnen noch die Auswirkungen von deren Vorbildwirkung lassen sich vorab präzis einschätzen. Obendrein wirken Antizipationsschleifen nur auf halbwegs rationale Akteure, mit denen man es im Einzelfall aber nicht zu tun haben muß. Das alles baut in jegliches Machtkalkül ein großes Element der Unsicherheit ein.

31 Hier ist die englische Unterscheidung von ‚game' und ‚play' nützlicher als der amalgamierende deutsche Begriff des ‚Spiels'.

gilt. Doch diese Schwierigkeiten müssen auch nicht abschrecken. Ohnehin sollten die folgenden, der Geschichte und Gegenwart parlamentarischer Institutionen entnommenen ‚Ankerbeispiele' zeigen, daß es gar nicht so schwer ist, zu einer sowohl konzeptuell sparsamen als auch ausreichend differenzierten Phänomenologie parlamentarischer Macht zu gelangen, und zwar gleichermaßen der zweckvoll verdeckten wie der nicht minder zweckvoll zur Schau gestellten Macht.[32] Von selbst versteht sich im übrigen, daß Parlamente jeweils nur eine situationsbedingte Machtkonstellation institutionell verkörpern, wobei das Zeitfenster, in dem genau diese – und keine andere – Machtkonstellation besteht, je nach der Geschwindigkeit politischen und institutionellen Wandels schmaler oder breiter sein wird.

2.2. ‚Ankerbeispiele'

Durchsetzungsmacht eines Parlaments, der analytisch bei weitem einfachste Fall, wird entfaltet, wenn etwa eine Regierung vom Parlament ins Amt gebracht bzw. gestürzt wird oder wenn ein Gesetzentwurf vom Parlament angenommen bzw. abgelehnt wird. Antizipiert wird solche parlamentarische Durchsetzungsmacht, wenn im parlamentarischen Regierungssystem ein zur Nominierung eines Regierungschefs befugtes Staatsoberhaupt die parlamentarischen Mehrheitsverhältnisse, gegebenenfalls durch Koalitionsbildung zu konkretisieren, zur Grundlage seiner Entscheidung macht, oder wenn, in jedem Regierungssystem, eine Regierung eine Gesetzesvorlage so modifiziert, daß sie gerade noch eine parlamentarische Mehrheit finden kann. Schon diese Antizipationen von Parlamentsmacht bleiben einem breiteren Publikum in der Regel verborgen, was zu jenen typischen Mißverständnissen parlamentarischer Wirkungsketten führt, die sich empirisch immer wieder erfassen lassen.[33]

Parlamentarische Vetomacht wird praktiziert, wenn etwa der US-Senat den Kandidaten des Präsidenten für das Amt des Verteidigungsministers nicht bestätigt; sie wird antizipiert, wenn der Präsident, über die Ablehnungsrisiken für seinen eigentlichen Kandidaten im Klaren, von vornherein auf dessen Nominierung verzichtet und dem Senat einen genehmeren vorschlägt. Wie weit die Verdeckung solcher Vetomacht praktisch geht, hängt ganz davon ab, wie tief gestaffelte informelle Vorklärungen einem entsprechenden Nominierungsvorschlag vorausgehen und wie gut jene Kommunikationsstrategie ist, die ihn begleitet.

Um parlamentarische Deutungsmacht, welche die verfügbare gesellschaftliche Deutungsmacht repräsentativ sowie mit politischer Autorität bündelt, handelte es sich beispielsweise, als am 10. November 1988 eine Mehrheit der Abgeordneten des

---

32 Eine Anwendung der oben aufgeführten ‚Machtindikatoren' auf die deutschen Nationalparlamente zwischen der Kaiserzeit und der Gegenwart findet sich im Beitrag von C. Demuth in diesem Band.
33 Vgl. zur Analyse derartiger Mißverständnisse, die auf praktischen Verdeckungsvorgängen beruhen, W. J. Patzelt 1998a und 1998b.

Deutschen Bundestages eine Rede des Bundestagspräsidenten Philipp Jenninger zum Machtaufstieg der Nationalsozialisten mißverstand, durch öffentliche Kritik den Bundestagspräsidenten zum Rücktritt veranlaßte und dergestalt vor Augen führte, welche Form des Redens über die einstige Popularität der Nationalsozialisten bis auf weiteres sehr folgenreich als ‚politisch inkorrekt' gebrandmarkt würde. Die Verdeckung der Jenninger gegenüber ausgeübten Deutungsmacht ging hin bis zu dem Punkt, daß im Grunde nur politischen Insidern bekannt wurde, daß das ‚Mißverständnis' seiner Rede ein politisch gewolltes und – nach Sichtbarwerden des Ausmaßes der so eröffneten Chance politischen Kampfes – ein ganz absichtsvoll funktionalisiertes war. Ebenso von der Wirkung her, freilich ganz ohne Verdeckung des auf solche Wirkung ausgehenden Machtverlangens, erging es am 29. August 2002 dem Hamburger Innensenator Ronald Schill nach einer bramarbasierenden Ansprache im Bundestag. Und in die gleiche Reihe von Fallbeispielen gehört natürlich jene politische Ächtung, die im November 2003 dem CDU-Bundestagsabgeordneten Martin Hohmann widerfuhr, weil er am 3. Oktober 2003 zwar außerhalb des Bundestages, doch sehr wohl in seiner Eigenschaft als Bundestagsabgeordneter, einen verwegen argumentierenden Vortrag zu geschichtspolitisch brisanten Themen deutscher und jüdischer Identität gehalten hatte. Unter großem öffentlichen Druck, dem auch die weitere Karriere eines Hohmann rein persönlich zur Seite springenden Bundeswehrgenerals zum Opfer fiel, wurde Hohmann zwar nicht aus dem Bundestag ausgeschlossen, wovor ihn sein grundgesetzlich verbürgtes freies Mandat schützte, sehr wohl aber aus der CDU/CSU-Bundestagsfraktion, was Hohmann fortan zur parlamentarischen Wirkungslosigkeit verurteilte.

Natürlich braucht die Entfaltung parlamentarischer Deutungsmacht, anders als die Durchsetzungs- und Verhinderungsmacht eines Parlaments, auch ein bereitwilliges Zusammenwirken von parlamentarischen Meinungsführern und einflußreichen Medienmachern. Allein dieses kann nämlich soviel täglich gefühlten Druck aufbauen, daß ihm ein politisch gewünschtes (Rückzugs-) Verhalten folgt, das sich wirklich nur faktisch, doch keineswegs rechtlich erzwingen läßt. Obendrein muß die Absicht und oft auch intrigenhafte Dynamik solchen Zusammenwirkens nach Möglichkeit verdeckt werden, weil die öffentliche Wirkung ja gerade auf einer empfundenen Authentizität der wechselseitigen Empörung von Politikern und Journalisten beruht, ihre Wirkung aber sehr beeinträchtigt würde, gelangte auch das Machwerkartige so mancher ‚Entlarvungs- und Degradierungskampagne' ans Tageslicht und zur allgemeinen Aufmerksamkeit. Erfahrungsgemäß gelingen solche verdeckt konzertierten Aktionen der Entfaltung parlamentarisch-massenmedialer Deutungsmacht dann immer leicht, wenn sich jemand in den Bereich von Tabus der politischen Kultur wagt und es vorab unterlassen hat, völlige Klarheit über eine ganz untadelige politische Grundhaltung zu schaffen sowie wirklich belastbare Vertrauensbeziehungen zu parlamentarischen und publizistischen Meinungsführern aufzubauen. Natürlich ist auch leicht zu erkennen, wie die Antizipationsschleife solcher gesellschaftlicher und von einem frei debattierenden Parlament auch noch mit Autorität ausgestatteter Deutungsmacht wirkt: Sie ist schon dort am Werk, wo man sich bloß scherzhaft fragt, was sich wohl straflos auch öffentlich – und nicht nur ‚hier unter uns' – dürfte sagen lassen. Die Folgen solcher antizipierter Deutungsmacht reichen von einer wünschenswerten ‚kommunikativen Hygiene' beim öffentlichen Diskurs bis hin zu einer vom Zynismus durchtränkten Kultur öffentlicher Heuchelei. Das kann es im Einzelfall schwer und umstritten machen, einen lobenswerten Umgang mit parlamentarisch-publizistischer Deutungsmacht von jenem abzuheben, der auf die schiefe Ebene hin zum Regiment von Diskurspolizei und Selbstzensur führt.

Gerhard Göhlers ‚gemeinsamer Handlungsraum' bzw. Foucaults ‚Machtdispositiv' ist jene soziale Wirklichkeit, die durch den gezielten Einsatz von Deutungsmacht sowie durch weitere, überaus handfeste Methoden der – ethnomethodologisch so genannten – ‚politics of reality' befestigt wird.[34] Zu ihnen gehören publikumswirksame Etikettierungen von Außenseitern ebenso wie gleichwie inszenierte Anklageverfahren gegen sie, nicht zuletzt auch deren reale Ausgrenzung, die von kommunikativer Kaltstellung bis hin zur Vertreibung oder physischen Liquidierung reichen kann. Intransitive Parlamentsmacht ist somit nichts anderes als die (Voraus-)Wirkung der soeben anhand von Ankerbeispielen behandelten parlamentarisch-publizistischen Deutungs-, Etikettierungs- und Ausgrenzungsmacht. Sie begegnet sehr häufig im – nur scheinbar – ‚zwanglosen' Zwang des ‚politisch korrekten' Arguments oder in einer von allen ‚wohlmeinenden Mitglieder einer Ethnie' konsequent durchgehaltenen Erwartung auf ‚politisch korrektes Verhalten'. Die Verfügung über intransitive Macht und über jene Mechanismen, die intransitive Macht generieren und sowohl in als auch zwischen einer Vielzahl von zusammenwirkenden Institutionen ablaufen, liegt somit in den sozialen oder politischen Netzwerken jener, welche – der Effizienz willen nach Möglichkeit verdeckt – sowohl die öffentliche Debatte, Skandalisierung und Erregung (mit-)zugestalten vermögen als auch Einfluß auf die weiteren Karriere- und Lebenschancen der Auszugrenzenden nehmen können. Natürlich gehen diese Netzwerke oft weit über die Reihen von Parlamentariern hinaus oder schließen etliche der letzteren im Einzelfall gar nicht ein.

Transitive Macht wird hingegen im ‚strategischen Handlungsraum' des Parlaments oder des Miteinanders von Parlament und anderen Institutionen (Regierung, Verfassungsgericht, Parteien, Verbände ...) immer dort – wenn vielleicht auch nicht nur dort – ausgeübt, wo halbwegs klare intra- oder inter-institutionelle Mechanismen[35] zur Verfügung stehen und angewendet bzw. als anwendbar antizipiert werden. Man hat sich dabei einen institutionellen Mechanismus wie ein Hebelwerk vorstellen: Die Betätigung des einen Hebels hier löst – über eine Reihe von kraftübertragenden Konstruktionsteilen – die (gegebenenfalls erheblich kraftverstärkte) Betä-

---

34 Siehe W. J. Patzelt 1987.
35 Ein intra-institutioneller Mechanismus erlaubt die zielgerichtete Auslösung von Handlungsketten innerhalb von Institutionen, ein inter-institutioneller Mechanismus zwischen Institutionen. Nimmt man ein Parlament als institutionelle Bezugseinheit, so ist etwa der intrafraktionelle Wiederwahlmechanismus ein intra-institutioneller Mechanismus, der institutionelle Mechanismus des konstruktiven Mißtrauensvotums gegenüber dem Bundeskanzler hingegen ein inter-institutioneller Mechanismus.

tigung eines anderen Hebels an anderer Stelle aus, der seinerseits die beabsichtigte und in Rechnung zu stellende, mitunter aber auch eine ganz unerwartete oder zusätzlich auftretende Wirkung erzielen wird. Beispielsweise legt die obligatorische Wahl eines Regierungschefs mit einer erforderlichen absoluten Mehrheit der Stimmen im Parlament diesem Regierungschef erhebliche Macht in die Hände: Gegen seinen Willen aus dem Amt zwingen wird man ihn nur durch eine zum Rücktritt führende Medienkampagne, wogegen er sich durch geschicktes Reden und Handeln wappnen kann, oder durch die Bildung einer alternativen Parlamentsmehrheit zur Wahl eines Nachfolgers, was der Regierungschef durch geschicktes Taktieren verhindern mag. Die Bildung einer stabilen Regierung wird hier also durch einen obligatorischen Wahlmechanismus bewirkt, der an eine qualifizierte Parlamentsmehrheit gebunden ist. In ähnlicher Weise läßt sich durch das Wahlrecht für eine enge Bindung zwischen Abgeordneten und Wählern sorgen. Nach allen Erkenntnissen vergleichender Parlamentarismusforschung sind hierfür am besten Ein-Personen Wahlkreise mit relativem Mehrheitswahlrecht und schwachen Parteien geeignet. Ebenso klar läßt sich angeben, welches Hebelwerk zu ziemlich regelmäßigen Abstimmungssiegen einer festen Parlamentsmehrheit im Lauf von Gesetzgebungsverfahren und parlamentarischer Regierungskontrolle führen wird: nämlich die Einführung eines mehrheitsbildenden parlamentarischen Regierungssystems samt intensiver Einbeziehung fachlich spezialisierter Parlamentarier schon in die intra-gouvernementale Vorbereitung von Gesetzentwürfen. Zwar muß keiner von diesen institutionellen Mechanismen verdeckt werden, um zu wirken. Doch in der Praxis erweist sich, daß nicht nur dem allgemeinen Publikum, sondern auch gar nicht wenigen politischen Akteuren jener ‚Ingenieurblick' auf die Welt des Politischen nun einmal fehlt, der diese real wirksamen Hebelwerke erkennen und zu einer ganz selbstverständlich den eigenen Deutungen und Handlungsplanungen zugrunde gelegten Tatsache werden ließe. Aus dieser dann zwar praktisch vorkommenden, doch keineswegs unvermeidlichen Verborgenheit wichtiger machtübertragender institutioneller Mechanismen lassen sich natürlich ihrerseits verdeckte (oder tunlichst zu verdeckende) zusätzliche Chancen der Ausübung von Durchsetzungs-, Verhinderungs- oder Deutungsmacht gewinnen.

Leicht ist zu erkennen, daß alle Verläßlichkeit machtentfaltender parlamentarischer Funktionserfüllung zentral davon abhängt, daß für jede vom Parlament zu erbringende Leistung mindestens ein routinemäßig nutzbarer institutioneller Mechanismus verfügbar ist. Verläßliche institutionellen Mechanismen zu schaffen und – ganz gleich ob in offenen oder (praktisch) verdeckten Varianten – benutzbar zu halten, ist darum eine Hauptaufgabe parlamentarischer Institutionalisierung.[36] Das Hauptgeschäft einer in praktischer – und das heißt: in machtorientierter – Absicht betriebenen Parlamentarismusforschung ist es entsprechend, die konkret verfügbaren institutionellen Mechanismen parlamentarischer Machtentfaltung quer über die verschiedensten Parlamente ausfindig zu machen und durch Vergleich sowohl auf ihre systemspezifischen Besonderheiten als auch auf ihre möglicherweise immer

---

36 Vgl. W. J. Patzelt 2003, S. 86-89.

wieder gleichen Konstruktionsmerkmale zu analysieren. Am Ende gelangte man zu einer Art machiavellischer Parlamentsberatung: Man analysiert das institutionelle Arrangement, in dem Parlamentarier handeln; man findet die strategischen Optionen heraus, welche die jeweils verfügbaren institutionellen Mechanismen bieten; und sodann schlägt man vor, auf welche Weise man im Parlament, oder zwischen dem Parlament und den mit ihm Umgang pflegenden Institutionen, wohl die einen Dinge durchsetzen und die anderen verhindern kann. Anhand des Konzepts eines ‚institutionellen Mechanismus' erfaßt man somit das für ein bestimmtes Parlament, oder für eine Klasse von Parlamenten, typische ‚Wie-es-gemacht-wird' parlamentarischer Funktionserfüllung und die, zu diesem Zweck vorgenommene, Entfaltung von transitiver Parlamentsmacht. Ganz hängt es vom Aufklärungsstand der Adressaten solcher Analysen und Lehren ab, in welchem Umfang sie dabei Überraschendes über für sie bislang möglicherweise verdeckte Machtmechanismen erfahren können. Auch Machiavellis Analysen konnten – und können – immerhin nur den erschrecken, der sich je Illusionen über jene Machtquellen und Machtprozesse des Politischen gemacht hat, die für einen anderen von vornherein ganz evident und im Grunde gar nicht der auslegenden Rede wert sind.

Was aber sind die für transitive Machtentfaltung und Machtprojektion verwendeten ‚institutionellen Mechanismen' ganz real, also abseits der bloßen Metapher vom ‚Hebelwerk'? Wie kompliziert sie auch immer aufgebaut sein mögen: Institutionelle Mechanismen entstehen dadurch,

- daß in Institutionen (und sei es auch ohne die Absicht, damit Elemente eines neuen institutionellen Mechanismus zu formen) Positionen geschaffen werden, denen wechselseitig bekannte Machtressourcen zugeordnet sind (etwa die Positionen eines Regierungschefs und eines Oppositionsführers);
- daß wechselseitig bekannte formale und informale Regeln das Zusammenwirken der Positionsinhaber prägen (etwa Regeln für den Schlagabtausch zwischen Regierungschef und Oppositionsführer in Normalzeiten und für deren Zusammenwirken in Krisenzeiten);[37]
- daß wechselseitig bekannte Interessenlagen der Positionsinhaber es abschätzbar machen, wer angesichts welchen Zugs eines anderen seinerseits wie handeln wird (etwa das Interesse der meisten Regierungschefs, ihr Amt zu behalten oder im eigenen Lager zu vererben, oder der meisten Oppositionsführer, eines Tages selbst eine Regierung zu leiten).

Wirklich gut zusammenwirkende Dreiheiten von Positionen, Regeln und Interessen entfalten sich in der Regel nur durch Versuch und Irrtum oder durch zufällige Akteurskonstellationen, deren strukturelle Chancen ein politisches Aha-Erlebnis zu durchschauen verhelfen mag. Sie entstehen also historisch, nämlich in der Form

---

37 Nur einen Sonderfall stellt solches Verhalten dar, das von derartigen Regeln dann, und zwar im Wissen um einen Regelbruch, wiederum abweicht. In diesem Fall winken zwar einesteils die Vorteile der Nutzung eines Überraschungsmoments; anderntteils entstehen auch – mitunter aber erst nachgelagert zu begleichende – Transaktionskosten, die ein rationaler Akteur den zu erlangenden Vorteilen gegenrechnen wird.

institutioneller Evolution.[38] Dergestalt können sie lange Zeit auch rein faktische, doch nicht in ihrer systematischen Geordnetheit durchschaute Strukturen bleiben: zwar nicht in Gänze verborgen, doch hinsichtlich ihrer Konstruktion oder von deren Machtmöglichkeiten ziemlich verdeckt. Ein gutes Beispiel hierfür ist die Entstehung des Kontrasignatur-Mechanismus, der im Lauf vergleichsweise weniger Jahrzehnte die politische Macht vom Monarchen in die Hände eines parlamentarisch getragenen Ersten Ministers spielte.[39] In der Rückschau wird zumindest jenen, die den Ingenieurblick auf die Welt des Politischen besitzen, sehr leicht und rasch klar, warum der Kontrasignatur-Mechanismus den Monarchen eigenständige Macht entziehen und diese in die Hände von Parlamentariern und Wählerschaften spielen mußte. Doch viele Zeitgenossen der Entstehung des Kontrasignatur-Mechanismus verkannten dessen Machtpotential ebensosehr wie es jenen heutigen Schülern und Studierenden verborgen bleibt, für welche die Rede von der ‚parlamentarischen Verantwortungsübernahme des gegenzeichnenden Ministers' nichts als nur ein Wortgeklingel ist.

Am grünen Tisch, etwa bei Prozessen der Verfassungsgebung, kann man wünschenswerte institutionelle Mechanismen durchaus zu ersinnen oder zu implementieren versuchen. Doch häufig wird das an der allzu großen und in ihren Einzelbezügen oft nicht recht durchschauten Komplexität politischer Systeme scheitern. Allerdings gibt es auch immer wieder gelingende Versuche eines ‚constitutional engineering', bei dem gut verstandene institutionelle Mechanismen, obwohl sie in einem anderen politischen System mit dessen ganz besonderer institutionellen und politischen Kultur gewachsen sind, sich auch – selbst wenn mit einigen Änderungen und neuartigen Nebenwirkungen – in einem anderen Institutionengefüge bewähren. Sofern zu den besonders wichtigen Dingen an Institutionen die von ihnen zur instrumentellen und symbolischen Funktionserfüllung vorgehaltenen institutionellen Mechanismen gehören, kann man darum formulieren: Die Analyse des Zusammenhangs von Institutionalität und Geschichtlichkeit muß im Kern eine Analyse der gewordenen und weitere Werdepotentiale bergenden institutionellen Mechanismen sein.

An einmal vorhandene institutionelle Mechanismen schließen sich natürlich Antizipationsschleifen an. Natürlich bleibt deren Wirken von vornherein allen jenen verborgen, welche schon die Funktionslogik des solche Antizipationsschleifen überhaupt erst auslösenden institutionellen Mechanismus nicht kennen. Für die politische Wirksamkeit solcher Antizipationsschleifen reicht es freilich aus, wenn zentrale politische Akteure um einen dann sinnvollerweise gleich antizipierten institutionellen Mechanismus wissen und von solchem Wissen ausgehend handeln. Bei Machtproben, die von intensiven taktischen Überlegungen begleitet werden, breitet sich solches Wissen zentraler Akteure allerdings meist rasch aus. Seit etwa das Europäische Parlament die Regel durchgesetzt hat, neue EU-Kommissare teils fachlich,

---

38 Siehe W. J. Patzelt 2003, S. 98-115.
39 Vgl. W. J. Patzelt 2003, S. 69-76. Siehe auch M. Kirsch 1999.

teils politisch zu examinieren und nur im Fall eines positiven Prüfungsergebnisses den Präsidenten dieser vorgeschlagenen Kommission zu wählen, führt beispielsweise das Interesse der Regierungen von EU-Staaten an einem Erfolg gerade ihrer Kandidaten dazu, daß schon im Vorfeld der nationalen Nominierung von Kommissarskandidaten auch bedacht wird, wer denn für das Europäischen Parlament akzeptabel oder weniger akzeptabel sein könnte.[40] Bestimmt wird sich diese Antizipationsschleife in der Zukunft noch komplexer ausgestalten lassen. Eines Tages mag sie sogar die Frage umfassen, welcher vorgeschlagene Kommissar denn allein aufgrund der politischen Mehrheitsverhältnisse im Europäischen Parlament eine Chance hätte, ins Amt zu gelangen und dort auch effektiv zu arbeiten. Damit wäre der Umschlag des politischen Systems der EU in ein künftig parlamentarisches Regierungssystem im Grunde vollzogen.

Nicht weniger eingängig dürften die folgenden Ankerbeispiele für den Unterschied zwischen parlamentarischer Bruttomacht und Nettomacht sein. Beginnen wir mit der Volkskammer der DDR. Nach dem Art. 48 der Verfassung war sie das oberste Staatsorgan, in dessen Befugnisse niemand eingreifen dürfe. Natürlich war sie trotzdem der Gegenmacht der SED ausgesetzt, weil diese ihrerseits, nach dem Art. 1 der Verfassung, den gesamten Staat zu leiten hatte. Das machte die Volkskammer solange – und zwar auch in ihrem bereitwilligen Selbstverständnis – zu einem machtlosen und regelrecht stummen Parlament, wie die von den Volkskammerabgeordneten ganz selbstverständlich akzeptierte Macht der SED im – mit dieser Partei geteilten – ‚gemeinsamen Handlungsraum' bestand.[41] Im Ergebnis kam es zu einer ziemlich delikaten Balance von Zurschaustellungen und Verdeckungen institutioneller Machtverhältnisse: Natürlich wurde die staatsleitende Macht der SED nicht verdeckt, sondern ganz im Gegenteil aufs deutlichste kundgetan; und trotzdem wurde nach außen auch institutionelles Eigengewicht der Volkskammer zur Schau gestellt sowie im Gegenzug möglichst verdeckt, daß die bis ins Detail reichende Anleitung der gesamten Volkskammerarbeit durch die SED die ganz selbstverständliche Handlungsgrundlage aller Parlamentarier war.

Doch es gibt auch andere zur Schau zu stellende oder zu verdeckende Gegenmächte von Parlamentsmacht als solche einer hegemonialen Partei oder eines Diktators. Im politischen System Großbritanniens etwa, das auf dem Grundsatz der Parlamentssouveränität beruht, bricht sich die Parlamentsmacht trotzdem am weiteren Verfassungsgrundsatz der selbst das Unterhaus verpflichtenden ‚rule of law', gegen welche sich zu vergehen selbst für das souveräne Parlament von Westminster illegitim wäre. In der EU begrenzt die Macht des Ministerrates klar jene des Europäischen Parlaments. Und in Deutschland wie Frankreich trifft die Macht der mit der

---

40 Eine detaillierte Analyse der Entstehungsweise und (bisherigen) Wirkungsweise dieses recht jungen institutionellen Mechanismus findet sich bei S. Dreischer in diesem Band. Eine parallele Analyse jener institutionellen Mechanismen, welche die die Machtstellung des Rates der EU im Mit- und Gegeneinander mit sowohl dem Europäischen Parlament als auch der Europäischen Kommission ausmachen, gibt J. Lempp in diesem Band.
41 Siehe R. Schirmer 2002 und in diesem Band.

Regierungsbildung betrauten Parlamentskammer immer wieder auf die Macht einer anderen Kammer mit andersartigen Kompetenzen und andersartiger Legitimitätsgrundlage: in Frankreich der Gestaltungswille gerade einer sozialistisch dominierten Nationalversammlung auf den Beharrungswillen eines – aufgrund des Wahlrechts – regelmäßig konservativ dominierten Senats,[42] in Deutschland die Macht der Bundestagsmehrheit auf die eines Bundesrates, der von den Wählern nach einer Reihe von Landtagswahlen stets eine andere parteipolitische Dominanz erhält als jene, die man einst im Bundestag herbeiwählte.[43] Weil das Wirken dieser Gegenmächte Bestandteil des als völlig legitim erachteten Gegeneinanders von Regierungsmehrheit und Opposition ist, wird dieses Wirken in der Regel nicht verdeckt, sondern – ganz im Gegenteil – im Parteienstreit offen thematisiert.

An solchen verfassungsmäßig herbeigeführten gewaltenteilenden Beziehungen setzen natürlich ebenfalls vielerlei Antizipationsschleifen an, die einem mit ‚Ingenieurblick' ausgestatteten Beobachter politischen Geschehens entsprechend gut vertraut sind. Zu ihnen gehört etwa im deutschen Fall der Begrenzung von Parlamentsmacht durch die Verfassungsgerichtsbarkeit die Transformation von politischen Fragen, welche eine Parlamentsmehrheit nicht entscheiden will (1994 etwa die Zulässigkeit des Einsatzes der Bundeswehr außerhalb des damals so genannten ‚NATO-Territoriums'), in verfassungsrechtliche Fragen, die man dann dem politisch niemandem verantwortlichen Bundesverfassungsgericht vorlegt. Indem man anschließend dessen Urteilen, Anweisungen oder auch nur *obiter dicta* folgt, wird die eigentlich dem öffentlich kontrollierbaren Parlament zugedachte Macht an das Bundesverfassungsgericht verlagert und die wünschenswert an die eigene Entscheidungsmacht gekoppelte Verantwortlichkeit des Parlaments im entsprechenden Entscheidungsfall für alle praktischen politischen Zwecke zum Versickern gebracht. An solchen politisch nutzbaren Antizipationsschleifen ‚erster Ordnung' (‚Der Verantwortung der Bundestagsmehrheit läßt sich durch eine wie folgt vorzunehmende Machtverlagerung an das Bundesverfassungsgericht entgehen: ...') können dann Antizipationsschleifen zweiter und höherer Ordnung ansetzen. Zu ihnen gehören, exemplarisch aufeinander aufbauend, etwa jene: ‚Weil der Bundestag dem Bundesverfassungsgericht auch künftig ins Verfassungsrechtliche transformierte politische Entscheidungen zuschieben wird, sollte jede Bundestagsmehrheit auf solche politischen Neigungen unter den Bundesverfassungsrichtern Wert legen, die den politischen Interessen und den praktischen Machtinteressen der Bundestagsmehrheit förderlich sind'; und sodann: ‚Will man seine Machtinteressen nicht durch Richterberufungen beschneiden lassen, die eine gegnerische politische Mehrheit durchsetzt, so ist es ratsam, einen weiteren institutionellen Mechanismus zu ersinnen. Dieser sollte die Fortschreibung eines fairen machtmäßigen *status quo* unter den Bundesverfassungsrichtern bewirken und zur Wahl von politisch wechselseitig akzeptablen Richtern führen'. Tatsächlich hat man in Deutschland genau dies bewerkstelligt,

---

42 Siehe R. Messerschmidt in diesem Band.
43 Siehe J. Amm in diesem Band.

nämlich in Gestalt einer erforderlichen Zweidrittel-Mehrheit bei der Wahl von Verfassungsrichtern und des informellen Vorschlagsrechts jenes parteipolitischen Lagers für einen Richterkandidaten, dem bereits der nunmehr zu ersetzende Richter zugeordnet wurde. Doch während die bei der Richterwahl wirkenden Machtverhältnisse weitaus mehr zur Schau gestellt als verdeckt werden, verhält sich das bei der aus gouvernemental-parlamentarischer Verantwortungsscheu praktizierten Abschiebung politisch wichtiger Fragen an das Bundesverfassungsgericht ganz anders: Dort wird immer wieder mit nachgerade Engelszungen vor der Öffentlichkeit bezeugt, erst einmal müßten rein verfassungsrechtliche Fragen geklärt werden, bevor ein parlamentarisches Recht greifen könnte, aus eigener und dann auch vor den Wählern zu verantwortender Macht einen Wert- oder Verteilungskonflikt zu entscheiden.

Parlamentarische Nettomacht unterscheidet sich von parlamentarischer Bruttomacht aber nicht nur wegen der ins politische Kalkül einzubeziehenden anderen als parlamentarischen Machtträger. Sie tut das auch wegen der Transaktionskosten so mancher parlamentarischer Machtentfaltung. Etwa führt in mehreren politischen Systemen der vom Parlament bewirkte Sturz einer Regierung zum Risiko, daß vom Staatsoberhaupt oder vom gestürzten Regierungschef Neuwahlen ausgeschrieben werden. Angesichts dieser Lage werden meist nur solche Parteien auf einen Regierungssturz ausgehen, die sich für einen Wahlkampf gerüstet fühlen und obendrein Zugewinne an Durchsetzungs-, Verhinderungs- oder Deutungsmacht erwarten. Und natürlich werden vor allem an der Frage, zu welchen politischen Kosten sich eine Regierung stürzen oder weitertragen, ein Wahlkampf führen oder vermeiden läßt, vielerlei weitere Vorauswirkungen der für den konkreten Regierungssturz verfügbaren institutionellen Mechanismen ins Spiel kommen und zur Grundlage komplexer Verschlingungen von Antizipationsschleifen werden. Das alles führt dazu, daß die praktisch auf die Waage gebrachte Nettomacht des Parlaments in der Regel unter seiner eigentlich verfügbaren Bruttomacht liegt.

Nicht weniger wird dasjenige, was einer Regierung an tatsächlicher Parlamentsmacht entgegenzusetzen ist, gemindert durch die gegen den jeweiligen politischen Gestaltungswillen abzuwägenden Risiken der im Prinzip anwendbaren institutionellen Mechanismen. Im parlamentarischen Regierungssystem führt etwa das Risiko, das Prestige und die Machtstellung der eigenen Regierung durch öffentliche oder halböffentliche Kritik aus den eigenen Reihen zu mindern, zu einem meist sehr vorsichtigen Umgang mit jenen – tunlichst zu verdeckenden – parlamentarischen Machtmöglichkeiten, die natürlich auch eine regierungstragende Fraktion hinsichtlich ihrer Regierung und Regierungsmitglieder hat. Nicht nur wird man die eigenen Minister keineswegs im Plenum mit unangenehmen Fragen konfrontieren, was rechtlich doch jederzeit möglich wäre und ziemlich rasch zum Rücktritt des betroffenen Ministers führte. Vielmehr wird man es mit informellen Zurechtweisungen und allenfalls mit einem Zusetzen im entsprechenden Fraktionsarbeitskreis bewenden lassen. Auch hier wird allerdings – selbst wenn vor der Öffentlichkeit verborgen – Parlamentsmacht ausgeübt, und hinsichtlich von Regierungsmitgliedern sogar die am meisten fühlbare. Die parlamentarische Opposition wiederum wird sich in

Deutschland schon sehr gründlich überlegen, für welche Themen sie ihr schärfstes Instrument wirklich einsetzt, nämlich die Einberufung eines Untersuchungsausschusses. Hier besteht nämlich das abzuwägende Risiko darin, daß das Untersuchungsthema die Bevölkerung kaum interessieren mag oder es der Regierung gelingen kann, wenigstens vor den Augen der Öffentlichkeit die erhobenen Vorwürfe als gegenstandslos erscheinen zu lassen – was dann die Opposition schwächen würde, nicht aber die Regierung. Aus allen diesen Gründen wird meist, ganz entsprechend dem Willen der jeweiligen Akteure, ‚netto' viel weniger an parlamentarischer Macht eingesetzt als ‚brutto' eigentlich verfügbar wäre.

Nicht zuletzt haben viele Möglichkeiten parlamentarischer Machtentfaltung auch unangenehme oder wenig wünschenswerte Nebenwirkungen. Etwa kann bei knappen Mehrheitsverhältnissen im Parlament eines parlamentarischen Regierungssystems die Regierung schon auf die Idee kommen, eine Gesetzvorlage als für sie besonders wichtig zu bezeichnen oder sie gar mit der Vertrauensfrage zu verbinden. Theoretisch könnte das dann eine Sternstunde für die Entfaltung der Macht sogar von Einzelabgeordneten sein: Keinem, dessen Stimme für die erwünschte Mehrheit erforderlich ist, kann man ja sein Abstimmungsverhalten vorschreiben. Im Grunde reichte es für eine überaus spektakuläre Demonstration von Parlamentsmacht dann schon, wenn sich nur einige wenige Abgeordnete der Regierungsmehrheit zum Dagegenstimmen oder – je nach konkretem Abstimmungsmodus – auch zur gemeinsamen Stimmenthaltung verabredeten. Trotzdem wird es auch in einer solchen Lage nur sehr selten zu einer Ablehnung eines von der Regierung als wichtig bezeichneten Gesetzes oder gar zur Verneinung der Vertrauensfrage kommen. Zu deutlich stehen ja selbst den in der Sache dissentierenden Abgeordneten die unerwünschten Nebenwirkungen vor Augen: Ganz offenkundig würde – zur Freude der Opposition – die eigene Regierung desavouiert, vielleicht gar der – an sich doch unterstützte – Regierungschef zu einem Rücktritt aus Gründen der Selbstachtung gebracht. Obendrein könnte bei einer Parlamentsauflösung im Anschluß an eine verlorene Vertrauensabstimmung eine Wahlniederlage drohen, weil die Wähler Zerstrittenheit im Regierungslager meistens bestrafen.

Natürlich erfolgt solche Abschätzung von Risiken und Nebenwirkungen über Antizipationsschleifen, nämlich so wie beim Schach und bei jedem anderen, selbst ganz politikfernen, Strategiespiel. Nur dürfte aufgrund der Komplexität der hier zu beachtenden Handlungsoptionen und Handlungsprioritäten anderer politischer Akteure die Unsicherheit über Risiken und Nebenwirkungen oft besonders groß sein. Beim Zurechtkommen mit solcher Unsicherheit werden in besonders starkem Ausmaß persönliche Eigenheiten und Idiosynkrasien der beteiligten Akteure ins Spiel geraten. Somit wird der persönliche Faktor ins Wirken der institutionellen Faktoren ziemlich viel Varianz einführen, und zwar sehr zum Verdruß jedes Analytikers, der nach einer genauen Formel für eine ‚typische' Differenz zwischen parlamentarischer Brutto- und Nettomacht suchen will.

3. Woher stammt die Macht eines Parlaments?

Bislang wurde gezeigt, auf welche Weise sich die Macht eines Parlaments entfalten kann und mit wie wenigen analytischen Begriffen eine doch ziemlich differenzierte Phänomenologie von Parlamentsmacht auskommen kann. Doch woher kommen diese Machtmöglichkeiten von Parlamenten?[44] Es ist ja keineswegs selbstverständlich, daß Regierungen aus dem Amt gehen, nur weil eine Parlamentsmehrheit eine andere Person am Steuer des Staatsschiffes wünscht, oder daß eine Gesellschaft sich an Gesetze einfach deshalb hält, weil ihr Parlament sie beschlossen hat. Daß allein schon Verfassungsvorschriften reale Parlamentsmacht begründen könnten, wird auch nur jener vermuten können, der allein den Sonderfall stark rechtsstaatlich geprägter Kulturen vor Augen hat. Der Blick auf die Quellen von Parlamentsmacht muß darum schon weiter reichen. Er muß sich bestimmt auch auf die Geschichte des konkreten – und freilich stets nur einstweiligen – Machtaufstiegs von einzelnen Parlamenten richten. Doch noch so viele Erzählungen individueller Geschichten des Wachsens von Parlamentsmacht werden keine sehr befriedigende Erklärung abgeben. Erst der *Vergleich* solcher Geschichten wird zutage fördern, was wohl üblicherweise zur Parlamentsmacht führt und sich im geschichtlichen Einzelfall zwar individuell auswirken mag, von der Natur seiner Wirkungsweise her aber keineswegs an allein diesen Einzelfall gebunden ist, sondern in vielen Fällen wirkt, freilich unter jeweils anderen Rahmenbedingungen.

3.1. Analytische Kategorien

Wie aber läßt sich, erneut mit eher geringem Begriffsaufwand, in die vermutlich sehr vielfältigen Ursachen von Parlamentsmacht Ordnung bringen? Es erweist sich als hilfreich, hier auf die heuristisch längst bewährte Ursachentypologie des Aristoteles zurückzugreifen.[45] Der schlug vor, in vierfacher Perspektive auf dasjenige zu blicken, was einem Sachverhalt in Natur, Kultur oder Gesellschaft seine Eigenart gäbe. Da ist – erstens – der Blick auf das, woraus der zu erklärende Sachverhalt besteht. In der Sprache der Scholastik ist hier von der *causa materialis* die Rede, auf deutsch von der ‚Materialursache'. Zweitens ist zu blicken auf das, was die jeweiligen Akteure antreibt, was sie – sozusagen – ‚zum Ticken bringt', also was ihnen Spannkraft und ‚power' verleiht sowie ihre Interessen prägt. Dies ist die *causa efficiens*, die ‚Antriebsursache'. Drittens ist zu handeln von der Zwecksetzung des zu studierenden Sachverhalts in jenem größeren Ganzen, dessen Teil er ist. Unbedingt ist der Begriff der Zwecksetzung hier zurückzunehmen auf jenen der Funktion:

---

44 Im folgenden ist grundsätzlich von den Ursachen der ‚Bruttomacht' von Parlamenten die Rede, nur fallweise aber von deren aus mancherlei Gründen zu bewirkender Reduktion auf ein viel kleineres Quantum an aktuell einzusetzender ‚Nettomacht'.
45 Siehe hierzu R. Riedl 1985, S. 82-93.

,Zweck' ist einfach eine Leistung, welche ein Teil eines größeren Ganzen an genau seinem Ort für jenes größere Ganze erbringt. Metaphysische Beiklänge lassen sich der Rede vom Zweck – und später vom Zweck des Zwecks bis hin zum allerletzten Endzweck – zwar beimischen. Man findet sie auch ganz deutlich bei Aristoteles. Sie sind aber für eine empirische Ursachenanalyse weder nötig noch hilfreich. Bloß transportiert sie leider der hier eingeführte Begriff der *causa finalis*, der ,Zweckursache'. Darum klingt er allzu leicht, doch ebenso leicht vermeidbar, nach ,Finalismus' oder ,Teleologie'. Die vierte Ursache der Beschaffenheit eines Sachverhalts liegt schließlich in seiner Form, die in ein größeres Ganzes eingebaut ist und deshalb bestimmte Freiheitsgrade ihrer Entwicklung und ihrer Leistungsmöglichkeiten für das umbettende größere Ganze beschnitten, andere aber genau wegen ihre Passung an bestimmte und gewissermaßen ,arbeitsteilige' Umweltstrukturen auch eröffnet bekam. Hier ist die Rede von der *causa formalis*, der ,Formursache'.

Es wird der Hinweis nützen, daß man nicht in irgendeinem philosophisch-ontologischen Sinn an die ,Existenz' genau dieser vier Ursachenformen glauben sollte. Es hat sich einfach nur gezeigt, daß die so entfaltete vierfache Strategie des Nachdenkens über Kausalität ganz vorzüglich zu unseren angeborenen und im Mesokosmos trefflich bewährten Weisen der Weltvergewisserung paßt.[46] Das ist wiederum ein ziemlich starkes Argument dafür, die uns umgebende und prägende Welt tatsächlich anhand ihrer verstehen zu sollen. Ferner ist auf eine doppelte Symmetrie in diesen vier Ursachenformen aufmerksam zu machen. Die Material- und die Antriebsursache wirken, im Schichtenbau der Wirklichkeit,[47] auf einen zu erklärenden Sachverhalt nämlich stets von den Untersystemen zu den Obersystemen hin ein, also von unten nach oben, die Zweck- und die Formursache hingegen immer von den Obersystemen hin zu den Untersystemen, also von oben nach unten. Überdies wirken – wie schon Aristoteles bemerkte – die Material- und die Formursache in den zu erklärenden Sachverhalten stets von innen her, während die Antriebs- und die Zweckursachen auf den zu erklärenden Sachverhalt immer von außen her einwirken.[48]

Leider sind in unserer Kultur die beiden von außen wirkenden Ursachenformen zu den einzigen geworden, die man beim heuristischen Denken routinemäßig benutzt: Man fragt nach den Antrieben und nach den Zwecken, nach dem Warum und nach dem Wozu. Ignoriert, obwohl das alles doch vor Augen liegt und als reines Faktenmaterial auch vertraut ist, wird dergestalt, wieviel Erklärungskraft in dem liegen mag, woraus das zu Erklärende besteht, sowie in jener Form, die das zu Erklärende in seinem umbettenden Strukturgefüge angenommen hat. Und fehlt erst einmal das heuristisch wichtige Begriffspaar der Material- und Formursache, so entschwindet auch die Möglichkeit, die Erklärungskraft der doppelten Symmetrie aller vier Ursachenformen zu nutzen. Dann aber gerät man leicht in eine Vertikale des Erklärungsdenkens: Zwischen höheren (,idealistischen') Zwecken und niedrigen

---

46 Siehe R. Riedl 1985, S. 80-137.
47 Siehe ebd., S. 66-80.
48 Siehe ebd., S. 83.

(‚materialistischen') Antrieben entfalte sich, was immer zu erklären sei. Alsbald meint man oft gar noch sich entscheiden zu müssen zwischen dem Glauben an die vorrangige Richtigkeit materialistischer oder idealistischer Erklärungen. Am Ende einer solchen Simplifizierungsstrategie wird der Komplexität eines Erklärungsgegenstandes wie der Macht von Parlamenten bestimmt nicht mehr beizukommen sein.

Schließlich sei noch betont, daß die aristotelische Ursachenheuristik aller Erfahrung nach vorzüglich bei der Analyse von Ist-Zuständen hilft und auch halbwegs brauchbar ist für solche historischen Vergleiche, die getrennte Entwicklungsstadien einfach einander gegenüberstellen. Sie taugt aber viel weniger dazu, die Entwicklungsprozesse von Ursachenkonstellationen oder jene Pfadabhängigkeiten institutioneller Prozesse zu erfassen, die an kritischen Weggabelungen von Entwicklungsmöglichkeiten entstehen. Dafür eignen sich viel besser dynamische Erklärungsmodelle, wie sie – um Konzepte wie institutionelles, strukturelles oder verhaltensmäßiges Lernen gelagert – etwa der historische Institutionalismus[49] oder eine ins Kulturwissenschaftliche gewendete Evolutionstheorie[50] bereitstellen. Die mit solchen Erklärungsmodellen zu bearbeitenden Fragen nach der *Struktur in* historischen Prozessen sind aber andere Fragen als jene nach der – sozusagen – *‚Physik' hinter* historischen Prozessen. Nur um die letzteren geht es nun.

3.2. Materialursachen von Parlamentsmacht

Denken entlang der *causa materialis*, der ‚Materialursache' von Parlamentsmacht, führt zur Einsicht, daß in einer Vertretungskörperschaft gewaltiges kulturelles und soziales Kapital zusammenkommt. In vier Richtungen sollten wir dieser Einsicht folgen: In einer Vertretungskörperschaft kommen Personen zusammen, die persönlich über jene Ressourcen verfügen, in deren Besitz sich ein Monarch oder eine Regierung setzen will, oft sogar des politischen Erfolgs willen setzen muß; die einem Parlament so eigentümlichen Mittel des Fragens, Bewertens von Antworten und Argumentierens können, zumal nach dem Aufkommen von Massenmedien, sogar jene Parlamentarier mächtig machen, denen es an persönlicher Macht oder persönlichen Ressourcen gebricht; natürlich trägt zur Macht eines Parlaments auch dessen Ausstattung mit infrastrukturellen Ressourcen bei; und überaus folgenreich ist ferner, welche Zeit einem Parlament für die Erfüllung seiner Aufgaben eingeräumt wird.

---

49 Siehe etwa D. C. North 1992 und K. Thelen 2003.
50 Siehe W. J. Patzelt 2005.

3.2.1. Die Präsenz von real Mächtigen in Vertretungskörperschaften

Natürlich ist hier nur eine Skizze möglich. Einsetzen mag sie mit der Feststellung, nur in sehr wohlgeordneten Staaten sei es überhaupt eine Selbstverständlichkeit, daß eine Regierung über jene Ressourcen verfügt, die sie zur Erfüllung ihrer Aufgaben braucht. Der historische Normalfall scheint eher zu sein, daß Regierungen und ihre Chefs um finanzielle, administrative und mitunter sogar polizeilich-militärische Ressourcen bei den Großen ihres Landes buhlen müssen.[51] Auch heute noch beschränkt sich etwa die Macht der afghanischen Regierung auf die Hauptstadt und kann in den Provinzen nur dann nachhaltig etwas bewirken, wenn die dortigen Stammesführer das Gewollte auch unterstützen. Und soll, selbst nach geklärter Machtfrage, auch verläßlich verwaltet werden, dann braucht es oft erst recht ‚arbeitsteilige Herrschaftsdienstleistungen': Fehlt es an einem bis an die gesellschaftliche Basis reichenden, eigenen und auch selbst finanzierten Verwaltungsunterbau einer Zentralregierung, dann müssen die Träger regionaler und lokaler Macht schon auch durchsetzen *wollen*, was die ihnen nominell übergeordnete Führung beschlossen hat, falls aus deren Beschlüssen irgend etwas Konkretes werden soll. Solche Bereitschaft wird aber durch kein anderes Mittel nachhaltiger gefördert als durch die Einbeziehung solcher Machtträger schon in die Prozesse der Willensbildung und Entscheidungsfindung auf der höheren Ebene, also dadurch, daß man sie selbst oder über Vertreter an allen einschlägigen Verhandlungen beteiligt. Eben diesem Zweck dienen – kulturell ganz verschieden ausfallend – ‚Ständeversammlungen' oder Vertretungskörperschaften. Im Grunde ist das alles mit der Umsetzung und Administration von EU-Recht oder von internationalen Vereinbarungen bis heute nicht anders, führt auch dort zur Einrichtung von Vertretungskörperschaften und ist durchaus kein historisches oder exotisches Sonderproblem.

Aus allen diesen Gründen gibt es von jeher einen großen Anreiz und gar Zwang für Regierungen sowie ihre Chefs, mit jenen realen Machtträgern zusammenzuwirken, deren Mithilfe sie zur Erfüllung ihrer Aufgaben nun einmal brauchen.[52] Wohl auch, wenn wohl auch nicht nur, aus diesem Grund dürften in jenen politischen Systemen, deren Regierungen für ein rein despotisches Regiment zu schwach oder zu einsichtsvoll waren, solche Beratungsgremien der Großen entstanden sein, die ihrerseits – entlang von Institutionen wie dem Römischen Senat, den Konzilien und Synoden der Alten Kirche, den Hof-, Land- und Reichstagen der abendländischen Monarchen oder den Generalkapiteln der christlichen Orden – zu den heutigen Par-

---

51 Genau das verleiht den ‚Großen' jene – sich abhängig von politisch-administrativen und wirtschaftlich-gesellschaftlichen Nachfrage- bzw. Angebotslagen durchaus verändernde – Verhandlungsmacht, die D. C. North 1992 in den Mittelpunkt seiner Analyse der Formen und Ursachen institutionellen Wandels stellt.

52 Also muß überhaupt nicht wundern, daß – wie in K. Bosl 1977 nachzulesen ist – landständische Vertretungskörperschaften überall dort ihren Aufschwung nahmen, wo sich die Herrschaftsbeziehungen zwischen Regenten und Regierten aus gleich welchen Gründen verdichteten.

lamenten führten.⁵³ Zu deren Leitspruch sollte später werden: ‚*Quod omnes tangit, ab omnibus tractari et approbari debet*'⁵⁴ – ein ursprünglich einfaches Verfahrensprinzip des römischen Rechts, im Bereich der Kirche seit dem 12. Jahrhundert ‚politisiert', dort mit der Entstehung der päpstlichen Monarchie wieder eliminiert, doch überaus wirkungskräftig bleibend im weltlichen Bereich.⁵⁵ Wo es jeweils um die Setzung und Durchsetzung von Regeln ging, nimmt ganz offenbar in diesem Zusammenhang die Beteiligung von Vertretungskörperschaften an Gesetzgebungsprozessen ihren Anfang.

Also beginnt Parlamentsmacht damit, daß Personen, die man aufgrund ihrer Durchsetzungs-, Verhinderungs- oder Deutungsmacht bzw. Handlungskompetenz sinnvollerweise in den politischen Willensbildungs- und Entscheidungsprozeß einzubinden hat, in einem Beratungsgremium zusammenwirken. Das ist auch an der oft verkannten föderativen Wurzel von Parlamentarismus zu erkennen, nämlich an den Synhedria der späthellenistischen Bundesrepubliken. Dort kamen bevollmächtigte und erfahrene Abgesandte der Mitgliederpoleis zusammen, was ihre Tagungen genau solange politisch relevant machte, wie eben mit Verhandlungskompetenz ausgestatte Vertreter geschickt wurden.⁵⁶ Später umfaßten die Konzilien des Westgotenreichs⁵⁷ mit den wichtigsten Bischöfen und Adligen genau jene Großen des Reiches, von denen der König sich wirklich *auxilium* – und nicht nur *consilium* – erwarten konnte. Die fränkischen und deutschen Herrscher hielten es mit ihren Hoftagen, den Vorgängern von Reichs- und Landtagen, nicht anders.⁵⁸ Und Wissen über ihren eigenen Machtrang hatten die anwesenden Großen natürlich auch. Die aragonesischen Stände formulierten etwa 1461 in ihrer Huldigungsformel: „Wir, die wir genau soviel wert sind wie Ihr, und die wir mehr vermögen als Ihr, werden Euch als unseren König und Herrn haben unter der Bedingung, daß Ihr unsere Rechte achtet; wenn nicht, dann nicht!"⁵⁹ Rang und Macht verpflichteten aber auch zu einem gewissen Maß an Konstruktivität. Wer sie aus persönlichen oder politischen Gründen nicht aufbringen mochte, der verweigerte oder verzögerte seine Reise zu einem Hof- oder Reichstag, um sich durch die dortigen Verhandlungen nicht binden zu lassen. Also wurden die Anzahl und der Rang der bei einem Hof- oder Reichstag erscheinenden Großen auch zu einem – nicht selten recht aussagekräftigen – Hinweis darauf, wie es um die Machtlage eines Monarchen bestellt war. Alles in allem hatte Otto Brunner wohl schon recht, als er zuspitzend formulierte, daß die bei Ständeversammlungen auftretenden adligen und geistlichen Herren samt den Abgesandten der

---

53 Eine der ältesten uns bekannten Vertretungskörperschaften dieser Art mit erheblichen Befugnissen dürfte der ‚panku' genannte Adelsrat sein, welchen Großkönig Telipinu um 1500 v. Chr. im Hethitherreich einrichtete. Siehe B. Braundau /H. Schickert 2002, S. 289f.
54 ‚Was alle angeht, muß auch von allen behandelt und mit Zustimmung bedacht werden'.
55 Siehe hierzu Y. M.-J. Congar 1958.
56 Vgl. A. Demandt 1995.
57 Siehe etwa J. Orlandis 1981 und R. L. Stocking 2000.
58 Siehe neuerdings P. Moraw 2002.
59 Zitiert nach K. v. Beyme 1999, S. 16.

Städte das Land nicht einfach ‚repräsentierten', sondern tatsächlich ‚das Land waren'[60] und, einmal anwesend, die Macht und Reichtümer eines Landes in den Dienst des Herrschers stellen konnten – wenn, und oft wohl nur wenn, sie dafür die wichtigsten von ihnen erwünschen Gegenleistungen bekamen.

Allerdings kann recht unterschiedlich sein, was zu Macht oder Einfluß und darum zu einem Platz in einer Vertretungskörperschaft führt. In vordemokratischen Zeiten war das die durch Erbe oder Amt erworbene gesellschaftliche und machtpolitische Stellung. Das wirkte noch lange nach dem Durchbruch des Demokratieprinzips in der Französischen Revolution nach. Nicht nur in den deutschen Staaten standen den gewählten ‚Abgeordnetenhäusern' bis zur Revolution von 1918 stets auch ‚Herrenhäuser' mit Mitgliedschaft durch Geburt, erworbenes Rittergut oder Amt zur Seite. In Großbritannien tut dies bis heute ein – freilich zum blassen Schatten früherer Macht gewordenes – House of Lords, gegründet auf Geburt oder Ernennung, gegenüber einem aus freien Wahlen hervorgehenden House of Commons. Die wichtigste Veränderung der für einen Parlamentssitz wesentlichen Machtquelle brachte dabei die in den amerikanischen Kolonialparlamenten seit dem 17. Jahrhundert bekannte, in Europa seit der Französischen Revolution sich ausbreitende Verbindung des tief vordemokratischen Repräsentationsprinzips mit dem – anfänglich noch sehr eingeschränkten – Demokratieprinzip sowie anschließend der (mittlerweile in vielen Staaten sehr konsequent durchgehaltene) Grundsatz, daß einer wirklich machtvollen Vertretungskörperschaft nur angehören dürfe, wer in freien Wahlen einen Sitz in ihr erworben hätte.[61] Unter solchen Bedingungen ist es schon gar nicht ein Adelsprädikat und nur sehr bedingt persönlicher Reichtum, was die Macht eines Parlamentsmitglieds begründet.[62] Viel eher sind das – je nach Wahlrecht und politischer Kultur – eine Führungsposition in einer wichtigen Partei, ein gut unterhaltenes Netzwerk politisch nützlicher Beziehungen, gekonnte Medienpräsenz oder der Glaube einer persönlichen Gefolgschaft, mit ‚ihrem' Parlamentarier oder Parteiführer ließen sich überhaupt oder weiterhin politische Erfolge erzielen.

Mit der Präsenz von Mächtigen in den Parlamenten, und zwar von finanziell Mächtigen, beginnt im Grunde auch das parlamentarische ‚Steuerbewilligungsrecht'. Doch leider lenkt dieser deutsche Begriff die Aufmerksamkeit viel leichter in die Irre als die englische Rede von der ‚power of the purse'. Es ging einst ja um weit mehr als um die Macht, dem Monarchen die Geldbörsen der Regierten zu öffnen. Vielmehr waren in den Ständeversammlungen gerade auch jene städtischen Handelszentren vertreten, die in erster Linie die für dringende Regierungszwecke nöti-

---

60 Hierzu O. Brunner 1981. Fallstudien zu einzelnen Landständen zumal Deutschlands finden sich in H. Rausch 1974, Bd. 2.
61 Eben die ganz selbstverständliche Geltung dieses Prinzips macht etwa den auf Ernennung beruhenden kanadischen Senat machtpolitisch – nicht formalrechtlich – so schwach. Siehe J. Amm 2003.
62 Allerdings kann bei einem Wahlsystem wie dem amerikanischen persönlicher Reichtum eine nachgerade unverzichtbare Voraussetzung für eine erfolgreiche Kandidatur um einen Parlamentssitz sein.

gen Finanzmittel bereitstellen konnten. Ihre Verhandlungsmacht entsprang der Verfügungsgewalt also gerade über die eigene Geldbörse. Umgekehrt war die Verhandlungsmacht der Fürsten oder Herren zu einem Großteil Ausfluß der von ihnen verwalteten ‚power of the sword'. Erst der Absolutismus mit seiner immer besser von der monarchischen Regierung gesteuerten Fiskalwirtschaft setzte der parlamentarischen ‚power of the purse' solange ein Ende, wie der Monarch ohne zusätzliche Ressourcenzuweisungen seitens seiner steuerkräftigen Untertanen auskommen zu können glaubte. Auf der Grundlage ausreichender, gesicherter Einkünfte vermochte der Monarch dann auch ein stehendes Heer zu unterhalten, was ihn sogar noch von der ‚power of the sword' der weltlichen Herren seines Territoriums unabhängig machen konnte.[63] Eben das brachte beiderlei parlamentarische Verhandlungsmacht um ihr Gewicht und führte überall dort zum zeitweisen Niedergang von Ständevertretungen und Parlamentarismus, wo es in der Tat gelang, annähernd absolutistische Regimes zu errichten. Das aber glückte längst nicht überall und schon gar nicht auf Dauer. Jedenfalls ließ sich der institutionelle Entwicklungsweg der Ständeversammlungen hin zum bürgerlichen Parlamentarismus nur vergleichsweise kurze Zeit lang abtrennen vom Aufstieg des Bürgertums, von der Entwicklung seiner wirtschaftlichen Macht und von der Entfaltung seiner politischen Partizipationswünsche.

Die zu ziehende institutionelle Lehre war jedenfalls klar: Es mußte der Regierung verwehrt werden, am Parlament vorbei in den Besitz von Finanzmitteln zu gelangen. Genau das ist der Kern des heutigen Steuerbewilligungsrechts der Parlamente. Auf ihm konnte obendrein das Budgetrecht der Parlamente aufsetzen: Nicht nur die Aufnahme zusätzlicher Finanzmittel, sondern selbst die Verausgabung bereits verfügbarer Finanzmittel wurde der alleinigen Verfügungsgewalt der Regierung entzogen. Beides wurde inzwischen zu einem so selbstverständlichen Bestandteil freiheitlichen Verfassungsdenkens, daß nur selten zu Bewußtsein kommt, wie wenig man diese Machtquellen eines Parlaments aus irgendeinem ‚Wesen' des Parlamentarismus ableiten kann. Tatsächlich entspringen sie nur der Geschichte des Parlamentarismus und jenen – später ins Verfassungsrechtliche und ins Demokratietheoretische geronnenen – politischen Erfahrungen, welche die im Grunde *auch* Mächtigen eines Landes stets dann zu machen hatten, wenn die Regierung eben nicht die von einem Parlament verwaltete ‚power of the purse' ins Kalkül zu ziehen hatte.

Diese Geschichte institutionellen Lernens hat obendrein eine heute recht wichtige Pointe: Immer schon war nämlich Finanzmacht eine wesentliche Quelle politischer Macht; welche Regierung auch immer die Unterstützung von Mächtigen brauchte, mußte gerade auch mit den finanziell Mächtigen zusammenwirken; deswegen konnte es gar nicht ausbleiben, daß in den Beratungs- und Vertretungskörperschaften der

---

63 In England führte dieser Versuch des Königs zum Bürgerkrieg, faktisch einem Krieg zwischen Krone und Parlament, den das Parlament gewann. Dieser Sieg des englischen Parlaments schuf letztlich die Voraussetzungen für die Entstehung des parlamentarischen Regierungssystems, in dem – seit dem frühen 20. Jahrhundert – die Macht ganz beim Parlament und der parlamentsgetragenen Regierung liegt, die Rolle des Monarchen aber auf ein im Kern symbolisches ‚Herrschen' reduziert wird.

Mächtigen finanzielle Fragen eine wichtige Rolle spielten; und sobald die Behandlung von Finanzfragen in Form eines Steuerbewilligungs- und Budgetrechts der Vertretungskörperschaften erst einmal institutionalisiert war, blieb dies ein integraler Bestandteil parlamentarischer Institutionen selbst dann, als durch das Aufkommen von Demokratie, Parteien und ganz anders gearteten Rekrutierungswegen in politische Führungsämter der ursprüngliche Grund weggefallen war, warum Finanzfragen in Parlamenten behandelt werden mußten: nämlich mit den wirklich Finanzmächtigen – und nicht mit oft auch recht schlichten Abgeordneten vom Typ Gernegroß.

Womöglich hat also die allgemeine Verachtung, mit der Parlamente und Parlamentarier beim alltäglichen Reden oft behandelt werden, eines ihrer Motive auch in der folgenden Empfindung: Die Abgeordneten kämen in Schuhen einher, die für sie zu groß wären, weswegen persönlicher Gang und institutionelles Schuhwerk nicht recht zusammenpaßten. In der Tat verdeckt die Realerscheinung des politischen Personals heute meist, woher die Quelle finanzieller Parlamentsmacht sich einst nährte. Und weil an realer persönlicher Macht als wichtiger Quelle institutioneller Macht denn doch niemand ernsthaft zweifelt, wird mit großem Interesse gerade heute nach der ‚eigentlichen Macht' hinter der Parlamentariermacht gefragt und die Antwort oft dahingehend erteilt, in Wirklichkeit seien viele Abgeordnete wohl Marionetten an den Fäden von Lobbyisten und Großkapital. Strenge Transparenzregeln sollen dann jene Machtverhältnisse offenlegen, die man hintergründig wirken fühlt, in deutschen Parlamentshandbüchern aber oft kunstvoll verborgen findet. Da stand es um die machtpolitische Transparenz der alten Land- und Reichsstände wirklich besser: Weniger verdeckt als vielmehr – mitunter auch recht präpotent – zur Schau gestellt wurden damals jene gesellschaftlichen Machtverhältnisse, die man in der Vertretungskörperschaft, mit allem schuldigen Respekt vor dem Monarchen und den wechselseitigen Rängen, ins politische Spiel zu bringen gedachte.

3.2.2. Die in parlamentarischer Kommunikation geborgene Macht

Die zweite Richtung, in welche uns das Nachdenken über die *causa materialis* von Parlamentsmacht führen muß, zeigt bereits der Name dieser Institution an. In ihr geht es um das Reden und Argumentieren. Auch hier läßt es allenfalls die Vertrautheit mit den Diskursbedingungen einer offenen Gesellschaft als ganz selbstverständlich erscheinen, daß überhaupt an irgendeiner Stelle im politischen System offen und kritisch das Für und Wider unterschiedlicher Politiken erörtert und die Schwächen oder Fehler politischer Führer mit Fleiß und Nachdruck vor aller Augen geführt werden können. Doch nichts davon war im größten Teil der Geschichte politischer Macht und politischer Institutionen selbstverständlich. Kritik, zumal solche vor anderen, verletzte die Ehre; Fehler eines Herrschers waren allenfalls von Vertrauten und am besten auch nur auf Aufforderung anzusprechen; und die Vorstellung war völlig fremd, daß Streit über politische Optionen auch noch transparent zu machen, also vor einem interessierten Publikum, gar vor in die *arcana imperii* nicht Eingeweihten zu führen sei. Setzt man derlei Beobachtungen an die Stelle unserer Selbstverständlichkeit politischen Meinungsstreits und parlamentarischer Regierungskritik, so ist leicht zu erkennen, wieviel an Diskurs- und Deutungsmacht aus der im bloßen Reden liegenden Quelle von Parlamentsmacht sprudeln konnte, als langsam und zäh jene Dinge eingeführt wurden, deren besondere Betonung als wichtig heute manchen wundert, obwohl sie allesamt prägend sind für den Machtaufstieg und für die Machtstellung von Parlamenten: daß Abgeordnete für ihre Aussagen als Parlamentarier nicht rechtlich belangt werden dürfen;[64] daß die wahrheitsgetreue Wiedergabe des im Plenarsaal Verhandelten straffrei bleibt, was in Zeiten von politischer Zensur natürlich einen ganz anderen Stellenwert hatte als seit der Abschaffung von Zensur; und daß auf alle Fälle die Plenarverhandlungen eines Parlaments – doch warum nicht auch seine Ausschußberatungen? – öffentlich sein sollten, was sie bis zur Französischen Revolution ja nirgendwo in Europa waren.

Man erkennt: Erst eroberte sich die freie politische Rede im Schutzraum der Parlamentskammer ihren Platz; sodann verbreitete sie sich über die gesamte Gesellschaft. Damit war den politischen Machthabern die Tarnkappe für ihr operatives Geschäft entzogen. Wesentlich war dafür das Aufkommen zunächst von Flugschriften, später von Zeitungen und zuletzt der elektronischen Medien, desgleichen eines gebildeten Publikums, das diese Möglichkeiten politisch zu nutzen verstand. Ebenso erkennt man, wie die Hypertrophie des Mediensystems seit der zweiten Hälfte des 20. Jahrhunderts die speziell vom Parlament ausgehende politische Kommunikation überlagern und angesichts des Aufkommens weiterer Quellen von Diskurs- und Deutungsmacht nebensächlich machen konnte: Nicht vor dem Parlament, sondern vor der Bundespressekonferenz oder improvisiert gibt die deutsche Regierung ihre Entscheidungen zuallererst bekannt; und über Interviews und Talkshowauftritte, doch selten über Reden im Parlamentsplenum, versuchen Politiker nunmehr, ein Massenpublikum zu erreichen. Und doch ist die in der freien Redesituation des Parlamentariers geborgene Macht nur überlagert von anderen massenmedialen Machtformen, nicht aber verschwunden. Das zeigt aufs neue ein ganz aktuelles Beispiel: In Fernsehsendungen konnte und kann man NPD-Rednern das Wort abschneiden – im Plenum eines Parlaments wie des Sächsischen Landtages aber nicht. Also mag man ausgerechnet das so lange als parlamentarisch im Grunde nebensächlich behandelte Plenum als eine zentrale und auch wirkungsmächtige

---

64 Dieses lange Zeit als ziemlich funktionslos mitgeteilte und darum auch recht gedankenlos zur Kenntnis genommene Prinzip der parlamentarischen Indemnität löste unlängst erstauntes Aufsehen aus, als sich der Versuch als juristisch gar nicht möglich erwies, NPD-Abgeordnete des Sächsischen Landtags wegen volksverhetzender Äußerungen in einer Plenardebatte strafrechtlich zur Verantwortung zu ziehen.

Stätte politischer Kommunikation wiederentdecken.[65] Dort gibt es nämlich stets eine durch Institutionalisierung gesicherte Chance, jene Dinge kommunikativ offenzulegen, welche konkurrierende Mitglieder der politischen Elite ansonsten lieber verdecken.

Noch ein weiterer Strom von Parlamentsmacht quillt aus der zunächst so unscheinbar anmutenden Quelle freien parlamentarischen Redens. Zu diesem gehört nämlich auch das Formulieren von Fragen und das Bewerten erteilter Antworten. Beides wiederum konstituiert Verantwortlichkeit: Im Parlament kann man gefragt werden und hat dann die Chance bzw. trägt das Risiko, je nach dem Inhalt oder Stil seiner Antwort an Ansehen und Einfluß zu gewinnen oder zu verlieren. Sicher galt dieser Zusammenhang lange Zeit nur für jene, die sich an Debatten in einer Ständeversammlung oder sonstigen Vertretungskörperschaft von gleich zu gleich beteiligten. Doch auch unter ihnen konnte man fast immer die Parteigänger des Monarchen von jenen unterscheiden, die hier und jetzt einen anderen Gang der Willensbildung und Entscheidungsfindung wünschten. Also war es wohl nie für seine Machtlage unerheblich, mit wem in einer Vertretungskörperschaft der Monarch oder Regierungschef in erster Linie kooperierte.

Erst recht aber wurde die zunächst reine Sprechsituation der eingeforderten und dann auch praktizierten Verantwortlichkeit zu einer parlamentarischen Machtquelle, als die Erfindung des institutionellen Mechanismus der Kontrasignatur[66] den Ersten Minister des Monarchen zum erstrangigen Adressaten der parlamentarischen Einforderung von Verantwortlichkeit machte. Ab diesem Zeitpunkt war es nämlich gelungen, über das Kommunikationsverhalten des Premierministers, der einen Akt des Monarchen ‚gegengezeichnet' hat, die gesamte in diesem Akt sich verdichtende (monarchische) Politik zum Gegenstand parlamentarischer – und später auch öffentlicher – Erörterung zu machen. Weitere institutionelle Mechanismen konnten auf dem hier Erreichten unschwer aufbauen und diese Quelle von Parlamentsmacht zu einem gewaltigen Strom werden lassen. Das tat vor allem die zunächst in England sich einspielende Regel, daß der Erste Minister des stets auf seine Verfügbarkeit überprüfbaren Vertrauens des Parlaments bedürfe, um im Amt bleiben zu können.[67] So verlagerte sich die reale politische Gestaltungsmacht noch weiter weg vom Monarchen hinein ins Parlament: Nur solche Akte des Monarchen würde ein Erster Minister üblicherweise unterzeichnen wollen, für die er im Parlament eben keine Abstimmungsniederlage erwarten müßte. Aus dem Premierminister als einem parlamentarisch verantwortlichem ‚Mittler' zwischen Monarchen und Parlament war so,

---

65 In der Tat stimmt nur für politische Normalzeiten die Lehrbuchweisheit, daß sich im Plenarsaal in der Regel nichts Spannendes ereignen kann. Sogar noch die letzte sozialistische Volkskammer der DDR wurde – allerdings nur kurzfristig – zum Publikumsmagneten, nämlich bei Fernsehübertragungen aus ihrem Plenum seit der Krisensitzung am 11. November 1989. Vgl. R. Schirmer in diesem Band.
66 Siehe hierzu W. J. Patzelt 2003, S. 69-76.
67 Das institutionelle Ergebnis der Implementation dieser Regel wird als ‚parlamentarisches Regierungssystem' bezeichnet und hat sich von England aus weltweit verbreitet.

und zwar bei Wahrung aller traditioneller Formen und selbst aufrichtigen Untertanenrespekts, die mögliche Speerspitze einer Parlamentsmehrheit gegenüber dem Monarchen geworden. Der Abschluß dieser Entwicklung hin zur dominanten Parlamentsmacht vollzog sich mit der Entstehung der Regel, daß auf parlamentarische Abstimmungsniederlagen der Regierung Neuwahlen folgen könnten und gar zu folgen hätten, und mit der zunehmenden Verselbstverständlichung der Tatsache, daß diese Wahlen nach demokratischen Grundsätzen vollzogen und von massenmedial mitgestalteter Willensbildung geprägt wurden. Dergestalt konnte nämlich die gesamte Politik der Regierung, und zwar ganz unabhängig vom besonderen Anteil, den der Monarch oder allgemein das Staatsoberhaupt an ihr haben mochte, im breiten öffentlichen Diskurs des Wahlkampfs zur Debatte gestellt werden. Mit einem Sieg seiner politischen Gegner bei einer Parlamentswahl aber hatte der Monarch eine entscheidende Machtprobe verloren und mußte dann entweder klein beigeben oder, bei weiterem politischen Widerstreben, die Legitimität der gesamten Monarchie aufs Spiel setzen. Dabei verschlug es stets wenig, wenn die Existenz und Wirkungsweise dieser ineinander greifenden institutionellen Mechanismen meist nur für Insider und aufgeklärte Beobachter des politischen Spiels transparent waren: Es reicht stets für ihr Wirken, daß die zentralen Akteure wissen, was sie tun oder lassen.

Natürlich gingen von allen diesen Stufen sich institutionell verfestigender Regierungsverantwortlichkeit vor dem Parlament unter den Insidern des politischen Machtspiels auch überaus folgenreiche Antizipationsschleifen aus. Seit der Einführung der Kontrasignatur mußten Monarchen sich schon überlegen, ob sie eher auf ihnen wichtige politische Projekte oder lieber auf einen nicht unterzeichnungswilligen Premierminister verzichten wollten; seit der Einführung eines Regierungssturzes nicht nur durch monarchisches, sondern auch durch parlamentarisches Mißtrauensvotum mußten Staatsoberhäupter sich obendrein mit einer sich bildenden und stabilisierenden Parlamentsmehrheit arrangieren; und seit dem Aufkommen der Erwartung von Neuwahlen im Falle eines parlamentarischen Regierungssturzes[68] hat sich ein Staatsoberhaupt dann von vornherein mit der Rolle eines obersten Repräsentanten zufriedenzugeben, wenn antizipierte Parlamentswahlen eine Mehrheit seiner politischen Gegner erwarten lassen.

Unter den freiheitlichen Regierungssystemen gingen lediglich die präsidentiellen Regierungssysteme diesen Weg weiteren parlamentarischen Machtaufstiegs nicht mit. In ihnen ist, dank der für sie vorbildgebenden und inzwischen ziemlich alten Verfassung der USA, der seit Mitte des 18. Jahrhunderts in England erreichte machtpolitische Gleichstand zwischen Staatsoberhaupt und Parlament gleichsam eingefroren. In ihnen sind darum die Parlamente meist weniger machtvoll als in parlamenta-

---

68 Wie groß diese Erwartung selbst in politischen Systemen sein kann, welche diese Regel nie als eine zwingende eingeführt haben, zeigten die ersten Monate der später so langen Regierungszeit Helmut Kohls: Seine Regierung galt vielen Deutschen so lange als illegitim, wie sie lediglich auf dem Koalitionswechsel der FDP, nicht aber auf gewonnenen Wahlen beruhte. Nicht zuletzt deshalb führte der Kanzler, wie von vornherein angekündigt, auch alsbald Neuwahlen herbei, wenn auch unter Beugung des Sinns der dafür herangezogenen Verfassungsregeln.

rischen Regierungssystemen. Allerdings ist sofort anzufügen, daß dieser Zusammenhang durchaus komplexer ist, als er sich zunächst ausnimmt. Einesteils kann in präsidentiellen Regierungssystemen ein infrastrukturell gut ausgestattetes, aus auch persönlich mächtigen Akteuren bestehendes und in seiner Machtposition ganz selbstverständlich respektiertes Parlament, wie etwa der Kongreß der USA, ebenfalls sehr mächtig sein. Andernteils verhält sich in den parlamentarischen Regierungssystemen die Sache viel komplizierter, als sie zunächst zu sein scheint. Erstens machen die um parlamentarische Ministerverantwortlichkeit sich rankenden institutionellen Mechanismen nicht das Parlament insgesamt mächtiger, sondern nur die jeweils regierungstragende Mehrheit.[69] Und zweitens konzentriert sich die Parlamentsmacht nunmehr in den Händen jener parlamentarischen Führer, die teils die Regierungsämter, teils die Spitzenpositionen der regierungstragenden Fraktionen besetzen. Also führt die Rede von einer quer über alle Abgeordneten und Fraktionen gestiegenen Parlamentsmacht in die Irre: Zwar gelangte die Regierungsmacht ins Parlament, geriet aber nicht in die Hände aller Parlamentarier gleichermaßen.

3.2.3. Die in nutzbarer Infrastruktur geborgene Macht

Die dritte Richtung, in welche uns die Suche nach der ‚Materialursache' von Parlamentsmacht führt, läßt uns höchst plausiblen, wenn auch von vielen Bürgern nicht ohne weitere Hilfestellung eingesehenen Tatsachen begegnen. Denn natürlich werden Parlamentarier dann größere Macht entfalten können, wenn ihnen qualifizierte Mitarbeiter, technische Hilfsmittel, geeignete Büros und ausreichende Finanzmittel zur Verfügung stehen. Ebenso ist leicht zu verstehen, daß jener Machtvorteil, welchen im parlamentarischen Regierungssystem die regierungstragenden Fraktionen besitzen, zum Zweck der Schaffung intra-parlamentarischer Gegenmacht dadurch verringert werden kann, daß Oppositionsfraktionen einen Zuschlag an materiellen Ressourcen der Parlamentsarbeit erhalten. Im übrigen beeinflußt parlamentarische Machtlagen, welche Grundsatzentscheidung in folgender Frage getroffen wurde: Sollen vor allem die Ausschüsse und Fraktionen als organisatorischen Bausteine der Parlamentsarbeit mit materiellen Machtressourcen ausgestattet werden, oder sollen auch die einzelnen Abgeordnete schon rein materiell einflußreich gemacht werden, indem man ihnen ganz persönlich, und nicht (nur) den Fraktionen zur (möglichen) Weiterreichung an ihre Mitglieder, Mitarbeiter, Infrastruktur und Finanzen zur Verfügung stellt?

---

69 Zu ihr darf man im Fall von Minderheitsregierungen auch jene Fraktionen rechnen, die eine Regierung immer wieder parlamentarisch unterstützen ('tolerieren').

3.2.4. Die in Zeitressourcen geborgene Macht

Viertens gehört zur ‚Materialursache' von Parlamentsmacht ganz einfach die Zeit und deren prozedurale Strukturierung, die einer Vertretungskörperschaft zum Zusammenkommen und Agieren zur Verfügung steht.[70] Hier gibt einen breiten Übergangsbereich zwischen – erstens – fallweise, ganz nach dem persönlichen Ermessen des Monarchen einberufenen Versammlungen; zweitens solchen Gremien, die zwar auch nicht regelmäßig zusammengeholt werden, doch stets – wie etwa ein kirchliches Konzil[71] – im Wissen auseinandergehen, irgendwann werde schon wieder das im großen und ganzen rechtlich gleiche Gremium zusammenfinden, wenn auch wahrscheinlich in völlig veränderter personeller Zusammensetzung; und drittens den kontinuierlich oder immerhin verläßlich periodisch tagenden Vertretungskörperschaften. Wo immer man hier die Grenze zwischen der Geschichte einer Repräsentationsinstitution und ihrer Vorgeschichte ziehen will, sozusagen zwischen dem Immerwährenden Reichstag der frühen Neuzeit und jenen Hoftagen des Hochmittelalters, die zur Vorgeschichte der Reichstage gehören: Unmittelbar wird einleuchten, daß jene Versammlungen eine größere Macht besitzen sollten, die häufiger zusammenfinden und auch zwischen ihren Tagungen weder ihre Arbeitsfähigkeit noch gar ihr Zusammengehörigkeitsgefühl verlieren.

Hoftage hatten noch wenig institutionelles Eigengewicht; Reichs- und Landtage besaßen das schon eher. Doch sie bestanden – abgesehen von ihren manchenorts institutionalisierten Deputationen – nicht dauerhaft und hatten meist auch kein Selbstversammlungsrecht. Vielmehr wurden sie einberufen und bekamen, nach Abschluß der von ihnen erwarteten Arbeiten, ihren Abschied. Klar war dann nur, die Inhaber welcher Positionen beim nächsten Reichs- oder Landtag wohl wieder geladen würden, nicht aber, wann es zum nächsten Zusammentreten kommen werde. Den wesentlichen Fortschritt an Machtmöglichkeiten brachte darum die – beileibe nicht allenthalben durchgesetzte – Periodizität der Ständeversammlungen. Und den Durchbruch zur Fülle aller zeitlichen Machtmöglichkeiten stellte es dar, als parlamentarische Versammlungen zur ständigen Präsenz gelangten, bei der es nur Unterbrechungen durch Parlamentsferien und durch im Parlament vereinbarte ‚Wahlkreiswochen' gibt. Abgerundet werden konnte das durch ein Selbstversammlungsrecht sogar während eigentlich ‚parlamentsfreier' Zeiten, realisiert meist durch Einberufung seitens des Parlamentspräsidenten auf Antrag eines bestimmten Anteils der Parlamentarier. Wo auch dieses letztere Parlamentsrecht besteht, ist ein Parlament von seiner Tagungszeit her umfassend handlungsfähig gemacht und erleidet Einschränkungen nur noch durch die jeweils gegebenen Kommunikations- und Verkehrsmöglichkeiten.

Natürlich blieben die hierin geborgenen parlamentarischen Machtmöglichkeiten niemals verborgen. In Frankreichs V. Republik mit ihrem absichtsvoll geschwächten

---

70 Vgl. auch G. Riescher 1994.
71 Siehe hierzu G. Alberigo 1993.

(‚rationalisierten') Parlamentarismus war etwa bis zum Jahr 1995 die Sitzungszeit der Nationalversammlung durch den Verfassungsartikel 28 auf die Dauer von ganzen 80 Tagen ab dem 2. Oktober und von nicht mehr als 90 Tagen ab dem 2. April beschränkt. In den 175 Jahren zwischen 1614 und 1789 vermied das immer straffer regierte Frankreich der großen Kardinäle und absolutistischen Könige die Einberufung seiner Generalstände ohnehin. Erst die Gesellschaftskrise und finanzielle Staatskrise unter Ludwig XVI. erzwang das erneute Spiel mit dem Feuer wirklicher Gegenmacht. Diese konstituierte sich am 17. Juni 1789 mit der Selbsterklärung der Vertreter des ‚Dritten Standes' zur Nationalversammlung dann auch sehr selbstbewußt und brachte recht rasch die königliche Macht zum Verschwinden. Einen Mittelweg ging die DDR: Immer seltener wurde die Volksversammlung einberufen,[72] und meist nur im Nachgang von ZK-Tagungen der SED zwecks verfassungsrechtlicher Umsetzung der dortigen Beschlüsse. Im revolutionären Herbst 1989 mußte sich die Volkskammer ihre – seit Anfang September seitens von LDPD und CDU geforderte – Einberufung durch den Volkskammerpräsidenten nachgerade erzwingen[73] und wurde darum erst so spät auch nur ansatzweise handlungsfähig, daß sie schon deshalb keine Macht mehr erlangen konnte, den revolutionären Prozeß anders denn nachvollziehend zu begleiten.[74]

3.3. Antriebsursachen von Parlamentsmacht

Wie kann die *causa efficiens*, die ‚Antriebsursache', die Entstehung von Parlamentsmacht erklären? Hier wird unmittelbar einleuchten, daß sich in Parlamenten Personen zusammenzufinden pflegen, die in besonders hohem Grad an ihrer eigenen Geltung, am eigenen Vorankommen und an eigenen Gestaltungsmöglichkeiten interessiert sind. Zu den letzteren gehören die Einflußnahme auf die (möglichst auch

---

72 Die meisten Plenarsitzungen gab es mit 50 in der 1. Wahlperiode (1950-1954). Dann sank deren Zahl ständig bis auf ganze 13 bzw. 12 in der 7. und 8. Wahlperiode (1976-1986). Daß die letzte Wahlperiode der sozialistischen Volkskammer (8.6.1986-18.3.1990) mit 18 Plenartagungen auf einen höheren Wert kam, liegt nur an der häufigeren Sitzungsfrequenz nach Ausbruch der Friedlichen Revolution. Die frei gewählte 10. Volkskammer kam hingegen zwischen 5.4. und dem 2.10.1990 auf nicht weniger als 38 Plenartagungen. Zu diesen und anderen Zahlen zum Tätigkeitsprofil der Volkskammer siehe W. J. Patzelt/R. Schirmer 2002, S. 397-404. Auf S. 402, Tab. 26, hat sich dort leider ein Druckfehler eingeschlichen: Die Volkskammer kam in den sechs Monaten der 10. Wahlperiode nicht auf 127, sondern nur auf 38 Plenartagungen.
73 Tatsächlich trat sie erst auf Einberufung von Egon Krenz am 24. Oktober wieder zusammen, allerdings nur, um Krenz zum Staatsratsvorsitzenden und Vorsitzenden des Nationalen Verteidigungsrates zu wählen. Die aufgrund der sich verschärfenden politischen Lage geforderte Plenarsitzung kam hingegen erst am 13. November 1989 – und somit nach dem Fall der Mauer – zustande.
74 Eine vorzügliche und überaus detaillierte Analyse des institutionellen Siechtums der Volkskammer seit dem Ende der SED-Suprematie gibt R. Schirmer in diesem Band.

eigenen Interessen dienende) Verteilung knapper Ressourcen; die (möglichst auch mitgestaltende) Kontrolle anderer politischer Machtträger; sowie der eigene Aufstieg in Ämter, die weitergehende Gestaltungsspielräume eröffnen. Alle diese Anreize gab es natürlich schon zu jenen Zeiten, als die Zugehörigkeit zu einem – damals in der Regel land- oder reichsständischen – Parlament auf einen geerbten Titel oder auf ein erworbenes Amt zurückging. Noch wirksamer aber wurden diese Anreize seit dem Anbruch demokratischer Zeiten. Einesteils steht nämlich nun einem jeden, der politischen Ehrgeiz besitzt, der Weg ins Parlament grundsätzlich offen. Andernteils gibt es auf dem Weg zu einem Parlamentssitz etliche Hürden zu überwinden, was keineswegs ein jeder schafft und somit einem gewaltigen Selektionsdruck gleichkommt. Wer ihn aushält, wird sich in mannigfacher Weise an Machtwillen und an Machtkompetenz von vielen seiner Mitbürger unterscheiden.

Denn meistens verlangt die Mitgliedschaft in einem demokratischen Parlament erhebliche persönliche Vorleistungen. Zu ihnen gehören im Kern intensive Anstrengungen, um zunächst überhaupt an aussichtsreicher Stelle für einen Wahlkampf nominiert zu werden und ihn dann auch erfolgreich zu bestehen. Nur im Ausnahmefall, in Deutschland letztmalig zur Zeit ostdeutscher Demokratiegründung nach dem Zusammenbruch der DDR, kommt ein Sitz im Parlament recht zufällig auf einen zu. In der Regel muß man ihn schon ausdrücklich, während etlicher Jahre und unter oft schwieriger Niederkämpfung von Rivalen anstreben, falls man seinen Aufstieg nicht als Schachfigur in der Auseinandersetzung anderer nimmt. Ferner ist ein Parlamentsmandat nie sicher: Nach zwei Jahren im US-Repräsentantenhaus, nach vier Jahren im Deutschen Bundestag, nach sechs Jahren im US-Senat muß man sich wieder um Neuaufstellung und Wiederwahl bemühen. Wer lange genug auf seine Chance hingewirkt hat, überhaupt ins Parlament einzuziehen, wird darum auch mit großem Einsatz an einer Verlängerung seines Mandats arbeiten. Obendrein entwickelt sich oft weitergehender Ehrgeiz: Nicht einfach nur Abgeordneter, sondern ein Parlamentarier in führender Stellung mit Gestaltungsmöglichkeiten und besser noch ein Regierungsmitglied will man sein. Das läßt sich selten bereits in einer ersten Wahlperiode erreichen und verlangt erst recht langen Atem, realistische Zwischenziele sowie, Quartal für Quartal, ein Mindestmaß an politischem Erfolg. Der aber stellt sich am ehesten ein, wenn man die parlamentarische Arbeit als einen Mannschaftssport versteht und betreibt. Dergestalt führt gerade auch individueller Ehrgeiz zu selbstorganisierten, auf Machterlangung und Machterhalt ausgehenden Strukturen, die dann ihrerseits das Parlament zu einer wirkungsvollen Machtmaschinerie machen können.

Nimmt man das alles zusammen, so ist die Antriebsursache von – zumal demokratischer – Parlamentsmacht leicht zu verstehen: In etablierten Demokratien werden nur Personen mit Tatkraft (‚power'), mit Einsatzwillen und mit Machtbewußtsein es in ein Parlament schaffen oder sich im Parlament halten; die um Machtwillen und Gefühl für Machtmanagement gelagerten Persönlichkeitsmerkmale werden sich durch die Erfolgsbedingungen parlamentarischer Arbeit und politischer Karrieren noch weiter verfestigen; und am Ende wird eine Institution stehen, die stark von ziemlich machtbewußten und auf Machtentfaltung ausgehenden Personen geprägt wird. Eben das werden immer wieder jene Akteure zu spüren bekommen und alsbald auch in aller Selbstverständlichkeit antizipieren, die mit Parlamenten und Parlamentariern zu tun haben.

Zwar ist die Reichweite solchen ‚Willens zur Macht' gleich wieder zu differenzieren. Vielen Abgeordneten reicht es, in ihren Wahlkreisen unangefochten renominiert und wiedergewählt zu werden; andere sind damit zufrieden, bei den ihnen am Herzen liegenden politischen Themen das eine oder andere Ziel nachhaltig zu erreichen; nur wenige streben mit aller Kraft die zentralen staatlichen Spitzenämter an, zumal sie dies unter der Ungewißheit künftiger Wahlausgänge und bei wechselndem Glück eigener oder gegnerischer politischer Seilschaften tun müssen. Doch alles in allem geht die Macht von Parlamenten ganz wesentlich auch auf den ‚Willen zur Macht' seiner Akteure zurück. Für dessen Entfaltung und Stärke werden die mit einem Parlamentsmandat verbundenen Gestaltungsmöglichkeiten und Karrierechancen die Anreize setzen und wird das jeweilige Wahlrecht zum Parlament sowie die Handhabung der Selektionskriterien innerparlamentarischen Aufstiegs die Feinsteuerung übernehmen. Je nach politischer Kultur wird man freilich diese ganz persönliche Antriebsquelle von Parlamentsmacht ziemlich stark verdecken müssen. In Deutschland jedenfalls gilt es überwiegend nicht als schicklich, eigenes Machtstreben als Antriebskraft politischen Handelns wirken oder gar erkennen zu lassen. Dann beginnen Verdeckungsstrategien zu greifen, die ihrerseits auf ein Klima politischer Heuchelei hinwirken.

3.4. Zweckursachen von Parlamentsmacht

Zur nächsten wichtigen Quelle von Parlamentsmacht führt uns das Denken entlang der *causa finalis*, der ‚Zweckursache' parlamentarischer Macht. Es wird die Durchsetzungs-, Verhinderungs- oder Deutungsmacht eines Parlaments nämlich dann besonders groß sein, wenn sowohl die Akteure in einem Parlament als auch die Adressaten von deren Handlungen sich wechselseitig im Einverständnis darüber befinden, daß das Parlament durchaus das Recht hat, dasjenige durchzusetzen, zu verhindern oder in einen bestimmten Deutungszusammenhang zu rücken, was das Parlament in einer gegebenen Lage nun einmal durchzusetzen, zu verhindern oder in ein bestimmtes Licht zu rücken unternimmt. Auf diese Weise wird nämlich ‚legitimes' von ‚illegitimem', ‚richtiges' von ‚falschem' Parlaments- und Parlamentarierverhalten unterschieden und dergestalt, für alle praktischen Zwecke, das Machtsystem eines Parlaments von mit ihm konkurrierenden anderen Machtsystemen geschieden.[75] Für eine nähere und überaus anschauliche Analyse der hier ablaufenden machtbildenden Prozesse ist vor allem der Begriff der Leitidee einer Institution bzw.

---

75 Hier liegen offenbar die Anschlußpunkte zur Lumannschen Theorie sozialer Systeme. Siehe N. Luhmann 1984 und G. Kneer/A. Nassehi 2000.

eines Bündels von institutionellen Leitideen nützlich.[76] Gemeint sind damit eine Ordnungsvorstellung sowie die mit ihr verbundenen Gestaltungsansprüche, die für viele, wenn nicht alle, Akteure und Adressaten einer Institution attraktiv oder evident wirken und darum zur verläßlichen Richtschnur ihres Handelns und zum Ausgangspunkt realer – oder zunächst auch bloß antizipierter – Anschlußpraxen werden, die ihrerseits wiederum strukturbildend und machtgenerierend wirken können.

Wird einer Vertretungskörperschaft etwa die Leitidee zugeschrieben, sie solle – wie einst die Versammlung der Europäischen Gemeinschaft für Kohle und Stahl – im wesentlichen nur beraten und Berichte entgegennehmen, so wird es als illegitim gelten und machtpolitisch bloß bei taktisch günstiger Ausnutzung von Krisenlagen durchzusetzen sein, wenn dieses Gremium plötzlich auch Regeln festlegen oder gar Amtsträger stürzen will. Schreibt man einer Versammlung – wie etwa der sozialistischen Volkskammer der DDR – über das Beraten hinaus das Recht der Gesetzgebung zu, nicht aber auch schon jenes einer offenen Regierungskontrolle, so mag selbst die Gesetzesberatung stets dann zum recht formalen Akt werden, wenn das Ausgehen auf Modifikationen einer Regierungsvorlage als Versuch von Regierungskritik angesehen und verhindert wird. Und wer – wie es das Beispiel des US-Kongresses attraktiv macht – die Leitidee eines Parlaments darin kulminieren sieht, daß die Bevölkerung repräsentiert, die Regierung kontrolliert und ein umfassendes Gesetzgebungs- und Budgetrecht ausgeübt wird, der wird es als falsch empfinden und gerne auch als institutionelle Verirrung bekämpfen wollen, wenn Parlamentarier eine bestehende Regierung stürzen oder gar selbst Regierungspositionen übernehmen möchten. Das nun ist aber für die machtpolitische Rolle des Parlaments im parlamentarischen Regierungssystem sogar grundlegend.

Aus alledem geht hervor, daß gerade die in einer Gesellschaft und ihrem politischen System jeweils bekannten und akzeptierten Leitideen eines Parlaments eine wichtige Quelle von Parlamentsmacht sind.[77] Solche institutionellen Leitideen geben nämlich Parlamentariern wenn schon nicht den Rechtstitel, so immerhin eine Art moralische Rechtfertigung oder wenigstens eine Art Zielsetzung ihrer Machtentfaltung gegenüber anderen politischen Institutionen an die Hand. Zwar nicht immer, doch ziemlich oft – nämlich dann, wenn es den Interessen ihresgleichen oder der von ihnen Repräsentierten entspricht – werden zumal machtbewußte Parlamentarier obendrein aus noch so blassen und unscharf konturierten Leitideen ihrer Institution im Lauf der Zeit mehr zu machen verstehen. Im Lauf von Jahrhunderten schaffte hier das englische House of Commons einen überaus bewundernswerten Machtaufstieg,[78] und nur Jahrzehnte brauchte das Europäische Parlament, um mit einer äu-

---

76 Siehe hierzu – mit weiteren Verweisen auf die Herkunft und theoretische Entfaltung dieses Konzepts im Dresdner Sonderforschungsbereich ‚Institutionalität und Geschichtlichkeit' – W. J. Patzelt 2003, S. 50-59.
77 G. Göhler nennt sie die „intransitive Macht" einer Institution; vgl. das Einleitungskapitel dieses Bandes.
78 Siehe die knappe Darstellung in K. Kluxen 1991, S. 254ff.

ßerst schmalen leitideellen Machtanlage äußerst erfolgreich zu wuchern.[79] Anfänglich eine nicht nur namenlose, sondern auch ziemlich kompetenzlose ‚Versammlung', stellte es sich nämlich ganz absichtsvoll, wenn auch völlig kontrafaktisch, von vornherein in die Traditionslinie ‚richtiger' Parlamente und akzeptierte – im Grunde bis heute – alle Grenzen seiner Machtmöglichkeiten grundsätzlich bloß mit der Attitüde, nur ‚noch nicht' könne es das tun, was ihm ‚eigentlich' mit Fug und Recht zustehe oder wenigstens zustehen sollte. Tatsächlich zahlte sich diese Haltung aus: Erst akzeptierte man die im Grunde bloß usurpierte Selbstbezeichnung als ‚Europäisches Parlament', sodann – beginnend ab 1970, endgültig ab 1975 – ein eigenständiges Haushaltsrecht, anschließend die Direktwahl seiner Mitglieder, in der Folge immer weiter ausgreifende Gesetzgebungsmöglichkeiten und unlängst sogar ein – wenn auch noch recht indirekt wirkendes – Recht auf eine parlamentarisch (mit-) geprägte ‚Regierungsbildung' bei der Einsetzung der Europäischen Kommission.[80]

Das Beispiel des Europäischen Parlaments zeigt ferner, daß es sich um durchaus sehr komplexe Prozesse bei dem handelt, was vordergründig allzu klar mit der Formulierung einherkommt, einem Parlament werde – ihrerseits Parlamentsmacht begründend – ‚eine Leitidee zugeschrieben'. Es muß sich ja noch nicht einmal um eine klare Idee handeln. Die Versammlung der Europäischen Gemeinschaft für Kohle und Stahl bekam gewissermaßen nur das Recht mit auf den Weg, sich irgendeine, doch sicher für die Gründungsstaaten der Montanunion akzeptable, Leitidee zu suchen. Daß dies eines Tages auf eine Parlamentarisierung des gesamten EU-Entscheidungssystems hinauslaufen könnte, war allenfalls eine Vision von wenigen, keineswegs aber eine zwangsläufige Entwicklung. Und selbst wo parlamentarische Leitideen seit langem begrifflich klar zu fassen sind wie im britischen Fall jene der ‚Parlamentssouveränität', bedarf es der Konkretisierung durch allgemein akzeptierte Verfassungsgebräuche, um sie machtpolitisch auch wirksam zu machen. In England gelang das freilich bis hin zur völligen Ersetzung der Regierungsgewalt der Krone durch die des parlamentsgetragenen Premierministers.

Kaum weniger häufig als die Unklarheit oder Konkretisierungsbedürftigkeit der Leitideen von Parlamenten ist ebenfalls eine zugleich verwirrende wie auch gegebenenfalls absichtsvolle Vervielfachung der einem Parlament zugeschriebenen Leitideen. Diese können dann konkurrierende oder einander gar lähmende Geltungsansprüche der Institution begründen. Nicht erstaunen muß ein Zustand multipler Leitideen bei einer föderalen Vertretungskörperschaft wie dem Deutschen Bundesrat, der sich ja ohnehin nicht als ein ‚richtiges Parlament' versteht und trotzdem mit Fleiß viele für ein modernes Parlament typische Funktionen erfüllt.[81] Noch weniger muß die Interferenz unterschiedlicher Leitideen bei einer Institution wie dem Rat der Europäischen Union überraschen. Dieser hat längst einen institutionellen Wandel

---

79 Zu dieser Strategie des Europäischen Parlaments siehe W. J. Patzelt 2004.
80 Siehe hierzu S. Dreischer in diesem Band.
81 Vgl. J. Amm in diesem Band.

begonnen, der ihn wegführte von einer für Internationale Organisationen typischen, wenn auch in sehr dichter Periodizität tagenden, Runde von Botschaftern, Ministern oder Staats- und Regierungschefs und ihn wohl in die Rolle des ‚Oberhauses' eines föderativen Systems bringen wird.[82] Auf diesem Weg ist der Rat der Europäischen Union zu einer überaus machtvollen und dabei auch noch ziemlich gut funktionierenden Vertretungskörperschaft geworden, die weder von der einen noch von der anderen Leitidee voll geprägt wird und sich intellektuell recht sperrig ausnimmt.[83] Im Fall des kanadischen Senats bekam eine Parlamentskammer sogar die Aufgabe, sowohl eine föderale Vertretungskörperschaft als auch eine Institution im föderalismusabweisenden Geist des Westminster-Parlamentarismus zu sein. Das führte von vornherein zur Bastardisierung dieser Institution, zu einer machtpolitisch ‚unmöglichen Lage', und ließ den Senat, obwohl er immerhin schon seit 1867 besteht, noch nie aus seiner institutionellen Rollenkrise herausgelangen.[84] Und im analytisch nicht minder interessanten Fall der DDR-Volkskammer wurde deren symbolisch vorgeblendete Leitidee, das oberste Staatsorgan zu sein, voll und ganz überlagert von der instrumentell effektiven Leitidee, mittels der Volkskammer den staatsleitenden Willen der SED mit Rechtsförmlichkeit auszustatten.[85] Erst als der Klammergriff der SED im Lauf des Oktobers 1989 nachließ, als am 1. Dezember dann der Artikel 1 der DDR-Verfassung gestrichen wurde, welcher die Leitidee der SED-Suprematie formuliert hatte, und als die freien Wahlen vom März 1990 auch noch den auf die SED-Macht folgenden Führungsanspruch des revolutionären Runden Tisches gegenstandslos gemacht hatten, konnte aus der zunächst nur deklamatorischen Leitidee der Volkskammer eine wirklich machtbegründende werden. Doch das Wesentliche ist: Es war tatsächlich auch, wenn freilich nicht nur, diese Leitidee, oberstes Staatsorgan zu sein, welche der frei gewählten Volkskammer dann wirkliche Macht gab bis hin zu jener, das eigene Staatswesen zu liquidieren.

Das Beispiel des Europäischen Parlaments macht ferner darauf aufmerksam, daß die machtgenerierende Zuschreibung einer parlamentarischen Leitidee, oder eines Bündels solcher Leitideen, durchaus nicht mit Vertrags- oder Verfassungsparagraphen allein zu bewerkstelligen ist. Zwar wird in rechtsstaatlichen Kulturen es schon ziemlich folgenreich sein, was in Verfassungsdokumenten oder verfassungs-

---

82 Auch Bundeskanzler Schröder formulierte beispielsweise in seiner Regierungserklärung zum Europäischen Rat von Laeken am 14./15. Dezember 2001, der Rat solle dort, wo er legislativ tätig sei, auch faktisch zu einer ‚Zweiten Kammer' werden.
83 Zur Janusköpfigkeit der Leitideen des Europäischen Rates siehe J. Lempp in diesem Band, der obendrein vor Augen führt, wie unterschiedlich sich die Frage nach der Macht einer Vertretungskörperschaft föderaler Provenienz tatsächlich ganz in Abhängigkeit davon stellt, ob man sie eher als inter-gouvernementales Organ oder als ‚Zweite Kammer' (gegebenenfalls auch als ‚Erste Kammer') eines bereits föderativen Systems auffaßt.
84 Siehe J. Amm 2003. Zur nicht minder problematisch machtbegründenden Rolle der Leitideen des Französischen Senats und zur höchst interessanten Ko-Evolution von Leitideen und Senat während der französischen Verfassungsgeschichte seit der Revolution siehe die Analyse von R. Messerschmidt in diesem Band.
85 Siehe R. Schirmer 2002 und in diesem Band.

gleichen Dokumenten formuliert ist. Doch noch wichtiger sind meist mehrheitliche Übereinkünfte unter Spitzenpolitikern und unter publizistischen Meinungsführern, was wohl der legitime Deutungsspielraum oder der hier und jetzt in Anschlag zu bringende Sinn einer Verfassungsregel über die Machtmöglichkeiten eines Parlaments wäre, bzw. in welche Richtung bisheriges Verfassungsverständnis weiterzuentwickeln sei – gleich ob formal durch ausdrückliche Vertrags- oder Verfassungsänderung, oder informell durch die einvernehmliche Schaffung eines Präzedenzfalls mit anschließender Modifikation der zu beachtenden Verfassungsgebräuche. So zeigt sich, wie richtig die Beobachtung ist, daß die Macht einer Repräsentativversammlung letztlich aus der öffentlichen Meinung stammt, hier nämlich aus der öffentlichen Meinung darüber, welche Rolle ein Parlament in einem konkreten Streitfall oder künftig ganz allgemein spielen *solle*.

Mit dieser Beobachtung beginnt auch der Blick darauf, wie die an der ‚Zweckursache' von Parlamentsmacht ansetzenden Antizipationsschleifen wirken. Man wird nämlich (weitere) Machtmöglichkeiten eines Parlaments sinnvollerweise aus jenen Leitideenzuschreibungen oder Leitideeninterpretationen abzuleiten oder zu rechtfertigen versuchen, für welche man emotionale oder argumentative Unterstützung bei politisch wichtigen Unterstützergruppen meint finden zu können. Das wiederum macht die Zweckursache von Parlamentsmacht abhängig vom Zeitgeist und von jener Kultur, in der sie zur Wirkung gelangt. Obendrein erweist sich die Zweckursache von Parlamentsmacht als kontingent hinsichtlich des Kreises derer, die wichtig genug sind, daß ihre Zweckzuschreibungen an ein Parlament auch politisch folgenreich werden können. Bei den parlamentarischen Machtspielen in Oligarchien braucht man nur auf die parlamentarischen Leitideenvorstellungen von vergleichsweise wenigen Akteuren einzugehen; hingegen sind in demokratischen Gesellschaften sehr wohl auch die Wünsche der Bürger an die Rolle ihres Parlaments folgenreich für dessen reale Machtlage, desgleichen ihre Bewertungen der parlamentarischen Leitideen und der sie verwirklichenden institutionellen Performanz.[86] Und obendrein wird es für strategische Zwecke oft angeraten sein, solche möglichen Leitideenzuschreibungen an ein Parlament, und zumal deren Folgerungen, im Bereich des Dunklen, Vagen oder ‚rein Hypothetischen' zu halten, deren Antizipation zur Gegenwehr derer führen könnte, die an einem Zuwachs parlamentarischer Macht nicht interessiert sind. Von daher läßt sich gut verstehen, daß vor allem Analytiker, doch viel weniger die Praktiker des Europäischen Parlaments von der längst begonnenen ‚Parlamentarisierung' des Willensbildungs- und Entscheidungsprozesses auf EU-Ebene einiges Aufheben machen.

---

86 Eben das macht jene Problematik auch machtpolitisch so brisant, die man – bezogen auf Deutschland – einen ‚latenten Verfassungskonflikt' zwischen Volk und Volksvertretern nennen kann. Siehe hierzu W. J. Patzelt 1998a.

3.5. Formursachen von Parlamentsmacht

Am leichtesten ist im Grunde die *causa formalis* zu erörtern, die ‚Formursache' parlamentarischer Macht. Nicht nur ist sie die anschaulichste und am leichtesten zu modifizierende Machtquelle eines Parlaments. Sie ist auch, wohl aus beiden Gründen, jener Angelpunkt, um den sich die meisten in praktischer Absicht geführten Diskussionen um eine Vergrößerung oder Verringerung von Parlamentsmacht drehen. Hier geht es nämlich um die ganz konkreten Strukturen, Arbeitsweisen und (intra- wie inter-) institutionellen Mechanismen eines Parlaments. Diese entstehen, bei ziemlich konstanten durchschnittlichen Interessenlagen parlamentarischer Akteure,[87] ganz wesentlich durch die Schaffung parlamentarischer oder parlamentsabhängiger Positionen und durch die Formulierung sowie Einübung von Regeln, die man beim Zusammenwirken der Positionsinhaber wechselseitig als einzuhalten erwartet. Also befinden wir uns hier im Bereich jenes ungeschriebenen und geschriebenen Parlamentsrechts, das – gleich ob es sich als Geschäftsordnungs-, Gesetzes- oder Verfassungsrecht entfaltet – parlamentarische Strukturen und Prozeduren schafft.

Es dürften exemplarische Hinweise ausreichen, um die Kraft der hier fließenden Machtquellen zu veranschaulichen. Geht man diesen Hinweisen nach, sollte man nie übersehen, daß es meist sehr konkrete und oft überaus scharfe Verteilungskonflikte waren, die zur Aus- oder Umgestaltung so gut wie aller hier einschlägigen Strukturen und Prozeduren führten. Wie diese Verteilungskonflikte ausgingen, hing selbstverständlich – neben mancherlei Zufällen – ganz wesentlich von der Durchsetzungs-, Verhinderungs- und Deutungsmacht der in diese Konflikte verwickelten intra- und extraparlamentarischen Gruppen ab.[88] Und das heißt, daß institutionelle Formen natürlich nicht nur eine Ursache, sondern auch eine Folge von Macht und Machtprozessen sind, geprägt im doppelt symmetrischen Wirkungsfeld aller vier Ursachenformen.[89]

Zunächst einmal verändert es die Machtlage eines Parlaments, ob es sich eine ausdifferenzierte Binnengliederung zulegt oder im Grunde nur als Plenarversammlung tätig ist. Die meiste Macht erlangten stets jene Parlamente, die sich ein tiefgestaffeltes System von Ausschüssen und Unterausschüssen zulegten, die fachlich spezialisiert sind, systematisch das gesamte Regierungshandeln beobachten und sich eben nicht auf fallweise übertragene Aufgaben der Gesetzesberatung beschränken. Wo immer – wie gerade in parlamentarischen Regierungssystemen – obendrein Parteien und Fraktionen zu wichtigen Akteuren werden, erfährt parlamentarische Macht einen großen Zuwachs dadurch, daß die Fraktionen ihrerseits in fraktionsinternen Arbeitsgruppen das parlamentarische Ausschußsystem nachbilden, nach Fraktionsgröße nötigenfalls auch (sehr) vergröbert, und daß sie die Tätigkeit ihrer

---

87 Siehe oben die Ausführungen zur Antriebsursache von Parlamentsmacht.
88 Siehe hierzu den Ansatz machtanalytischer Institutionenforschung von D. C. North 1992.
89 Siehe hierzu den Abschnitt 3.1.

Arbeitsgruppen mit den Tagungen ihrer Fraktionsvollversammlungen in das gleiche arbeitsteilige Verhältnis bringen, wie es idealerweise auf der Ebene des Gesamtparlaments zwischen Plenum und (Unter-) Ausschüssen besteht. Leider bleibt genau diese in der Form eines Parlaments liegende Machtquelle einem Großteil der Bürger verborgen, obwohl es diesbezüglich nicht die geringsten Verdeckungsbemühungen von Parlamenten, sondern im Gegenteil umfangreiche Bemühungen um Aufklärung und politische Bildung gibt.

Sodann stärkt es die Macht eines Parlaments, wenn seine intra-institutionellen Mechanismen es schaffen, im Durchschnitt die nachhaltig – nicht kurzfristig – durchsetzungsfähigsten Parlamentarier an die entscheidenden Schaltstellen zu bringen: an die Spitze von Ausschüssen und Fraktionen, desgleichen in die parlamentarischen Steuerungsgremien. Besonders nützlich ist dabei der innerfraktionelle ‚Wiederwahlmechanismus'. Er besteht darin, daß sich alle Amtsträger einer Fraktion nicht nur zu Beginn, sondern auch in der Mitte einer parlamentarischen Wahlperiode einer innerfraktionellen (Wieder-)Wahl mit verdeckten Stimmzetteln stellen müssen. Das zwingt sie nämlich dazu, sowohl durch praktizierte Responsivität gegenüber ihren Kolleginnen und Kollegen als auch durch umsichtig eingesetzte Führungskraft ihre reale Machtbasis in der Fraktion immer wieder neu zu sichern. Die Folge ist, daß sie auch nach außen nur im Ausnahmefall mit machtpolitisch leeren Händen dastehen werden. Faktisch bleibt auch diese Quelle von Parlamentarier- und Parlamentsmacht dem Großteil der Bürger verborgen, obwohl in der Hintergrundberichterstattung zumal der Qualitätspresse hier sogar routinemäßig ziemlich große Transparenz geschaffen wird.

Am offenkundigsten prägt die Machtlage des Parlaments im politischen Gesamtsystem, welche inter-institutionellen Mechanismen eingerichtet sind und wie verläßlich sie funktionieren. Die zentralen Machtfragen lauten hier: Wie kann das Parlament auf die personelle Zusammensetzung der Regierung Einfluß nehmen? Wie effektiv kann das Parlament über die Klaviatur parlamentarischer Kontrollmöglichkeiten Einfluß sowohl auf die politische Gesamtlinie als auch auf die tägliche Geschäftsführung der Regierung nehmen? Welche effektive Rolle hat das Parlament im Prozeß der Gesetzesinitiative und Gesetzesberatung? Ab welchem Zeitpunkt und mit welchen Mitgestaltungsmöglichkeiten ist das Parlament in die von der Regierung geführten Verhandlungen zu internationalen Abkommen einbezogen? Und welche Möglichkeiten hat das Parlament, an der von den zentralen Regierungsmitgliedern angeführten massenmedialen Kommunikationshierarchie vorbei, und insbesondere auch unabhängig von ihnen, eigenen Einfluß auf die öffentliche Meinung zu nehmen? Für alle diese Fragen wurden in den unterschiedlichen politischen Systemen, und zwar je nach ihren parlamentarischen und politisch-kulturellen Erfahrungen, teils konvergierende, teils recht unterschiedliche strukturelle bzw. prozedurale Antworten gefunden. Oft ist man mit ihnen zufrieden, häufiger auch nicht. Jedenfalls macht der Vergleich ihrer jeweiligen Vor- und Nachteile einen großen Teil jener Diskussionen um Parlaments- und Systemreformen aus, die vom Wunsch geleitet werden, machtpolitisch attraktive institutionelle Mechanismen aus anderen Systemen zu übernehmen, ohne an unerwarteten und unerwünschten Nebenwirkungen leiden zu müssen. Von parlamentarischen Machtverdeckungsversuchen ist in diesem Zusammenhang nichts zu erkennen, viel jedoch an öffentlichem Desinteresse an den so folgenreichen Details derartiger Fragen.

Nicht zuletzt speist sich die Macht eines Parlaments aus jener Weise, in der es ganz konkret in den Herrschaftszusammenhang zwischen den Regierenden und den Regierten eingebettet ist. Erfahrungsgemäß führt es zu deutlich größerer Parlamentsmacht, wenn ein Mehrheitswahlrecht bei relativ kurzen Wahlperioden die Parlamentarier dazu zwingt, sich um halbwegs enge Kontakte zur Bürgerschaft im allgemeinen und vor allem um persönliche Beziehungen zu den gesellschaftlichen, wirtschaftlichen und kulturellen Elitegruppen zu bemühen. Dafür sind vergleichsweise kleine Wahlkreise hilfreich, wobei die Verfügbarkeit von Mitarbeitern und Infrastruktur eine gute professionelle Verankerung allerdings auch in sehr großen Wahlkreisen erlauben kann. Obendrein erweist es sich als vorteilhaft, eine Wiederwahl ins Parlament sowohl möglich als auch attraktiv zu machen. Das schafft nämlich einen starken zusätzlichen Anreiz, auf dauerhafte Verbindungen zu regionalen Elitenetzwerken und bei der Bürgerschaft auf nachhaltige Popularität auszugehen. Beides selektiert nicht nur auf einen machtbewußten Parlamentariertyp hin, sondern stellt obendrein sicher, daß die Abgeordneten auch wirklich Rückhalt in den politisch wichtigen Bevölkerungskreisen haben. Dessen bedürfen sie nämlich, wann immer sie sich auf parlamentarische Machtproben mit der Regierung oder der Regierungsmehrheit einlassen wollen.[90]

4. Wie läßt sich Parlamentsmacht destruieren?

Im Grunde brauchen wir die Betrachtungsperspektive des letzten Abschnitts jetzt nur noch umzukehren. Alles, was die möglichen Quellen von Parlamentsmacht statt zum Sprudeln zum Versiegen bringt, findet nun unser Interesse. Und weil manche Maßnahmen gleich mehreren Ursachen von Parlamentsmacht entgegenwirken, kann nun auch von jener aristotelischen Ursachenheuristik abgegangen werden, die sich bei der Suche nach den parlamentarischen Machtquellen als so hilfreich erwies.

Wie also macht man ein Parlament machtlos? Man kann damit beginnen, daß man ein Parlamentsmandat für gestaltungswillige und ehrgeizige Personen unattraktiv werden läßt. Vorzüglich eignet sich zu diesem Zweck eine für gesellschaftliche Leistungsträger unbefriedigende Bezahlung in Verbindung mit einer besonders strikten und im Einzelfall auch erbarmungslosen Kontrolle des Privatlebens und Finanz-

---

[90] Auch diese machtbegründenden Zusammenhänge sind einem großen Teil der Öffentlichkeit verborgen und werden durch bloße – und meist falsche – Vermutungen substituiert. Allerdings geht solche Verborgenheit in der Regel auf Lücken empirischer Forschung, nicht auf verhüllende Aktivitäten von Parlamenten und Parlamentariern zurück. Siehe hierzu W. J. Patzelt/K. Algasinger 2001.

gebarens von Parlamentariern. Nach einiger Zeit wird nämlich, dank vielerlei Skandalisierungsmöglichkeiten, ein so schlechtes Sozialprestige des Abgeordnetenberufs entstanden sein, daß viele tüchtige Leute sich eine – im Prinzip auch für sie in Frage kommende – politische Karriere schon gar nicht mehr antun wollen. Damit wird der Platz frei für Karrieristen und Opportunisten, mit denen die verbleibenden politischen Führernaturen dann ein vergleichsweise leichtes Spiel haben. Vor allem gilt das für jene politischen Führer, welche von der Bühne solcher exekutiver Positionen aus agieren können, die von keinerlei regelmäßigen oder freien Wahlen gefährdet sind. Zum wirkungsvollen Disziplinierungsmittel solcher Führer wird die gesellschaftliche, politische oder gar auch wirtschaftliche Protektion von Abgeordneten. Sie ist um so leichter möglich, je weniger die offene Bewährung in einer Kette von freien innerparteilichen, innerfraktionellen oder innerparlamentarischen Wahlen für den innerparlamentarischen oder politischen Aufstieg wichtig ist.

Mit alledem ist man dem Ziel schon näher gerückt, keine wirklichen Machtträger im Parlament mehr vor sich oder gar als Gegner zu haben. Noch weiter wird an dieses Ziel gelangen, wer an die Stelle offenen Wettstreits um aussichtsreiche Parlamentskandidaturen ohnehin eine zentrale Steuerung der Kandidatennominierung auf möglichst landesweiten Parteilisten setzt; wer außerdem Möglichkeiten dafür schafft, daß sich ein nennenswerter Teil von Parlamentariern faktisch ernennen läßt, nicht aber aus Härtetests auf politische Durchsetzungsfähigkeit hervorgehen muß; und wer obendrein die Parlamentswahlen selbst – vielleicht gar auf Einheitslisten – zur Formsache macht. Die anschließende persönliche Machtlosigkeit der gewählten oder ernannten Parlamentarier kann man dann noch dadurch absichern, daß man den Abgeordneten weder eine Grundausstattung an Büros, Infrastruktur, Mitarbeitern und Finanzen gibt, die sie persönlich handlungsfähig machen könnte, noch sie überhaupt zur vollberuflichen Arbeit als Parlamentarier kommen läßt. Zu diesem Zweck kann man ihnen entweder – wie im Deutschen Reich bis 1906 – ein angemessenes Gehalt für ihren politischen Beruf verweigern, oder kann man ohnehin, wie in der DDR, das Leitbild von einem Volksvertreter kultivieren, der einen nichtpolitischen Vollzeitberuf mit seinem Abgeordnetenmandat verbindet. Mehr noch: Man kann dieses Leitbild auch noch praktisch so wie in der DDR-Volkskammer umsetzen. Dort gab es eine klare Machtabschichtung zwischen jenen hohen Funktionären von Parteien und Massenorganisationen, die sowieso einen politischen Hauptberuf ausübten, und der Masse jener anderen Abgeordneten, die keine Chance hatten, sich zusätzlich zu ihren Alltagspflichten auch noch eine konkurrenzfähige persönliche Machtbasis aufzubauen.

Ist mit solchen Mitteln erst einmal sichergestellt, daß der Durchschnitt der Abgeordneten ohnehin nicht auf solche persönliche Macht ausgehen kann, die sich dann nach eigenem Urteil und Ermessen ausüben ließe, so wird man mit guten Erfolgsaussichten auch die Vorbedingungen rein institutioneller Parlamentsmacht beseitigen können. Überaus wirkungsvoll ist es, eine auf Fachkompetenz beruhende und arbeitsteilige Binnengliederung von Parlamenten abzubauen oder gar nicht erst entstehen zu lassen.[91] Das kann mit der Unterbindung eines Selbstbefassungsrechts der Ausschüsse beginnen, dann den Weg über eine sehr seltene Einberufung von Plenartagungen nehmen (mit der willkommenen Folge, daß auch Ausschuß- und Fraktionssitzungen eine recht geringe und wenig gemeinschaftsstiftende Frequenz haben werden), und schließlich darin enden, daß ein Parlament weder ausreichende Räume für Fraktions-, Arbeitskreis- oder Ausschußsitzungen hat noch gar Mittel für mögliche Mitarbeiterapparate solcher Gremien bereitstellt. Genau so verfuhren etwa die Volkskammer der DDR und die Föderalversammlung der CSSR.

Den Todesstoß versetzt man einem Parlament aber, oder läßt es erst gar nicht zum Leben gelangen, wenn man ihm die Selbstverständlichkeit offener Rede und freimütiger Regierungskritik entzieht. Das beginnt mit der Ausweitung jener Dinge, über die alle, die ‚recht und billig denken', doch wohl einer Meinung sein müßten; das setzt sich fort in der – natürlich auch schon über eine Antizipationsschleife wirkenden – Ächtung und Ausgrenzung jener, die sich einem solchen auferlegten Konsens verweigern; und das endet sehr rasch in jener wechselseitig kontrollierten und auch gegen besseres Wollen praktizierten Selbstzensur, die etwa Viktor Klemperer bereits für die ersten Jahre der DDR-Volkskammer aus eigener Erfahrung so eindrucksvoll beschrieb.[92] Ist soviel vorauseilendes Verstummen der Parlamentarier erst einmal gewährleistet, dann ist es meist auch kein Problem mehr, ihnen obendrein ein eigenständiges, unangeleitetes Zusammenwirken mit den Massenmedien zu verweigern; diese dürften in einer solchen Lage ohnehin schon gleichgeschaltet sein. Ist man allerdings erst auf dem Weg zu diesem Zustand, so wird es nützlich sein, jene Abgeordneten mit einem privilegierten Medienzugang auszustatten, welche die Positionen und Wünsche der Regierung vertreten, jene anderen aber mittels regierungstreuer Journalisten als verantwortungslose Gesellen hinzustellen, welche der Regierung und ihren Parteigängern mit Kritik kommen wollen.

Im Grunde muß man, falls die beschriebenen Methoden der Destruktion von Parlamentsmacht zu wirken begonnen haben, auch schon kaum mehr etwas an jenen institutionellen Mechanismen verändern, die ein Parlament rein formell zur Machtentfaltung benutzen könnte. Längst schon ist dann nämlich, wie sich am Fall von

---

91 Hier mußte der sozialistische Parlamentarismus der DDR eine für ihn verhängnisvolle Erblast mitschleppen. Weil sich die SED ursprünglich einiges davon versprach, etliche Fassadenelemente des ‚bürgerlichen Parlamentarismus' aufrechtzuerhalten, konnte sich in der Volkskammer ein gewisses diskursives Eigenleben der Fraktionen entfalten. Ausgenommen war davon nur die – obendrein strikt vom ZK und Politbüro kontrollierte – SED-Fraktion, die sowohl bereitwillig Parteidisziplin praktizierte als auch klare politische Anleitungen erwartete. Sowohl die Führungsabhängigkeit der SED-Fraktion als auch das diskursive Eigenleben der übrigen Fraktionen trug in der Spätphase des SED-Staates nicht wenig dazu bei, daß die faktisch immer noch mit der Parlamentsmehrheit ausgestattete SED selbst dann nicht die Volkskammer in ihrem Sinn revitalisieren konnte, als ihr das für eine mögliche Behebung ihrer Machtkrise hätte zupaß kommen können. Siehe hierzu R. Schirmer 2002 und in diesem Band.
92 Siehe W. J. Patzelt 2002b, S. 273-279, wo Victor Klemperers Tagebuchnotate zu seinen Erfahrungen als Volkskammerabgeordneter zusammengestellt sind.

DDR-Volkskammer und CSSR-Föderalversammlung so gut nachvollziehen läßt,[93] durch jene Methoden sichergestellt, daß die machtpolitisch erwünschten informellen institutionellen Mechanismen die – etwa in einem Verfassungstext oder einer Geschäftsordnung niedergelegten – formellen Mechanismen überlagern. Und trotzdem wird es gerade für Zeiten, in denen die etablierte Regierungsmacht in eine Krise geraten mag, recht nützlich sein, auch noch die formalen Machtmöglichkeiten des Parlaments zu beschränken.

Das eine Mittel besteht darin, dem Parlament ohnehin nur sehr rudimentäre Zuständigkeiten zu geben und deren Nutzung auch noch vom Mitwirken anderer institutioneller Akteure abhängig zu machen, die man im Krisenfall hoffentlich leichter als das Parlament kontrollieren kann. Auf diese Weise wird, angelehnt an Gerhard Göhlers Ausdrucksweise, der ‚verschränkte' bzw. ‚strategische Handlungsraum' des Parlaments von vornherein eng begrenzt. Das andere Mittel läuft darauf hinaus, schon die Leitidee des Parlaments kunstvoll durch eine andere Leitidee zu überlagern. Das wird dann jederzeit politische Gesinnungsfragen anstelle von richterlich nachzuprüfenden Rechtsfragen zur Richtschnur bei der Beantwortung sich stellender Machtfragen machen. Auf diese Weise läßt sich, wieder in Göhlers Ausdrucksweise, schon der ‚gemeinsame Handlungsraum' der Parlamentarier dicht zustellen. Vorzüglich schaffte das etwa die SED. Sie domestizierte die fassadenhaft dem bürgerlichen Parlamentarismus nachgebildete Volkskammer im Grunde schon 1949 mit ihrer Interpretation der auf den ersten Blick doch recht ‚bürgerlich' anmutenden ersten DDR-Verfassung: einer Interpretation, die auf eine legitimerweise nicht zu bestreitende SED-Suprematie abhob und theoretisch wie praktisch ohne alles Federlesen auch durchgesetzt wurde.[94] In den folgenden Jahrzehnten war der verfügbare ‚gemeinsame Handlungsraum' der Volkskammerabgeordneten dann weitgehend von jenen Schranken definiert, welche die SED gleich zu Beginn ihrer Herrschaft errichtet hatte.[95]

Den Feinschliff erhielten diese Schranken jahrzehntelang durch eine weitere Methode der Destruktion von Parlamentsmacht. Es wurde nämlich – ganz in kommunistischer, doch ein Stück weit ja auch in faschistischer Tradition – selbst schon die Idee eines aus eigener Kraft machtvollen Parlamentarismus als unglaubwürdig oder lächerlich hingestellt: durch Denunzierung jedes praktizierten Pluralismus als ver-

---

93 Siehe R. Schirmer 2002 und J. Amm 2001.
94 Siehe die Analyse der entsprechenden ‚politics of reality' in den hier mehrfach zitierten Publikationen von Roland Schirmer.
95 Im Verlauf der Friedlichen Revolution brachen dann aber, mitsamt der von der SED konstruierten sozialen Wirklichkeit, auch diese Schranken rasch zusammen. Das hatte dramatische Folgen eines Orientierungsverlusts und Motivationsbruchs auf Seiten gerade der den SED-Staat tragenden Parlamentarier, die nun auch ihrerseits ihr Parlament, ihre Partei und ihren Staat im Stich zu lassen begannen; hierzu im Detail R. Schirmer in diesem Band. Der in Schirmers Interviews mit Zeitzeugen geschilderte Gemütszustand vieler SED-Parlamentarier der Jahreswende 1989/90 entspricht ganz dem, was die Ethnomethodologie als psychische und soziale Reaktion auf Erfahrungen von Wirklichkeitszusammenbrüchen prognostiziert; siehe W. J. Patzelt 1987, S. 110-115 (‚Fragilität sozialer Wirklichkeit').

deckter Machtausübung wahlweise der Bourgeoisie oder einer jüdisch gelenkten Plutokratie; durch Etikettierung parlamentarischen Debattierens als bloßes Reden in einer Quasselbude nichtsnutziger Tagediebe; und durch die Gegenüberstellung von abzulehnendem ‚Parlamentarismus' und hochzuschätzenden ‚arbeitenden Volksvertretungen'. Und sicher wird man alle diese Wege einer Destruktion von Parlamentsmacht idealerweise auch dadurch einladend machen, daß man das tatsächliche Ziel des Abbaus parlamentarischer Machtmöglichkeiten verdeckt und viel lieber vor Augen führt, im Grunde gehe es nur um die Beseitigung von ‚Fehlformen' oder ‚Übersteigerungen' des Parlamentarismus zugunsten der ‚richtigen' oder ‚angemessenen' Rolle eines Parlaments. Am wohl wirkungsvollsten handelten hier die Verfassungsväter der V. Französischen Republik: Sie brachten die – zeitweise gelungene – Entmachtung der Nationalversammlung auf den verführerischen Namen eines ‚rationalisierten' Parlamentarismus.

5. *Eingebildeter vs. echter Machtverlust von Parlamenten*

Doch auch die deutsche Geschichte ist sehr reich an Beispielen für die Behinderung weiterer Machtentfaltung von Parlamenten und für die bewußte Destruktion von Parlamentsmacht. Um so paradoxer mutet es an, daß vielen Deutschen ausgerechnet der gegenwärtige Bundestag als ein Beispiel reduzierter Parlamentsmacht erscheinen will, weit entfernt vom – in Deutschland wann je blühenden? – ‚Goldenen Zeitalter' des Parlamentarismus. In Wahrheit ist der Bundestag das bisher nachhaltig mächtigste Parlament der deutschen Verfassungsgeschichte.[96]

Doch sicher gibt es ebenfalls Machtverluste demokratischer Parlamente, und gewiß auch des Deutschen Bundestages. Sie gehen zurück auf die gesellschaftlich so lange Zeit erwünschte Einbeziehung von ‚Nebenmächten' wie der Tarifpartner und wichtiger Verbände in das Spiel der Arbeitsmarkt-, Wirtschafts- und Sozialpolitik; auf die neuerdings in Deutschland um sich greifende Abschiebung politischer Entscheidungsfindung ans Verfassungsgericht und in Kommissionen, die von der Regierung *ad hoc* eingesetzt werden; in Ländern wie dem unseren auch auf die um sich greifende Nutzung ‚zweiter Kammern' als zwischen den ‚Hauptwahlen' herbeigewählter ‚zweiter Opposition'; ferner auf die immer größere innerstaatliche Regelungsbedeutung zwischenstaatlicher und darum in den Prärogativbereich der Exekutive fallender Verträge, auf welche parlamentarisch nur sehr begrenzt Einfluß zu nehmen ist; obendrein auf die immer umfassendere Prägung der Politik europäischer Staaten durch das gemeinschaftliche Entscheidungssystem der EU; sowie – und wirklich nicht zuletzt – auf den Bedeutungsverlust der meisten Nationalstaaten im Zeitalter der Globalisierung. Dort aber, wo eine nationale Regierung ohnehin viel weniger Gestaltungsspielräume hat, sinkt notwendigerweise auch die Macht eines

---

96 Vgl. hierzu die historische Längsschnittsanalyse der Machtstellung deutscher Parlamente zwischen 1871 und 2004 von C. Demuth in diesem Band.

diese Regierung kontrollierenden, mit Gesetzen ausstattenden oder gar noch ins Amt bringenden Parlaments.

Den konstruktiven Ausweg aus dieser Lage weist sicher nicht das – vielleicht auch noch recht falsch intonierte – Klagelied vom grundsätzlichen ‚Machtverlust der Parlamente'. Der Ausweg besteht vor allem im Aufbau von supranationaler Parlamentsmacht, wie ihn das Europäische Parlament so überzeugend vorgeführt hat. Nicht der Post-Parlamentarismus[97] muß darum das Thema einer die hier angelegten Analysen weiterführenden Arbeit sein. Nötig ist vielmehr die Analyse und Entwicklung eines *postnationalen Neoparlamentarismus*.[98] Das wäre in der Tat ein Thema mit zugleich Zukunft und – vor allem: reichsständischer – Vergangenheit, das obendrein sehr aufschlußreiche weitere Einsichten in den Zusammenhang von Institutionalität und Geschichtlichkeit verspricht.

Literaturverzeichnis

Alberigo, Giuseppe (Hrsg.) (1993): Geschichte der Konzilien. Vom Nicaenum bis zum Vaticanum II. Düsseldorf: Patmos.

Amm, Joachim (2001): Die Föderalversammlung der CSSR. Sozialistischer Parlamentarismus im unitarischen Föderalismus 1969-1989. Wiesbaden: Westdeutscher Verlag.

Amm, Joachim (2003): Der unreformierte Senat Kanadas im Spiegel seiner instrumentellen Funktionen und institutionellen Mechanismen. In: Patzelt, Werner J. (Hrsg.) (2003): Parlamente und ihre Funktionen. Wiesbaden: Westdeutscher Verlag, S. 273-347.

Arendt, Hannah (1996): Macht und Gewalt. 12. Aufl., München: Piper.

Benz, Arthur (1998): Postparlamentarische Demokratie? Demokratische Legitimation im kooperativen Staat. In: Greven, Michael Th. (Hrsg.) (1998): Demokratie – eine Kultur des Westens? 20. Wissenschaftlicher Kongress der Deutschen Vereinigung für Politische Wissenschaft. Opladen: Leske + Budrich, S. 201-222.

Beyme, Klaus v. (1999): Die parlamentarische Demokratie. Entstehung und Funktionsweise 1789-1999. 3., völlig neu bearb. Aufl., Wiesbaden: Westdeutscher Verlag.

Bosl, Karl (Hrsg.) (1977): Der moderne Parlamentarismus und seine Grundlagen in der ständischen Repräsentation. Berlin: Duncker & Humblot.

Bourdieu, Pierre (1975): Zur Soziologie der symbolischen Formen. Frankfurt/M.: Suhrkamp.

Braundau, Birgit/Schickert, Hartmut (2002): Hethiter. Die unbekannte Weltmacht. 2. Aufl. München/Zürich: Piper.

Brunner, Otto (1981): Land und Herrschaft. Grundfragen der territorialen Verfassungsgeschichte Österreichs im Mittelalter. Nachdruck der 5. Aufl. (Wien 1965), Darmstadt: Wissenschaftliche Buchgesellschaft.

Brunner, Otto/Conze, Werner/Kosselleck, Reinhart (Hrsg.) (1978): Geschichtliche Grundbegriffe. Geschichtliches Lexikon zur politisch-sozialen Sprache in Deutschland. Bd. 4. Stuttgart: Klett-Cotta.

---

97 Vgl. A. Benz 1998.
98 Hierzu mit weiteren Verweisen S. Marschall 2002.

Congar, Yves M.-J. (1980 [1958]): Quod omnes tangit, ab omnibus tractari et approbari debet. In: Rausch, Heinz (Hrsg.) (1980): Die geschichtlichen Grundlagen der modernen Volksvertretung. Die Entwicklung von den mittelalterlichen Korporationen zu den modernen Parlamenten. Bd. 1/2. Darmstadt: Wissenschaftliche Buchgesellschaft, S. 115-182.

Demandt, Alexander (1995): Antike Staatsformen. Eine vergleichende Verfassungsgeschichte der Alten Welt. Berlin: Akademie Verlag, S. 235-261.

Deutsch, Karl W. (1969): Politische Kybernetik. Modelle und Perspektiven. Freiburg im Breisgau: Rombach.

Dreischer, Stephan (2003): Das Europäische Parlament. Eine Funktionenbilanz. In: Patzelt, Werner J. (Hrsg.) (2003): Parlamente und ihre Funktionen. Institutionelle Mechanismen und institutionelles Lernen im Vergleich. Wiesbaden: Westdeutscher Verlag, S. 213-272.

Foucault, Michel (1978): Dispositive der Macht. Über Sexualität, Wissen und Wahrheit. Berlin: Merve.

Göhler, Gerhard (1997): Der Zusammenhang von Institution, Macht und Repräsentation. In: Göhler, Gerhard u.a. (1997): Institution – Macht – Repräsentation. Wofür politische Institutionen stehen und wie sie wirken. Baden-Baden: Nomos, S. 11-62.

Graves, Michael A. R. (2001): The Parliaments of Early Modern Europe. Harlow/London: Pearson Education Limited.

Kirsch, Martin (1999): Monarch und Parlament im 19. Jahrhundert. Der monarchische Konstitutionalismus als europäischer Verfassungstyp. Göttingen: Vandenhoeck und Ruprecht.

Kluxen, Kurt (1991): Geschichte Englands. Von den Anfängen bis zur Gegenwart. 4. Aufl., Stuttgart: Kröner.

Kneer, Georg/Nassehi, Armin (2000): Niklas Luhmanns Theorie sozialer Systeme. 4. Aufl., München: Fink.

Luhmann, Niklas (1984): Soziale Systeme. Grundriß einer allgemeinen Theorie. Frankfurt/M.: Suhrkamp.

Marschall, Stefan (2002): ‚Niedergang' und ‚Aufstieg' des Parlamentarismus im Zeitalter der Denationalisierung. In: Zeitschrift für Parlamentsfragen 33, S. 377-390.

Messerschmidt, Romy (2003): Die französische Nationalversammlung zwischen Selbstbehauptung und Unterordnung. In: Patzelt, Werner J. (Hrsg.) (2003): Parlamente und ihre Funktionen. Wiesbaden: Westdeutscher Verlag, S. 119-212.

Moraw, Peter (Hrsg.) (2002): Deutscher Königshof, Hoftag und Reichstag im späteren Mittelalter. Stuttgart: Thorbecke.

Morgenthau, Henry J. (1948): Politics Among Nations. New York: Knopf.

North, Douglass C. (1992): Institutionen, institutioneller Wandel und Wirtschaftsleistung. Tübingen: Mohr.

Oberreuter, Heinrich (1977): Der ‚klassische' Parlamentarismus: eine Fiktion. In: ders. (1977): Kann der Parlamentarismus überleben? Bund-Länder-Europa. Zürich: Edition Interfrom , S. 21-31.

Oberreuter, Heinrich (1981): Aktuelle Herausforderungen des Parlamentarismus. In: ders. (Hrsg.) (1981): Parlamentsreform. Probleme und Perspektiven in westlichen Demokratien. Passau: Passavia Universitätsverlag, S. 11-29.

Orlandis, José (1981): Die Synoden auf der Iberischen Halbinsel bis zum Einbruch des Islam (711). Paderborn u.a.: Schöningh.

Patzelt, Werner J. (1987): Grundlagen der Ethnomethodologie. Theorie, Empirie und politikwissenschaftlicher Nutzen einer Soziologie des Alltags. München: Fink.

Patzelt, Werner J. (1998a): Ein latenter Verfassungskonflikt? Die Deutschen und ihr parlamentarisches Regierungssystem. In: Politische Vierteljahresschrift 39, S. 725-757.

Patzelt, Werner J. (1998b): Wider das Gerede vom 'Fraktionszwang'! Funktionslogische Zusammenhänge, populäre Vermutungen und die Sicht der Abgeordneten. In: Zeitschrift für Parlamentsfragen 29, S. 323-347.

Patzelt, Werner J. (1998c): Wirklichkeitskonstruktion im Totalitarismus. Eine ethnomethodologische Weiterführung der Totalitarismuskonzeption von Martin Drath. In: Siegel, Achim (Hrsg.) (1998): Totalitarismustheorien nach dem Ende des Kommunismus, Köln/Weimar: Böhlau, S. 235-271.

Patzelt, Werner J. (2002a): Die Volkskammer als Gegenstand vergleichender Parlamentarismusforschung. In: ders./Schirmer, Roland (Hrsg.) (2002): Die Volkskammer der DDR. Sozialistischer Parlamentarismus in Theorie und Praxis. Wiesbaden: Westdeutscher Verlag, S. 13-25.

Patzelt, Werner J. (2002b): Wie war die Volkskammer wirklich? Akteurs- und Analytikerperspektiven im Vergleich. In: ders./Schirmer, Roland (Hrsg.) (2002): Die Volkskammer der DDR. Wiesbaden:Westdeutscher Verlag, S. 247-298.

Patzelt, Werner J. (2003): Institutionalität und Geschichtlichkeit von Parlamenten. Kategorien institutioneller Analyse. In: ders. (Hrsg.) (2003): Parlamente und ihre Funktionen. Wiesbaden: Westdeutscher Verlag, S. 50-117.

Patzelt, Werner J. (2004): Identitätsstiftung durch Konstruktion fiktiver Kontinuität. Erfahrungsmanagement im frühen Europäischen Parlament. In: Melville, Gert/Rehberg, Karl-Siegbert (Hrsg.) (2004): Gründungsmythen – Genealogien – Memorialzeichen. Beiträge zur institutionellen Konstruktion von Kontinuität. Köln/Weimar/Wien: Böhlau, S. 187-205.

Patzelt, Werner J. (2005): Eine interdisziplinär nutzbare Perspektive? Das evolutionstheoretische Modell soziokulturellen Wandels. In: ders. (2005): Evolution, Geschichtlichkeit und Institutionalität, Münster LIT [im Erscheinen].

Patzelt, Werner J./Algasinger, Karin (2001): Abgehobene Abgeordnete? Die gesellschaftliche Vernetzung der deutschen Volksvertreter.In: Zeitschrift für Parlamentsfragen 32, S. 503-527.

Patzelt, Werner J./Schirmer, Roland (Hrsg.) (2002): Die Volkskammer der DDR. Wiesbaden: Westdeutscher Verlag

Rausch, Heinz (1974): Geschichtliche Grundlagen der modernen Volksvertretung. 2 Bde. Darmstadt: Wissenschaftliche Buchgesellschaft.

Rehberg, Karl-Siegbert (1994): Institutionen als symbolische Ordnungen. Leitfragen und Grundkategorien zur Analyse institutinoeller Mechanismen, In: Göhler, Gerhard (Hrsg.) (1994): Die Eigenart der Institutionen. Baden-Baden: Nomos, S. 47-84.

Riedl, Rupert (1985): Die Spaltung des Weltbildes. Biologische Grundlagen des Erklärens und Verstehens. Hamburg: Paul Parey.

Riescher, Gisela (1994): Zeit und Politik. Zur institutionellen Bedeutung von Zeitstrukturen in parlamentarischen und präsidentiellen Regierungssystemen. Baden-Baden: Nomos.

Schirmer, Roland (2002): Die Volkskammer – ein ‚stummes' Parlament? Die Volkskammer und ihre Abgeordneten im politischen System der DDR. In: Patzelt, Werner J./Schirmer, Roland (Hrsg.) (2002): Die Volkskammer der DDR. Wiesbaden: Westdeutscher Verlag, S. 94-180.

Schirmer, Roland (2003): Was konnte die sozialistische Volkskammer der DDR tatsächlich bewirken? In: Patzelt, Werner J. (Hrsg.) (2003): Parlamente und ihre Funktionen. Wiesbaden: Westdeutscher Verlag, S. 348-432.

Schmitt, Carl (1996 [1923]): Die geistesgeschichtliche Lage des deutschen Parlamentarismus. 8. Aufl. (= Nachdruck der 1926 erschienenen 2. Aufl.), Berlin: Duncker & Humblot.

Schütz, Alfred (1971): Wissenschaftliche Interpretation und Alltagsverständnis menschlichen Handelns. In: Schütz, Alfred (1971): Gesammelte Aufsätze. Den Haag: Nijhoff, Bd. 1/3, S. 3-54.

Stocking, Rachel L. (2000): Bishops, Councils, and Consensus in the Visigothic Kingdom: 589-633. Ann Arbor: University of Michigan Press.

Thelen, Kathleen (2003): How Institutions Evolve. In: Mahoney, James/Rueschemeyer, Dietrich (Hrsg.) (2003): Comparative Historical Analysis in the Social Sciences. Cambridge: Cambridge University Press, S.208-240.

Autorenverzeichnis

Amm, Joachim; geb. 1963; Dr. phil.; Studium der Politikwissenschaft in Berlin und Blacksburg (USA); 1994-2003 Wissenschaftlicher Assistent am Institut für Politikwissenschaft der TU Dresden. Veröffentlichungen u.a.: Interessenverbände und Umweltpolitik in den USA. Die Umweltthematik bei Wirtschaftsverbänden, Gewerkschaften und Naturschutzorganisationen seit 1960, Wiesbaden 1995; Der Senat Kanadas und die symbolische Repräsentation seiner unvereinbaren institutionellen Leitideen, in: Patzelt, Werner J. (Hrsg.): Parlamente und ihre Symbolik. Programm und Beispiele institutioneller Analyse, Wiesbaden 2001, S. 251-292; Die Föderalversammlung der CSSR. Sozialistischer Parlamentarismus im unitarischen Föderalismus 1969-1989, Wiesbaden 2001; Der unreformierte Senat Kanadas im Spiegel seiner instrumentellen Funktionen und institutionellen Mechanismen, in: Patzelt, Werner J. (Hrsg.): Parlamente und ihre Funktionen. Institutionelle Mechanismen und institutionelles Lernen, Wiesbaden 2003, S. 273-347; Der Präsident und Kongress der USA in der deutschen politikwissenschaftlichen Rezeption, in: Dreyer, Michael/Kaim, Markus/Lang, Markus (Hrsg.): Amerikaforschung in Deutschland. Themen und Institutionen der Politikwissenschaft nach 1945 (Transatlantische Historische Studien, Bd. 22), Stuttgart 2004, S. 71-82.

Demuth, Christian; geb. 1971; M.A.; Studium der Neueren und Neuesten Geschichte sowie der Politikwissenschaft und Neuen Deutschen Literaturwissenschaft in Augsburg; 1999-2002 wissenschaftlicher Mitarbeiter an der Universität Erfurt; 2002-2003 wissenschaftliche Hilfskraft an der TU Dresden im Projekt "PolitikON", seit 2004 Stipendiat der Friedrich-Ebert-Stiftung. Veröffentlichungen u.a.: Isolation und Aufklärung. Warum Parteiverbote im Kampf gegen den Rechtsextremismus nur als allerletztes Mittel in Frage kommen, in: Berliner Republik 2/2005, S. 6-10 (zusammen mit Hans-Jürgen Frieß); Sozialer Patriotismus als Bindemittel für Eliten, in: Frankfurter Rundschau, 28. Juli 2004 (zusammen mit Hans-Jürgen Frieß); Eine neue Bürgertugend: Sozialer Patriotismus, in: Neue Gesellschaft. Frankfurter Hefte Juni/2004 (zusammen mit Hans-Jürgen Frieß); Neue Rekrutierungs- und Professionalisierungsstrategien der Parteien: Fort- und Weiterbildung der Mitglieder, in: Zeitschrift für Parlamentsfragen Heft 4/2004, S. 94-110.

Dreischer, Stephan; geb. 1968; Dr. phil.; Studium der Politikwissenschaft und Soziologie in Kassel; 1997-1998 freie Mitarbeit in der Jugendbildung der Deutschen Angestelltengewerkschaft; 1998-1999 ‚stagiaire' der Europäischen Kommission; seit 1999 wissenschaftlicher Mitarbeiter im Dresdner Sonderforschungsbereich 537 „Institutionalität und Geschichtlichkeit". Veröffentlichungen u.a.: Das Europäische Parlament. Eine Funktionenbilanz, in: Patzelt, Werner J. (Hrsg.): Parlamente und ihre Funktionen. Institutionelle Mechanismen und institutionelles Lernen, Wiesbaden 2003, S.213-272; Das Europäische Parlament – ein machtvoller oder machtloser Kontrolleur? in: Holtmann, Everhard/Patzelt, Werner J. (Hrsg.): Kampf der Gewalten? Parlamentarische Regierungskontrolle – gouvernementale Parlamentskontrolle. Theorie und Empirie, Wiesbaden 2004, S. 149-171; Zwischen Transparenz und Intransparenz. Zur Macht parlamentarischer Institutionen, in: Brodocz, André/Mayer, Christoph O./Pfeilschifter, Rene/Weber, Beatrix (Hrsg.): Institutionelle Macht. Genese – Verstetigung – Verlust, Köln/Weimar/Wien 2005, S. 267-290 (gemeinsam mit Romy Messerschmidt und Roland Schirmer).

Lempp, Jakob; geb. 1977; M.A.; Studium der Politikwissenschaft, Philosophie, Kommunikationswissenschaft an der TU Dresden; Diploma of European Studies an der Universität Turku (Finnland); seit 2003 Wissenschaftlicher Mitarbeiter am Lehrstuhl für Politische Systeme und Systemvergleich an der TU Dresden; Forschungsschwerpunkte: Europäische Integration, Rat der Europäischen Union, Sozialwissenschaftliche Anwendungen evolutionstheoretischer Modelle; Veröffentlichungen u.a.: Ich denke, also muss ich. Eine Analyse von Gilberts Argument für die Begründung politischer Verpflichtungen, in: Zeitschrift für philosophische Forschung, Nr. 2/2005, S. 242-263; Regionale Entwicklung und US-amerikanische Hegemonie - der Fall Lateinamerika, in: Brand, Alexander/von der Goltz, Nicolaus: Herausforderung Entwicklung, Münster u.a. 2004, S. 39-64 (gemeinsam mit Stefan Robel).

Messerschmidt, Romy; geb. 1976; Dr. phil.; Studium der Romanistik, Politikwissenschaft, Germanistik und Pädagogik an der TU Dresden und am Institut d'Études Politiques Paris; Wissenschaftliche Mitarbeiterin am Dresdner Sonderforschungsbereich 537 „Institutionalität und Geschichtlichkeit". Forschungsschwerpunkte: Integration nationaler Minderheiten; Systemvergleich; politisches System Frankreichs. Veröffentlichungen u.a.: Vom mächtigen Superpräsidenten zum machtlosen Repräsentanten? Zum Wandel des Präsidialamtes der V. Republik und den Diskussionen um eine Verfassungsreform in Frankreich, in: Zeitschrift für Parlamentsfragen 34/2, 2003, S. 389-413; Die französische Nationalversammlung zwischen Selbstbehauptung und Unterordnung, in: Patzelt, Werner J. (Hrsg.): Parlamente und ihre Funktionen. Institutionelle Mechanismen und institutionelles Lernen, Wiesbaden 2003, S.119-212; Fraktionenparlament Nationalversammlung. Entstehung und Bedeutung innerfraktioneller Geschlossenheit (Frankreich-Studien Bd. 10), Wiesbaden 2005.

Patzelt, Werner J.; geb. 1953; Prof. Dr. phil. habil.; Studium der Politikwissenschaft, Soziologie und Geschichte in München, Straßburg und Ann Arbor; 1980-1991 Wissenschaftlicher Assistent am Lehrstuhl für Politikwissenschaft der Universität Passau; seit 1991 Professor für Politische Systeme und Systemvergleich an der Technischen Universität Dresden. Veröffentlichungen u.a.: Sozialwissenschaftliche Forschungslogik. Einführung, München/Wien 1986; Grundlagen der Ethnomethodologie. Theorie, Empirie und politikwissenschaftlicher Nutzen einer Soziologie des

Alltags, München 1987; Abgeordnete und Repräsentation. Amtsverständnis und Wahlkreisarbeit, Passau 1993; Aufgaben politischer Bildung in den neuen Bundesländern, Dresden 1994; Abgeordnete und ihr Beruf. Interviews, Umfragen, Analysen, Berlin 1995; Parlamente und ihre Symbolik. Programm und Beispiele institutioneller Analyse, Wiesbaden 2001 (Herausgeber); Die Volkskammer der DDR. Sozialistischer Parlamentarismus in Theorie und Praxis, Wiesbaden 2002 (Herausgeber zusammen mit Roland Schirmer); Einführung in die Politikwissenschaft, 5. Auflage, Passau 2003; Parlamente und ihre Funktionen. Institutionelle Mechanismen und institutionelles Lernen im Vergleich, Wiesbaden 2003 (Herausgeber); zahlreiche Aufsätze u.a. zur Parteien-, Parlamentarismus- und Abgeordnetenforschung in deutschen und internationalen Fachzeitschriften. Redakteur der ‚Zeitschrift für Parlamentsfragen' und Mitglied der ‚Kommission für Geschichte des Parlamentarismus und der politischen Parteien'.

Schirmer, Roland; geb. 1952; Dr. sc. phil.; Studium der Biochemie und des Wissenschaftlichen Sozialismus in Halle und Berlin; Hochschullehrer an der Humboldt-Universität bis 1990; seither Mitarbeit in verschiedenen Forschungsprojekten in Passau und Dresden; Wissenschaftlicher Mitarbeiter am Dresdner Sonderforschungsbereich 537 „Institutionalität und Geschichtlichkeit". Veröffentlichungen u.a.: Die Volkskammer und deren Selbstsymbolisierung, in: Patzelt, Werner J. (Hrsg.): Parlamente und ihre Symbolik. Programm und Beispiel institutioneller Analyse, Wiesbaden 2001, S. 136-197; Die Volkskammer der DDR. Sozialistischer Parlamentarismus in Theorie und Praxis, Wiesbaden 2002 (Herausgeber zusammen mit Werner J. Patzelt); Was konnte die sozialistische Volkskammer tatsächlich bewirken?, in: Patzelt, Werner J. (Hrsg.): Parlamente und ihre Funktionen. Institutionelle Mechanismen und institutionelles Lernen, Wiesbaden 2003, S. 348-432; Kontrolle der Volkskammer durch die SED, in: Holtmann, Everhard/Patzelt, Werner J. (Hrsg.): Kampf der Gewalten? Parlamentarische Regierungskontrolle – gouvernementale Parlamentskontrolle. Theorie und Empirie, Wiesbaden 2004, S. 237-267.